사색을 부르는 산책

-수의수상隨意隨想153

수의수상 153
사색을 부르는 산책

초판 1쇄 발행 ｜ 2020년 01월 03일

지은이 ｜ 전종문
만든이 ｜ 이한나
펴낸이 ｜ 이영규
펴낸곳 ｜ 도서출판 그린아이

등록 연월일 ｜ 2003. 12. 02.
등록 번호 ｜ 제2-3893호
주소 ｜ 서울특별시 은평구 녹번로 6-11 201호
전화 ｜ 02)355-3035
이메일 ｜ gmh2269@hanmail.net
©전종문, 2020

ISBN 978-89-958105-2-1(03200)

사색을 부르는 산책

-수의수상

隨意隨想153

전종문 지음

그린아이

인류 역사는 생각하는 사람들에 의해서 발전되어 왔다고 하면 여러분이 동의하실지 모르겠다. 그러나 그것은 사실이다. 생각이 새로운 세계를 열고, 새로운 문화문명을 발전시키고, 새로운 기구들을 만들어냈다. 그 결과물을 우리는 지금까지 향유하고 사용하면서 편리를 자랑하고 있다. 그러나 자랑만 할 게 아니다. 잘못된 생각에 의해서 탄생된 것들이 우리를 고뇌하고 고통스럽게도 하기 때문이다.

그럼에도 분명한 것은, 생각은 여전히 중요하다는 사실이다. 그런 의미에서 "인간은 생각하는 갈대"라고 하거나 "나는 생각한다. 고로 존재한다"고 갈파한 선인들의 현명함에 저절로 고개가 숙여진다. 로뎅의 불후의 명작 「생각하는 사람」도 역시 생각의 중요성을 표현한 것 아니겠는가. 나는 "형통한 날에는 기뻐하고 곤고한 날에는 생각하라"는 말씀을 늘 기억하며 산다(전 7:14).

나는 항상 미말에서 활동했지만 문학이라는 예술 분야의 길을 걸어왔다. 정서와 상상력과 창작을 위하여 끊임없이 사색해야 했고, 나는 또한 목회자의 길을 걸으며 자연스럽게 절대자 하나님과 죄인인 나와 인간에 대해서 고민하고 사고思考하며 기도의 생활을 해야 했다. 그러므로 비록 깊고 높은 경지에 들지 못했다 할지라도 생각을 많이 하는 사람들의 부류에 속해 있었다고 할 수 있을 것 같고, 그 생각들은 자연스럽게 계시의존사색啓示依存思索일 수밖에 없었다.

나는 내 생각이 모두 옳기 때문에 모두가 내 생각을 따라야 한다고 주장하고 싶지는 않다. 사람들의 세계관과 인생관에 따라 사색의 방향이나 방법 그리고 그 내용이 얼마든지 다를 수 있기 때문이다. 그러므로 이 글을 읽으시면서 혹여 자신의 생각과 다른 부분이 발견된다 할지라도, 저렇게도 생각할 수 있겠구나 하고 관대히 생각해 주신다면 고맙겠다. 나는 여러분의 생각들을 존중한다.

그러나 여러분의 생각이 항상 나와 같을 수 없기 때문에 때로는 그 생각에 박수를 칠 수도 있지만 때로는 거절도 할 수 있는 것처럼 내 생각에 대하여 여러분의 반응도 그리리라고 본다. 그러나 어떤 생각이 옳다느니, 또는 그르다느니 하는 판단은 세월이 좀 더 흐른 먼 훗날에 평가될 것이다. 우리는 당장을 위해서도 생각해야 하지만 미래를 위해서도 더 많이 생각해야 하고, 육신과 현상 세계를 위해서도 생각해야 하지만 영혼과 초월의 세계를 위해서도 더 깊이 생각해야 한다고 믿는다.

여기에 내놓은 글은 거대담론도 아니고 현학적이지도 못하다. 사유의 깊이와 넓이가 심오하거나 방대하다고 말할 수 없다. 혼자 있는 시간에 어떤 주제가 생각나면 그 꼬리를 붙들고 걸어가 본 것이다. 여유를 가지고 산책하듯 걸었고, 그런 내 활동은 일종의 고치지 못하고, 그렇다고 고칠 필요도 느끼지 못하는 버릇이었다. 고백하지만 이런 고독과 사색의 시간이 내게는 즐거웠고, 이제 목회를 마감하는 마당에 부족한 결실이지만 다른 사람들과 나눌 수 있다는 데 약간의 보람을 느낀다.

사실 여기에서 말씀드리는 내용은 이전에 이미 내 개인의 경험이나 연구에서 얻은 지식과 성도들에게 가르치고자 한 성경적 진리를 목회 현장에서 나눈 결과물들이다. 일정한 계획 없이 내 마음대로 그때그때 떠오르는 생각이나 느낌을 기록했고 항목을 153개로 했다. 그래서 책 제목은 『사색을 부르는 산책』이요, 부제는 『수의수상 153』이다. 153개의 항목은 베드로가 부활하신 주님의 말씀을 듣고 그 새벽에 그물을 내려 잡은 물고기 수효다(요 21:11).

그동안 내 목회생활을 인도해 주신 하나님께 감사를 드린다. 내 지금까지의 인생이 우여곡절은 있었지만 행복했노라고 말할 수 있다. 나머지 생애도 이 정도의 길이라면 족하겠다. 세상과 육신에 대한 욕심을 버리며 살아야 한다고 믿는다. 그동안 고민할 일이 없고 고통과 답답하게 만든 일이 전혀 없었다고 한다면 거짓말일 것이다. 그러나 그런 안타까운 사연까지도 나를 성숙하게 만들고 합력하여 선善을 이루게 하신 하나님을 찬양한다.

그동안 인내의 달인이 되어 내가 가는 길을 묵묵히 따라와 준 아내와 아버지 얼굴에 누를 끼치는 삶은 살지 않겠다고 다짐해 준 아들과 착한 며느리, 그리고 고락을 같이하며 사랑했던 성도들과 주변에서 도와주시고 함께해주신 모든 분들에게도 감사의 말씀을 드린다. 여러분이여, 절대자에게 순복하여 행복하시라!

나는 목회자의 길은 지금 멈추고 내려놓지만 정년이 없는 문학의 길은 기력이 쇠할 때까지 갈 것이다. 그러면서 언젠가 하나님 앞에 설 때 조금이라도 덜 부끄러우려고 애쓸 것이다. 독자 여러분에게 하나님의 은총이 있기를 바란다.

수유중앙교회 서재에서

魚隱 田鍾文

산책을 하는 분들에게 권하고 싶은 친구

스마트폰이 나온 뒤로 독서나 산책보다는 스마트폰을 보는 시간이 의외로 많아졌다. 솔직히 스마트폰은 우리들에게 많은 정보와 소식을 준다. 그러나 우리들에게서 사색하는 시간을 빼앗고 있는 것도 사실이다. 그런 분들에게 『사색을 부르는 산책-수의수상 153』을 권하고 싶다. 이 책은 한 번에 다 읽을 필요가 없다는 것이 특징이다. 산책을 하면서, 혹은 산책한 뒤에 잠깐 쉬는 시간에 한 페이지 전후의 글들을 읽으면 되기 때문에 누구에게나 부담 없이 대할 수 있는 좋은 친구가 될 수 있다. 무엇보다 이 책은 저자가 사색한 내용들을 간단간단히 요약을 해주어 좋다. 그 내용 중에는 우리가 어디서인가 읽었는데 잊어버린 내용들이 있어서 더욱 좋다.

저자는 필자가 사랑하고 존경하는 목회의 후배요 문학의 친구이다. 더욱이 필자가 만들고 있는 『크리스천문학나무』의 고정 필자이기도 하다. 그래서 그의 글을 매번 대하게 되는데 목회처럼 아주 쉽게, 그러나 가슴에 와 닿는 글들을 친구와 대화하듯 쉽게 기록하기 때문에 다음에는 무슨 말을 할까 하고 기다리게 만든다. 그러나 필자가 그를 좋아하는 것은 또 다른 이유가 있기 때문이다. 그는 자신의 한 일이나 생각을 크게 떠들지 않는다. 사랑하는 친구와 대화하듯이 조용히 그러나 무시할 수 없는 생각과 주제들을 나눈다. 그래서 좋다. 필자처럼 길게 말하지도 않으면서 할 말은 다 하는 그런 분이시다. 그는 금년으로 목회를 은퇴하지만 이 책은 그동안의 체험과 하고 싶은 대화들을 많이 나누고 싶어 한다. 여기에 153개(요 21:11)의 항목으로 아주 여러 분야의 생각들을 기록하고 있다. 우리 누구에게나 있을 주제들을 친구와 대화하듯이 쉽고도 짤막짤막하게 기록하고 있다.

지금의 시대는 제4 산업혁명이 진행되는 때이다. 2030년에 끝나게 될 이 제4 산업혁명의 시대에 생각 없이 그냥 많은 정보만 쌓아두는 그런 로봇 같은 사람이 아니라, 생각하는 갈대일지라도 자신만의 작은 삶의 철학을 정리하는 산책이 필요할 때에 이 책을 가지고 다니며 화장실에 갈 정도의 짧은 시간에 몇 항목씩 읽으면 저자의 귀중한 생각들을 나눌 수 있을 것이다. 그러나 한 항목 읽으면 다음 것을 읽고 싶을 것이다. 목회 후의 그의 삶이 외로운 모든 사람들과 나눌 수 있는 친구가 되기를 기도한다.

신성종 목사
전 총신대학원장, 시인, 크리스천문학나무 편집인

끊임없이 달려야 살아 있는 이륜차처럼 여러 장르를 넘나들며 다작을 하는 어은 전종문 시인이 산문집 『사색을 부르는 산책-수의수상 153』을 상재했다. 그의 성역 은퇴에 즈음하여 펴낸 이 에세이는 현대인을 위한 잠언이다.

그의 시각은 실존의 전 영역에 접근하고 있다. 그것은 곧 현대인의 삶의 전 영역이며, 동시에 의식의 다중화 세계이다. 그래서 그 편린들이 공감이 있고 울림이 있다.

각각의 명제마다 주관적 논리의 틀에 예속되지 않고 진솔한 신앙고백이듯 평소 삶의 빛깔로 물 흐르듯 사유의 씨줄과 날줄을 직조해 나간다.

목회자이면서 설교가인 저자의 새로운 스타일의 메시지다. 전통적 설교 프레임에 갇힌 메시지가 아닌 현장 적용의 숙성된 신앙생활의 지침들이다. 사소한 일상에서 글감을 캐내어 보편적 진리의 거울에 올려놓은 다음에는 성서의 세계관으로 초대하는 포맷이다. 다음은 '가치관에 대하여'의 결론이 보여준 스타일이다.

"재물이 내 안주머니 속에 들어와 나의 주인 노릇을 할 때, 그것은 나를 천박하게 만들고 재물의 노예가 되게 한다. 그러나 그것이 나의 종이 되어서 내가 하고자 하는 선한 일에 쓰임 받으면 그것은 제 가치를 발휘하고 나를 품위 있는 사람이 되게 한다.

성경은 한 사람이 두 주인을 섬길 수 없다고 했다. 하나님과 재물을 겸하여 섬기지 못한다고 했다(마 6:24). 만약 물질이 자신의 주인이 되어 있는 사람은 벌써 타락의 길에 들어선 것이고, 그는 낙타가 바늘구멍에 들어가기보다 천국문에 들어가기가 더 어렵게 된 상태라 할 수 있을 것이다(마19:24)."

차 한 잔의 대화처럼 편안하고 아늑하면서도 솜뭉치 속의 돌멩이처럼 단단한 그 무엇을 곱씹게 한다. 그래서 생각은 행동을 부르고 행동은 새로운 의식을 낳게 하는 창조의 리듬이다.

박종구 목사

월간목회 발행인, 크로스웨이성경연구원 원장

차례

제1부 가면에서 그릇까지

차례

제5부 의인에서 충성까지

제1부

가면에서 그릇까지

가면假面에 대하여

　대체로 부끄럽거나 불의한 일을 할 때는 자기 얼굴이 드러나지 않도록 감춘다. 그러나 선한 일을 할 때는 자랑스럽게 드러내려 한다. 그래서 강도는 복면을 하고 연예인이나 인기를 먹고 사는 사람들은 자신의 얼굴을 보여 주기 위하여 노력한다. 물론 예외는 있다. 가장 무도회에서는 흥미를 돋우기 위해서 자기 얼굴을 탈로 가리고 춤을 추고, 선한 일을 하면서 남에게 알려지지 않도록 자기를 숨기는 사람도 있다.

　그러나 대체로 사람들은 당당하지 못한 행동을 할 때는 복면을 한다. 그러면서 당당한 소리를 내는 사람이 있다. 그 행동이 당당하면 가면을 벗어야 한다. 당당한 일이라면 박해를 무서워할 이유가 없다. 정의를 위한 행동이라면 그 정의를 위하여 순교도 해야 한다. 그럼에도 가면 뒤에 숨어서 큰소리를 치는 것은 비겁한 일이다. 그 비겁한 행동은 스스로 삼가야 한다. 얼굴이 보이지 않는다고 인터넷상에서 오만 가지 불평이나 해대고 갖가지 욕설로 도배를 하는 사람은 부끄러운 줄을 알아야 한다. 왜 이렇게 못났는가. 왜 그렇게 당당하지 못하고 숨어서 영웅인 체하는가.

　예수님은 모든 일을 공개적으로 했다. 그는 감추어진 것이 드러나지 않을 것이 없다고 했다. 욕을 먹어도, 비난을 받아도 자신의 일에 당당하기 때문에 드러내놓고 떳떳하게 행했다. 그는 비굴하지 않았기 때문에 두렵지 않았고 두렵지 않으니 당시의 기득권자들에게 사로잡혀 십자가형을 당했다. 그를 죽이는 자들은 그를 부끄럽게 하기 위해서 옷을 모두 벗기고 십자가에 못을 박았지만 주님은 부끄러울 것이 없어서 벌거벗었다. 사실 부끄러운 것이 없으면 당당할 수 있는 것이다. 죄가 들어오기 전의 아담과 하와는 에덴동산에서 아무것도 가릴 필요가 없었다.

더 고약한 것은 얼굴이나 몸을 가리는 것 정도가 아니라 본심을 감추는 행위다. 본심을 감추면 거짓이다. 본래의 마음을 감추고 거짓으로 꾸미는 일은 누가 하는가? 위선자가 한다. 악한 세력들이 한다. 예수님은 그런 사람을 가리켜 양의 탈을 쓴 이리라 했고 회칠한 무덤이라 했다. 겉으로는 양순한 양의 흉내를 낸다. 그러나 중심에는 악한 생각과 사나운 발톱을 숨긴 이리다. 겉으로는 회칠로 아름답게 꾸며 놓았지만 안에 들어가면 송장이 썩고 있다. 무덤이다. 예수님은 외식하는 바리새인들과 서기관을 책망했다. 오늘날 우리 사회에는 악한 마음으로 악을 도모하면서도 천사를 가장한 사람들이 얼마나 많은가. 질서가 무너지고 어수선해지면 이런 무리들이 더욱 활개를 친다. 그래서 우리 속담에 도둑놈은 시끄러운 장을 좋아한다는 말도 있지 않은가.

가장 무서운 힘은 칼이나 총이 아니라 진실함과 정직함이다. 정직과 진실을 위하여 자신의 마음을 속이지 말고 가면을 벗어야 한다. 가면을 쓰고 당당한 체하는 것은 비겁한 일이고 당당하기 때문에 가면을 벗고 나서는 사람은 용기 있는 사람이다. 하나님은 용기 있는 사람을 쓰셨다. 이 세상이 원하는 사람은 진실한 사람이다. 가면을 벗자. 위선을 벗어버리자.

가치관價値觀에 대하여(1)

존재하는 모든 것은 나름대로 가치가 있다. 보이지 않는 어떤 정신精神이나 사상思想에도 있다. 이 가치를 어떻게 평가하느냐, 다시 말하면 유·무형有無形의 어떤 것에 어느 정도의 가치를 부여하느냐 하는 것을 가치관價値觀이라 하고 그 가치관은 그가 어떤 사람이냐에 따라 다를 것이다.

오늘날은 그 가치를 대개 돈으로 계산한다. 즉 그 물건에 얼마짜리 가격표가 붙어 있느냐에 따라 가치가 결정된다. 그래서 대개 비싼 가격이면 귀중한 것이 되고 싼 가격이 붙어 있으면 형편없는 물건으로 치부된다. 아예 가격표가 붙어 있지 않으면 무가치한 것이 되어 버린다. 이 원리에 의해서 사람들은 대개 흔한 것보다 희귀한 것이 더 가치가 있고, 수요보다 공급이 달리는 것, 저급한 것보다 고급스러운 것, 추한 것보다 아름다운 것, 사용에 불편한 것보다 실용적인 것에 더 높은 가치를 부여해 왔다. 정말 그럴 듯하고 편리한 가치 판단 방법이었다.

그러나 세상에는 너무 흔하지만 가격표를 붙일 수 없고 너무 고귀하기 때문에 가격으로 따질 수 없는 게 있다. 그리고 보면 그동안 우리는 돈으로 계산될 수 없는 가치에 대해서 무지했는지 모른다. 우리나라의 경우

예전에는 흐르는 물을 아무데서나 마실 수 있었다. 그리고 헤프게 썼다. 그래서 돈을 잘 쓰는 사람에게 "물 쓰듯 한다"고 하기도 했다. 그러나 지금은 아무 물이나 먹을 수 없도록 오염이 되어 있다. 정수해서 먹든지 사먹어야 할 형편이 되었다. 그렇다면 지난날 우리는 물이 너무 흔하다고 싸구려로 생각하고 홀대를 한 것이 아니겠는가.

요즈음은 공기가 혼탁하다는 말을 자주 한다. 산업사회화되면서 공기가 오염된 탓이다. 그러나 예전에 우리가 공기에 대해서 가치 있는 것이라고 생각하며 살았었는가? 너무 흔하기 때문에 고마운 줄 모르고 산 것이다. 지금도 태양빛을 받으면서 무상으로 받는 것이기에 그것이 가장 소중한 것 중의 하나라는 사실을 깨닫지 못하고 사는 사람이 있을 것이다.

그렇다. 실로 가장 소중한 것은 돈으로 계산되지 않는 것들이다. 이웃을 향한 사랑과 희생과 헌신의 정신은 대가代價를 바라지 않는다. 그렇지만 그것을 누가 무가치한 것으로 보겠는가. 우리 주변에 지천으로 있어서 헐값으로 여겨졌던 나무와 풀과 벌레와 짐승과 돌과 흙 같은 자연이 소중한 것임을 조금씩 인식해 가고 있다는 것이 요즘은 그나마 다행이 아닐 수 없다.

불행한 것은 우리 사회가 돈이면 최고요, 돈으로 모든 것의 가치 기준을 삼는 것이다. 심지어 사람의 생명도 돈으로 계산하려 드는 사회다. 사고事故를 만나 사람이 다치거나 죽으면 보상을 위하여 실랑이를 벌인다. 그리고 위자료와 피해 보상금을 탈 때 보면 사람마다 가치가 다르다는 것을 알게 한다. 사람이 만들어 놓은 규범이라 하지만 서글픈 일이다. 편리한 방법일지는 몰라도 돈으로 계산되는 사람의 가치, 그것은 부끄러운 일이다. 사람을 창조하신 하나님은 사람의 생명을 그렇게 싸구려로 보지 않았다. 사람이 만일 온 천하를 얻고도 제 목숨을 잃으면 무엇이 유익하며 무엇을 주고 제 목숨을 바꾸겠느냐고 하셨다(마 16:26).

천국으로 비유되는 값진 진주를 만난 어떤 진주 장사는 자기 소유를 다 팔아 그 진주를 샀고(마 13:45-46), 사도 바울은 오늘날도 많은 사람들이 그토록 귀하게 여기고 추구하는 혈통과 지식과 명예와 권세와 물질을 모두 해害로 여겨 잃어버리며 배설물로 여겼는데 이는 그리스도 예수를 아는 지식이 가장 고상하다는 것을 알았기 때문이었다(빌 3:8).

아무리 훌륭한 것이라도 돈이 되지 않으면 버리고 아무리 욕을 먹을지라도 돈이 될 수 있다고 판단되면 취하려 드는 사람들과는 얼마나 다른가. 지금은 올바른 가치관을 가져야 할 때이다. 성경은 "보이는 것은 잠깐이요, 보이지 않는 것은 영원하다"고 했다(고후 4:18). 순간적인 것보다 영원한 것이 보다 가치가 있다.

가치관價値觀에 대하여(2)

　너무 가깝게 느껴서일까, 부부 간에는 오히려 남들하고는 있을 수 없는 아주 사소한 일로 티격태격하는 경우가 있다. 사람들은 흔히 그런 일을 사랑싸움(?)이라고 이름 붙이기도 하지만 우리 부부도 예외는 아니다. 한 번은 둘이 외출에서 돌아오는데 아내가 가게에서 뭔가를 사게 되었다. 나는 뒤에 멈춰 서 있고 아내가 지갑을 열어 돈을 지불하려다가 뒤를 돌아보며 잔돈이 없으니 나보고 대신 지불해 달라는 것이 아닌가. 부부 사이니까 얼마든지 있을 수 있는 일이다. 그러나 나는 거절했다.

　아내는 고액권을 깨트려서 물건 값을 지불하고 나면 나머지가 푼돈이 돼서 헤프게 써진다는 생각을 가지고 있는 것이다. 그러므로 웬만하면 고액권을 잔돈으로 바꾸려 하지 않고 나와 동행 중에 그런 경우를 만나면 그때마다 내게 손을 내민다. 알뜰한 주부의 모습이요, 허물없는 사이니까 하고 생각할 수도 있지만 어리석은 생각이다. 왜 고액권을 가지면 안 써지고 잔돈으로 가지고 있으면 헤프게 써진다고 생각하는가? 만원권 한 장이나 천원권 열 장이나 그 가치는 같은데 왜 천원권을 가지고 있으면 헤프게 써진다고 생각하는가. 오히려 생활하다 보면 고액권은 있지만 소액권이 없어서 쩔쩔매는 경우도 있지 않은가. 은연중에 푼돈은 아무렇게

나 써도 된다는 생각이 자리를 잡고 있는 게 아닐까.

그날 나는 그냥 고액권 내고 잔돈으로 거스르라고 끝내 아내의 요구를 거절해 버렸다. 이것이 화근이 되어 우리 부부는 한동안 불편한 시간을 보내야 했다. 아내는 끝내 그런 편의 좀 봐 줄 수 없었느냐고 우겼고, 나는 고액권으로 가지고 있으나 잔돈으로 가지고 있으나 다 같은 가치인데 왜 구태여 그런 억지를 쓰느냐고 내 뜻을 굽히지 않았다.

지금 생각해도 나는 그날 가치관을 가르치는 목사로서는 옳았는지 모르지만 사랑스런 아내의 남편으로서는 자격 없는 행동을 했다. 여러분들은 이런 사소한 일로는 서로 양보하고 다투지 말라. 좀스런 사람이 된다.

그렇다. 우리들 생각 속에 잘못된 가치관 하나가 있다. 잔돈은 큰돈이 아니니까 잘못 써져도 되지만 목돈은 큰돈이니까 잘못 써져서는 안 된다는 생각. 그래서 잔돈은 헤프게 썼거나 잘못 썼거나 심지어는 잃어버렸어도 "그것 얼마 안 되는데 뭐" 하면서 대수롭지 않게 넘겨 버리는 일. 그러나 신중히 생각해 보라. 돈이 귀하면 큰돈이나 잔돈이나 다 같이 귀한 것이다. 돈을 아끼는 것은 죄가 아니다. 돈을 사랑함이 일만 악의 뿌리가 된다(딤전 6:10).

돈을 사용할 때는 그 액수가 많건 적건 반드시 필요한 데 사용해야 한다. 반드시 필요한 곳이라면 적은 액수가 들어가도 써야 하고 큰돈이 들어가도 아낌없이 써야 한다. 그러나 불필요한 곳이라면 큰돈도 써서 안 되고 적은 액수를 써서도 안 된다. 그것은 모두가 낭비이기 때문이다. 돈을 많이 모은 사람들에게 물어보라. 그들이 적은 돈은 아무렇게나 써도 된다고 생각하는가. 큰돈이라고 반드시 써야 할 때 쓰지 않았느냐고. 돈에 대한 올바른 가치관이 돈을 모으도록 했는지 모른다. 돈에 대한 올바른 가치관은 잔돈이라고 가볍게 여기지 않고 큰돈이라고 무겁게 여기지 않는 태도다.

재물이 내 안주머니 속에 들어와 나의 주인 노릇을 할 때, 그것은 나를 천박하게 만들고 재물의 노예가 되게 한다. 그러나 그것이 나의 종이 되어서 내가 하고자 하는 선한 일에 쓰임 받으면 그것은 제 가치를 발휘하고 나를 품위 있는 사람이 되게 한다.

성경은 한 사람이 두 주인을 섬길 수 없다고 했다. 하나님과 재물을 겸하여 섬기지 못한다고 했다(마 6:24). 만약 물질이 자신의 주인이 되어 있는 사람은 벌써 타락의 길에 들어선 것이고, 그는 낙타가 바늘구멍에 들어가기보다 천국 문에 들어가기 더 어렵게 된 상태라 할 수 있을 것이다(마 19:24).

간섭干涉에 대하여

간섭을 좋아할 사람은 없다. 간섭이란 남의 일에 부당하게 참견하는 것을 말한다. 자기 일은 자기가 결정하고 자기가 시행하는 것이다. 미흡한 점이 있으면 남의 도움이나 조력을 받을 수는 있다. 그런데 내 일에 허락도 없이 전혀 다른 사람이 끼어들어 꼭 자기 일처럼 감놔라 배놔라 한다면 누가 좋아하겠는가.

남의 나라가 내 나라 내정에 간섭하는 것을 원하는 주권국가는 없다. 남의 기업이 내 기업에 대해서 간섭하는 것을 원하는 기업가는 없다. 내 사생활에 끼어드는 남을 누가 유쾌하게 받아들일 수 있는가? 그렇다. 누구나 자기 일에 대하여 자율적이기를 원한다. 심지어 오늘날은 자식들이 부모의 개입을 간섭으로 여겨 불편하게 생각하기도 한다. 사실 부모로서는 어린 자식의 친구관계, 이성관계, 진로문제 등이 염려가 되어 조언이라도 하려 들면 그것을 간섭으로 간주하여 짜증을 내는 자식들이 있는 것이다.

하물며 문외한이나 식견이 부족한 사람이 친분관계를 빌미로 내 일에 간섭하려 들 때 그것을 순순히 용납할 수 있겠는가. 물론 남의 어려움에 도움을 주고자 하는 의도는 인정할 수 있다. 그러나 자기 일에 열심히 매진하고 있는데 전혀 엉뚱한 일로 끼어드는 것은 바람직하지 않다. 아무리 고마운 의도를 가지고 있다 할지라도 적당한 거리와 예절을 지켜야 한다. 그렇지 않으면 선한 의도도 퇴색하기 마련이다.

나는 젊어 이래 은퇴할 때까지 목회자의 길을 걸어왔다. 한 번도 외도의 길을 생각지 못했다. 오직 성경에 기본을 두고 목회를 했다. 너무 무능하고 고지식했는지 모른다.

그러나 나는 지금도 목회자는 성경에 고지식해야 한다고 믿는다. 거기에 사람의 생각이나 자기주장이나 세속을 끌어들이면 안 된다고 생각한다. 그러면 그것이 타락이요, 세속화요, 인본주의가 아닌가. 이런 나에게 더러 중직이라는 사람이 목회에 직간접적으로 개입하려 들었다. 다시 말하면 간섭하려 한 것이다. 물론 이론적으로는 그럴 듯하고 그럴 만한 이유를 든다. 적어도 포장만은 그럴 듯하게 하는 것이다. 이런 배경에는 대부분 목회자의 의중이나 처사를 못마땅하게 여기는 심사가 내재되어 있기 마련이었다.

중요한 것은 그런 조언이나 요구나 개입이 성경적인가 하는 것이다. 거의가 아니었다. 좀더 정확하게 말하면 세속적인 방법이나 개인적인 욕심이 개입되어 있는 것이다. 누가 그런 사람하고 다투려 하겠는가? 그러나 신실한 사람의 길을 걷고자 하는 사람이라면 그른 것에 손들어 줄 수는 없는 법이다.

더구나 그런 문제를 들고 접근하는 사람이 자기 일에 충실하고 성공적으로 살아가는 사람이라면 조금은 이해가 간다. 자기 일에 성공했으니 자기 성공적 노하우를 제공하며 도우려고 한다고 생각할 수 있다. 문제는 자기가 자기 마음대로 경영하는 일에도 부실하면서, 다시 말하면 실패한 사람이 간섭하는 것이다.

사실 내가 지금까지 겪어온 경험으로 말하면 자기 일에 성공하고 열심을 내는 사람은 남의 일에 개입하거나 간섭할 시간의 여유가 없는 것 같았다. 더 열심히 또는 충실히 일해서 교회에 도움을 주려고 애쓰는 것이었다.

자기 일도 제대로 감당하지 못하는 사람의 부당한 개입이나 간섭을 우리는 어떻게 받아들일 수 있을까? 속된 표현으로 "너나 잘해!"가 아니겠는가. 간섭하기 좋아하는 이들이여, 충고하노니 자기 일부터 잘 하시라. 그리고 원하지 않는 곳에 끼어들어 담당자를 괴롭히지 말라. 정말 중요하게 개입하고 싶은 게 있으면 덕을 세우고 질서 있게 돕는 방법을 모색하라. 그것도 도움을 요청할 때 하기를 생각하면 좋으리라.

감각感覺에 대하여

감각이란 사물을 보거나 느껴 받아들이는 정신작용이다. 감각기관에 포착된 외부의 자극이 뇌의 중추에 도달하여 일어나는 의식 현상이다. 흔히 센스sense라고 하는 것이다. 사람에 따라서 어떤 분야에 예민하게 알아차리는 경우가 있는데 그것은 그쪽 방면의 감각이 발달했기 때문이다. 예를 들면 운동선수는 운동 감각이 예민하다. 정치가는 일반 사람보다 정치 감각에 예민하고 재벌들은 경제 감각이 뛰어난 사람들이다. 학문적, 예술적 감각도 마찬가지다. 학자는 학문적 감각이 뛰어나고 예술가는 예술 감각이 예민하다. 그래서 그들은 자기에게 주어진 그 예민한 감각을 잘 활용하여 자기 분야에서 성공을 거두기도 하는 것이다.

우리 몸에는 다섯 가지 감각기관이 있다. 눈, 귀, 혀, 코, 피부다. 우리가 흔히 말하는 시각, 청각, 미각, 후각, 촉각이 이 감각기관을 통해서 전달되는 것이다. 물론 이런 감각기관이 선천적으로나 후천적으로 상처를 입으면 제 기능을 발휘하지 못한다. 그러면 우선 불편하다. 우리는 주변에서 불편하게 살아가는 시각 장애인이나 청각 장애인들을 많이 만날 수 있지 않은가. 이런 장애를 입으면 정신적 영역에도 영향을 미칠 수 있다. 그러나 나는 여기서 영적 감각에 대해서 생각해 보고 싶다.

성경은 최초의 인간 아담이 범죄함으로 하나님과의 교제가 끊어졌음을 말한다. 그리고 이처럼 하나님과의 관계가 끊어진 것을 영적 죽음으로 표현한다. 그리고 중보자로 오신 예수 그리스도를 영접할 때만 하나님과 관계가 다시 이어질 수 있고 이런 현상을 영적 회복이라 한다. 따라서 영적 회복이 없는 사람은 영적 세계에 대해서 알 수 없다. 이 사실을 성경은 "하나님의 지혜에 있어서는 이 세상이 자기 지혜로 하나님을 알지 못한다"고 했고(고전 1:21), "신령한 일은 신령한 것으로 분별한다"고 했다(고전 2:13).

예수님은 당시 백성들이 이러한 신령한 영적 감각이 없음을 개탄하신 바 있다. 하늘로부터 오는 표적을 구하는 바리새인과 사두개인들을 향하여 "너희가 저녁에 하늘이 붉으면 날이 좋겠다, 하고 아침에 하늘이 붉고 흐리면 오늘은 날이 궂겠다, 하나니 너희가 날씨는 분별할 줄 알면서 시대의 표적은 분별할 수 없느냐"(마 16:2-3)고 하셨고, 당 시대를 비유하여 아이들이 장터에 앉아 제 동무를 불러 이르되 "우리가 너희를 향하여 피리를 불어도 너희가 춤추지 않고, 우리가 슬피 울어도 너희가 가슴을 치지 아니하였다 함과 같다"고 하셨다(마 11:16-17). 영적 감각이 무디어 있음을 말씀하신 게 아니겠는가.

우리가 살고 있는 이 세상은 지금 어디를 향하여 달려가고 있는가. 어둠이 짙어져도 깨닫지 못하고 완악한 일이 수없이 일어나도 두려운 줄을 모른다. 물질이 신神으로 바뀐 지 오래고 육신적 쾌락이 사회를 지배하며 폭력이 난무하고 있어도 도무지 두려워하지 않는다. 영적 감각이 없기 때문이 아니겠는가. 정신이 황폐화되고 도덕 불감증에 걸려 신음하고 있는 모습이다. 감각이 없는 것이다. 흘러가는 세상풍조에 편승하여 흐느적거리는 모습은 마치 죽은 물고기가 흘러가는 물에 떠내려가는 형국이다.

성경은 종말기가 도래하면 거짓 선지자들이 다량으로 출현한다고 했다. 전쟁과 다툼이 일어나고, 지진이나 기근과 같은 자연 재해가 일어나고, 불법이 성하고 사랑이 식어질 것이라 했다. 지금 이 세대가 그렇지 않은가. 오죽했으면 성경이 이 세대를 본받지 말라고 하겠는가(롬 12:2). 성경은 깨어 있으라 한다. 각성하라는 뜻이다. 육신의 욕구대로 살아가면 반드시 망한다. 말씀에 순종하며 신앙에 나태하지 않도록 성령에 매여 살아야 한다.

세기의 탕아였던 어거스틴이 어느 날 이 말씀을 읽고 회개하여 새 사람의 길을 걸었다 하니 우리도 이런 계기를 만들어 영적으로 깨어 있는 사람의 길을 걷도록 하자.

"또한 너희가 이 시기를 알거니와 자다가 깰 때가 벌써 되었으니 이는 이제 우리의 구원이 처음 믿을 때보다 가까웠음이라. 밤이 깊고 낮이 가까웠으니 그러므로 우리가 어둠의 일을 벗고 빛의 갑옷을 입자. 낮에와 같이 단정히 행하고 방탕하거나 술 취하지 말며 음란하거나 호색하지 말며 다투거나 시기하지 말고 오직 주 예수 그리스도로 옷 입고 정욕을 위하여 육신의 일을 도모하지 말라"(롬 13:11~14).

감사感謝에 대하여

감사란 내가 받은 혜택에 대한 고마운 마음의 표시를 말한다. 성경은 범사에 감사하는 것이 그리스도 예수 안에서 우리를 향하신 하나님의 뜻이라고 했다(살전 5:18). 이는 호의나 혜택뿐 아니라 불행하게 여겨지는 일 앞에서도 감사해야 한다는 뜻이다. 하나님의 섭리나 은혜 안에서는 그것이 지금은 비록 불행하게 여겨질지라도 합력하여 선善을 이루기 때문이다(롬 8:28).

왜 감사가 필요한가. 감사를 권하는 것은 인간으로 하여금 행복하게 살기를 원하시는 하나님의 뜻의 반영이다. 생각해 보자. 감사의 반대 개념은 불평이나 원망이다. 사람이 매사에 불평하면서 행복할 수 있을까. 언제나 긍정적으로 주어진 사건이나 상황을 본다면 감사할 수 있다. 그 감사가 행복을 가져다주는 것이다.

또한 감사를 권하는 다른 하나는 사람답게 살아야 한다는 의미다. 미물이나 짐승은 감사를 모른다. 물론 본능적으로 자기에게 잘해주는 주인에게 따르고 순종할 수는 있다. 이것은 인격적으로 감사하는 것과도 다르다. 그러므로 은혜나 혜택을 입고도 감사하지 못하는 사람을 금수만 못하다고 표현한다. 성경도 "소는 그 임자를 알고 나귀는 그 주인의 구유를 알 건마는 이스라엘은 알지 못하고 나의 백성은 깨닫지 못한다"는 말씀으로 감사를 모르는 사람을 질책하고 있다(사 1:3). 성경은 "하나님을 알되 하나님을 영화롭게도 아니하며 감사하지도 아니하고 오히려 그 생각이 허망하여지며 미련한 마음이 어두워졌다"고 했다(롬 1:21).

예수님도 감사를 모르는 사람에게 섭섭함을 나타낸 일이 있다. 어느 날, 열 명의 나병환자들이 예수님을 만나 불쌍히 여겨달라고 외쳤다. 예수님은 그들에게 제사장에게 가서 너희 몸을 보이라고 했다. 당시에는 제사장이 나병의 발병이나 치료됨을 판정하였기 때문이다. 그들은 예수님의 말씀을 듣고 제사장에게 갔다. 그들은 믿음이 있었다. 병 낫기 전에 제사장 앞으로 갈 수 있는 순종심이 있었다. 그런데 놀라운 일이 일어났다. 제사장에게 가는 도중에 나병이 고쳐진 것이었다. 그들은 믿음과 순종으로 기적을 체험한 것이었다.

문제는 그 후의 일이었다. 그 중의 단 한 명만 예수께 돌아와 감사를 했던 것이다. 예수님은 이를 보고 "열 사람이 다 깨끗함을 받지 아니하였느냐? 그 아홉은 어디 있느냐?"고 하셨다(눅 17:11-19). 혜택을 입고도 감사를 모르는 사람들에게 섭섭함을 드러낸 것이다. 그렇다. 감사는 혜택을 입은 사람이 혜택을 준 사람에게 보여주어야 하는 태도이며 도리다.

생각해 보면 우리는 그동안 얼마나 많은 혜택을 받고 살아왔는가, 하나님으로부터 받은 은혜가 크다. 하나님의 은혜로 구원을 받았고 새 생명을 얻었다. 그리고 수시로 도움과 보호와 인도를 받고 있다. 세상에서는 부모형제를 비롯하여 국가와 이웃과 심지어는 얼굴도 모르는 사람들로부터 수많은 도움과 혜택을 받으며 살고 있다. 실로 사람은 혼자는 살 수 없다. 감사한 일이다.

감사하며 살자. 감사할 일이 줄을 이을 것이다. 그것이 행복 아니겠는가. 행복한 사람은 내게 없는 것을 두고 불평하는 게 아니라 내게 주어진 모든 것과 형편에 대하여 감사하는 것이다.

실로 감사는 만족에서 온다. 바울 사도는 고백했다. "내가 궁핍하므로 말하는 것이 아니니라. 어떠한 형편에든지 나는 자족하기를 배웠노니 나는 비천에 처할 줄도 알고 풍부에 처할 줄도 알아 모든 일 곧 배부름과 배고픔과 풍부와 궁핍에도 처할 줄 아는 일체의 비결을 배웠노라"(빌 4:11-12).

실로 바울 사도는 형편과 처지를 초월하여 만족하며 감사했다. 그것이 행복을 누리는 비결이다. 우리는 행복하기 때문에 감사하는 것이 아니라 감사하기 때문에 행복한 것이다.

개성個性에 대하여

세상에 똑같은 사람은 없다. 비슷한 사람은 있어도 똑같은 사람은 하나도 없다. 얼굴도 다르고 성품도 다르고 능력에도 차이가 있다. 이 말은 다른 사람과 구별되는 나만의 특성이 있다는 뜻이 될 수 있다. 그렇다. 이처럼 다른 사람이나 개체와 구별되는 내 고유의 특성을 개성이라 한다.

그러므로 어느 분야에서 뚜렷한 족적을 남기고 싶다면 자기의 개성을 찾아 발전시켜야 할 것이다. 선천적으로 타고난 자기의 것을 가지고 나가야 한다. 강아지는 강아지로서 특성이 있다. 강아지가 고양이의 삶을 산다면 이미 강아지라 할 수 없다. 노래를 하는 사람이 다른 사람의 창법을 그대로 모방하고 흉내를 낸다면 그 사람의 수준을 뛰어넘을 수는 없다. 흔히 남의 목소리를 흉내 내어 부르는 모창이 다른 사람을 즐겁게 할 수는 있어도 본래의 가수를 뛰어넘지 못하기 때문에 성공하기는 어렵다. 그러므로 훈련을 받는 동안에는 여러 사람의 창법을 섭렵할 필요는 있지만 결국은 그 모든 창법을 극복하고 자기만의 개성적인 목소리를 내야 한다.

추사 김정희는 명필이다. 그가 명필이라는 이름을 얻기 전에는 누구의 필체를 가볍게 생각했겠는가. 여러 사람의 필체를 쓰면서 배우다가 자기의 독특한 필체를 만들어 냈을 것이다. 그것이 이른바 추사체秋史體이다. 이런 개성과 실험 정신이 없으면 인정받기 어려운 세상이다. 그래서 오늘의 시대를 개성시대라 하지 않는가. 자기의 것을 가지고 나가야 한다. 특별히 문학이나 예술 같은 계통에서는 개성이 녹아 있지 않으면 인정받기가 어렵다.

그러나 개성이라고 해서 아무 문제가 없는 것은 아니다. 그 개성이 객관적으로 볼 때 유치하거나 천박하다면 무슨 의미가 있겠는가. 꾸준히 향상을 꾀하여야 한다. 그래서 고상하고 품위 있는 개성을 만들었을 때 비로소 사람들의 주목을 받게 되는 것이다.

사람은 누구나 태어날 때부터 개성적이었다고 봐야 한다. 모습도, 성품도, 특기도, 취미도 다르게 가지고 태어나서 일생 그 범주에서 갈고 닦으며 향상시켜 나간다고 봐야 한다. 그 개성을 어떻게 찾아내며 효율적으로 관리하고 발전시켜 자기만의 독특한 것으로 만들어 가느냐가 중요한데 이는 자기 노력의 부분이다. 내 개성이다, 하면서 개발하고 노력하지 않는다면 주목받을 수는 없다. 자기의 개성을 살리자. 자기에게 주어진 달란트를 최대한으로 발전시켜 발휘하자. 그리고 그 개성을 내게 허락한 분을 위하여 선하게 나타내자. 그러면 내 개성은 인류에게 공헌하는 것이 될 것이다.

개척 開拓에 대하여

개척은 일종의 도전이요, 모험이기도 하다. 어떤 분야든 새로 시작할 때는 도전정신이 필요하다. 모든 일에는 성패가 있기 때문에 그 시작은 모험이 될 수 있고 용기가 필요하다. 성공했을 때 돌아올 보람과 찬사는 용기를 북돋아 주지만 만약 실패한다면 어떻게 될까, 하는 불안은 시작을 주저하게 만든다. 그래서 많은 사람들이 개척의 도전보다는 편하게 안일한 길을 찾으려 든다. 그게 무사안일주의다.

그러나 세상은 새로운 세계에 대한 도전정신과 용기있는 사람들에 의해 발전되어 왔음을 알아야 한다. 탐험가들의 미지의 세계에 대한 호기심은 생명을 걸고 처녀지에 발을 들여놓게 만든다. 그들의 거듭된 실패 끝에 이루어진 성과가 결국 그 세계를 밝혀 놓는다. 발명가들의 끊임없는 연구가 결국 새로운 것을 만들어 인류 발전에 기여를 한다. 황무지를 개척해 옥토를 만드는 일, 새로운 시장을 개척하여 판매를 촉진시켜 부富를 창출하는 일들은 하루아침에 이루어지지 않았다. 실패를 거듭하면서도 줄기찬 노력과 도전으로 이루어졌다. 많이 모이는 교회도 처음엔 소수의 인원이 영혼구원이라는 기치를 들고 개척하여 전도함으로 이룬 것이다. 실로 어느 분야의 개척은 이론적으로 누구나 할 수 있지만 아무나 하는 것은 아니다. 도전정신이 있는 용기있는 사람이 하는 것이다.

　이스라엘이 애굽을 나와 광야 40년을 거치고 드디어 약속의 땅 가나안을 정복하여 각 지파별로 기업을 나누던 시기였다. 요셉 자손(에브라임과 므낫세)이 자기들이 큰 민족이 되었음에도 한 제비, 한 분깃만 주심으로 땅이 부족하다고 여호수아에게 항의한 일이 있었다(수 17:14). 이에 여호수아는 네가 큰 민족이 되므로 에브라임 산지가 좁다면 브리스 족속과 르바임 족속의 땅 삼림에 올라가서 스스로 개척하라고 타일렀다(수 17:15). 그때는 얼마든지 개척하여 기업을 넓힐 수 있었던 시기였기 때문이었다. 그럼에도 요셉 자손은 그 산지가 우리에게 넉넉하지도 못하고 골짜기 땅에 거주하는 모든 가나안 족속에게는 다 철병거가 있다고 했다. 요셉 자손은 그런 땅들이 평지가 아닐 뿐 아니라 싸워야 할 가나안 족속들은 그때 벌써 첨단 무기인 철병거로 무장하고 있어서 용이하지 않다고 오히려 두려워하고 있었다(16절). 여호수아는 가나안 족속을 두려워하며 안일을 구하는 요셉 자손에게 너는 큰 민족이요, 큰 권능이 있은즉, 한 분깃만 가질 것이 아니라 그 산지도 네 것이 되리니 비록 삼림이라도 네가 개척하라고 했다. 가나안 족속이 비록 철병거로 무장한 강한 족속이라 할지라도 네가 능히 그들을 쫓아내게 될 것이라고 격려했다. 한마디로 당시 요셉 자손들은 개척정신이 결여되어 있었다. 이미 하나님께서 이스라엘에게 주기로 약속하고 그곳 원주민들을 쫓아내라고 허락한 땅임에도 그들을 두려워하고 있었던 것이다. 그러나 두려움에는 형벌이 있는 법이다(요서 4:18).

　그러나 동시대의 갈렙은 달랐다. 그는 당시 85세로 가나안 땅에 들어온 이스라엘 중에서 최고령이었다. 그는 40세에 정탐꾼 11명과 함께 이 땅을 탐지하고 돌아온 경험을 가지고 있는 사람이었다. 그 당시 다른 정탐꾼들이 가나안 원주민들의 신체조건과 무장한 내용, 그리고 싸움을 준비하여 이룩한 견고한 성읍과 험한 지형들을 이유로 가나안 사람들과 싸워 보았자 승산이 없다면서 그들에 비하면 우리는 메뚜기 같다고 애굽으로 돌아가는 게 옳다고 부정적인 보고를 했다. 그러나 갈렙은 여호수아와 함께 하나님께서 허락하셨기에 우리가 그들과 싸워 이길 것이며 결국 그 땅을 차지하게 될 것이라고 주장했다. 그들이 아무리 무장한 사람들이라 할지라도 우리의 먹이에 불과하다며 하나님을 거역하지 말고 또한 그들을 두려워하지 말자고 했다(민 14:9). 이 믿음의 보고를 공로로 인정하여 모세는 갈렙에게 하나님께 충성하였으므로 네 발로 밟는 땅은 영원히 너와 네 자손의 기업이 되리라고 했다(수 14:9). 이는 갈렙이 원하는 대로 어떤 땅이든 차지할 수 있다는 의미였다. 그러나 그는 안일하게 앉아서 좋고 넓은 땅을 차지하려 들지 않았다. 지난날 가나안을 정탐하던 시절과 같이 지금도 여전히 강건하므로 헤브론 산지를 개척하겠다고 지도자 여호수아에게 요구했다. 그는 그곳에 사는 기골이 장대한 아낙 자손과 크고 견고한 성읍이라 할지라도 여호와께서 자신과 함께하시면 그들을 쫓아낼 것이라고 확신했다(수 14:12).

결국 갈렙은 그 개척정신으로 아낙 자손이 살던 헤브론 땅을 싸워서 기업으로 얻게 되었다. 개척은 누구에게나 수월하지 않다. 어렵기 때문에 사람들은 남이 이루어놓은 곳에 발을 들여놓고 현상유지에 급급하려 든다. 그러나 개척이 어렵기 때문에 실패할 수도 있지만 결국 보람과 승리는 개척자에게 주어지는 것이다. 그래서 개척은 도전이요, 용기다. 도전자에게 보람이 주어진다. 그러므로 우리에게는 무엇보다 내게 능력 주시는 자 안에서 모든 것을 할 수 있다는 확신이 필요하다(빌 4:13).

건강에 대하여

건강에 대한 관심이 그 어느 때보다 많은 것 같다. 건강에 대한 관심이 많다는 것은 그만큼 건강이 우리의 삶에 소중한 요소가 되었다는 뜻이리라. 실로 건강이 소중하다는 것을 모르고 지낸 때는 없었겠지만 그래도 가난하여 먹고사는 일에 급급할 때는 이보다 덜 관심거리였던 것 같다.

그런데 요즘은 만나면 서로 건강 상태부터 나누는 형편이 되었다. 건강에 대한 금언도 많다. "돈을 잃으면 조금 잃은 것이고, 명예를 잃으면 많이 잃은 것이고, 건강을 잃으면 다 잃은 것이다"라는 말이나 "건강은 건강할 때 지키라"는 말도 그 많은 말 중의 하나다.

나이가 들면서 신체 기능이 현저히 떨어지는 것이 손에 잡히듯, 눈에 보이듯 나타날 때 건강에 대한 금언들이 실감나게 느껴진다. 병원에 가는 횟수가 늘고 조금만 활동을 많이 하면 피곤해 눕고 싶어진다. 건강을 유지해야겠다는 생각을 하면 먹고 마시는 것, 운동하고, 잠자는 것 등 어느 하나 소중하지 않은 것이 없다.

결국 젊을 때도 그렇지만 나이 들면서 가장 소중한 것이 건강이고, 최후 승리는 건강한 사람이 차지하게 될 것이라는 신념이 생겼다. 실로 실력이 남다르고 인품이 출중하다 하는 사람도 건강을 잃고 드러누우니 그의 모든 것이 단번에 무너지는 것이었다. 그러니 과연 누가 건강에 대한 관심을 소홀히 할 수 있겠는가.

매스컴이 취급하는 프로그램을 살펴보면 건강에 대한 것이 절반 이상을 차지한다고 해도 과언이 아니다. 건강을 위한 운동, 건강을 위한 섭생, 건강을 위한 약품, 건강을 위한 보건 상식, 청결한 환경, 질병 예방, 각종 질환에 대한 치료, 거기에다 정신건강을 위한 심리치료, 스트레스 예방 등 어떻게 일일이 다 거론할 수 있겠는가. 그런가 하면 여러 종교 방송에서는 영적건강을 위한 경건생활을 강조하고 있다. 그렇다. 건강이라 하면 육신의 건강을 먼저 생각하게 되지만 사실 육신의 건강은 정신건강과 무관하지 않고 더욱이 영적생활과의 관계도 무시할 수 없다.

그런가 하면 개개인이 건강치 않으면 가정이 병들고, 나아가 사회가 병들고, 병든 사회는 결국 인류를 병들게 한다는 것은 상식이다. 그러므로 우리가 건강을 도외시할 수 없는 세상에서 살고 있는 것은 분명하다. 사람은 태어나는 순간부터 세상을 떠나는 순간까지 아프지 않았으면 하는 소망을 가지고 살지 않을 수 없다.

그럼에도 우리의 주변에는 건강을 지켜주려고 노력하는 환경이 있는가 하면 오히려 건강을 해치려는 환경이 있다. 주변에 있는 그 많은 학문과 종교와 교육이 꼭 유익하기만 하던가. 나를 위한 것이 아닐 수도 있다. 유혹은 많고 그것을 이겨낼 힘은 빈약하다고 할까. 건강을 위한다는 것이 오히려 건강을 해하는 일도 많은 것이다. 그리고 그런 건강을 해하는 것들은 더욱 전염성이 많다.

음식이라는 것에 대해서 잠깐 생각해 보자. 맛있게 먹자고 첨가하는 것이 해를 자초하는 것이 얼마나 많은가. 보약이라고 생각하는 것이 오히려 독약이 되는 것이 왜 없겠는가. 건강에 좋다는 운동도 심하면 오히려 해로울 수 있다.

그러니 어떻게 해야 하는가? 그 많은 건강 상식을 어떻게 다 지킬 수 있으며, 서로 다른 의견을 내는 치료자의 말을 어떻게 다 수용해야 하는가? 고로 나는 생각한다. 건강에 대해 너무 집착하는 것도, 지나치게 조심하는 것도 무리가 될 수 있다고. 오히려 욕심 없는 평범한 생활 속에 평안한 마음과 감사의 삶을 사는 것이 지나치게 건강을 위한 삶보다 건강한 삶이 될 것이라는 생각. 건강을 위하여 살기보다 건강이 따라오는 삶을 사는 게 옳다는 생각!

게으름에 대하여

게으름이란 일하기 싫어하는 성미나 버릇을 말한다. 한마디로 말해서 고약한 것이다. 일할 능력이 없다거나 할 수 없어서 못하는 것이 아니라 넉넉히 할 수 있는 지혜도 있고 능력도 있는데 하지 않는 버릇이다.

잠언서 기자는 "게으른 자는 자기의 손을 그릇에 넣고서도 입으로 올리기를 괴로워하느니라"고 했다(잠 19:24, 26:15). 자기 입으로 들어가는 음식도 손으로 들어올리기를 괴로워할 정도라면 다른 일은 어떻게 하겠는가.

흔히 게으름은 남에게 직접적인 피해를 주지 않으니 과히 큰 죄는 아닐 것으로 생각하기가 쉽다. 그러나 아니다. 예수님의 달란트 비유를 보면 게으름이 얼마나 큰 죄인가를 알게 한다(마 25:14-30).

어떤 주인이 타국으로 가면서 종들을 불러 그 재능대로 달란트를 나누어 주었다. 한 사람에겐 다섯 달란트, 한 사람에겐 두 달란트, 그리고 또한 사람에게는 한 달란트가 주어졌다. 물론 받은 달란트를 잘 활용하라는 뜻이었다. 다섯 달란트와 두 달란트 받은 사람은 주인이 떠나자마자 열심히 장사를 해서 각각 다섯 달란트와 두 달란트를 남겼다. 그러나 한 달란트 받은 종은 그것을 땅에 묻어 두었다.

오랜 후에 주인이 돌아와서 종들과 결산을 하는데 다섯 달란트 받았던 종은 열 달란트를 내놓고, 두 달란트를 받은 종은 네 달란트를 내놓았다. 주인은 그들에게 "잘 하였도다, 착하고 충성된 종아, 네가 적은 일에 충성하였으매 내가 많은 것을 네게 맡기리니 네 주인의 즐거움에 참여할지어다"고 칭찬했다.

그러나 한 달란트 받은 종에게는 "악하고 게으른 종"이라고 책망을 하면서 그 종이 가지고 있는 한 달란트마저 빼앗아 열 달란트 가진 종에게 주었다. 그러면서 "무릇 있는 자는 받아 풍족하게 되고 없는 자는 그 있는 것까지도 빼앗기리라"고 했다.

여기서 잠깐 생각해 보자. 우리는 흔히 모든 사람이 빈부의 격차 없이 사는 것이 공평한 것으로 알기 쉽다. 그렇게 사는 사회를 원하기도 한다. 그런데 예수님의 이 비유를 보면 똑같이 나누어 사는 것이 공평이 아니라는 것을 알 수 있다.

만약에 양적量的으로 공평하게 하려면, 다섯 달란트 받았던 종이 내놓는 열 달란트와 두 달란트 받았던 종이 내놓는 네 달란트, 그리고 한 달란트 받았던 종이 땅에 묻어두었다가 꺼내어 가지고 온 한 달란트를 모두 합치면 열다섯 달란트가 되는데 이것을 세 등분해서 각각 다섯 달란트씩 나누어 주면 된다. 그런데 그렇게 하지 않는다. 이것은 부지런한 사람이나 게으른 사람이나 똑같이 나누어 갖는 것이 공평이 아니라는 뜻이다. 오히려 진정한 공평이란 부지런한 사람이 더 가지고 게으른 사람이 덜 가지는 것이라는 사실을 부각시키고 있는 것이다.

그렇다. 노력하지 않고, 일하지 않고 똑같은 대우나 대접을 받고자 하는 것은 공평이 아니다. 수고를 더 많이 하고 노력을 더 많이 하고 열심을 낸 사람이 더 가져야 하는 것이 참된 공평인 것이다. 그래서 게으른 것은 악한 것이고 죄다. 당연히 그들은 이 세상에서 가난할 수밖에 없는 것이다. 성경은 누차 이 점을 강조하고 있다.

"게으름이 사람으로 깊이 잠들게 하나니 태만한 사람은 주릴 것이니라"(잠 19:15).

"자기 일을 게을리하는 자는 패가하는 자의 형제니라"(잠 18:9).

"손을 게으르게 놀리는 자는 가난하게 되고 손이 부지런한 자는 부하게 되느니라"(잠 10:4).

그 외에도 게으른 자가 가난하여질 수밖에 없음에 대해서 성경은 많이 말씀하고 있다(잠 20:4, 21:25, 12:27, 13:4).

예수님의 달란트 비유에서 또 하나 깨닫게 하는 것은 게으른 사람은 주인에게 해를 끼치는 사람이라는 것이다. 실로 게으른 사람은 어느 사회에서든지 일꾼으로 부적합한 사람이다. 자기는 물론이지만 남에게 해를 끼치는 사람이다. 자기 가정이 빈곤하고(전 10:18), 직장에서는 거리끼는 자가 된다(잠 10:26). 자세히 살펴보면 게으른 사람이 불평과 불만이 많고 원망도 잘 한다. 신실하지도, 정직하지도 못하니 용기가 없고 두려움도 많다.

그러므로 성경은 영적으로나 육신적으로 우리가 게을러서는 안 된다고 가르친다(히 6:12, 벧후 1:8, 계 2:3, 대하 29:11). 부지런하여 게으르지 말고 열심을 품고 주를 섬기라고 권면한다(롬 12:11). 심지어 미물인 개미를 선생님으로 모시고 배우라고 한다.

"게으른 자여, 개미에게 가서 그가 하는 것을 보고 지혜를 얻으라. 개미는 두령도 없고 감독자도 없고 통치자도 없으되 먹을 것을 여름 동안에 예비하며 추수 때에 양식을 모으느니라. 게으른 자여, 네가 어느 때까지 누워 있겠느냐. 네가 어느 때에 잠이 깨어 일어나겠느냐. 좀 더 자자, 좀 더 졸자, 손을 모으고 좀 더 누워 있자 하면 네 빈궁이 강도같이 오며 네 곤핍이 군사같이 이르리라"(잠 6:1-11, 24:30-34).

게으름은 결코 빠져들어서는 안 되는 정신이요, 멀리하고 기피해야 하고 추방해야 할 대상이다.

격려에 대하여

잘못한 사람에게 잘할 수 있도록 용기를 주거나 잘한 사람에게 더 잘하도록 의욕을 돋우어 주는 것을 격려라 한다. 그렇다면 이 세상에 살면서 격려가 필요 없는 사람이 있을까? 이를 아시기 때문에 하나님은 당신의 백성들을 매일 격려해 주신다.

이 세상은 어떤 곳인가. 선과 악이 혼재해 있는 곳이다. 따라서 싸움이 수없이 일어나는 곳이다. 무기를 가지고 대적과 싸우는 전쟁도 수없이 일어나지만 배후에서 조종하고 역사하는 악한 세력과의 싸움도 끝이 없다. 이런 싸움을 성경은 선한싸움이라 한다. 이런 싸움을 하나님의 도움과 격려 없이 이길 수 있겠는가.

바울 사도는 자기의 생애를 마감할 즈음에 내가 선한싸움을 싸우고 믿음을 지켰노라고 고백했다(딤후 4:7). 결국 하나님에 대한 신뢰와 믿음을 지키는 것이 선한싸움이고 하나님의 뜻에 대항하는 세력과 싸워 이기는 것이 승리다. 바울은 하나님의 격려로 세상과 악한 세력과 자신을 이겼다.

하나님은 이스라엘 백성을 구출하기 위해 모세를 애굽의 바로에게 보냈다. 두려워하는 그에게 내가 너와 함께한다는 말씀으로 용기를 주어서 보냈다. 모세가 모압에서 죽자 하나님은 여호수아를 지도자로 세우고 그를 격려했다. "강하고 담대하라 두려워하지 말며 놀라지 말라 네가 어디로 가든지 네 하나님 여호와가 너와 함께하느니라"고 했다(수 1:9).

사람을 세우는 지도자는 격려할 줄을 안다. 책망은 자칫 낙심하게 만들지만 격려는 용기를 준다. 그러므로 하나님은 곤경에 처하는 당신의 모든 백성에게 격려하신다. 대적과 싸우러 나가는 전사에게, 복음을 전하러 나가는 사명자에게 두려워하지 말 것을 격려했다. 그리고 그 격려를 힘입은 사람은 모두 승리했다. 이 격려에 힘입어 승리한 바울 사도는 결국 "내게 능력 주시는 자 안에서 나는 모든 것을 할 수 있다"는 고백을 남길 수 있었다(빌 4:13).

그렇다. 우리 모두는 하나님을 믿는다. 하나님이 우리와 함께하시며, 위기에서 보호해 주시며, 어려울 때 도와주시고, 환난에서 피할 길을 주시며, 시험을 이길 수 있도록 능력을 주신다는 것을 믿는 사람이다.

그러므로 우리는 서로 훼방하거나 헐뜯거나 낙심시키는 사람이 아니라 서로 격려하여 함께 하나님의 뜻을 이루어 나가야 한다. 성경은 서로 돌아보아 사랑과 선행을 격려하라고 했다(히 10:24).

그렇다. 우리는 하나님께서 주신 공동의 목표를 향해 함께 나아가야 한다. 그럴 때 격려보다 더 좋은 힘이 없다. 하나님이 우리와 함께하신다는 격려, 하나님이 우리를 도와주신다는 격려, 하나님이 우리로 이기게 해주신다는 격려가 결국 우리를 승리로 이끈다.

낙심하여 우는 자가 있는가. 외면하지 말라. 다시 일어설 수 있다고 격려하라. 조금 미흡한 부분이 있는 자가 있는가. 비웃지 말라. 다음엔 잘 할 수 있다고 격려하라. 그는 그 어려움을 극복할 것이다.

격려 한마디가 용맹스런 사람, 지혜 있는 사람을 만들어 낸다. 너도 할 수 있다고 격려해 주셨던 선생님과 선한 친구의 격려로 우리가 여기까지 왔고 한 번도 신뢰를 버리지 않았던 부모님의 격려로 우리가 여기까지 왔다. 그러나 그 누구보다 하나님의 격려를 받아들인다면 우리는 누구나 하나님의 선한 일에서 승리자가 될 수 있다. 지금도 하나님은 우리에게 격려를 하고 계신다.

"두려워하지 말라 내가 너와 함께 함이라 놀라지 말라 나는 네 하나님이 됨이라 내가 너를 굳세게 하리라 참으로 너를 도와주리라 참으로 나의 의로운 오른손으로 너를 붙들리라"(사 41:10).

이 격려를 수용하는 사람은 누구나 궁극적으로 인생의 승리자가 된다.

결별訣別에 대하여

헤어진다는 것은 섭섭한 일이다. 물론 좋지 않은 관계를 청산하면서 헤어지는 경우는 오히려 속시원하다 할지 모르지만 일반적으로 함께 교제를 가지고 살다가 그 관계를 끊는 이별이나 결별은 마음 아픈 경우가 더 많다. 부모님이 돌아가셔서 다시 볼 수 없다는 것은 상실감과 함께 큰 아픔으로 다가온다. 요즈음에는 부부 간에도 이혼이라는 절차를 거쳐 헤어지는 일이 많다. 권장할 수 없는 아픈 일이다.

그러고 보면 사람은 일생 살면서 헤어졌다가 만나고, 만났다 헤어지는 경우가 많다. 오죽했으면 "헤어지기 위해서 만난다"는 말이 나오고 좀 아이러니하지만 "사랑하기 때문에 헤어진다"는 말을 남기고 단절하는 경우도 있다.

친절했던 관계가 가족의 반대나 여러 가지 상황 때문에 헤어질 수밖에 없다면 누가 뭐래도 슬픈 일이다. 그래서 우리 사회의 대중가요는 이별을 주제로 한 노래가 사랑을 주제로 한 노래 다음으로 많다.

그러나 결별이 때로는 유익한 경우도 있다. 예전에 대가족제도 아래서는 3대가 한 지붕 밑에서 살자니 불상사도 적잖았다. 물론 가족 간의 사랑과 우애와 어른에 대한 존경 등 많은 유익도 있었지만 갈등도 심했다. 특별히 고부 간의 갈등은 사회문제화되기도 했다. 이제 산업사회, 정보사회로 이어지면서 그 문제가 자연스럽게 해결된 점도 있다. 핵가족화되었기 때문이다. 어떤 면에서는 좋은 점도 있다. 가족끼리 갈등하며 싸우기보다는 멀리 떨어져 살면서 간혹 가다 만나면 반가울 수밖에 없게 된다.

성경에 결별하는 장면들이 나온다. 아브라함이 조카 롯과 가나안 땅에 들어와서 헤어진다. 아들이 없는 아브라함과 부모가 없는 조카 롯은 갈대아 우르라는 고향을 떠나 낯선 곳 가나안에 들어와서 혈족의 인연 때문에 얼마나 화목했겠는가. 그러나 살림이 불어나면서 서로 자기 주인에게 충성하려는 아브라함의 종들과 롯의 종들이 한정된 목초지를 놓고 다투기 시작했다. 이를 지켜보던 아브라함은 결국 조카를 불러놓고 결별하기를 선언했다. 이방 민족들이 보는 데서 혈족끼리 싸우는 것이 마땅치 않다며 네가 우하면 내가 좌하고 네가 좌하면 내가 우하겠다고 선택권까지 양보하며 헤어졌다. 같이 살면서 싸우는 것보다 결별이 낫다고 생각한 것이었다. 그러나 아브라함은 늘 조카가 떠난 소돔 성을 향하여 기도하며 보내야 했다. 후에 소돔이 유황불로 멸망당할 때 하나님은 아브라함의 기도를 들으시고 롯을 화염에서 건져내 주셨다.

신약시대에는 바울과 바나바의 갈등을 소개하고 있다. 두 사람은 안디옥 교회의 파송으로 1차 전도여행을 잘 마쳤다. 그러나 제 2차 전도여행을 시작하기에 앞서 바나바는 마가 요한을 대동하고 떠나자고 하였고 바울은 거절하였다. 이는 마가 요한이 1차 여행 당시 허락도 없이 일행으로부터 이탈하여 예루살렘으로 돌아온 일 때문이었다. 바나바는 그런 경력이 있어도 그를 데리고 가자고 주장하였고 바울은 신실하지 못한 사람과는 또다시 같이 할 수 없다고 맞섰던 것이다. 결국 두 사람은 심히 다툰 나머지 피차 헤어지고 말았다. 바나바가 용서하자는 주장이었다면 바울은 사람의 신실성을 중요시한 결과였으리라. 그래서 바나바는 마가 요한을 데리고 구브로 쪽으로 떠났고 바울은 새로운 인물인 실라를 택하여 수리아와 길리기아 지방으로 떠났다(행 15:38-41). 결별이었다.

이런 사건을 통하여 우리는 사랑을 강조하고 주님의 사랑을 누구보다 강조했던 사도들도 다툴 수 있다는 것을 깨달으며 그러나 하나님은 그런 경우에도 손해를 보지 않는다는 것을 알게 된다. 즉 한 팀의 전도대가 두 팀의 전도대로 나누어져 복음을 전하는 결과를 낳았기 때문이다. 그러나 이러한 특별한 경우를 제외하고 우리는 성령이 하나 되게 하신 것을 힘써 지켜야 할 것이다. 신앙과 사랑으로 하나 되고 단결해서 복음을 전해야 할 것이다.

우리는 헤어지기 위해서 만난다고 하지만 믿음 안에서는 다시 만나기 위해서 헤어진다고 보아야 한다. 우리 모두 이 세상에서 주님의 은혜로 열심히 사명 감당하다가 헤어지고 후에는 천국에서 다시 만나는 기쁨을 얻게 될 것이기 때문이다. 우리들 하나님의 백성은 만나기 위해서 헤어지는 것이다.

겸손에 대하여

성 어거스틴(St. Augustinus, 354-430)은 성도에게 있어 가장 소중한 덕목을 겸손이라 했다. 어디 성도뿐이겠는가. 겸손은 모든 사람이 갖추어야 할 덕목이다. 겸손하므로 그 사람은 존경을 받고 인정을 받게 되는 것이다. 겸손은 자신을 낮추고 남을 높이는 정신이다. 성경은 권하기를 "자기보다 남을 낫게 여기라"고 했다(빌 2:3). 그리고 겸손한 자의 본보기로 예수 그리스도를 들고 있다. 그는 근본 하나님의 본체지만 오히려 자기를 비워 종의 형체를 가지사 사람들과 같이 되셨고 사람의 모양으로 오셨을 뿐 아니라 하나님께 죽기까지 복종하셨다고 했다. 그런 예수님을 하나님은 지극히 높여 모든 이름 위에 뛰어난 이름을 주어 하늘에 있는 자들과 땅에 있는 자들과 땅 아래에 있는 자들로 모든 무릎을 예수님의 이름에 꿇게 하셨다고 했다(빌 2:6-10). 예수님 스스로도 "나는 마음이 온유하고 겸손하니 내 멍에를 메고 내게 배우라"고 하셨다(마 11:29).

과연 예수님은 겸손했다. 모든 사람을 인격적으로 차별하지 않았고 사회적 약자들을 불쌍히 여기며 그들의 친구가 되어 치료자가 되셨다. 당시 사회적 통념은 세리나 창기를 멸시했지만 예수님은 그들과 식사하며 인격적으로 대접했다. 그들을 멸시하는 자의 외식과 교만을 질타했다. 그렇다. 겸손은 남의 인격을 존중하는 것이다. 성경은 이런 겸손이 존귀의 길잡이라 했다(잠 15:33). 반면에 교만을 멸망의 선봉이라 했다(잠 18:12, 29:23).

왜 사람들은 남을 멸시하고 하대하는가? 교만해서다. 자신이 남보다 많이 가졌다고 느낄 때 그렇지 못한 사람이 부족해 보이는 것이다. 자신이 남보다 많이 안다고 생각할 때 그렇지 못한 사람이 어리석게 보일 것이다. 자신의 지위가 높다고 자부한다면 그렇지 못한 사람이 한없이 무능해 보일 것이다. 그러나 그렇다고 해서 왜 그들이 멸시와 천대의 대상이 되어야 하는가. 없는 것이 죄는 아니다. 못 배우고 지체가 높지 않는 것이 잘못이 아니다. 그들은 자기 위치에서 열심히 살고 있는 것이다. 오히려 그들은 교만한 사람들보다 순박하고 겸손한 태도로 살고 있을 수 있다. 남을 존중하고 배려하면서 사는 칭찬받을 성품을 가지고 있는 것이다.

그렇다. 사람을 외모로 보며 멸시의 대상으로 삼지 말아야 한다. 그들에게는 나름의 살아가는 방법이 있고 훨씬 고상한 인격과 겸손함이 있을 수 있다. 도둑질하지 않고 정직한 사람, 술수에 능하지 않고 겸손한 인격자, 이런 사람들이 가난하다고, 못 배웠다고, 지체가 낮다고 멸시한다면 그것은 인격을 제대로 갖추지 못한 교만한 자들의 횡포다. 사람은 누구나 천부적인 인권이 있다. 그 인권은 누구나 존중받아야 한다. 특별히 그가 불의를 미워하고 거짓을 기피하는 사람이라면 어떤 환경에 처해 있다 할지라도 존중받아야 마땅하다.

남을 나보다 낮게 여기자. 그들에게도 나보다 나은 훌륭한 점이 있기 마련이다. 그들을 높이면 은혜는 내게로 온다. 사람들은 나의 겸손을 보고 따를 것이고 하나님은 영광을 내게 안겨 줄 것이다.

경계境界에 대하여

애굽에서 430년 동안 종살이하던 이스라엘 민족이 모세의 지도 아래 자유를 얻었다. 그들은 하나님께서 약속해 주신 가나안을 향하여 들어가면 되었다. 그러나 하나님에 대한 불신과 불순종으로 40년 동안 광야에서 유리방황하며 훈련을 받아야 했다. 그리고 드디어 그들은 모압 평지에 도달하였고 곧 요단강을 건너면 꿈에도 그리던 가나안에 들어갈 수 있게 되었다.

여기서 하나님은 모세를 통하여 이스라엘에게 지시했다. 그 땅에 들어가면 거기에 살고 있던 원주민을 몰아내고 점령하여 그 땅의 주인으로 거주하라고(민 33:52-53). 이 명령은 땅의 진정한 주인이신 하나님께서 이스라엘 민족에게 기업으로 주시는 것이요, 특별히 지난날 아브라함에게 약속했던 언약을 지킨다는 신실함을 보여주는 것이었다.

그러나 하나님은 이스라엘 민족이 당신이 택한 민족이기 때문에 땅을 무한정으로 주시는 것이 아니라 한정된 지역만을 허락하신다고 했다. 그것은 그들이 차지할 땅에 동서남북으로 경계가 있음을 밝혀줌으로 분명하게 드러난다(민 34:1-12).

또한 가나안 내의 땅은 각 지파별로 공정하게 기업을 나눠 갖도록 했는데 그 방법은 인구를 고려하여 수효가 많은 지파에 많은 기업을, 수효가 적은 지파에는 적은 기업을 주도록 했다. 거기에 제비뽑기 방식을 채택하여 서로 좋은 땅을 차지하고자 하는 분란을 미리 차단해 버렸다(민 33:54). 실로 공정하고 공평한 하나님의 방법이었다. 그리고 이 기업으로 받은 땅들은 경계를 분명히 하도록 하여 서로 남의 땅에 욕심을 내지 못하도록 했다. 그뿐 아니라 개인적으로도 자기에게 주어진 땅에 만족하고 욕심을 내지 못하도록 경계석을 옮기지 못하도록 율법으로 정해 놓았다(신 27:17, 잠 22:28). 그렇다. 내 땅과 남의 땅을 구분하는 경계가 필요했던 것이다.

바울 사도는 아덴에서 전도하는 중에 하나님께서 "인류의 모든 족속을 한 혈통으로 만드사 온 땅에 살게 하시고 그들의 연대를 정하시며 거주의 경계를 한정하셨음"을 설파한 바 있다(행 17:26). 그렇다. 전 세계에 흩어져 사는 모든 사람은 아담의 혈통이다. 하나님은 그 모든 사람의 연대를 정하셨다고 했으니 개인의 수명이나 나라의 장래도 그분의 섭리 안에 있다는 뜻이 아니겠는가. 또한 거주의 경계까지 한정하셨다고 했으니 열방의 영토까지 범위를 세밀하게 정하셨다는 뜻이 될 것이다.

우리는 모든 영역에 경계가 있음과 그 경계의 중요성을 알아야 한다. 경계란 일이나 물건이 어떤 표준에 의해 서로 분간되는 자리를 의미한다. 이 경계를 서로 뛰어넘지 않는 것이 질서요, 예절이다. 도덕이나 윤리에도 넘어서는 안 되는 경계가 있다. 어떤 직책에서도 자기 한계를 뛰어넘으면 월권이 된다. 웃시야 왕은 나라를 잘 다스린 훌륭한 왕이었지만 나라가 강성하여지자 교만해져 제사장이 하는 일을 했다. 즉 성전에 들어가서 향단에 분향을 한 것이다. 당시 제사장이었던 아사랴가 말렸지만 그는 듣지 않았다가 결국 나병이 들어 일생을 별궁에서 마쳐야 했다(대하 26:16-21). 왕과 제사장의 경계를 망각하여 일어난 불상사였다.

터놓고 사는 것이 자유스러운 것 같지만 사실 자기 위치나 경계를 지키지 않으면 사회는 부도덕하고 무질서해지고 다툼과 전쟁은 필연적으로 일어난다. 국가 간의 전쟁이나 알력도 알고 보면 영토에 대한 경계를 무시하고 자기들의 소유로 삼으려는 욕심에서 비롯되고, 통치자가 더 많은 권력으로 군림하기 위하여 경계를 무시하기 때문이 아니겠는가.

옛 사람들이 말했다. "이웃과 사이좋게 지내야 하지만 울타리는 없애지 말라." 울타리가 경계다. 울타리조차 없앤 이웃과의 친절한 관계는 위험하다. 결코 오래 지속될 수가 없을 것이다.

하나님과의 관계에도 물론 경계가 있다. 사람은 절대로 하나님이 될 수 없다. 이 경계를 무시하려 든다면 위험한 사람이다. 짐승과의 경계가 있다. 사람이 이 경계를 무시하고 짐승 같은 생활을 한다면 부끄러운 일이다. 경계가 어디에나 있다는 것을 알고 주의하여 지켜야 한다. 그것이 사람답게 사는 비결이다. 눈에 보이는 경계도 있고 눈에 보이지 않는 경계도 수없이 많다.

경쟁에 대하여

이 세상에서 살아가려면 원하든, 원치 아니하든 경쟁을 피할 수 없다. 많은 사람 중에 선택을 받으려거나 앞서 가려면 경쟁에서 이겨야 한다. 본래 경쟁이란 이기거나 앞서 가기 위해서 서로 실력을 겨루거나 다투는 것이다.

대통령은 한 나라에 한 명이면 된다. 그런데 대통령을 하고자 하는 사람이 여럿이다. 자연히 경쟁에서 한 사람이 여러 사람을 떨어트려야 한다. 학교나 직장에 들어가야 하는데 정원은 적고 지원자는 많다. 당연히 실력을 겨루는 경쟁에서 다른 사람을 물리쳐야 한다. 운동 경기를 하거나 사업을 하거나 무엇을 하든지 내가 이기려면 경쟁자를 떨어트려야 한다. 이 말은 곧 나를 떨어트리려 하는 경쟁자가 있다는 뜻이다.

이런 경쟁에서 밀리면 떨어지고 세상은 그를 패배자로 인식하려 든다. 이런 세상에서 패배를 원하는 사람이 있겠는가. 뒤지는 것을 부끄럽게 여기는 사람은 많아도 기뻐할 사람은 없다. 이를 알기 때문에 사람들은 연습하고, 훈련하고, 노력하고 실력을 쌓아서 경쟁자를 물리치려 한다. 그리고 당당히 승리자가 되고 싶어 한다.

이런 세상이고 보니 사람은 태어나면서부터 자연스럽게 경쟁에 익숙해질 수밖에 없다. 알고 보면 이 세상은 살벌한 곳이다. 남을 이기거나 떨어트리지 않으면 뒤처지는 비정한 곳이다. 같은 학급에서 사이좋게 공부하면서도 다른 사람을 떨어트리지 않으면 1등을 할 수가 없다. 짝꿍이 경쟁자다. 사업을 해도 남보다 이익을 많이 내야 성공자가 된다. 손을 잡고 협력도 하며 친절하게 악수는 하지만 속으로는 경쟁자다. 싸워야 할 대상이 있고 남보다 더 머리를 써야 이길 수 있다. 얼마나 끔찍한가. 그래서 생존경쟁이란 말이 아무렇지 않게 사용되고 있다. 경쟁은 한두 번으로 끝나는 것이 아니라 죽기까지 해야 할 뿐 아니라 내가 죽고 나면 후손들까지 해야 한다. 그래서 무한 경쟁이다. 개인적인 경쟁으로 끝나지 않고 국가적으로 경쟁하고 그래서 전쟁도 불사한다.

이런 조류 속에서 경쟁 없이 똑같이 잘 살 수는 없을까 하는 생각이 싹틀 수 있다. 공동으로 생산하고 공동으로 분배하자는 사회주의체계는 그래서 이상적일 수 있다. 그러나 이런 체계는 현실적으로는 실패했다. 인간에게 내재해 있는 죄성罪性을 간과했고 구체적으로 말하면 경쟁이 없었기 때문이었다. 여기서 경쟁의 순기능을 말하게 된다. 즉 서로 앞서려고 경쟁하다 보니 실력이 늘어나고, 서로 많은 소출을 얻고자 경쟁하다 보니 생산량이 늘어난 것이다. 노력한 만큼 재산을 늘릴 수 있으므로 사람들은 더욱 땀을 흘렸고 그 결과 부富를 창출했다는 것은 얼마나 매력적인 일인가! 그래서 자본주의는 공산주의를 앞설 수 있지 않았는가.

그러나 이런 태도는 인간의 죄성과 이기주의를 자극한 것으로 엄격히 말해서 사람이 만든 제도로서 우수할 수는 있어도 하나님나라의 윤리는 아니다. 진정한 하나님나라의 윤리는 나를 희생하여 남을 유익하게 하는 사람에게서 실천되는 것이다. 그곳은 경쟁하지 않고 나누며 사랑한다.

어떻게 그럴 수 있느냐. 성경은 성령으로 충만할 때 가능하다고 가르친다. 초대교회는 온 교회가 성령으로 충만했다. 그때 상황을 성경은 이렇게 묘사한다. "믿는 사람이 다 함께 있어 모든 물건을 서로 통용하고 또 재산과 소유를 팔아 각 사람의 필요에 따라 나눠주며 날마다 마음을 같이 하여 성전에 모이기를 힘쓰고 집에서 떡을 떼며 기쁨과 순전한 마음으로 음식을 먹고 하나님을 찬미하며 또 온 백성에게 칭송을 받으니 주께서 구원받는 사람을 날마다 더하게 하시니라"(행 2:44-47).

또 하나의 예를 들어보자. 이스라엘 백성이 애굽에서 나와 광야생활을 할 때다. 광야에서 이동하며 40년을 살아야 했기 때문에 경작도 할 수 없었다. 경작할 수 있는 땅도 아니었다. 이때 그들은 경쟁할 필요가 없었다. 광야에서 먹을 것이 없으니 하늘만 쳐다보아야 했다. 힘든 생활이었지만 하늘에서 내리는 만나가 있었기 때문이다.

결론으로 돌아가자. 사람들은 세상에 사는 동안 현실적으로 경쟁을 피할 수 없다고 생각한다. 하나라도 더 얻고, 한 걸음이라도 앞서 가고, 조금이라도 더 높은 곳에 앉아야 성공이라고 경쟁을 기정사실화한다. 그렇기 때문에 옳은 것은 아니다. 우리가 그리스도 안에서 천국을 바라보며 살고자 하는 것은 천국은 영원히 경쟁 없이 사랑과 평화가 있기 때문이다. 그곳을 바라보는 사람은 그래도 사랑을 실천하려고 노력해야 할 것이다.

계단階段에 대하여

산을 오르내릴 때 계단이 있으면 편리하다. 계단이란 높이가 다른 곳으로 움직일 때 밟고 오르내릴 수 있도록 여러 턱으로 만든 설비를 말한다. 계단을 이용할 때는 조심해야 한다. 힘이 넘친다고 계단을 뛰어 오르거나 뛰어 내리면 안 된다. 오를 때 쉬 지치고 내려올 때 위험하다. 그러므로 아무리 조급하더라도 한 계단, 한 계단을 조심스럽게 오르내려야 한다.

비단 계단을 오르내릴 때뿐이겠는가. 모든 일에는 순서와 질서가 있어서 차례를 거쳐야 안전하다. 그래서 단계라는 것이 있다. 일이나 어떤 현상이 순차적으로 진행되는 과정을 말하는 것이다. 예를 들면 학교를 들어가도 초등학교를 거쳐 중등학교에 들어가고 그 과정을 마치면 대학 과정에 들어가야 정상이다. 특별한 경우가 아니면 1학년, 2학년 하는 식으로 과정을 거치게 된다. 직장 생활에도 직위의 단계가 있고 공부나 기술이나 그 밖의 모든 활동에도 초보 단계에서 시작하여 전문 과정을 거치게 되는 것이다. 그래서 그 방면에서 일가를 이룬다면 완성 단계라 할 수 있다.

그럼에도 우리 사회에는 이런 단계를 무시하려는 경향이 더러 있다. 쉽게 이루고, 빨리 성취하고자 하는 욕심이 그런 생각을 부추기는 것이다.

그러나 그런 생각이 당장은 옳은 것 같고 잘하는 것 같아도 반드시 부작용을 잉태하기 마련이다. 제 과정을 거치지 않은 실력에는 허점이 나오게 되어 있다. 결국 모든 일에는 왕도가 없다고 봐야 한다. 꾸준히 한 계단, 한 계단 밟고 오르는 것이 결국 안전하고 빠른 길이다.

운동하는 사람이 기초 체력을 도외시하고 선수로 대성할 수 있는가. 기초 학문, 기초 과학의 연마 없이 높은 경지에 오를 수 없다. 꾸준한 노력과 경험을 통하여 인격이 만들어지는 것처럼 세상의 모든 원리는 과정을 필요로 한다. 아무리 급해도 실을 바늘의 허리에 매어 쓸 수는 없다. 오히려 급하면 돌아가라는 속담도 있다. 천천히 걸어도 정도正道를 걷는 것이 가장 빠른 길이고 안전한 길이다. 빨리 가겠다고 정도를 무시하면 그것이 위법이다. 그것이 불법이 된다. 급히 먹은 밥에 체한다는 속담은 우리에게 무엇을 가르치는가. 더디더라도 단계를 거치라는 교훈이다. 계단이나 단계는 구색을 갖추거나 모양을 갖추기 위해서 만들어진 게 아니다. 결과에 도달하고자 하면 끊임없이 노력해야 한다. 차근차근 완성의 길을 걷는 것이 튼튼한 것이다. 빨리보다는 안전이요, 서두르기보다 정도를 걷는 것이 올바른 삶을 사는 방법이다. 위대한 인물은 고난의 계단을 하나하나 거쳤다. 요셉은 애굽에 팔려가 종살이도 하고 죄수 생활하다가 국무총리가 되었고 모세는 40년 동안 미디안에서 양치기 생활하고 나서 이스라엘을 구원하는 지도자로 쓰임 받았다. 다윗은 10여 년 동안을 생명을 해하려는 사울 왕으로부터 쫓겨 다니는 고난을 받고 이스라엘의 왕이 되었다.

우리는 지금 어디까지 와 있는가. 오르는 중이면 확실히 계단을 밟아 오르라. 내려오는 중이면 더욱 방심치 말고 계단을 잘 밟고 내려오라. 내려오면서 방심하므로 사고가 나는 경우가 더 많다는 것도 기억해 두자.

고독에 대하여

고독을 느껴보지 않은 사람이 있을까. 따지고 보면 인간은 누구나 고독한 존재다. 고독하게 태어나서 고독하게 죽음을 맞는다. 살아가는 동안 어떻게 고독하지 않을까, 발버둥치다가 끝내 혼자 세상을 떠나야 한다. 고독하지 않으려고 친구를 사귀고, 결혼하고, 사업을 하고, 취미 생활을 같이 하기 위하여 동호인 조직을 하고, 같이 여행을 떠나기도 한다. 그래도 많은 사람 중에 나는 언제나 혼자다. 그래서 군중 속에서 고독이란 말이 나오고, 가장 중요한 결정은 혼자 해야 한다.

외로움, 그리움이란 말이 서정성을 지니고 있지만 실제로는 뼈 속까지 시린 감정이다. 소외감처럼 고통스런 감정도 없다. 요즈음엔 어려서부터 따돌림 당하는 아이가 정서 불안을 앓고, 늙으면 상대해 줄 사람이 없어 느끼는 외로움 때문에 자살까지 감행하기도 한다. 그런 고통에서 벗어나려고 돈을 쓰면서 환심을 사고 상냥하게 대하려고 애쓰기도 한다. 그러나 심연에 가라앉아 있는 고독이 그렇게 한다고 모두 해소되고 해결되는가.

깊어가는 밤, 나 혼자라는 생각에 엄습하는 고독이 얼마나 고통스러운가. 육신이 아픈 것보다 더 아프다. 예수께서 십자가를 앞에 두고 겟세마

네 동산에 올라 엎드렸을 때 얼마나 힘드셨을까? 제자들도 함께 갔지만 그들은 모두 남의 일처럼 여기고 잠들어 있었다. 내가 죽게 되었으니 깨어 기도하라, 너희가 한시도 나와 함께 깨어 기도할 수 없더냐? 하고 말씀 했지만 그들은 여전히 잠들어 있었다. 예수님은 혼자였다. 인류의 구속이라는 대업이었지만 자신을 십자가에 못 박아야 하는 고통이 수반되는 일이다. 그럼에도 함께하거나 도와주는 사람이 없었다. 하나님께서도 외면하고 계셨다. 이럴 때 오히려 주님은 자신을 알고 사명을 다 짊어질 수 있었을 것이다. 그렇다. 고독은 뼈 속까지 시리게 하는 고통이 따르지만 그러므로 자신을 돌아볼 수 있고, 자신의 참 모습을 아는 시간을 맞게 된다.

신앙인은 고독한 시간에 하나님을 만날 수 있다. 그렇다면 고독은 필요한 것이다. 평생 자신의 진면목을 모르고 절대자에 대한 인식이 없다면 삶의 의미를 갖고 산다고 할 수 있겠는가. 자신이 고독한 존재라는 것을 깨달을 때 하나님에 대한 사랑과 이웃에 대한 애정이 필요하다는 것을 알게 된다. 그렇다. 고독은 원수처럼 밉지만 친구처럼 다정하게 받아들여야 한다. 성숙한 인격을 위해 그것을 즐겨야 한다. 친구 삼을 수 있어야 한다. 떠들썩한 환경에서는 육신이 즐거울지 모르지만 고요한 환경에서는 영혼이 눈을 뜨고 살아난다. 그러면 사모하는 주의 영靈이 찾아오신다. 그는 나를 신령하게 하기 위하여 찾아오시는 반가운 손님 같은 분이다.

육신의 양식은 밥이다. 그러나 영혼의 양식은 말씀이다. 고요한 중에 들려오는 세미한 음성에 귀를 기울일 수 있으면 인생을 바르게 살 수 있으리라. 고독을 멀리하지 말며 참 자아와 가까이하고 절대자를 가까이 하자. 내 존재 의미를 알 때 영원을 알 수 있으리라. 열심히 살 수 있으리라. 사랑하며 살 수 있으리라. 감사하며 살 수 있으리라.

공평公平에 대하여

    누구나 공정하고 공평하기를 원한다. 그래서 우리는 불공정하고 불공평한 처사를 만나면 그 부당함을 지적하며 항의를 하게 된다. 사실 어떤 사안이든지 공정하지 못한 처사로 피해를 입으면 참기 어렵다. 소외감을 느끼고, 모욕을 느끼고, 자괴감이 생기고 억울하다. 그러므로 매사 공정해야 한다. 재판도 공정해야 하고 시민으로서의 대접도 공평하게 받아야 한다.

    그렇다면 과연 공평이란 무엇인가? 문제는 어떻게 공평할 수 있는가이다. 모든 사람이 똑같이 소유하고, 똑같이 생활하고, 똑같이 생각하고, 똑같이 살다가 심지어 죽는 것까지도 똑같아야 하는가? 이런 걸 공평이라 하고 그런 공평을 원한다면 세상에 공평은 있을 수 없다. 사람이 다르고, 성품이 다르고, 실력이 다른데 어떻게 획일적인 공평이 이루어질 수 있겠는가. 대통령이 되고 싶다고 모든 사람이 대통령이 되고 재벌이 좋다고 다 재벌이 되어야 하는가. 예수님의 달란트 비유를 통해서 진정한 공평이란 무엇인가를 알아보자(마 25:14-30).

    어떤 사람이 타국에 가면서 종들을 불러 자기 소유를 맡겼다. 한 사람에게는 금 다섯 달란트, 또 한 사람에게는 금 두 달란트, 그리고 또 한 사람에게는 금 한 달란트를 맡겼다. 물론 맡겨준 달란트를 잘 활용하게 하기 위해서였다. 우선 생각하면 이 비유에 나오는 주인은 불공평한 사람 같다. 어떻게 사람마다 다르게 맡기는가. 한 달란트 받은 종은 억울하지 않겠는가. 그러나 이것이 가장 공평한 처사다. 왜냐하면 주인은 각 사람의 재능을 알기 때문에 그들의 재능에 맞게 맡겼기 때문이다(마 25:15). 다시 말하면 다섯 달란트를 맡아서 운영할 만한 재능이 있기 때문에 그 사람에겐 다섯 달란트를 맡긴 것이다. 결국 두 달란트 맡은 사람은 두 달란트를 운영할 능력이 있고 한 달란트를 맡은 사람은 운영 능력이 부족하기 때문에 그렇게 맡긴 것이다.

달란트를 맡기는 주인이 바보가 아니다. 능력이 한 달란트밖에 안 되는 사람에게 다섯 달란트를 맡기면 그가 능히 감당할 수 있겠는가. 불가능하다. 또한 다섯 달란트 운영 능력이 있는 사람에게 한 달란트밖에 맡기지 않는다면 그것은 인재를 잘 관리하지 못하는 큰 손실이 된다. 실제로 비유에 나오는 주인이 오랜 후에 돌아와서 결산을 했는데 그 내용을 보면 명확하게 공평이란 무엇인가가 드러난다. 다섯 달란트 받은 종은 다섯 달란트를 남겼다. 그는 자신이 능력껏 일한 보람을 주인에게 내놓았다. 두 달란트 받은 종도 열심히 노력해서 얻은 두 달란트를 내놓았다. 이들은 공히 "잘 하였도다. 착하고 충성된 종아, 네가 적은 일에 충성하였으매 내가 많은 것을 네게 맡기리니 네 주인의 즐거움에 참여할지어다" 하는 칭찬을 받았다. 그러나 한 달란트를 받은 종은 땅에 묻어두었다가 주인이 결산할 때 그 한 달란트를 들고 나왔다. 그는 무능하였다. 한 달란트도 운영할 수 있는 자세도, 능력도 없었던 것이다. 이 사람에게 돌아온 것은 "악하고 게으른 종아" 하는 주인의 책망뿐이었다.

그렇다면 종들이 수고하여 얻은 달란트는 어떻게 분배했는가. 주인은 한 달란트를 받았지만 일하지 않고 땅에 묻어 두었다가 달랑 그 한 달란트를 가지고 결산에 참여한 종에게는 그 한 달란트조차 빼앗았다. 그리고 다섯 달란트를 받아 다섯 달란트를 남겨 현재 열 달란트를 가지고 있는 종에게 주었다. 그는 결국 열한 달란트를 가지게 되었다. 그는 지금 열한 달란트도 넉넉히 운영할 수 있는 사람이 된 것이다. 두 달란트를 받아 두 달란트를 남긴 사람은 이제 네 달란트를 가지게 되었다. 지난 날 적은 일에 충성하였더니 이제 좀 더 많은 일을 맡게 된 것이다. 그러나 한 달란트를 받았던 종은 이제 아무것도 없는 빈손이 되었다.

세 사람의 종이 가지고 있는 달란트를 합하면 열다섯 달란트다. 처음 여덟 달란트로 시작했는데 열다섯 달란트가 된 것이다. 그러면 어떻게 분배해야 공정하겠는가. 세 사람에게 똑같이 나누어 주면 각각 다섯 달란트씩을 주어야 한다. 그러나 주인은 그렇게 하지 않았다. 그렇게 하는 것은 숫자상으로는 공정이 될지 모르지만 그들이 가진 능력으로 보면 결코 공평한 처사가 아니기 때문이다. 결국 참다운 공평은 수효를 똑같이 나누어 주는 것이 아니라 각자에게 있는 실력에 따라 나누어 주는 것임을 알게한다. 실로 사람은 하나님으로부터 받은 은사와 기술과 능력과 지혜가 각기 다르다. 이렇게 다르게 주어진 것이 공평이라는 뜻이 된다.

그러므로 우리는 남이 가진 달란트가 내게는 없다고 불평하거나 낙심하지 말아야 한다. 하나님은 내게도 남들이 가지지 않은 달란트를 주셨기 때문이다. 세상에는 모든 것을 다 가진 사람이 없고 아무것도 가지지 않은 사람도 없다. 서로 합력하고 도와야 하는 이유가 여기에 있다. 우리는 달란트 비유에 나오는 주인을 통해서 들려주는 결론을 기억해야 한다.

"무릇 있는 자는 받아 풍족하게 되고 없는 자는 그 있는 것까지 빼앗기리라"(마 25:29). 일하지 않은 사람에게 똑같이 분배할 수 없다는 뜻이요, 참 공평이란 무엇인가를 깨우쳐주는 발언이다. 그러므로 성경은 "누구든지 일하기 싫어하거든 먹지도 말게 하라"고 말씀한다(살후 3:10). 그러므로 공동으로 생산하여 공평하게 분배하자는 공산주의식 이론은 그럴 듯하지만 허구다. 그것은 공평과 공정의 의미를 오해한 것이다.

여기서 한 가지 덧붙여 생각해야 할 것이 있다. 어렵게 살아가는 사람은 도와야 한다는 이른바 복지정책이다. 참 좋은 생각이다. 이 세상에는 넉넉하게 사는 사람도 많지만 가난하게 사는 사람도 많다. 성경은 "땅에는 언제든지 가난한 자가 그치지 아니하겠으므로 내가 네게 명령하여 이르노니 너는 반드시 네 땅 안에 네 형제 중 곤란한 자와 궁핍한 자에게 네 손을 펼지니라"고 했다(신 15:11). 예수님께서도 우리 곁에는 항상 가난한 자들이 있을 것이라 했다(마 26:11). 가난한 자들을 돕자는 의도는 장한 일이다. 그러나 참다운 복지정책은 부자의 재산을 빼앗아 가난한 자들에게 무상으로 나누어 주어 똑같이 부자 만드는 게 아니다. 받은 달란트를 활용하여 열심히 일하도록 하고 스스로 살아가도록 하는 것이다. 단, 전혀 노동력이 없는 사람에 한해서는 별도의 조치가 필요할 것이다. 그러므로 일하지 않고도 받아쓰려고 하는 것은 진정한 복지가 아니다. 거지를 만들어내는 일이 될 수 있다.

공평. 결국 그것은 똑같은 달란트를 똑같이 가지는 것을 의미하는 것이 아니라 서로 다른 달란트를 능력껏 발휘하도록 하여 서로 협력하고 도와서 공정한 사회를 만들어가는 노력이라 할 수 있을 것이다.

과정 過程에 대하여

시작이 있으면 끝이 있다. 그 끝이 성공이든 실패든 그 시작과 끝 사이에는 과정이 있기 마련이다. 어떤 아이가 태어나서 어른이 되었다면 반드시 성장과정을 거친 것이다. 어떤 사람이 자신의 장래를 위해서 목표를 세웠다고 하자. 그 목표를 이루기 위해서 그는 피나는 노력을 했다. 바로 그 피나는 노력이 목표를 이루는 과정이다. 자기 인생을 위하여 목표를 정하고 그 목표를 이루기 위해서 노력하는 것은 좋은 일이다. 그러나 목표 나름이다. 선하지 않은 목표를 세웠다면 좋은 일이나 옳은 일이 될 수 없다. 그런 목표라면 차라리 실패하는 게 낫다.

그러므로 선한 목표를 위해서는 반드시 전제되어야 할 사항이 있다. 자신의 이기적인 욕구를 채우기 위하여 사회에 해를 끼치는 것이어서는 안 된다. 다시 말하면 목표는 자신뿐 아니라 사회에 유익한 것이어야 한다. 그런 목표는 불의한 일이나 불법이 될 수 없다. 그것은 아름답고 고상할 뿐 아니라 사회 정의와 평화를 위한 것이어야 한다. 그리고 그런 목표를 세우고 성공시키려면 노력과 인내를 수반해야 한다. 또한 무엇보다 먼저 자신의 삶이 고상해야 한다. 고상한 삶의 과정이 결국 성공으로 이끌 것이다. 선한 목적을 위해서는 선한 과정이 필요하다는 뜻이다.

우리 사회에 "목적은 수단을 정당화한다"는 말이 있다. 목적을 이루기 위해서는 어떤 수단도 용납될 수 있다는 뜻인데 과연 그런가? 결코 아니다. 선한 목적을 가졌다면 그 목적을 이루는 수단도 선해야 한다. 예를 들어 가난한 사람들을 돕겠다는 목적을 세워 놓고 그 목적을 이루는 수단으로 도둑질을 해서 되겠는가. 아니다. 가난한 사람을 돕겠다는 훌륭한 목표를 세웠다면 내가 땀 흘려 노력한 대가로 도와야 한다. 도둑질 자체가 부도덕한 일인데 그런 방법으로 돕는다는 것이 선한 일이겠는가. 우리 속담에도 "모로 가도 서울만 가면 된다"는 게 있다. 위의 사상과 같은 맥락의 속담이다. 목적을 이루기 위해서는 어떤 길을 걸어도 되고 어떤 수단이나 방법도 괜찮다는 매우 불량한 사상이다. 그렇다면 반드시 배격되어야 할 사상 아닌가.

과정을 말할 때 반드시 짚고 넘어갈 사항은 또 있다. 서두르는 경향이다. 다시 말하면 반드시 거쳐야 할 과정을 뛰어넘으려 하는 것이다. 빨리 이루고자 하는 조급증은 절차를 무시하려 들고, 힘들고 복잡한 것은 생략하려 든다. 그러나 절차나 과정이 무시되거나 생략된 것이 안전할 수 있겠는가. 부실할 수밖에 없을 것이고 위험한 일이다. 그래서 대기만성大器晩成이란 말이 있다. 큰 그릇이 되기 위해서는 그만한 노력을 해야 하고 어려운 과정을 거쳐야 한다. 우여곡절, 산전수전을 겪어야 비로소 큰 그릇이 완성되는 것이다. 고난과 역경을 거치고, 눈물의 떡도 먹어보고, 슬픔도 경험해야 인생의 참 맛을 아는 것이지 어떻게 달콤한 꿀만 먹고 바른 성장과 성숙을 기대할 수 있겠는가.

과정을 중요시하자. 과정을 무시하지 말자. 과정을 바르게 겪는 동안에 성공이 만들어진다는 걸 알아야 한다. 고난을 겪지 않고 위대한 인물이라 칭찬받은 사람이 있는가. 피나는 노력 없이 목표점에 도달한 사람이 있는가. 참고 견디지 않고 성공한 사람이 있는가. 만약에 그런 사람이 있다면 그는 허울로만 성공한 사람일 것이다.

모든 사람은 삶의 과정을 걷고 있다. 바르게 그 과정을 소화한 사람에게 우리를 만드신 하나님의 칭찬이 있을 것이다. 과정을 가볍게 여기거나 무시하고 건너뛰려는 사람에게 칭찬이 있겠는가. 단언컨대 없다. 성공한 사람이나 성공한 사회는 그럴 수밖에 없는 과정을 진지하고 신실하게 거쳤다. 실패한 사람이나 사회는 실패할 수밖에 없는 이유가 있었기 때문에 그런 결과물을 받은 것이다. 우연히 잘 될 것이라는 기대는 갖지 않는 게 옳다. 운이 있으면 아무렇게 살아도 잘 된다는 미신과 우상에 속지 말자. 될 대로 되어라 하고 포기하는 삶을 사는 사람은 어리석은 자다.

사람은 누구나 자기를 경영하는 경영자다. 우연을 기대하고, 운명에 맡기며 될 대로 되라는 식으로 자포자기하는 삶을 사는 사람의 경영이 성공을 가져다주겠는가. 모름지기 사람은 자기에게 먼저 책임이 있다. 선한 목적을 세울 권리도 있고 의무도 있다. 그가 성도라면 반드시 하나님께 영광이라는 목적을 가지고 있을 것이다. 그 선하고 아름다운 목적은 우연히 성취되지 않는다. 바른 삶을 살아가는 과정에서 이루어지는 것이다.

쉽게 유명해지려 말자. 서둘러서 으뜸의 자리를 차지하려 말자. 쉽게 많은 것을 소유하려고도 말자. 무엇보다 하나님으로부터 인정을 받는 자가 되려고 노력하자. 그러는 가운데 사람들로부터 인정을 받게 되고 나를 필요로 하는 사람들과 나를 필요로 하는 곳이 만들어질 것이다. 그러면 그는 성공한 사람이다.

관계에 대하여(1)

우리는 관계 속에서 산다. 혼자 살 수 없다. 독불장군은 없다. 사실 이런 말은 하나마나하고 들으나마나한 말이다. 삼척동자도 다 아는 평범하고 상식적이라기보다 그 이하의 말이라 할 수 있기 때문이다. 문명이 발달하지 않은 원시사회에서도 사람들은 관계를 가지고 살았을 것이다. 서로 돕고 도움을 받으며 어려움을 같이 극복하고 살았을 것이다. 하물며 정보가 생활의 필수가 된 사회에서 관계는 더욱 긴밀하고 활발할 수밖에 없다. 나와 타자와의 관계는 얻기 위해서도 필요하지만 주기 위해서도 필요하다. 예절을 위해서도 필요하고 질서를 위해서도 필요하다.

실로 우리는 관계 속에서 살아간다. 관계 속에서 살아갈 수밖에 없다. 분명한 것은 관계를 바르게 하며 사는 사람이 인정을 받을 뿐 아니라 존경을 받는다는 사실이다. 다시 말하면 이 세상에서는 관계를 잘 맺고 사는 사람이 그렇지 않은 사람보다 교양과 인격을 가진 사람의 취급을 받는다는 것이다.

그렇다면 이 세상에서 우리는 누구 또는 무엇과의 관계를 맺어야 하며 그 관계를 맺음에 있어서 기본 정신은 무엇인가? 세상에는 수많은 관계가 있지만 기본적으로 분류하면 세 가지라 할 수 있다. 그것을 우리는 성경에서 찾을 수 있다. 하나님은 태초에 만물과 사람을 창조하시고 첫 사람, 아담과 하와가 선악과 범죄를 범하기 전에 세 종류의 문화명령文化命令을 주셨다. 이 명령 안에 사람이 맺어야 할 관계가 무엇이며 그 관계의 정신이 무엇인가를 밝혀 놓았다.

첫째 명령은 안식을 지키라는 것이다. 안식일은 하나님께서 6일 동안의 창조 사역을 마친 것을 기념하는 날이다. 이 날을 지키는 방법은 6일 동안의 육신을 위한 생활을 쉬면서 하나님께 예배드리는 것이다. 예배가 무엇인가? 사람이 자신을 지으신 창조주 하나님과 관계를 잊어버리지 않고 바르게 하는 것이다. 그 바른 관계는 하나님을 경외하는 마음으로 예배하는 것이다. 이것은 사람이 자기를 지으신 분에게 무한한 존경과 영광을 돌리는 것이요, 만물을 창조하셨을 뿐 아니라 영원히 섭리하시는 분에 대한 예절이 되는 것이다.

두 번째 명령은 남자와 여자가 결혼하여 한 몸을 이루라는 것이다. 이로써 사람과 사람의 기본 관계가 형성되고 가정이 탄생하는 것이다. 결혼으로 하나 된 두 사람은 행복을 위하여 서로 사랑해야 한다. 여기서 자녀가 탄생하고 이런 가정들을 통하여 사회를 이루며 다른 사람과 관계를 맺게 된다. 그래서 이런 인간관계의 기본 정신은 사랑이어야 한다. 남을 적대시하고 미워하고 불안케 하고 두렵게 하고 염려케 하는 모든 행위는 사랑에 반하는 것으로 창조주 하나님의 뜻이 아니다. 하나님의 사랑은 서로 이해하고, 배려하며, 돕고, 용서하고, 봉사하는 것이어야 한다.

세 번째 명령은 만물을 다스리는 것이다. 하나님은 창조물의 으뜸인 사람을 만들기 전에 만물을 먼저 지으시고 그것들을 정복하고 다스리라 했다(창 1:28). 이는 자연 만물을 경영하라는 뜻이다. 이는 만물을 사람에게 종속시키고 하나님의 뜻대로 사람은 그것들을 관리하고 가꾸고 보존하며 사용하라는 명령이다. 그러므로 인간이 근본적으로 환경과 생태계를 파괴하는 것은 옳지 않다.

물질도 마찬가지다. 그것들도 사람의 관리 대상이다. 사람은 재화를 정당하게 취득하고 바르게 사용해야 한다. 결코 재화는 다스림의 대상이지 숭배의 대상은 아니다. 그러므로 오늘날 가장 경계해야 할 사상 중의 하나는 물질을 하나님으로 섬기는 물질만능사상이다. 다스려야 할 물질을 하나님의 자리에 앉혀놓고 경배하는 사람이 얼마나 많은가. 그들은 물질을 얻기 위하여 자기 영혼도 팔고 있다. 끔찍한 일이다.

이상을 정리하면 인간은 대신 관계, 대인 관계, 대물 관계를 벗어날 수도 없고 벗어나서도 안 된다. 하나님께는 경외, 인간 사이에는 사랑, 물질은 지배의 관계를 유지해야 한다. 이것이 하나님의 창조 원리를 이해하며 사는 방법이다.

우리 인간은 어떻게 바르게 살 수 있는가. 어떻게 행복할 수 있는가. 어떻게 인간답고, 어떻게 윤택하게 살 수 있을까에 대해서 부단히 생각하고 노력한다. 그러나 이론적으로 그 방법은 어렵지 않다. 만물을 창조하신 하나님의 뜻을 거역하지 않으면 된다. 특별히 관계 개념에서 인간에게 주신 최초의 하나님의 문화명령을 인식하고 그 인식을 실천하는 데 있는 것이다.

관계에 대하여(2)

사람은 혼자 살 수 없다. 그래서 사회적 동물이라 했다. 우리는 다른 사람과 관계를 맺을 수밖에 없다. 나를 위해서도 관계가 필요하고 남을 위해서도 관계가 필요하다. 우리 사회는 서로 돕지 않으면 살아갈 수 없는 곳이다. 내가 만든 것을 남이 사용한다. 남이 사용치 않는 것은 다량으로 만들 필요가 없다. 남이 만든 것을 내가 사용한다.

우리는 얼마나 많이 남들이 만든 것을 내 것처럼 사용하며 살고 있는가. 그 많은 학술 및 예술 작품들, 그 많은 문명의 이기利器들, 실로 이런 것들을 공유하고 나누지 않으면 어떻게 편리를 도모한다고 할 수 있겠는가. 우리는 물질적인 것뿐 아니라 정신적인 것도 나누며 활용하고 있는 것이다.

사람은 또한 감정을 가지고 있다. 서로의 감정을 이해해 주는 데서 위로를 받고 감사하며 산다. 성경은 즐거워하는 자들과 함께 즐거워하고 우는 자들과 함께 울라고 가르친다(롬 12:15). 이런 행동이 진정한 이웃관계이고 좋은 관계다. 좋은 사회란 서로 동조하고, 격려하고, 합력할 때 이루어진다.

좋은 관계를 맺으며 살아가자. 그것이 짧은 세월 속에서 길게 사는 방법이다. 외톨이, 고독은 자기 자신에 대하여 숙고하고 자아와 만나고자 할 때 필요하지만 사회생활에서 그다지 환영할 것이 못 된다.

우리는 남을 유익하게 하고 기쁘게 하는 데서 행복을 찾아야 한다. 남의 행복을 위해서 살 수만 있다면 그는 행복할 것이다. 이 말은 남을 불행하게 만들어서 내가 행복하겠다는 생각이 있다면 그것은 망상이고 이룰 수 없는 일이라는 뜻이다. 남보다 많이 차지하고 싶다는 욕심, 남의 것을 빼앗거나 훔쳐서 잘살겠다는 이기주의는 살벌한 사회를 만들어 간다.

관계를 잘하자. 그러기 위해서 겸손해야 한다. 남을 나보다 낮게 여기고 높이는 관계를 맺자. 그러면 그는 인정을 받을 것이며 존경을 받게 될 것이다.

예수님은 창조주지만 사람으로 오셨다. 그리고 우리를 친구 삼아 주셨다. 겸손의 본보기다. 그리고 당신 자신을 하나님께 드리는 화목제물로 십자가 위에서 바쳤다. 이로써 원수 관계였던 하나님과 우리들을 아버지와 아들 관계로 만들어 주셨다. 그리고 우리에게 서로 화목하게 하는 자는 하나님의 아들이라는 일컬음을 받게 될 것이라고 가르쳐 주셨다(마 5:9). 이는 친절한 관계를 오히려 불화하게 만드는 일을 하는 사람은 악한 세력의 작용이란 뜻이다.

성경은 우리에게 화목하게 하는 직책이 주어졌음을 환기시키고 있다(고후 5:18). 하나님과의 관계, 이웃과의 관계가 원만하면 그는 정말 행복한 사람이다.

우리가 하나님께 드릴 것은 충성과 순종밖에 없다. 그리하면 하늘에서 보화가 내린다. 우리가 이웃과 나눌 것은 사랑이다. 원수까지도 미워하지 않고 용서하며 기도할 수 있는 경지에 이른다면 하나님으로부터 인정도 받지만 사람을 얻게 된다. 그들이 나를 도와주려 할 것이다.

우리의 원수는 하나님의 원수밖에 없다. 하나님의 원수는 내 원수가 되어야 마땅하다. 그러므로 하나님의 원수와는 관계를 끊어야 한다. 하와는 뱀의 말을 들었다가 망했다. 그러나 내가 맺은 원수는 하나님의 원수는 아닌 경우가 많다. 그는 사랑의 대상이다. 아, 힘든 사랑이여!

결론적으로 이것만은 기억하자. 관계를 잘하는 사람, 관계를 바르게 하는 사람, 바른 관계를 유지하는 사람은 하늘이 돕고 사람이 따른다는 것. 그러나 남을 이용하려거나 내 사소한 이익을 위하여 남에게 해를 끼치려는 사람의 결말은 실패라는 사실. 그들을 하나님이 돕지 않기 때문이다. 하나님이 인정하는 관계 속에서 살자. 그는 행복할 수밖에 없다.

구걸求乞에 대하여

　구걸은 비럭질이다. 남에게 빌어먹는 행위다. 먹고 사는 문제를 스스로 해결할 수 없어 다른 사람의 도움으로 연명하려는 태도다. 한마디로 불쌍한 사람의 태도다. 그러나 육신적으로나 정신적으로 어떤 장애가 있어 스스로 일해서 재화를 얻을 수 없기 때문에 구걸할 수밖에 없는 경우가 있다. 이런 사람들은 사회적 약자다. 이런 사람들이 어느 시대, 어느 사회에나 있다. 그래서 가난은 나라도 구제하지 못한다는 속담도 있다.

　우리가 추구하는 복지사회란 이런 사람들에게 손을 뻗치는 것이다. 성경을 비롯하여 도덕을 가르치는 모든 사상에는 이런 사람들에게 관심을 가져야 하고 사랑과 자비를 베풀 것을 요구하고 있다. 있는 사람에게 재화가 주어진 것은 없는 사람에게 베풀고 나누라는 의미임을 강조하고 약한 사람에게 선행과 봉사할 기회를 주고 있음을 말하기도 한다.

　그러나 일할 수 있는 능력과 건강도 가지고 있지만 타락한 정신으로 일하지 않고 남의 도움에만 의존하려는 사람이 있다면 사정이 달라진다. 불쌍한 사람이라기보다는 딱한 사람이다. 이런 사람은 정신적 치료를 통하여 어서 사회에 복귀시키는 게 급선무다.

선거 때마다 유권자들에게 표를 구걸하는 정치인들은 어떤가. 실력이 있으면 정정당당하게 임할 것이다. 그러나 실력이 없으면 수단과 방법을 가리지 않고 표를 구걸하여 당선을 꾀한다. 금전이나 향응을 제공하여 환심을 산다면 불법이다. 상대방의 약점을 드러내어 내가 그보다 우월하다고 헐뜯는 이른바 네거티브 작전도 부끄러운 것이고, 실현 불가능한 일도 가능한 것같이 말하면서 유권자들이 좋아하는 것에 어필하려드는 이른바 포퓰리즘도 추한 구걸이다. 우리는 이런 야비하고 비겁한 구걸 작전을 불쌍히 여길망정 동조는 하지 말아야 한다. 우리가 그들에게 주어야 할 것이 무엇이겠는가. 동정표는 사회를 혼란케 한다. 부도덕은 안 된다는 것과 무질서가 통하지 않는다는 것을 보여주어야 한다.

우리는 베풀고 나누는 삶을 살아야 한다. 예수님도 "주는 것이 받는 것보다 복이 있다"고 하셨다(행 20:35). 그리고 베푸는 사람이 하나님으로부터 많이 받게 된다는 취지로 "주라, 그리하면 너희에게 줄 것이니 곧 후히 되어 누르고 흔들어 넘치도록 하여 너희에게 안겨 주리라"고 하셨다(눅 6:38). 있어도 거지처럼 살면 불행하고, 없어도 베푸는 정신으로 살면 행복하다.

어느 날, 베드로와 요한이 기도하러 성전으로 올라가는데 사람들이 나면서부터 걷지 못하는 사람을 메고 와 성전 미문에 두었다. 성전에 들어가는 사람들로부터 구걸하도록 하기 위함이었다. 그가 베드로와 요한에게 구걸하였다. 그러나 베드로와 요한은 돈이 없었다. 베드로는 그를 향하여 "우리를 보라"고 했다. 그리고 무엇인가 얻으려 하는 마음으로 바라보는 그에게 "은과 금은 내게 없거니와 내게 있는 이것을 네게 주노니 나사렛 예수 그리스도의 이름으로 일어나 걸으라" 하고 오른손을 잡아 일으켰다. 그랬더니 그가 발과 발목에 힘을 얻고 일어나 그들과 함께 성전에 들어가면서 걷기도 하고 뛰기도 하면서 하나님을 찬송했다(행 3:1-8).

한 번도 걸어보지 못한 사람이 걷기도 하고 뛰기도 했다. 항상 성전 밖에 앉아 있던 사람이 성전 안으로 들어갈 수 있었다. 한 푼만 주십시오, 하고 구걸이나 했던 입술로 하나님을 찬양하게 되었다.

우리는 구걸하는 사람에게 무엇을 주어야 하는가. 계속 구걸이나 하라고 돈 몇 푼씩을 주어야 하는가. 아니면 근본적인 것을 주어서 더 이상 구걸하지 않도록 해야 하는가. 어떻게 하는 것이 그들을 불쌍히 여기는 것인가.

예수님은 맹인이며 거지였던 바디매오가 자신을 불쌍히 여겨 달라고 했을 때 임시방편으로 돈을 쥐어주지 않고 그의 눈을 뜨게 해주셨다(막 10:46-52). 근본적인 치료가 아닌가. 믿음을 주시고 그 믿음으로 영원히 사는 길을 열어주시는 것보다 더 좋은 것은 없다. 구걸보다 당당히 살아가도록 인도하는 것이 낫고 옳다.

구실에 대하여

예전엔 장가를 든 아들이 오래도록 자식을 두지 않으면 "저 녀석은 사내구실을 못 한다"고 구박을 당했다. 가난한데도 가족을 잘 먹여 살리면 "저 사람은 가장의 구실을 잘 한다"고 칭찬을 했다.

구실이란 마땅히 자기가 해야 할 맡은 바 책임이나 역할役割을 말한다. 그렇다면 세상에 존재하는 사람치고 제 구실이 없는 사람이 있겠는가. 없다. 살아 있는 사람에게는 누구에게나 책임이 있다. 그리고 그 책임을 다할 때 존재 의미가 있다.

가정에는 부모의 구실, 자식의 구실, 남편과 아내의 구실이 있다. 모름지기 부모는 가족을 부양하고 자식을 양육할 구실이 있다. 나라에 대하여는 열심히 일하고 세금을 내며 나라를 지킬 국방의 의무가 주어진다. 직장에서도 맡은 바 책임이 있고 어떤 모임이든지 그 모임의 구성원이 되면 그 안에서 맡은 일이 있기 마련이다. 그것들이 모두 구실이다.

교회 공동체에도 각자 직분이 있고 사명이 주어진다. 그 직분과 사명을 감당할 때 제 구실을 하는 것이고, 그 구실을 잘 감당하는 교회는 건강하다. 성경은 교회 공동체를 몸으로, 사람을 몸의 각 지체로 비유하고 있다. 그리고 그 모든 지체들이 자기 구실을 다할 때 건강한 몸이요, 건강한 교회라 했다.

어느 한 부분이라도 성하지 않으면 병든 몸이요, 아예 없으면 불구자요, 불편하다. 눈은 다 아는 바와 같이 사물을 보는 구실을 해야 한다. 코는 냄새를 맡고, 입은 말하고 먹는 일을, 귀는 듣는 구실을 다해야 한다.

최근 들어 나는 청력이 약해졌다. 소리를 들어야 하는 제 구실을 못하고 있는 것이다. 여간 불편한 게 아니다. 차츰 시력도 약해진다. 보아야 하는 제 구실을 못할까 염려가 된다.

그렇다. 우리에게는 누구나 제 구실이 있고 그 구실을 다할 책임이 있다. 목사, 장로, 집사, 권사 하는 직분이 주어져 있다. 사람이 없어서 우리에게 그 직분을 준 것이 아니다. 바울 사도는 자신이 지난 날 비방자요, 박해자요, 폭행자였으며, 죄인 중의 괴수였음을 고백하면서 "나를 능하게 하신 그리스도 예수 우리 주께 내가 감사함은 나를 충성되이 여겨 내게 직분을 맡기심이라"고 했다(딤전 1:12).

성경은 우리에게 죽도록 충성하라고 가르친다. 사명을 알면 충성하게 된다. 죽도록 충성하라는 말은 죽을힘을 다하여 죽는 순간까지 충성하라는 뜻이다. 그러면 생명의 면류관이 주어질 것이라고 말씀한다(계 2:10). 그 외에도 믿음을 지킨 사람에게 주시는 의의 면류관(딤후 4:8), 직분을 잘 감당하는 사람에게 주어지는 영광의 면류관(벧전 5:4) 등 여러 면류관에 대해서 말씀하고 있다. 소임을 다한 사람에게 주어지는 상급이다.

충성하는 사람은 자기에게 주어진 사명을 아는 사람이다. 나는 복음 전파 사명을 깨닫고 실천하고 있는가. 나는 주님의 몸인 교회를 위해서 맡겨진 소임을 다하고 있는가. 내가 죽는 순간까지 구실을 다하라고 그 소임이 나를 끝까지 따라다닐 것이다. 그리고 언젠가 내가 주님 앞에 서는 날이 되면 지난 날, 내가 감당했던 일들이 나보다 먼저 와서 나라고 하는 사람의 충성 여부를 증거할 것이다. 그 증언에 따라 "착하고 충성된 종"이라는 칭찬을 받을 수도 있고 "악하고 게으른 종"이라는 책망을 받을 수도 있다. 거기서 우리가 착하고 충성된 종이란 칭찬을 받는다면 세상에서 당한 지난날의 모든 고난과 눈물과 모욕과 아픔의 상처는 눈처럼 녹아내릴 것이고 우리 주님의 위로가 넘치게 될 것이다.

내게 주어지는 그 많은 구실을 감당하자. 감당할 수 있기 때문에 주어진 것이다.

권위에 대하여(1)

　권위의 가치가 인권人權이라는 가치 앞에서 서서히 무너져 내리는 감이 느껴지는 오늘날이다. 권위와 인권은 서로 반대되는 개념이 아닌데 왜 인권의 가치를 높이려 하면 권위가 무너져 내리는가.

　권위란 어느 특정 분야에서 뛰어나다고 인정을 받고 영향을 끼칠 수 있는 능력이다. 권위는 다른 사람을 통솔하여 이끄는 힘이 되며, 공동체가 존립하기 위하여 반드시 필요한 위세다. 그런가 하면 인권은 인간이 당연히 가져야 하는 기본적 권리다. 즉 자유와 평등과 같은 권리다. 인권은 태어날 때부터 모든 인간에게 공평하게 주어졌다는 의미에서 천부인권이라 말하기도 한다. 사람에게 있어야 할 가장 중요한 가치 중의 하나다.

　그런데 그동안 어떤 물리적인 힘에 의해서 인권이 유린되기도 했다. 어린이나 여성이 그랬고 빈곤이나 무지 같은 형편 때문에도 그랬다. 장애를 가진 약자나 피부의 색깔 때문에, 신분의 굴레를 벗어나지 못해서 사회적 약자가 되고 그 때문에 사람이되 사람 취급을 받지 못하는 경우도 많았다. 이런 현상은 깨어 있는 사람들에 의해서 모든 사람은 인권이 있고 그것은 존중되어야 한다고 고창되었다. 당연한 사회 현상이었다.

그런데 당연한 인권 문제가 고양되면서 달갑지 않은 부작용이 나타나기 시작한 것이다. 무분별한 인권 존중 현상이 사회를 다스리는 권위를 야금야금 무너트리는 현상이 드러나게 된 것이다. 예를 들면 온당치 않은 힘에 의해서 공권력이 무너지는 현상, 학생들에 의해서 선생님의 권위가 무너지는 현상, 가정에서 부모의 권위가 실추되고 교회에서 영적 권위마저 무너지는 현상 등이다. 이런 현상을 보면서 침묵만 할 수 있는가. 아니다. 인권을 아무리 강조해도 잘못이라 할 수는 없지만 권위를 잃은 인권이라면 오히려 사회를 무질서하게 만들 수 있기 때문이다.

물론 권위를 가진 주체가 잘못하는 경우도 많다. 그 중의 하나가 권위주의다. 우리는 사회 현상을 권위에 의하여 해결하려 드는 이 권위주의를 배격한다. 또한 우리는 지배적 권위를 원하지 않는다. 권세가 주어지고 어떤 영향을 끼칠 수 있는 힘이 주어졌을 때 그가 지도자적 권위로 이끌어 주기를 원하는 것이다. 예수님은 세상적 권세를 탐하는 제자들에게 일침을 가한 바 있다.

"이방인의 집권자들이 그들을 임의로 주관하고 그 고관들이 그들에게 권세를 부리는 줄을 너희가 알거니와 너희 중에는 그렇지 않을지니 너희 중에 누구든지 크고자 하는 자는 너희를 섬기는 자가 되고 너희 중에 누구든지 으뜸이 되고자 하는 자는 모든 사람의 종이 되어야 하리라. 인자가 온 것은 섬김을 받으려 함이 아니라 도리어 섬기려 하고 자기 목숨을 많은 사람의 대속물로 주려 함이니라"(막 10:42-45)고 했다.

예수님은 권위를 말할 때 당시 지도급에 있었던 제사장이나 서기관과 같은 사람들이 행사했던 지배자의 권위를 배격했고 지도적 권위를 넘어서 섬기는 권위를 말씀했던 것이다. 그리고 친히 당신이 가지고 있는 하나님의 아들이라는 최고의 영적 권위가 있었지만 그 권위를 행사하실 때 사랑과 진리를 실천하는 삶을 통하여 나타내셨던 것이다. 그 권위에 무리들은 감동하여 따르고 복종했다.

그러나 지금 우리는 예수님을 닮으려는 자세를 가지려고 노력은 해야 하지만 솔직히 말해서 우리가 어떻게 예수님과 같을 수 있는가. 그렇지 못하기 때문에 우리들이 가지고 있는 권위는 무시되어도 되는가. 그러나 그런 생각은 더 큰 위험을 내포하고 있음을 알아야 한다. 위계질서 파괴는 틀림없이 부도덕한 사회를 향하여 질주할 것이다.

하나님의 권위인 성경을 보자. 성경은 우리에게 세상 권세에 복종하라 가르친다. "각 사람은 위에 있는 권세들에게 복종하라 권세는 하나님으로부터 나지 않음이 없나니 모든 권세는 다 하나님께서 정하신 바라"(롬 13:1). 자녀들은 부모의 권위에 순종하라신다. "자녀들아 주 안에서 너희 부모에게 순종하라 이것이 옳으니라"(엡 6:1). 가르치는 자나 인도하는 자, 그리고 영적 지도자에게 복종하라고 가르친다. "너희를 인도하는 자들에게 순종하고 복종하라"(히 13:17).

이 모두 권위를 인정하라는 명령이다. 그렇다. 인권을 무시하는 권위는 폭력이고 권위를 무시하는 인권은 무질서다. 그리고 그 무질서는 반드시 부도덕을 향한다. 우리는 폭력도 원치 않고 무질서도 원치 않는다. 모두가 하나님의 뜻을 거역하는 행동이기 때문이다. 권위와 인권은 서로 옹호하며 함께 걸어야 할 소중한 사회적 가치다.

권위에 대하여(2)

　창세기 기사에 의하면 창조주 하나님은 에덴동산을 창설하고 그곳에서
첫 사람, 아담과 하와를 살게 하였다. 그곳은 아름다운 곳이요, 모든 것이
풍족하여 부족함이 없는 곳이요, 자유스럽고, 삶에 불쾌감을 줄 수 있는
어떤 요소도 없는 낙원이었다. 그런데 이런 부족함이 없는 낙원에서 아담
과 하와는 쫓겨나야 했다. 하나님의 명령을 어긴 타락 때문이었다. 동산
을 찾아온 간교한 뱀의 유혹에 아담과 하와는 넘어졌다.

　에덴동산에 거주하게 될 아담에게 하나님은 동산의 모든 나무의 열매
는 임의로 먹되 중앙에 있는 선악을 알게 하는 나무의 열매는 먹지 말 것
이며 그것을 먹는 날에는 반드시 죽을 것이라는 경고를 하셨다. 그런데
하와에게 찾아온 뱀은 "참으로 하나님께서 동산의 모든 나무의 열매를 먹
지 말라 하시더냐?"고 물었다. 하와는 "동산 나무의 열매를 우리가 먹을
수 있으나 동산 중앙에 있는 나무의 열매는 하나님의 말씀에 너희는 먹지
도 말고 만지지도 말라 너희가 죽을까 하노라" 하셨다고 대답했다. "아니
다"라고 간명하게 대답하면 될 것을 길게 설명하다 하나님의 말씀을 가
감하고 말았다. 아니, 응답을 하지 않고 피했어야 했다. 동산 중앙에 있는
나무를 먹지 말라는 경고 말씀에 "만지지도 말라"고 했다는 말을 더했고

"먹는 날에는 반드시 죽는다"는 말씀을 "죽을까 하노라" 하고 경고의 강도를 감해서 대답했다. "죽을까 하노라" 하는 말은 죽지 않을 수도 있다는 뜻이 아닌가. 그리고 그걸 먹는 날에는 너희 눈이 밝아 하나님같이 되어 선악을 알 줄을 하나님이 아심이라는 뱀의 말에 귀가 솔깃했다. 이는 뱀이 하와에게는 하나님과 같이 된다는 탐욕을 자극하고 또한 하나님을 옳지 않은 분으로 매도하는 사기였다. 하와는 그 사기에 넘어져서 선악과를 먹고 자기 남편에게도 주어 먹도록 했다.

이쯤해서 한번 생각해 보자. 왜 하나님은 동산 중앙에 먹어서는 안 되는, 선악을 알게 하는 나무의 실과를 두었을까? 그것이 하나님의 권위가 아니겠는가. 하나님에게도 인격이 있고 사람에게도 인격이 있다. 그러나 같을 수는 없다. 위치가 다르다. 하나님은 창조주이고 아담과 하와는 그가 만든 피조물이다. 피조물은 창조주에게 절대 복종해야 하는 관계요, 위치다. 그런데 아담과 하와는 그 권위를 무시하고 선악과를 먹었다. 그들은 하나님의 명령대로 죽어야 했다. 그들에게 죽음이 찾아온 것은 그 선악과에 어떤 독소가 있어서가 아니다. 권위를 무시할 때 찾아왔다고 보아야 한다. 그렇다. 권위는 독약보다 무섭다.

또 하나 우리는 하와가 선악과를 왜 남편인 아담에게 묻지도 않고 먹었을까에 대해서도 생각해야 한다. 하나님께서 선악과를 먹지 말라는 경고를 하와에게 직접 주지 않고 그 남편에게 주셨다. 그렇다면 당연히 그것을 먹으려면 먼저 남편의 의향을 물었어야 하지 않았을까.

남편과 아내는 인격적으로 동등하다. 그러나 권위는 다르다. 성경은 남편을 아내의 머리라고 했다(고전 11:3). 그리고 남편은 아내를 사랑하고 아내는 남편에게 복종하라고 가르친다(엡 5:22-25). 그렇다면 가정에서 가장 가까운 사이라 할지라도 남편의 권위를 인정하라는 뜻이 아니겠는가. 성경은 아내가 남편의 권위를 인정하고 복종해야 하는 이유를 두 가지로 말씀하고 있다. 하나는 하와보다 아담이 먼저 지음을 받은 일이요, 다른 하나는 하와가 먼저 속아서 범죄했기 때문이라고 한다(딤전 2:13-14). 그렇다면 지금도 여전히 가정의 권위는 인정되어야 한다는 의미가 된다. 우리에게 가정을 두고 사랑하며 즐겁게 살라는 것은 질서도, 예절도 무시하고 살라는 뜻이 아니다. 자식들에는 부모의 권위가 인정되고 남편과 아내의 관계에도 권위는 존재해야 할 것이다. 인격은 동등하지만 권위가 살아 있을 때 참다운 관계와 질서가 이루어지는 것이다.

오늘날 우리 사회는 그 어느 때보다 인격적 수평 관계는 강조되면서 수직적인 권위에 대해서는 대수롭지 않게 여기는 경향이 있는 것 같다. 안타깝다. 부모와 자식, 선생님과 제자, 지도자와 지도를 받는 사람과의 관계가 인격적 평등관계로 다 되는 것일까.

우리는 인격적 동등한 관계를 무시하지 않는다. 그러나 권위가 무너진 사회는 무질서요, 예절이 무너진 사회다. 예절과 질서가 무너진 곳에 진정한 자유와 평화가 있을까? 질서를 찾자. 예절을 지키자. 그것은 권위를 인정하는 데서 이루어진다.

하나님께 복종하자. 부모에게 순종하고, 제자들이여, 스승에게 순종하라. 그러면 인정을 받고 세인들로부터 존경과 사랑을 받는 사람이 될 것이다. 권위를 무시하는 것은 선악과를 먹는 것보다 더 무서운 일이다.

균형감각均衡感覺에 대하여

여기 어떤 사람이 서 있다고 하자. 그는 키가 헌칠한데 아랫배가 나왔다. 외양상 멋있는 사람으로 보이기 위해 큰 키는 유리하지만 아랫배가 불룩하게 나온 것은 불리하다. 당신은 이 사람의 어떤 부분을 먼저 보겠는가? 큰 키를 먼저 본다면 당신은 그 사람의 장점을 먼저 보는 사람이다. 그러나 불룩하게 불거진 아랫배를 먼저 본다면 당신은 약점을 먼저 보는 사람이다.

사람은 누구나 강점과 약점이 있기 마련이다. 그런데 어떤 사람은 남을 볼 때 그의 약점만 보고 발견되지 않으면 애써 찾아내려고까지 한다. 부정적인 사람이다. 그러나 어떤 사람은 남의 장점을 발견하고 칭찬하며 추켜세운다. 그 사람이라고 어찌 단점이 없겠는가. 그래도 단점보다는 장점을 이야기하는 것이다. 장점을 보는 시각이 발달되어 있는 것이다. 긍정적인 사람이다.

우리는 어떤 사람이 되어야 할 것인가. 부정적인 사람보다 긍정적인 사람이 행복하다. 그렇기 때문에 그는 다른 사람을 행복하게 해 줄 수 있다. 사람 관계를 잘하고 성공할 확률도 높다.

그렇다고 우리가 남의 장점만 보고 단점을 파악할 줄 몰라도 되는가. 그렇다면 그는 균형감각이 없는 사람이 되기 쉽다. 어떤 사람은 자기가 좋아하는 사상思想이나 사람을 항상 옳다고 주장한다. 객관적으로 잘못된 사상도 자기가 좋아하기 때문에 옳다고 생각한다.

반대로 어떤 사람은 무조건 자기 기호에 맞지 않으면 반대한다. 그것이 객관적으로 옳아도 싫어한다. 이런 사람들에게서 어떻게 건전한 판단과 정확한 비판을 기대할 수 있겠는가. 우리는 무엇에 대해서 판단을 할 때 편견이 없어야 한다. 그리고 공평해야 한다. 그것이 균형감각이다.

성경은 우리에게 좌우로 치우치지 말라고 말한다. 균형감각을 가지라는 뜻이다. 판결을 할 때도 "다수를 따라 악을 행하지 말며 송사에 다수를 따라 부당한 증언을 하지 말며 가난한 자의 송사라고 해서 편벽되이 두둔하지 말라"고 했다(출 23:2-3, 레 19:15). 역시 균형감각을 가지라는 것이요, 공평해야 한다는 뜻이다.

내가 미워하는 사람은 잘해도 보기 싫고, 내가 좋아하는 사람은 잘못을 해도 좋다는 식은 매우 어리석은 편견이다. 그는 인격에 문제가 있는 사람이다.

우리는 모든 일을 아전인수我田引水식으로 해석하는 경우가 있다. 그래서 "남이 하면 불륜이요, 내가 하면 로맨스"라는 말도 있잖은가.

아이들은 사이좋게 놀다가도 싸울 수 있다. 어느 날 내 아이가 이웃집 아이에게 맞고 왔다. 화가 난 어머니는 자기 아이를 때린 아이의 집을 찾아가서 "자식을 어떻게 키워서 남의 자식을 때리게 하느냐!"고 호통을 쳤다. 그런데 이튿날에는 내 아이가 이웃 아이를 때렸다. 이웃집 아이 어머니가 찾아와 "자식을 어떻게 키워서 남의 자식을 때리게 하느냐!"고 했다. 그러자 이 아이의 어머니는 "아이들이 놀면서 더러 싸움도 하는 것이지, 뭘 그까짓 일 가지고 찾아오느냐!"고 도리어 호통을 쳤다. 과연 이런 태도가 옳은가?

오늘 우리 사회는 남의 생각을 이해하고 배려하려는 태도가 매우 부족한 듯하다. 내 생각과 내 태도는 무조건 옳다고 여기기 때문에 그에 반하는 생각이나 태도는 내게 들어올 틈이 없다. 용납이 안 되는 것이다. 그러므로 내 생각과 다르면 틀린 것이 되고 나와 생각이 다른 사람은 원수가 된다. 냉철한 머리와 뜨거운 가슴이 없다. 오히려 머리가 뜨거워 쉽게 흥분하면서 가슴이 차가워 남을 품을 줄을 모른다.

옳은 것은 원수가 말했어도 옳고, 그른 것은 친구가 행했어도 잘못되었다고 비판할 수는 없을까? 균형감각均衡感覺이 아쉬운 때에 우리는 지금 살고 있는 것이다.

그릇에 대하여

그릇은 본래 무엇을 담기 위해 만들어진다. 간혹 진열하기 위한 예술품으로 만들어지기도 하지만 주된 목적은 역시 무언가를 담기 위하여 만드는 용기容器다.

그릇은 어떤 재료로 만들었느냐에 따라서 이름이 달라진다. 예를 들어 금으로 만들었으면 금그릇이고, 은으로 만들었으면 은그릇이다. 유리로도 나무로도 만들 수도 있다. 흙을 구워서 만들면 질그릇이다.

그런데 만든 재료에 따라 붙여진 이름도 그 안에 무엇을 담느냐에 따라 새로운 이름이 생긴다. 예를 들면 밥을 담으면 밥그릇이고, 물을 담으면 물그릇이다. 약을 담으면 약그릇이고 보배로운 것을 담으면 보배합이 된다.

이처럼 재료에 따라 이름이 붙고 그 안에 무엇을 담느냐에 따라 이름이 달라지는 그릇은 사람의 인품을 비유하는 용도로도 사용하고 있다. 다시 말해 사람을 그릇에 비유하는 것이다. 인격이 있고 덕망을 갖춘 사람을 큰 그릇이라 하고, 생각하는 것이나 행동하는 일이 좁은 소인배를 작은 그릇이라고 한다. 한자 숙어에 대기만성大器晚成이라는 말도 있다.

성경에서도 사람을 그릇으로 비유하는 경우가 있다. 특별히 일꾼을 가리킬 때 그렇게 비유하는데 "큰 집에는 금그릇과 은그릇뿐 아니라 나무그릇과 질그릇도 있어 귀하게 쓰는 것도 있고 천하게 쓰는 것도 있다"고 말씀한다(딤후 2:20).

큰 집을 경영하려면 일꾼들이 필요하다. 그 일꾼들은 모두 같은 일을 하는 것이 아니라 인품과 자질에 따라서 다른 직분을 맡게 된다. 어떤 사람은 전문적인 일을 맡고 어떤 사람은 허드렛일을 맡아서 한다. 물론 일 자체는 모두 소중한 것이지만 아무튼 큰 집에는 여러 종류의 일꾼이 다 필요한 것이다. 쓸데없는 그릇은 버려질 수밖에 없다.

그렇다면 어떤 그릇이 주인의 쓰임을 받는가. 성경은 먼저 깨끗한 그릇이어야 한다고 말씀한다. "그러므로 누구든지 이런 것에서 자기를 깨끗하게 하면 귀히 쓰는 그릇이 되어 거룩하고 주인의 쓰임에 합당하며 모든 선한 일에 준비함이 되리라"(딤후 2:21).

바울 사도는 믿음의 아들인 디모데를 가리켜 청결한 양심의 소유자라고 했다(딤후 1:3). 사무엘 선지자는 일생동안 청렴하게 살면서 백성을 다스렸다(삼상 12:3-4). 이런 사람들이 깨끗한 그릇이다.

그러나 가룟인 유다는 화인 맞은 양심의 소유자였다. 자신을 사랑해 주셨던 스승을 은 30에 팔 정도로 더러웠다. 우리는 알아야 한다. 하나님은 물론이지만 이 세상의 사람들도 깨끗한 그릇을 원한다는 사실을.

다음으로 큰 일을 감당하려면 큰 그릇이 되어야 한다. 비전이 큰 사람에게 큰 것이 담기는 것이다. 됨됨이가 작으면 지도자가 될 수 없다. 큰 그릇이 아니면 작은 그릇들을 담거나 가슴에 품을 수가 없는 것이다. 더러 세상에는 그릇이 작은 사람이 지도적 위치에 있으면서 부하직원인 큰 그릇을 자기 그릇에 억지로 담으려 하다 깨지는 경우가 있다.

하나님은 큰 그릇을 만들기 위해서 모세를 40년 동안 미디안 광야에서 연단하셨다. 요셉은 17세의 어린 나이에 애굽에 팔려가도록 허락하시어 애굽 왕의 시위대장 보디발의 집에서 종살이하도록 했고 후에는 보디발의 처의 무고로 감옥살이까지 하도록 했다. 그는 무려 13년 동안 훈련을 받은 뒤에 애굽의 총리가 되었고 기근을 만났을 때 가문을 살리는 일을 하였다.

셋째로 쓰임 받는 사람이 되려면 온전해야 한다. 다시 말하면 깨진 그릇은 쓸모가 없는 것이다. 우리나라 사람들은 전통적으로 그릇에 귀가 나간다든지 간단한 흠집이 있어도 버렸다.

하물며 깨진 그릇에 무엇을 담을 수 있겠는가. 도덕적으로 흠결이 있는 사람을 하나님은 물론 사람들도 옳게 보지 않는다. 대체로 자기 안에 있는 욕심과 교만이 자신을 깨트린다.

사울이 왕이 되기 전에는 겸손하여 자신은 왕이 될 수 없는 사람이라고 거절하기도 했다. 그러나 그는 왕이 되어서 깨졌다. 신하인 다윗이 백성으로부터 자기보다 더 인정을 받는 것을 보고 질투심이 생겼다. 그는 하나님의 말씀에 불순종하면서 명예심은 대단했다. 하나님은 이 깨진 그릇을 버리시고 신앙의 사람 다윗을 사용하셨다.

마지막으로 귀한 그릇으로 쓰임 받으려면 비어 있어야 한다. 뭔가로 가득 차 있는 그릇에는 더 담을 수가 없다. 더구나 쓰레기 같은 더러운 것으로 가득 담겨 있는 그릇을 어떻게 사용할 수 있겠는가.

성경은 사람이 교만하면 낮아지지만 겸손하면 영예를 얻는다고 했다(잠 29:23).

예수님은 온유하고 겸손하셨다. 바울 사도는 나의 약한 것을 자랑하리라 했고(고후 12:5), 세상적으로는 모든 것을 가졌지만 그것을 배설물로 여기고 항상 하나님 앞에서 신령한 것에 부족을 느꼈다. 그리고 구원을 주신 예수 그리스도의 십자가 외에 결코 자랑할 것이 없다고 고백했다(갈 6:14). 모든 그릇은 쓰임 받는 경우에만 존재 가치가 있다.

근성根性에 대하여

사람은 태어날 때부터 가지고 있는 성품도 있고 살아가면서 환경이나 오랜 습관 때문에 생긴 성질도 있다. 이런 뿌리가 깊은 성질을 흔히 근성이라고 한다. 이 근성은 그것이 무엇이든 인위적으로 고치기가 쉽지 않다. 그래서 습관화되기 전에 잘못이라고 생각되는 것은 되풀이하지 말고 버려야 한다.

술을 마시고 담배를 피우고 커피를 마시는 것도 알고 보면 습관화된 것이다. 식사 후에 담배를 피우는 습관이 되면 식사 후에 저절로 손이 담배 갑으로 가게 되고 커피를 마시는 습관이 들면 커피를 마셔야 입안이 개운한 느낌을 받게 된다. 게으른 사람은 아침에 눈을 뜨고도 침대를 벗어나기가 힘들어 한동안 천장을 바라보며 누워 있어야 한다. 피곤한 경우도 있지만 대개 버릇이 습관화되어서 고치기가 어렵게 된 것이다.

이스라엘 백성은 애굽으로 건너가서 430년 동안을 살았다. 처음에는 명재상이었던 요셉의 덕으로 대접을 받으며 살았지만 세월이 흘러 요셉은 죽고 애굽의 새로운 왕조가 들어섬으로 졸지에 노예로 전락하고 말았다. 애굽의 새로운 왕은 대적이 쳐들어올 때 이스라엘 사람들이 그들에게 동조함으로 자신들이 곤경에 빠질 위험이 있다는 염려 때문에(출 1:10) 노역을 무겁게 시켰다. 그리고 그것은 이스라엘 민족에 대한 인구 억제 정책이기도 했다.

그러나 인구 증가가 어디 인위적으로 막을 수 있는 것인가. 학대를 받음에도 이스라엘 민족은 번성했다(출 1:12). 그 고난의 기간이 무려 400여 년이었다. 이스라엘은 고통을 호소하였고 하나님은 그 탄식하며 부르짖는 소리를 들으셨다(출 2:23). 하나님은 드디어 그들의 조상에게 약속 했던 땅, 가나안으로 인도하기 위해서 모세를 지도자로 삼아 애굽을 나오도록 하셨다. 물론 이 과정에서 순순히 내보내기를 원하지 않는 애굽의 바로와 하나님의 사람 모세와의 실랑이가 있었고 결국 열 번째 재앙인 애굽 전역의 모든 가정의 장자가 죽는 일로 바로의 항복을 받아내고 애굽의 종살이에서 벗어나게 되었다.

이스라엘은 실로 430년 만에 애굽의 노예에서 벗어나 자유를 얻었고 하나님께서 믿음의 조상 아브라함과 이삭과 야곱에게 주기로 약속하셨던 가나안을 향하여 나아갈 수 있었다. 그러나 그들의 가나안 행은 그리 만만치가 않았다. 첫 번째 만난 난관은 홍해를 건너는 일이었다. 하나님의 인도를 받았음에도 그들이 도착한 곳은 사람의 힘으로 건널 수 없는 홍해 앞이었고, 어쩔 수 없이 이스라엘을 내보내고 아쉬워하던 애굽의 바로는 그들이 길을 잃었다고 착각했다. 바로는 곧 군대를 동원하여 이스라엘을 뒤쫓았다. 해방의 기쁨은 잠시였고 이스라엘은 진퇴양난에 빠지고 만 것이다. 앞에는 홍해가 도도히 흐르고 뒤에는 애굽 군사의 추격이 있었다. 앞으로 나아갈 수도, 뒤로 물러설 수도 없는 위험에 처하게 된 것이다. 이런 상황에서 백성은 지도자 모세를 원망하기 시작했다.

"애굽에 매장지가 없어서 당신이 우리를 이끌어 내어 이 광야에서 죽게 하느냐. 어찌하여 당신이 우리를 애굽에서 이끌어내어 우리에게 이렇게 하느냐. 우리가 애굽에서 당신에게 이른 말이 이것이 아니냐. 이르기를 우리를 내버려 두라. 우리가 애굽 사람을 섬길 것이라 하지 아니 하더냐. 애굽 사람을 섬기는 것이 광야에서 죽는 것보다 낫겠노라"(출 14:11-12). 이런 위기에서 하나님은 믿음과 기도의 사람 모세에게 손을 바다 위로 내밀게 하고 홍해를 갈라 이스라엘을 육지처럼 건너게 했다. 그러나 그 뒤를 추격하며 홍해 안으로 들어온 애굽의 군사들은 다시 물이 흐르게 하여 하나도 남김없이 수장시키고 말았다. 이스라엘로서는 얼마나 장쾌한 일이었겠는가. 하나님의 기적을 본 이스라엘은 거국적인 찬양을 드릴 수 있었다.

그러나 이 큰 기적을 보고도 계속되는 행군에 불편한 일을 만나면 그때마다 모세를 원망하여 차라리 애굽에서 종살이하는 것이 낫겠다고 했다. 마라에서 마실 물이 없을 때도(출 15:22-26), 신 광야에서 식량이 떨어졌을 때도(출 16:3), 르비딤에서 마실 물이 없을 때도(출 17:3) 애굽을 그리워하는 언사를 서슴없이 하였다.

이처럼 어려움을 만날 때마다 오히려 혹독했던 애굽 시절을 동경하는 이유는 어디에 있었겠는가. 뿌리 깊이 박힌 노예근성 때문이었다. 오랜 세월 노역에 시달리면서 자기들도 모르게 노예근성이 형성되었던 것이다. 자유와 해방이 얼마나 소중한 가치인가. 그러나 근성에 사로잡히면 고통스럽던 지난날도 그리워지는 법이다.

하나님은 이 잘못된 노예근성을 제거하기 위해서 열흘이면 넉넉히 도

착할 수 있는 길을 광야에서 40년 동안이나 유리방황하도록 했다. 그리고 가나안에 들어가 진정한 자유를 향유할 수 있는 정신적 자세가 갖추어질 때까지 고난의 행진을 계속하도록 한 것이다.

근성. 그것은 좋은 것이든 나쁜 일이든 오래 겪으면 몸에 배는 것이다. 싫은 것도 억지로 하다 보면 나도 모르는 사이 내 안에 자리를 잡는 것이다. 예컨대 처음엔 노숙자 생활이 부끄럽고 힘들어도 오래 반복하다 보면 자연스러워지는 것이다. 그것이 근성이다. 병원에 입원을 하면 처음엔 부자유스러워 빨리 벗어나고 싶지만 적당히 아프면 세월이 흐르는 동안 있을 만한 곳이 되는 것이다. 역시 근성이 생기기 때문이다. 불량한 사람들이 어울리는 것도, 도박도, 방황하는 일도 근성이 생기면 벗어나기가 어렵다. 그러므로 우리는 무슨 일이든 그것이 옳지 않거나 선한 일이 아니면 근성이 생기기 전에 벗어나야 한다.

밝고 명랑한 삶을 살면서 그 길을 간다는 것은 얼마나 행복한 일인가. 주 예수를 잘 믿는 근성이 생긴다면 얼마나 다행한 일인가. 그 길은 좁을지라도 생명으로 가는 길이기 때문이다.

긍지矜持에 대하여

사람들 중에는 열등감에 사로잡혀 사는 사람이 있다. 자신을 남과 비교해서 무능하고 심지어는 무가치하다고 생각한다. 그렇다. 우리는 남보다 뒤떨어진 면이 없지 않다. 외모도 그렇고, 배움도 그렇고, 실력도 모자란다. 그렇기 때문에 남 앞에 서기가 부끄럽기도 하고 두렵기까지 하다.

그런 열등감을 가지고 어떻게 성공적인 인생을 살 수 있을까. 과연 나는 남 앞에 서기가 부끄러울 정도로 부족하기만 하고 무능하기만 한가? 실제는 그렇지 않다. 유능하다고 하는 사람도 가까이 다가가 보면 그렇게 자랑스럽기만 한 것이 아니고 나에게도 그들보다 우월한 것이 있다. 세상에는 공부를 많이 한 박사博士라는 사람이 가장 무식하고 무능하다는 말이 있다. 왜냐하면 박사가 되기 위해서 자기가 맡은 학문에만 몰두했기 때문에 다른 분야에 대해서는 오히려 무식하고 무능할 수 있다는 것이다. 그러므로 열등감에 사로잡혀 사는 사람은 먼저 해야 할 일이 있다. 그것은 남과 비교하지 않는 일이다. 원래 비교란 죄 짓기에 딱 알맞은 행위다. 남이 나보다 우월한 것 같으면 시기와 질투감이 생기고 자신에 대하여는 열등감이 생길 수 있다. 반면에 남이 나보다 열등하다 싶으면 무시하고 멸시하고자 하는 생각이 들 수 있기 때문이다.

우리는 세상에서 유일한 존재다. 비슷할 수는 있어도 같은 사람은 세상에 하나도 없다. 그 같지 않은 것이 개성이다. 본래 사람은 누구나 완전하지 못한 존재이기에 내게 강점과 장점이 있는가 하면 약점과 단점도 있기 마련이다. 그러므로 누구나 약점은 보완하고 개선해 나가려는 노력이 필요하고 강점은 유지해 나갈 자세로 살아야 한다. 그리고 내게 있는 가장 불필요한 열등감은 청소해야 한다. 그리고 그 자리에 내게 주어진 장점을 발휘하겠다는 자부심을 앉혀 놓아야 한다. 교만과 다른 긍지를 가져야 한다. 자신의 처지나 능력이나 환경을 자랑스럽게 여길 줄 알아야 한다.

자기가 하는 일에 긍지를 가질 때 그는 보람을 느끼게 될 것이다. 자기 자신과 가정에 대하여 긍지를 가질 때 더욱 가족을 사랑하며 행복할 수 있을 것이다. 자기 나라에 대한 긍지가 있을 때 그는 나라와 사회를 위하여 헌신하며 만족하고 더욱 열심히 일하여 보람을 얻을 것이다. 더구나 신앙인이 자기가 믿고 섬기는 신앙에 긍지가 없다면 어떻게 될까? 그는 지금 신앙생활을 잘못하고 있는 것이다. 긍지를 가진 사람은 거짓과 위선을 할 수가 없다. 긍지는 자부심을 갖게 만들고 자기와 이웃을 사랑하게 만들고 그렇기 때문에 열심을 내고 그래서 좋은 성과를 창출할 것이고 남들로부터는 좋은 평판을 받으며 인생을 성공으로 이끌 수 있을 것이다.

우리는 누구나 약점도 있다. 그것 때문에 일생을 허송하거나 허비하지 말고 하나님이 주신 나의 장점에 자부심을 갖고 발전시켜 나누며 살자. 세상은 나를 필요로 한다. 나를 요구하는 사회에서 우리는 지금 살고 있다. 그들은 나의 도움이 필요하다. 긍지와 자부심으로 승리자가 되자. 나는 세상에 하나밖에 없는 유일한 존재라는 사실에 스스로 감격하자.

기도에 대하여

기도는 하나님께 대한 인간의 신앙행위 중의 하나다. 신앙인이라면 그래서 반드시 하나님께 기도해야 한다. 만약 기도를 하지 않는 신앙인이 있다면 그는 사이비 신앙인일 뿐이다.

그렇다면 과연 기도란 무엇인가? 흔히들 하나님께 구하는 것으로 안다. 맞다. 성경은 우리에게 하나님께 구하라고 가르친다(마 7:7). 그러나 하나님께 구하는 것이 기도의 전체는 아니다. 기도라는 개념의 한 부분일 뿐이다. 기도라는 개념은 오히려 하나님과의 관계 또는 대화라고 하는 게 좀더 가깝다고 할 수 있다. 그렇다. 기도란 사람이 하나님과 관계를 맺는 행위이고 또한 하나님과 인격적 대화를 나누는 것이다. 그러므로 인격이 없는 짐승은 하나님과 대화를 나눌 수 없다. 더구나 신앙생활을 할 수가 없다. 개나 돼지가 하나님께 예배드리고 찬송을 드리며 기도하더라는 얘길 들어 보았는가. 짐승들은 영혼이 없기 때문에 하나님과 영적관계를 맺을 수 없다. 하나님께서 부여해 주신 본능으로 사는 것이다.

그러나 사람에게는 영혼이 있고 인격이 있다. 하나님의 형상으로 지음 받아 "하나님을 알 만한 것"을 가지고 태어난다(롬 1:19). 이것을 인간의 종교성이라 할 수 있다. 그래서 사람은 창조주시며 구속주가 되시고 장차 세상을 심판하실 하나님을 알고 예배하며 관계를 맺고 사는 것이다. 그 관계 중 하나가 하나님께 기도하고 하나님의 응답을 받는 일인 것이다.

그러나 하나님과 우리의 관계는 언제나 동등한 관계가 아니다. 하나님은 창조주시고 우리는 그의 피조물이다. 동등할 수가 없다. 그러므로 언약을 맺을 때도 언제나 하나님은 주도적이시고 사람은 종속적이다. 모든 일에 있어서 우리가 하나님의 주권을 인정해야 하는 이유가 거기에 있다. 하나님의 주권적인 뜻에 순종하는 것이 신앙의 본질인 것이다.

그렇다면 우리가 하나님과 관계를 맺어 대화를 하고 필요한 것을 구한다는 데는 어떤 의미가 있는가?

첫째는 하나님의 실체를 인정하고 있다는 소중한 의미가 있는 것이다. 물론 우리가 인정하기 때문에 하나님이 존재하시는 것은 아니다. 우리가 인정하지 않아도 하나님은 계시고, 우리가 하나님을 믿지 않아도 하나님은 영원 전부터 계시고 태초에 세상을 만드신 분이다. 그분은 순수한 영靈이시기 때문에 우리의 육안으로는 볼 수가 없다. 그럼에도 그분의 실체를 믿을 수 있다는 것은 얼마나 큰 축복인가! 그래서 성경은 "믿음은 보지 못하는 것들의 증거"라고 하는 것이다(히 11:1). 믿음은 모든 사람의 것이 아니라고도 말씀한다(살후 3:2). 실로 우리는 하나님의 실체를 인정하고 믿기 때문에 하나님과 관계를 맺고 대화를 시도하는 것이다. 우리의 기도는 일방적으로 허공에 대고 외치는 독백이 아니다.

둘째로 우리가 하나님께 기도한다는 것은 하나님의 전능성을 인정하는 자세인 것이다. 우리는 우리에게 있는 것을 구하지 않는다. 내가 할 수 있고, 소유할 수 있는 능력이 있는데 구하지 않는다. 그런 것이라면 내가 수고하고 노력해서 얻으면 된다. 그러나 우리가 하나님께 구하는 것은 그것이 내게 필요하지만 내게 없기 때문에 하는 것이고, 내게 필요하지만 내 노력으로 얻을 수 없기 때문에 하는 것이다. 그렇다면 우리가 하나님께 구한다는 것은 나의 무능을 인정할 뿐 아니라 하나님의 전능하심을 인정하는 자세가 되지 않는가. 그렇다. 우리는 하나님이 존재하실 뿐 아니라 그분의 전능하심을 믿기 때문에 구하고 기도하는 것이다.

셋째는 우리가 하나님께 기도한다는 것은 하나님께서 우리를 사랑하신다는 것을 믿는다는 의미가 있다. 하나님은 죄와 허물로 죽은 우리를 살리신 분이다(엡 2:1). 독생자 예수 그리스도로 하여금 우리의 죄를 대신지고 죽게 하신 분이고, 예수님은 우리의 죗값을 대신 지고 죽으심으로 사랑을 실천하신 분이다. 이 큰 사랑이 없다면 하나님이 우리의 간구를 들어주시겠는가?

그러므로 기도한다는 자체만으로 충분히 신앙인의 모습을 드러내는 것이고, 그러므로 우리는 쉬지 말고 기도해야 하는 것이다(살전 5:17). 결국 기도한다는 것은 하나님과 관계를 맺고 있다는 영적 삶의 증거가 되는 것이다.

우리가 가정생활을 할 때 자식으로서 아버지와 대화를 많이 나누면 소통이 잘 되고 관계가 깊다. 그러나 대화가 부족하면 소통이 잘 안 되고 관계가 소원해진다. 하나님과 나누는 기도도 그런 이치다. 부자관계가 좋은 사람은 아버지를 만나는 것이 기쁜 것처럼 하나님과 관계가 좋은 사람은 하나님을 자주 만나는 것을 기뻐하게 되어 있다. 하나님은 우리와의 원수 관계를 예수 그리스도를 통하여 화목의 관계, 즉 부자관계로 맺어 주었다. 그래서 우리는 하나님을 아버지라고 부른다. 이 얼마나 큰 축복인가? 그리고 그 아버지께 무엇이든지 구해서 얻을 수 있다는 것은 얼마나 큰 축복인가.

그러나 우리가 깊이 유념할 사항이 있다. 하나님은 내가 구하는 것을 분별없이 모두 주시는 분이 아니시다. 하나님과 관계가 깊어서 하나님의 뜻을 알 때 주시는 것이다. 우리가 원하되 우리에게 불필요하다거나 오히려 해가 되는 것을 주시지 않는다. 우리를 사랑하시되 무조건이 아니라 지혜롭게 사랑하시기 때문이다.

그러므로 하나님께 구해서 얻으려면 반드시 하나님과 깊은 관계를 유지하는 가운데(요 15:7) 다음 세 가지 사항을 지켜야 한다.

첫째는 하나님을 인정하는 믿음의 기도를 할 것이다. 성경은 "오직 믿음으로 구하고 조금도 의심하지 말라"고 하셨다(약 1:6).

둘째는 하나님의 뜻을 구해야 할 것이다. 성경은 "구하여도 받지 못함은 정욕으로 쓰려고 잘못 구하기 때문이라"고 하셨다(약 4:3).

셋째는 중보자 되신 예수 그리스도 이름으로 구해야 한다. 거룩하신 하나님과 죄인인 인간을 연결하여 구원을 주신 분은 예수 그리스도시다. 예수님은 "내 이름으로 무엇이든지 내게 구하면 내가 행하리라"고 말씀하셨다(요 14:14, 15:16).

기도에는 위력이 있다. 의인의 간구는 역사하는 힘이 크다(약 5:16). 하나님이 전능하시고, 우리가 그 사실을 믿는다는 것이 위대하기 때문이다. 그러므로 신앙의 용장들은 기도의 위력을 유감없이 나타냈다. 어떤 사람은 홍해를 기도로 가르고, 어떤 사람은 해가 중천에서 오래 머물게 하기도 했고, 또 어떤 사람은 죽은 자를 기도로 살리기도 했고, 3년 6개월 동안 지면에 비를 내리지 않게 한 사람도 있다. 그들도 우리와 성정이 같았지만 자신의 무능과 부족함으로 모든 것을 판단하거나 보지 않고 하나님의 전능하심을 통하여 세상을 보았던 것이었다. 그럴 때 과연 그들의 믿음대로 하나님께는 불가능이 없다는 사실을 체험할 수 있었던 것이다.

그러나 역시 중요한 것은 그런 하나님을 내 아버지로 확실히 믿고 더욱 깊이 교제를 나누며 사는 삶이다. 성경은 "너희 중에 고난당하는 자가 있느냐 그는 기도할 것이요 즐거워하는 자가 있느냐 그는 찬송할지니라" 하고 권한다(약 5:13).

이는 단순히 고난당할 때 기도하고 즐거울 때 하나님께 찬송하라는 의미보다는 언제, 어떤 처지에서도 하나님과 관계 속에서 살아야 한다는 신앙의 기본자세를 말씀한다고 보아야 할 것이다. 그런 삶이 곧 기도하는 삶이 아니겠는가.

기초基礎에 대하여

기초는 기반基盤이다. 건물을 세우거나 어떤 장치를 할 때 만들어 놓은 밑바닥이요, 토대이다. 건물을 공중에 띄워 지을 수 없다. 바닥에 세워야 한다. 그 바닥을 기초라 하고 먼저 바닥을 튼튼히 해야 건물이 튼튼하다.

사상누각砂上樓閣이란 말이 있지 않은가. 아무리 훌륭한 건물이라도 기초가 튼튼하지 못하면 오래 견딜 수 없는 부실 건물이다. 성경도 반석 위에 집을 지은 사람은 지혜로운 사람이지만 모래 위에 집을 지은 사람은 어리석은 사람이라고 했다. 왜냐하면 비가 내리고 창수가 나고 바람이 불면 주초를 반석 위에 놓고 세운 집은 무너지지 않지만 주초를 모래 위에 놓고 세운 집은 무너지기 때문이라 했다(마 7:24-27).

건물뿐이랴. 모든 일이 그 성공이나 견고함을 위해서는 반드시 기초가 튼튼해야 한다. 학문도 그렇고 예술이나 운동이나 사업도 마찬가지다. 그래서 기초 과학이니, 기초 학문이니, 기초 체력이니 하는 말이 있다. 기초를 닦지 않은 사람이 중견 인물의 자리에 앉으면 그 기업은 위험하다. 경륜이 없는 정치인이나 지도자가 경영을 맡으면 부실할 수밖에 없다. 기초 실력이 없는 학자나 지식인이 오랫동안 존경을 받을 수 있겠는가.

지금은 교통이나 통신이 무척 빨라졌다. 인터넷을 통한 모든 정보는 실시간 전 세계에 전파된다. 이런 현상이 모든 분야에서 성공을 부추기는지 모른다. 노력은 조금 하고 어서 크고 좋은 결과를 얻으려는 사람들이 즐비하다. 연습은 소홀히 하고 대가大家가 되고 싶어 한다. 사상누각을 자초하는 일이라고 볼 수 있다. 기초 체력이 안 되어 있는데 어떻게 선수로 대성할 수 있는가. 학문의 기초가 없는데 어떻게 대학자가 될 수 있는가.

예수는 33년 생애 중에 30년을 가정을 돌보는 사생애를 살았다. 어쩌면 그 기간 동안 가정생활의 기본, 사회생활의 도덕적 기초를 닦았을 것이다. 그리고 공생애 3년을 살았다. 그는 곧바로 공생애에 들어가지 않았다. 적어도 세 가지 기초적 과정을 밟고서 공생애를 시작했다. 즉 광야에서 40일 동안 금식하며 기도했고, 마귀에게 시험을 당하였고, 요단강에서 세례 요한으로부터 의를 위한 세례를 받았다. 그는 열두 제자를 세워 훈련시켜서 당신이 떠난 이후를 대비하였고 "주는 그리스도요 살아계신 하나님의 아들입니다" 하는 반석과 같은 고백 위에 친히 당신의 교회를 세웠다. 이 교회를 그는 대속의 죽음이라는 큰 뜻을 다 이루고 승천하면서 제자들에게 맡겼다. 제자들은 주께서 남겨주신 교회를 이끌었고 순교하며 지켰다. 그러므로 지금도 계속해서 교회를 말할 때는 사도성을 거론한다. 사도들이 지킨 초대교회는 모든 교회의 기초가 되는 것이다.

기초가 튼튼해야 한다. 기초를 소홀히 하거나 허술하게 해서는 안 된다. 거목은 그냥 되는 것이 아니다. 눈에 보이지 않는 뿌리가 땅 속에 깊이 박혀 있어서 제 구실을 했을 때 폭풍을 견디면서 이루어진 것이다. 내공이 없는 외화는 물거품과 같다. 보이지 않는 내공, 끊임없는 노력을 기초로 할 때 거목이 되고 성공에 이른다.

기회에 대하여

기회는 누구에게나 찾아오지만 그것을 붙잡아서 성공하고 붙잡지 못해서 실패한다는 말이 있다. 성경을 읽으면서 생각하니 옳은 말 같다. 성경에 나오는 인물들을 보면 기회가 찾아왔을 때 붙잡은 사람은 소원을 성취하지만 그 기회를 외면하거나 거절한 사람은 축복의 자리에서 멀어졌다.

예수께서 어느 날 고향 마을을 찾아갔다. 회당에서 가르치는데 고향 사람들은 "이 사람의 이 지혜와 이런 능력이 어디서 났느냐"고 놀라면서도 그를 멸시했다. 그가 목수의 아들이고 그의 어머니와 형제, 자매가 지금도 여기서 살고 있다는 이유로 배척한 것이다. 속된 표현을 빌리자면 스스로 굴러온 복을 걷어찬 것이다. 예수님은 거기서 많은 능력을 행하지 않으시고 떠났다(마 13:53-58). 기회를 놓친 것이다.

그러나 주님이 게네사렛 땅으로 들어갔을 때 그곳 사람들은 그 근방에 두루 통지하여 모든 병자를 예수께 데리고 오도록 해서 고침을 받고 있다 (마 14:34-36). 이들은 찾아온 기회를 놓치지 않아서 복을 받은 것이다. 그러고 보면 기회는 하나님이 만들어 주시는 것이고 그것을 붙드는 것은 각자 자신의 몫인 것 같다.

여리고의 세리장이었던 삭개오를 보자. 그는 예수님이 어떠한 사람인가, 보고자 하여 나왔지만 예수님은 많은 사람에게 둘러싸여 있고 자신은 키가 작아서 볼 수가 없었다. 이때 그가 다음 기회로 미룬다든지 환경을 탓하고 그냥 돌아갔더라면 언제 주님을 만나 뵐 수 있었겠는가. 그러나 그는 자신에게 찾아온 절호의 기회를 놓치지 않기 위해 주님이 지나가게 될 길 곁에 있는 돌무화과나무 위에 올라가 기다렸다. 여기서 그는 주님을 만났다. 이 만남이 자신의 생이 바뀌는 계기가 되었지 않은가. 그는 주님 앞에서 회개하고 구원의 자리로 들어가게 된 것이다(눅 19:1-10).

바디매오는 맹인이면서 거지였다. 어느 날 예수께서 지나신다는 말을 듣고 소리를 질렀다. "다윗의 자손 예수여, 나를 불쌍히 여기소서." 맹인이라서 볼 수는 없었지만 청각이 살아 있었기 때문에 그는 예수님의 소식을 들을 수 있었던 것이다. 그런데 사람들이 잠잠하라고 꾸짖었다. 그러나 그들의 말을 듣고 잠잠하면 언제 주님을 다시 만날 기회가 오겠는가. 그는 더 큰 소리로 외쳤다. 비로소 예수께서 그의 소리를 듣고 그를 고쳐주셨다. 기회가 왔을 때 어떤 방해에도 포기하지 않고 붙들었을 때 눈을 뜨게 된 것이다(막 10:46-52).

그러나 기회는 평안할 때만 찾아오는 것이 아니라 위기라고 생각될 때도 찾아온다고 한다. 그래서 위기는 기회라는 말도 있지 않은가. 어렵다고, 힘들다고 느껴질 때도 낙심하지 말고 차분히 현실을 살펴보면 그 위기 속에 기회도 함께 있다는 것을 발견하게 된다는 것이다.

다윗이 아버지의 심부름으로 전쟁터로 나갔다. 거기서 이스라엘이 블레셋의 장수 골리앗에 의해서 지리멸렬하고 있는 모습을 보았다. 이스라엘에게는 위기였다. 여기서 소년 다윗은 하나님을 의지하는 믿음을 가지고 골리앗에게 나아갔다. 그가 평소 목장에서 맹수를 쫓던 물매를 가지고 나가서 칼과 창과 단창으로 무장한 골리앗을 쓰러뜨렸다. 이후로 다윗의 이름은 이스라엘 사람들에게 각인되었고 후에 왕이 되었다. 위기가 그에게는 기회가 된 것이다.

스데반이 순교를 당하고 예루살렘엔 핍박이 심했다. 신앙의 위기가 찾아온 것이다. 성도들은 박해를 피하여 사방으로 흩어졌다. 흩어진 자리에서 복음을 전하기 시작했다. 이것이 복음을 전 세계에 확산시키는 계기가 된 것이다. 위기가 기회를 제공한 것이다.

그러므로 위기를 만나서 낙심하는 것은 하나님을 믿는 성도의 자세는 아니다. 기회를 찾아야 한다. 고난은 하나님께 부르짖으라는 신호이고 고난 중에 부르짖는 사람은 기회를 붙잡은 사람이다.

기회가 없다고 하지 말자. 지금도 기회는 계속해서 우리 주위를 지나고 있다. 베드로나 바울이나 마태나 그 모든 쓰임 받는 제자들처럼 부르시면 따르라. 그리고 선한 일에 쓰임 받아라. 그것이 기회를 잡는 일이다. 기회는 하나님께서 마련해 주시고 그것을 붙드는 것은 우리의 몫이다. 주님의 부르심을 거절하지 말자. 오늘 할 일을 내일로 미루지 말자. 나중으로 미루면 기회를 놓치는 것이다.

길에 대하여

"동양인들은 담을 쌓고 서양인들은 길을 낸다"는 말이 있다. 담이 폐쇄, 불통을 의미한다면 길은 소통과 교류를 의미한다. 길은 결국 발전과 성장을 꾀하는 길이요, 국가로 한다면 기간산업이다. 그래서 흔히 길을 산업의 동맥이라 한다.

사람들은 편리하고 안전하게 이동하기 위해서 길을 만든다. 빨리 가려고 고속도로를 만들고 육상 교통이 복잡해지자 지하철을 만들었다. 기찻길이 있고 버스길이 있다. 산을 뚫어 터널을 만들고 오솔길을 만들어 낭만을 즐기고 산책길을 걸으며 여유를 누리기도 한다. 빠르게 가자고 샛길, 지름길을 만들기도 한다. 길은 땅에만 있는 게 아니라 하늘에도 비행기가 다니는 항로가 있고 바다에는 배가 다니는 항해로가 있다.

목적에 따라 어떤 길이든지 선택하여 가면 된다. 그러나 그러한 길보다 더 중요한 게 있다. 그것은 인간이 걸어야 할 도리道理라는 길이다. 사람은 하나님이나 천사가 아니기에 하나님의 길을 가려고 노력할 필요는 없다. 그러나 짐승도 가지 않는 타락의 길을 피하여야 한다. 부도덕하고 부패한 길의 결말은 패망이기 때문이다.

성경은 좁은 길을 택할 것을 권한다. 길에는 넓은 길과 좁은 길이 있는데 사람들은 길이 협착하다고 넓은 길을 택하려 한다고 했다. 그 넓은 길은 육신적으로 안일하고 편안한 길이요, 쾌락을 위한 길이라 했다. 그러나 그러한 길의 결국은 무엇이겠는가. 성경은 경고한다. 어떤 길은 사람이 보기에 바르나 필경은 사망의 길이라고(잠 14:12). 그렇다. 우리들의 생각으로 바른 길 같고 축복으로 가는 길 같지만 필경은 패망으로 인도하는 유혹의 길이 세상에는 많다. 그러므로 좁은 길로 가야 한다. 주님이 걸어가신 십자가의 길이다. 도리를 지키며 가려면 힘이 든다. 고난이 따르고 눈물 어린 수고와 사명을 가지고 가는 길이다. 그러나 생명의 길이다. 그렇다. 공의로운 길에 생명이 있고 사망이 없다(잠 12:28).

그러므로 우리는 힘이 들더라도 진리의 길을 찾아가야 한다. 그 길은 우리의 경험이나 지식에서 나오는 것이 아니라 지혜에서 나온다. 그러므로 성경은 "너는 마음을 다하여 여호와를 신뢰하고 네 명철을 의지하지 말라 너는 범사에 그를 인정하라 그리하면 네 길을 지도하시리라"고 했다(잠 3:5-6).

이스라엘 백성들이 애굽을 나와 가나안을 향하여 가는 길은 광야였다. 실로 사람들은 어디로 가야 할지 몰라 방황해야 할 때에 하나님은 낮에는 구름기둥으로, 밤에는 불기둥으로 인도하며 보호하였다. 그들은 때로 길이 협착하다고 원망도 하고 불평도 했지만 이 대열에서 이탈할 수는 없었다. 이탈이 곧 죽음이었기 때문이다.

그렇다. 우리의 인생길을 바르게 인도하시는 분은 하나님이시다. 지금도 말씀으로 우리를 인도하고 계신다. 그 지도를 받아야 우리는 축복과 생명의 길을 가게 된다. 다윗은 이 사실을 양이 목자를 따르듯이 순종해야 할 것으로 노래했다.

"여호와는 나의 목자시니 내게 부족함이 없으리로다 / 그가 나를 푸른 풀밭에 누이시며 쉴 만한 물가로 인도하시도다 / 내 영혼을 소생시키시고 자기 이름을 위하여 의의 길로 인도하시는도다 / 내가 사망의 음침한 골짜기로 다닐지라도 해를 두려워하지 않을 것은 주께서 나와 함께하심이라"(시 23:1-4).

그렇다. 그리스도는 우리의 목자이시며 인도자요, 보호자가 되신다. 우리는 그러므로 주님을 의지하며 모든 삶을 맡기고 따라가야 한다. 주님을 따르는 길이 안심할 수 있는 길이요, 생명을 얻는 유익한 진리의 길이다. 예수님은 그래서 당신 자신이 길이요, 진리요, 생명이라 하셨다(요 14:6).

성경을 보자. 승리자는 하나님께서 제시한 길을 순종하여 간 사람이고 타락의 길에서 돌이켜 진리의 길을 간 사람들이다. 아브라함은 내가 지시하는 땅으로 가라는 여호와 하나님의 명령을 듣고 순종하여 가나안 땅으로 들어갔을 때 믿음의 조상이 될 수 있었고(창 12:1), 정욕에 넘어졌지만 회개하고 주님의 길을 걸었던 다윗에게 하나님은 내 마음에 맞는 사람이라고 칭찬했다(행 13:22).

생명으로 가는 길은 빨리 가고, 천천히 가고가 문제가 아니다. 주님께서 본을 보이신 길을 힘들더라도 따라가야 한다. 그는 모든 언어와 사상이나 행동에서 모범 된 길을 가셨기 때문이다. 그 길은 가시밭길이었지만 바른 길이었고 결국은 생명과 연결된 길이었다.

나의 존재에 대하여

이 세상에 스스로 태어나고 싶어서 태어난 사람은 없다. 내 의지와는 상관없이 어느 날 태어난 것이다. 그렇다면 왜 내가 태어나고, 존재해야 하는가? 엄밀히 말해서 그 존재 목적과 이유도 내 소관이 아니다. 나를 만드신 분, 나로 하여금 태어나게 하신 분이 부여해 주는 것이다.

세상의 만물을 보자. 존재하는 것은 반드시 존재 목적이 있기 마련인데 그 존재 목적은 그것을 만드신 분에 의해서 결정되어지고 있지 않은가.

가령, 여기에 한 채의 집이 있다고 하자. 그 집은 스스로 있는 것이 아니다. 누군가에 의해서 지어진 것이다. 왜 지어져 있느냐? 그 존재 목적은 그 집을 지은 사람이 부여하는 것이다. 주거용으로 또는 별장용으로 만들 수 있고 영업장 혹은 휴식처로 지을 수 있는 것이다. 그것이 그 집의 존재 목적이다. 물론 그 집이 다른 사람에게 양도되어 다른 용도로 사용될 수 있다. 그렇다 하더라도 그 집의 존재 목적은 그 집 자체에 있는 것이 아니라 집 주인의 의도에 있는 것이다.

마찬가지다. 사람도 스스로 존재하지 않는다. 스스로 존재하는 분은 하나님뿐이시다. 그분이 우리를 만드신 분이다. 그러므로 내가 왜 존재해야 하는가, 하는 것을 알려면 그분 하나님께 물어야 한다. 하나님은 창조주로서 당신이 만드신 모든 창조물에게 존재 의미를 부여하신 분이 아닌가. 풀 한 포기, 나무 한 그루, 돌멩이 하나도 그분은 무의미하게 존재케 하신 분이 아니다. 하물며 당신의 형상으로 만든 사람을 무의미하거나 맹목적으로 만들어 이 세상에 내던지셨겠는가?

우리는 우리가 존재할 수밖에 없는 근본 목적을 창조기사에서 찾을 수 있다. 하나님은 태초에 세상을 창조하셨다. 엿새 동안이었다. 그 기사에 의하면 하나님은 새로운 것을 만들 때마다 스스로 표현하기를 "좋았더라"고 했다. 그리고 여섯째 날 마지막에 인간을 만들고는 "심히 좋았더라"고 소감을 피력하고 있다.

그렇다. 여기에 하나님으로부터 피조 된 만물의 존재 목적이 담겨 있는 것이다. 즉, 만물은 하나님을 기쁘게 해 드리는 데 존재 목적이 있는 것이다. 특별히 모든 피조물 중에서도 사람은 더욱 하나님을 기쁘게 해 드려야 할 목적을 가지고 있는 것이다. 그래서 성경은 우리가 "먹든지 마시든지 무엇을 하든지 다 하나님의 영광을 위해서 하라"고 명령하고 있는 것이다(고전 10:31). 무슨 일을 하든지 그 궁극적인 목적은 하나님께 영광을 돌리는 데 두라는 것이다.

실로 만물은 이를 지키고 있다. 그런데 유독 사람만이 이 목적을 잊고 산다. 자기의 유익과 자기의 행복을 추구하는 데 몰두하면서 하나님께 영광이라는 근본 목적을 잊고 사는 것이다. 누가 우리가 행복하게 살려는 것을 막겠는가? 사탄밖에 없다.

하나님은 우리가 행복하기를 원한다. 그런데 그 행복의 근본은 나를 지으신 하나님께만 있음을 왜 모를까? 하나님을 떠나서 참 평안과 행복이 없다는 것을 왜 모를까?

배우고 자라서 돈 벌고, 가정 이루고, 자식을 두고, 취미를 살려 즐기며 원하는 목적을 이루라. 그것이 부도덕하고 무질서한 것이 아니라면 힘써 이루라. 그것도 하나님께서 우리에게 허락한 선물이다(전 3:12-13, 5:19). 그러나 그것조차도 하나님께 영광이 되어야 한다. 나를 지으신 하나님께서 우리에게 명령하시고 요구하시는 것이다.

그렇다. 우리가 이 세상에 반드시 존재할 이유는 없다. 내가 없다고 세상이 잘못되어지는 것도 아니다. 엄밀히 말해서 나 때문에 세상이 있는 것이 아니다. 그러나 내가 존재했다면 반드시 나를 지으신 하나님의 의도는 이행해 드려야 한다. 그것이 하나님에 대한 우리의 의무와 책임이다. 창조주에 대한 피조물의 도리요, 예절이다.

하나님을 찬양하자. 경배드리자. 그리고 모든 일에 순종하며 충성하자. 그리고 그 모든 행위가 하나님께 영광이 되게 하자. 그것이 내가 존재하는 목적이다.

눈眼에 대하여

성경은 눈을 몸의 등불이라 했다. 그래서 눈이 성하면 온몸이 밝을 것이요, 눈이 나쁘면 온몸이 어두울 것이라 했다(마 6:22-23). 실로 시각에 장애가 있으면 그 답답함은 이루 말할 수 없다. 오죽했으면 우리의 고전 소설인 심청전에는 심봉사(심학규)가 공양미 300석만 바치면 눈을 뜰 수 있다는 말에 덜컥 자기가 공양미를 내겠다고 약속을 해버렸을까. 딸 하나만 데리고 구걸하다시피 사는 가난뱅이 처지에 말이다. 실로 모든 장애가 다 고통스럽고 생활에 답답함을 주는 것이지만 자연과 사물을 볼 수 없는 고통은 그 중의 으뜸에 들지 않을까. 그래서 성경엔 자주 소경의 눈을 띄어준 이야기가 나온다.

그러나 알고 보면 육신적 소경보다 더 답답한 것은 정신적이고 영적인 안목이 없는 사람이다. 세상에는 육안으로 볼 수 있고 구별할 수 있는 형태적인 것만 있는 게 아니다. 육안으로 보이지 않는 존재와 물질이 얼마나 많으며 정신적이고 영적인 가치는 또 얼마나 많은가. 공기 속에 포함된 여러 원소가 우리 눈에 보이지 않지만 그것들이 없으면 우리는 어떻게 살 수 있는가. 사랑이나 자유, 평화의 가치는 얼마나 소중하며, 그리움이나 외로움 같은 감정은 눈에 보이지 않아도 우리의 정신세계를 얼마나 지배하고 있는가.

더구나 영적인 눈이 열리지 않으면 영원한 하나님나라를 볼 수가 없다. 어리석은 사람은 천지를 지으신 하나님이 없다고 한다(시 14:1). 육신의 눈이 아무리 밝아도 그들은 영적 소경이다. 이런 영적 소경은 온몸이 어두울 수밖에 없다. 답답함을 넘어 연민의 대상이다.

나와 같이 신학을 공부한 소경 친구가 있었다. 그는 항상 명랑했다. 신학을 마친 뒤에 목사가 되어 장애인을 상대로 하는 특수 목회를 했다. 그는 나에게 자신은 개안수술을 하면 눈을 뜰 수 있을 가능성이 있지만 하지 않는다고 했다. 영원한 천국에 가서 번쩍 눈을 뜨겠다고 했다. 그는 어느 날 새벽에 기도하다가 세상을 떠났다. 틀림없이 그가 소망한 대로 예수님을 만나고 눈을 떴을 것이다. 영안이 열려 그 나라를 소망하며 그 나라를 볼 수 있다는 것은 얼마나 축복인가. 그 영안은 믿음으로만 열리고 믿음으로만 분명하게 볼 수 있다. 그 믿음은 신령한 말씀을 받음으로만 형성된다. 믿음은 바라는 것들의 실상이며 보지 못하는 것들의 증거다(히 11:1).

나는 요즈음 시력이 약해져서 돋보기의 도움을 받으며 책을 읽는 경우가 있다. 그러면서도 오래 읽지를 못한다. 답답한 노릇이다. 그럼에도 불구하고 감사한 것은 비록 육신의 눈은 약해져 가도 신령한 영의 눈이 밝아지는 것 때문이다.

어렸을 적 시력이 좋다고 자랑했는데 그때 나는 천국의 영광을 보지 못했다. 하나님의 존재를 인정하는 데 시간이 걸렸다. 그런데 지금은 내 존재를 존재케 하신 하나님을 본다. 그분의 사랑이 얼마나 큰가를 육신의 눈으로 헤아릴 수 없다. 그분의 사랑이 얼마나 부드러운가를 촉감으로 느낄 수 없다.

그러나 성령으로 거듭난 눈으로 세상을 볼 때 하나님의 은혜와 사랑이 보이고 감촉으로 전해온다. 나는 그 사랑을 찬양하고 경배하는 기쁨 속에 산다. 육신의 눈으로 볼 수 없고 만질 수 없었던 주, 그 하나님을 느낄 수 있고 볼 수 있다는 것은 얼마나 큰 축복인가!

보이는 것은 잠깐이지만 보이지 않는 것은 영원하다. 나이가 들수록 침침해지는 것이 안타까워지면서도 보이지 않는 세계를 볼 수 있는 눈을 주심에 감사하다.

그렇다. 하나님은 영이시니 우리는 영과 진리로 거룩한 분을 예배해야 한다. 육신의 눈이 세상의 허무한 것을 보고 많이 소유하고자 한다면 영안은 신령한 세계를 보며 찬란한 그 세계에 감격한다. 우리가 무엇보다 감사하게 여길 것은 영안의 열림이요, 그 나라의 소망으로 육신의 눈으로 보이는 세계를 이겨 나감이다.

늙음에 대하여

현상세계에 존재하는 모든 것은 그 기간이 다를 뿐 쇠하거나 늙어가다 사멸한다. 사람이라고 어떻게 그 원리에서 벗어날 수 있으랴. 그러므로 그 원리에서 벗어나기 위해서 발버둥을 치며 불로초不老草나 불사약不死藥을 구하려는 행위는 어리석은 일이다.

하루에도 일출이 있는가 하면 일몰이 있다. 한 해에도 시작이 있으면 끝이 있고 4계절이 있어 인생의 종말을 암시적으로 보여주고 있다. 나라나 정권도 마찬가지다. 설립과 쇠망의 역사를 반복함으로 영원하지 않다는 것을 깨닫게 해주고 있다.

늙음. 그것은 모든 사람에게 서글픔을 주는 일이다. 죽음을 향하여 가는 걸음이 씩씩할 수가 없다. 그러나 그렇기 때문에 절망할 것이 아니라 순응의 지혜를 가지고 대처해야 할 것이다. 어떤 사람들은 늙어감을 원통히 여겨 "노세 노세 젊어서 노세" 하고 한스러운 노래를 한다. 그러나 그것은 매우 퇴폐적인 생각이다. 마무리를 건전하게 하려면 나머지 생애를 반듯하게 살겠다는 다짐과 행동을 해야 한다. "개똥밭에 누워도 세상이 좋고 거꾸로 달아매도 이승이 좋다"는 사람은 소망이 없는 사람이다.

물론 늙어가는 것이 우리에게 많은 불편함을 가져다준다. 모든 정신적, 신체적 기능이 저하되는 데서 오는 불편함과 질병들을 결코 가볍게 생각할 일이 아니다. 하루가 다르게 발전해 가는 세상에서 필요한 모든 지식과 기능을 익혀야 하는 것은 물론, 여러가지 따르기에 버거운 현상 등은 웬만한 것은 포기하고 싶게 만들고 복잡한 것은 근처에도 가고 싶지 않게 만든다. 그러나 그것을 외면한다면 사람 구실을 하기가 어려우니 이를 어떻게 하랴.

"늙으니 재미있는 게 하나도 없다.", "늙을 게 아니다." 이런 말들은 내가 어렸을 적에 주변의 어르신들한테서 들은 푸념들이다. 그런데 어느덧 나도 당시 그분들의 나이가 되었고 그분들의 푸념을 실감하게 되었다. 그래서 늙어서 좋은 것이 무엇일까, 하고 생각해 보니 세상 떠날 날이 가까워 온다는 사실밖에 없는 듯싶다. 후손들에게 짐만 되는가 하는 자괴감마저 든다. 흔히 노인에게는 명철이 있다느니, 풍부한 경험이 있다고 하지만 오늘날 누가 노인의 명철과 경험을 경청하려 드는가. 아무래도 노인을 위로하는 차원에서 나온 말씀 같다. 지금처럼 발달한 사회에서는 어르신들의 경험보다 컴퓨터를 열면 쏟아지는 지식을 의지하는 게 훨씬 낫다고 여기지 않을까.

그래서 생각한다. 실로 산다는 게 무엇인가? 생존을 위해서 무엇이든 해야 하는 인생이라면 무슨 가치가 있을까? 그런 삶은 짐승들이나 곤충들도 살고 있지 않는가. 적어도 우리에게 인격이 있다면 무엇인가 남기고 갈 것이 있어야 하지 않을까. 지금까지 내가 받은 모든 혜택을 생각하면 그냥 떠나서는 안 될 것 같다. 하나님의 은혜와 수많은 이웃들, 얼굴도 모르는 수많은 사람들의 혜택이 없었다면 내가 어떻게 이런 처지에서 살았을까, 하는 생각이 든다. 그래서 말이지만 나도 뭔가 남을 위하여 남겨야 할 책임과 의무 같은 것이 있을 것 같다.

새벽에 일어나 기도를 하고 해 뜨는 것을 바라볼 수 있음이 감사하다. 하루 일과를 마치며 해가 지는 저녁노을을 보는 것도 아름답다. 언 땅을 뚫고 나오는 새싹을 보면서 생명의 고귀함을 느끼고 낙엽이 지면서 앙상한 가지로 남는 나무를 보면서 나는 지금 어느 시점에 와 있는가, 내 인생의 계절을 가늠해 보기도 한다. 시력과 청력이 약해져 도수 높은 안경을 끼고 보청기 신세를 져야 하는 나는 분명 해가 기우는 시점을 가고 있는 것이다. 그렇기 때문에 내 인생에 대한 위축을 느끼며 견디어야 하는가.

아니다. 그럼에도 초라하거나 적어도 추하게 늙고 싶지는 않다. 당당하고 품위 있는 여생이 되기를 원한다. 그러기 위해서 이런 것을 다짐해 본다. 첫째, 세속적인 욕심을 절제하리라. 둘째, 단정하고 청결한 몸을 유지하리라. 셋째, 가족이나 이웃에게 덕스러운 모습을 보이리라. 베풀고 나눌 수 있는 기회가 오면 놓치고 싶지 않다. 넷째, 사는 동안 조금이라도 이웃에게 덜 신세를 지려면 건강을 살피자. 다섯째, 꾸준히 이 땅에 사는 동안 할 일을 하면서 살리라.

요즘 들어 새삼 나는 내가 이 땅에서 노숙자가 아닌 사실에 감사를 드린다. 저녁이 되면 들어가 쉴 곳이 있고 맞아주는 가족이 있다는 것이 얼마나 감사한가. 그러면서 내가 세상을 떠나는 날에 나를 반겨줄 새로운 세계가 예비되어 있다는 것이 얼마나 다행이고 감사한가를 생각한다. 내 앞에는 천국이라는 소망이 있기에 든든하다.

닮음에 대하여

길을 가다가 또는 어느 장소에서 내가 아는 사람과 얼굴 모습이 비슷해서 깜짝 놀라는 경우가 더러 있다. 심지어 아는 사람인 줄 알고 아는 체를 했다가 다른 사람이라서 실례를 한 경우도 있다. 세상에는 닮은 사람도 많이 있다.

닮는다는 것은 생김새나 성질 등이 비슷할 때 쓰는 말이다. 외모뿐 아니라 어떤 사람의 가르침이나 사상을 본뜰 때도 쓴다. 예를 들면 바울 사도는 예수님을 많이 닮았다고 할 수 있고, 소설이나 영화나 드라마에 나오는 주인공의 행동과 자세를 본받고자 하여 닮아가는 사람도 있다.

자식은 부모의 외모나 성품을 많이 닮는다. 쌍둥이 형제가 서로 닮아서 구별하기가 곤란한 경우도 있다. 전혀 남남인데도 오래 같이 생활하다 보면 닮는 경우도 있다. 부부가 그렇다. 생활을 같이하다 보니 성품도 닮고 입맛도 닮고 취미도 닮는다. 심지어는 생김새도 닮는다는 사람이 있다.

그런데 제발 못된 성품이나 행동은 닮지 않았으면 좋겠다. 게으른 성품, 폭력, 이기심 같은 건 닮지 않았으면 좋겠다. 그런데 요즘에는 영화나 드라마를 보면서 그런 옳지 않은 행동이나 나쁜 방법을 본뜨는 사람이 많은 것 같다. 그래서 아무리 사람의 삶을 적나라하게 표현하는 것이라 하지만 폭력물이나 음란물 같은 것은 제작에 조심했으면 한다. 아무리 표현의 자유가 있다 하지만 아직 인격이 완성되지 않고 정서가 불안하거나 민감한 청소년들에겐 위험하기 때문이다. 그럴 리야 없겠지만 닮지 말았으면 하는 것들이 오히려 더 많은 영향을 끼치는 것 같다. 옳지 않은 일은 흉내도 내지 말아야 한다. 성경은 악은 어떤 모양이라도 버리라 하지 않는가(살전 5:22).

내가 초등학생일 때니까, 꽤 오래된 이야기다. 우리 반에 말을 더듬는 아이가 있었다. 성질이 급했던 것 같다. 우리는 그를 반벙어리라고 놀렸다. 뿐만 아니라 가끔씩 그를 놀리기 위해서 그의 말을 흉내 내기도 했다. 물론 해서는 안 되는 몹쓸 짓을 한 것이다. 그런데 놀라운 것은 그를 흉내 내다 보니 어느새 나도 말이 더듬어지는 것이었다. 그렇다. 흉내를 내도 닮을 수 있다.

그러므로 우리는 당연히 옳은 사람의 사상과 바른 사람의 행동을 따르고자 해야 할 것이다. 이는 존경하는 사람의 인품, 즉 겸손이나 근면을 닮고자 애쓴다면 언젠가는 똑같지는 않아도 근접하게 될 것이기 때문이다.

바울 사도가 "내가 예수 그리스도를 본받는 자 된 것 같이 너희는 나를 본받으라"(고전 11:1)고 했는데 이렇게 담대하게 말할 수 있었다는 것은 그가 얼마만큼 예수님의 삶을 사모했는가 하는 것을 알 수 있게 한다.

스데반 집사는 공회에서 예수를 전하다 돌에 맞아 순교했다. 그는 죽어

가는 순간에 부르짖어 "주 예수여 내 영혼을 받으시옵소서" 하고 외쳤다
(행 7:59). 예수님께서 골고다 언덕에서 십자가에 못 박혀 큰 소리로 "아버
지 내 영혼을 아버지 손에 부탁하나이다"(눅 23:46)하고 돌아가실 때 하신
말씀과 많이 닮았지 않은가.

스데반이 무릎을 꿇고 크게 불러 "주여 이 죄를 그들에게 돌리지 마옵
소서"(행 7:60)하고 용서를 구한 것은 예수께서 "아버지 저들을 사하여 주
옵소서 자기들이 하는 것을 알지 못함이니이다" 하고 기도하신 말씀과 많
이 닮았다(눅 23:34).

성형수술을 하러 온 사람이 의사에게 얼굴이 예쁜 어떤 사람의 사진을
내놓으며 이 사람의 얼굴처럼 고쳐 주세요, 하는 것과는 사뭇 다르지 않
은가. 아, 세상엔 닮아서는 안 되는 사람의 생활도 많고, 꼭 그렇게 닮아서
그렇게 살고 싶은 사람도 많다.

당당함에 대하여

당당하다는 말은 떳떳하고 손색이 없는 태도, 또는 의젓하고 반듯한 모습을 의미한다. 그러므로 우리는 당당해야 한다. 언제, 어디서, 누구 앞에 서든 떳떳하게 설 수 있어야 한다.

그런데 그러질 못하는 경우가 많다. 성품상 내성적이거나 수줍음을 잘 타서 당당한 자세가 되지 못하는 경우가 있긴 하다. 그러나 대체로 마음 속에 떳떳하지 못한 부분이 있어서이다. 그러면서 자신의 당당하지 못함을 더러 겸손한 태도인 양 포장하려 들기도 한다. 가증한 일이다.

겸손과 당당하지 못함은 전혀 다르다. 겸손은 마음으로 부끄럼이 없지만 자신을 내세우지 않으려는 정신인 반면에 당당하지 못함은 뭔가 떳떳하지 못한 자의식 때문에 자기를 드러낼 수 없는 태도다. 그러므로 우리는 당당하면서 겸손해야 한다. 남을 나보다 낮게 여기며 부끄러움이 없는 삶을 살아야 한다.

나는 언제, 누구 앞에서나 당당하려면 다음 세 가지 조건을 갖추어야 한다고 생각한다. 첫째는 불의나 부정과는 거리를 두고 살아야 하고 무엇보다도 정직할 수 있어야 한다고 본다. 거짓된 마음을 가지고 당당할 수 없다. 잘못을 짊어지고 당당할 수 없다. 아담과 하와가 범죄 한 다음에 하나님 앞에 당당히 나설 수가 없었다. 나무 뒤에 숨었다. 범죄 하기 전에는 부드럽고 친절했던 하나님의 음성이 범죄 후에는 두려웠다. 잘못이나 거짓은 사람을 당당하게 하지 못한다. 예수님을 판 가룟 유다가 어디서 당당할 수 있었겠는가.

바울 사도는 밀레도에서 에베소교회 장로들 앞에서 설교하면서 이런 고백을 했다. "내가 아무의 은이나 금이나 의복을 탐하지 아니하였고 여러분이 아는 바와 같이 이 손으로 나와 내 동행들이 쓰는 것을 충당하여 범사에 여러분에게 모범을 보여주었다"(행 20:33-35). 그러므로 그는 유익한 것은 무엇이든지 공중 앞에서나 각 집에서나 거리낌이 없이 여러분에게 전하여 가르칠 수 있었지 않았겠는가(행 20:20).

사무엘은 사울을 이스라엘의 초대 왕으로 세우면서 백성들에게 말했다. "보라 나는 늙어 머리가 희어졌고 내 아들들도 너희와 함께 있느니라 내가 어려서부터 오늘까지 너희 앞에 출입하였거니와 내가 여기 있나니 여호와 앞과 그의 기름부음을 받은 자 앞에서 내게 대하여 증언하라 내가 누구의 소를 빼앗았느냐 누구의 나귀를 빼앗았느냐 누구를 속였느냐 누구를 압제하였느냐 내 눈을 흐리게 하는 뇌물을 누구의 손에서 받았느냐 그리하였으면 내가 그것을 너희에게 갚으리라"(삼상 12:2-3). 이 질문에 만장한 백성은 모두가 그렇지 않았다고 대답했다. 얼마나 떳떳하고 당당한가. 그렇다. 거짓이나 잘못은 사람을 당당하지 못하게 만든다.

둘째는 실력을 갖추어야 한다. 적어도 자기가 맡은 일에 대해서는 전문가가 되어야 한다. 자기가 맡은 일에 자신이 없으면 당당할 수가 없는 법이다. 무능한 사람이 되는 것이고 무능한 사람이 당당할 수가 없다.

셋째는 든든한 후원자를 두어야 한다. 우리는 어떤 후원자를 두고 있는가. 나의 약점을 이해하며 내가 연약할 때 힘을 주고, 두려움이나 불안이 찾아오면 용기와 담력을 줄 수 있다면 든든한 후원자가 될 수 있을 것이다. 사람도 어느 정도는 이런 도움을 줄 수 있지만 완벽하지 못하다. 하나님만이 나를 완전히 책임져 주실 수 있다. 그러므로 전체를 그분에게 맡길 수 있다. 누구도 해결할 수 없는 나의 잘못과 허물을 담당하셔서 해결하신 분. 그러므로 나의 장래도 책임져 주실 것을 믿을 수 있는 것이다.

그분이 내 뒤에서 나를 붙들어 주시고 후원하신다면 무엇이 두려우랴. 우리는 당당할 수 있는 것이다. 모세가 애굽의 바로 앞에서 당당할 수 있었던 것도, 다윗이 대적 앞에서 두려워하지 않은 것도 든든한 후원자이신 하나님을 의지했기 때문이다. 당당하다는 것은 얼마나 행복한 일인가!

대화에 대하여

서로 마주하고 이야기를 나누는 것이 대화다. 대화는 재미있을 수도 있고 재미없을 수도 있다.

먼저 재미없는 경우를 생각해 보자. 서로 눈높이가 다른 내용을 얘기하거나 별로 관심이 없는 분야를 놓고 얘기하자고 할 때 여러분은 어떤 생각을 하게 되는가. 어서 그 자리에서 벗어나고 싶을 것이다. 자기 자랑을 장황하게 늘어놓거나 아랫사람 훈계하듯 하는 얘기를 누가 듣고 싶어 하겠는가. 상대방의 의사는 고려치 않고 일방적으로 자기 말만 앞세운다든지 예절을 버린 속된 표현을 한다면 교양과 인격의 문제다. 나는 그런 얘기를 듣다 보면 불안해진다. 왜 내가 이 사람과 같이 있어야 하는가, 하며 시간이 아깝다는 생각이 든다.

대화란 얼마나 중요한가. 서로의 인격이 교류되는 시간이고 정보가 나누어지는 시간이다. 일방적인 자기주장이 아니라 상대방의 의사를 존중하며 들어주는 여유가 있으면 그 자리가 포근해진다. 거기에 적당히 유머를 섞을 줄 알면 금상첨화다. 어쩌면 대화를 잘한다는 것은 사람 관계를 잘한다는 것이고 성공적인 인생을 산다는 의미도 될 수 있으리라. 그래서 대화법이라는 것도 꾸준히 개발되고 있다.

서로의 인격적 교류가 없다면 그것은 지금 상대방을 고통스럽게 하고 있는 것이다. 자신이 강자라고 생각하는 사람이 약자를 자기의 주장대로 설득하기 위해서 강요를 할 때 어떻게 타협이 되고 공감을 얻을 수 있겠는가.

대화는 자연스러워야 할 것이다. 서로 존중하는 마음에서 이루어져야 한다. 그러므로 충분히 남의 말을 경청할 줄 아는 사람이 대화의 기법을 아는 사람이다. 상대에게 불쾌감을 주어서 어떻게 만족감을 주고받을 수 있겠는가.

대화를 통하여 어떤 문제를 해결하자며 테이블에 마주앉아 얘기를 나누는 경우가 있다. 그런데 그 대화가 자주 끊기는 예가 있다. 왜 그럴까? 속이는 것이 있기 때문이다. 조금 주고 많이 얻으려 하기 때문이다. 호혜원칙이 무너지면 곧바로 결렬로 연결된다. 진실이 결여된 대화는 시간낭비다. 성경은 "남을 나보다 낫게 여기라"고 가르친다. 대화에도 통용될 수 있는 부분이다. 남을 깔보고 하는 대화는 이미 대화가 아니다. 동등한 위치에서 진실을 놓고 대화해야 한다. 그가 낮은 위치라면 내 위치까지 그를 올려놓아야 한다. 아니면 내가 그의 위치까지 내려가야 한다. 예수께서 하늘 보좌를 버리고 이 땅에 사람으로 오신 것을 생각해 보자. 그는 대화할 진정한 마음을 가지고 오신 것이다. 사랑의 마음이 없으면 있을 수 없는 행동이었다. 그는 왜 소외되고 눌려 사는 사람들을 찾아 나섰을까? 사랑했기 때문이요, 배려할 수 있었기 때문이다. 그는 낮은 사람들과 대화할 충분한 준비가 되어 있었던 분이다. 그는 재산이나 지식의 평등을 구한 것이 아니라 인격의 평등을 구했던 것이다. 그리고 주님은 수시로 하나님과 대화하셨다. 그것이 기도다. 그리고 우리에게도 언제나 우리의 기도를 들어주시는 하나님께 기도하라고 권하셨다.

대화를 잘하는 기술은 말을 청산유수로 잘하는 것을 의미하지 않는다. 어눌하더라도 진실과 진심을 나누는 것을 의미한다. 말을 많이 하는 것을 자랑으로 여기는 것이 아니라 실로 남의 말을 잘 들어주는 것이다. 결국 대화는 입으로 하는 것이 아니라 마음으로 하는 것이다. 존중을 받으려면 먼저 존중하고 대화를 잘하려면 먼저 상대방을 인정해야 한다. 상대방의 눈높이에 맞출 줄 아는 고도의 지혜가 필요하다. 그것이 사람을 얻는 비결이기도 하다.

우리 속담에 말 한 마디로 천 냥 빚을 갚는다는 말도 있다. 성경에는 죽고 사는 것이 혀의 권세에 있다는 말씀도 있고(잠 18:21), 경우에 합당한 말은 은쟁반에 금사과라는 말씀도 있다(잠 25:11).

대화는 사람에게 주어진 가장 큰 축복 중의 하나다. 그것으로 우리는 자신을 표현하고 남의 생각을 이해한다. 그렇게 서로가 서로를 이해하는 사이에 관계가 깊어진다. 참다운 인격자는 말을 해야 할 때 하고, 하지 말아야 할 때 침묵할 줄 아는 사람이다. 때로는 침묵으로 대화를 잘하는 사람이라는 평가를 받을 수도 있다.

덤에 대하여

대부분의 사람들은 덤을 좋아한다. 공짜로 더 얻기 때문일 것이다. 덤이란 제 값어치의 물건 외에 조금 더 얹어주는 물건을 말한다. 그러나 사실은 물건을 더 많이 팔기 위한 수단인 것이고 고객의 호감을 사서 다음에 더 이익을 내기 위한 미끼라 할 수도 있다. 손해를 보면서 물건을 파는 어리석은 사람은 없지 않은가.

어떤 물건을 살 때 사은품이라 해서 작은 물건 하나를 얹어줄 때도 있다. 이것 역시 덤이다. 그런데 그 덤을 사람들이 좋아하는 것이다. 역시 공짜로 더 얻었다고 생각하기 때문이다. 하기야 주는 입장에선 주지 않아도 되는 것이고 받는 입장에서는 왜 안 주냐고 말할 수 없는 물건을 더 얻었으니 기쁠 수 있다. 그러나 덤 때문에 물건을 산다면 우스꽝스런 일이다. 본래 사고 싶지 않은 물건인데 덤으로 주는 물건이 좋아서 산다면 얼마나 어리석은 일인가.

최근 어느 통계에 의하면 왜 예수를 믿느냐는 설문에 38.8%가 마음의 평안을 위해서라고 답했다 한다. 구원(영생)을 위해서 믿는다는 사람은 31.6%이고, 건강이나 재물이나 성공 등 세속적인 축복을 목적으로 믿는다고 하는 사람이 18.5%나 되었다고 한다. 이것이 한국 교회의 현실이라면 부끄러운 일이다. 본래의 목적보다는 덤을 더 좋아하는 모습이 아닌가. 누가 마음의 평안을 싫어하겠는가. 누가 건강이나 재물이나 성공 등의 축복을 싫어하겠는가. 그러나 우리가 예수를 믿는 것을 그런 목적 성취에 두어서는 안 된다.

분명히 알아야 한다. 예수 외에는 우리에게 구원을 주실 다른 이름이 없다(행 4:12). 예수로 말미암지 않고는 하나님께로 올 수가 없다. 예수만이 길이요, 진리요, 생명이기 때문이다(요 14:6). 예수는 하나님과 동등됨을 포기하고 사람으로 오셨다(빌 2:6-8). 죄인을 구원하시기 위해서였다(마 1:21, 눅 19:10). 그리고 일생동안 그 일만 하시다가 십자가 위에서 돌아가셨다. 그러므로 우리가 예수를 믿는 목적은 우리 스스로 구원을 이룰 수 없는 죄인임을 인식하고 예수님의 의義를 힘 입어 그 은혜로 생명을 얻기 위함이어야 한다. 이것이 구원이다.

이 구원을 얻은 사람에게 하나님은 평안을 주신다. 그러므로 평안은 구원에 따르는 일종의 덤과 같은 것이다. 그렇지만 이 평안은 세상에서 얻는 평안과 질적으로 다르다(요 14:27). 세상에서 세속적인 것을 소유함으로 얻어지는 순간적인 것이 아니라 영생을 얻은 사람에게만 주어지는 영원한 평안인 것이다. 그러므로 이 평안을 누리는 사람에겐 마음에 근심이나 두려움이 없어야 한다.

건강이라든지, 재물이라든지, 성공과 같은 축복도 그렇다. 구원을 획득한 사람에게 하나님께서 덤으로 주실 때 그것이 축복이지, 그것들을 얻기 위해서 주님을 믿는다는 것은 본래의 물건보다 덤에 더 관심이 많아서 사는 것과 다르지 않다. 사람들은 그런 생각을 가진 사람들을 가리켜 기복주의 신앙이라고 비웃는다. 다시 말하면 본래의 목적보다 덤으로 얻어지는 것을 더 좋아하는 결과라는 것이다. 바뀐 것이다. 본래의 목적이 덤이 되고 덤이 본래의 목적이 된, 이른바 주객전도다. 이런 덤이 본래의 목적을 능가하는 신앙이라면 그것이 세속화이고 타락이고 부패다.

주님은 말씀하셨다. "너희는 먼저 그의 나라와 그의 의義를 구하라 그리하면 이 모든 것을 너희에게 더하시리라"(마 6:33). "이 모든 것"은 덤이고 목표는 "그의 나라와 그의 의"가 되어야 할 것을 말씀한 것이 아니겠는가.

사도 요한은 가이오라는 사람에게 편지하면서 "사랑하는 자여, 네 영혼이 잘됨 같이 네가 범사에 잘 되고 건강하기를 내가 간구하노라" 하고 인사를 했다(요한 3서 1:2). 영혼이 잘 되는 것이 우선이며 네 영혼이 잘 된 것처럼 육신적 삶에도 형통하기를 원한 것이다.

그렇다. 우리가 신앙생활을 하는 목적은 그의 나라와 그의 의를 구하는 것이어야 하고 영혼이 잘 되는 것이어야 한다. 그럴 때 하나님은 이 모든 세속적 복을 덤으로 더해 주실 것이고 그렇게 되면 전인적 축복을 받은 것이 될 것이다.

결론이다. 왜 우리는 예수를 믿는가? 다른 어떤 사상체계나 종교나 철학에 없는 구원과 영생이 예수에게만 있기 때문이다. 여러 사람이 여러 말을 해도 이것이 정답이다. 주된 목적과 덤을 혼동해서는 안 된다.

도리 道理에 대하여

도리라는 게 있다. 강제하는 것은 아니지만 사람에게는 법이나 어떤 규범보다 우선시돼야 하는 것이다. 어떤 입장에 있든지 사람은 그 자리에서 마땅히 지켜야 할 도리가 있는 것이다.

어렸을 적 동생과 싸우면 부모님은 나를 불러서 왜 동생과 싸웠느냐고 물으셨다. 나는 당연히 동생이 이렇게, 이렇게 잘못해서였노라고 대답했다. 그러면 부모님은 그래도 그렇지, 동생을 때리면 되느냐고 도리어 나를 혼냈다. 그때마다 나는 억울했다. 잘못한 동생을 혼내는 것이 옳지, 왜 나를 나무라시는가, 해서였다. 나중에 안 일이지만 부모님은 잘잘못을 구별하는 것도 중요하지만 형으로서 동생에게 대하여야 할 도리가 먼저라는 것을 가르쳐 주셨던 것이다. 그리고 울고 있는 동생에겐 "형한테 그렇게 대들면 되느냐"고 그를 달래면서도 그래선 안 되는 이유를 말씀했다. 역시 동생은 동생으로서 형을 대하는 도리가 있음을 가르치셨던 것이다.

그렇다. 사람에게는 언제, 어디서나 도리가 있다. 그 도리를 지켜야 사람이다. 사람이 사람의 도리를 지키지 못하니까 불효도 하고, 불의한 일도 저지른다. 차마 눈 뜨고 볼 수 없고, 귀를 열고 들을 수 없는 일들이 벌어지는 것은 법이 없어서가 아니다. 법 이전에 사람이 사람으로서의 기본 도리를 벗어나기 때문이다. 기본 도리를 지키지 않다 보면 나중엔 짐승 같은 행동도 할 수 있게 되는 것이다.

우리는 관계 속에서 산다. 어디서든지 관계가 만들어진다. 가정 안에선 부부관계, 부모와 자녀관계, 형제관계 등이 형성되고, 학교나 직장이나 교회나 어느 공동체에 들어가든지 사제관계, 선후배관계, 친구관계, 직책관계 등이 형성된다. 그 관계를 잘하여 상대가 나에게 호감을 갖도록 만들 수 있다면 그것은 특별한 재능에 속한다. 성공할 확률이 높다. 그런 좋은 관계를 만드는 데 필요한 것이 진실이고 도리를 지키는 일이다.

도리는 누구에게나 있다. 그러므로 서로 지켜야 하는 것이다. 부부의 도리가 있다. 남편으로서의 도리가 있고 아내로서의 도리가 있는 것이다. 부모의 도리와 자식으로서의 도리가 있다. 형과 아우의 도리가 있다. 선생님과 제자의 도리가 있고 친구간의 도리, 상사와 하급자의 도리도 있다. 이 도리를 지킴이 예절이고 질서다. 그러므로 각자 자기 도리를 잘 지키면 아름다운 관계가 형성된다. 그러나 어디 그렇던가. 나는 내 도리를 다 하는데 상대방이 그렇지 않으면 문제가 생긴다. "네가 그렇게 나올 바에야 나라고 도리를 다할 필요가 없지" 하는 생각이 들게 마련이다. 그렇게 되면 나도 내 도리를 못 하게 되고 결국 좋은 관계는 유지될 수 없다.

그러나 그것은 올바른 태도라 할 수 없다. 우리 사회는 남은 어떻게 하든, 나는 내 도리를 해야지 하는 생각 때문에 지탱되어 왔다고 해도 과언은 아니다. 상대의 배신으로 가슴이 쓰리고 아파도 내 도리는 해야지 하는 생각으로 마음을 다잡기도 하고 추스르기도 하면서 살았기 때문에 가

정도 지켜지고 사회도 지탱되어 온 것이다. 생각해 보자. 남편이 바람을 피운다고 아내가 나는 못 하겠느냐 하면서 밖으로 나갔다면 그 가정이 온전했겠는가. 그러나 수모를 당하고 억울해도 자식을 생각하고 가문을 생각하면서 참았던 것이다. 너는 그럴지라도 나는 내 도리가 있지, 하면서 참은 것이다. 그것이 가정을 지켜낸 것이다. 자식이 불량해도 부모는 부모의 도리로 품으려 하고, 부모가 모범적이지 못해도 자식이 자식의 도리인 효도를 실천했을 때 그 가정은 지켜진 것이다. 결국 참으면서 자기 도리를 지켜낸 사람이 승리자가 된 것이다.

예수님은 제자인 가룟 유다가 당신 자신을 팔아먹을 사람이란 걸 알고 있었다. 그런 일은 정말 있어서는 안 될 일이고 제자로서의 도리가 아니다. 그런데 그걸 알면서도 예수님은 가룟 유다를 홀대하지 않았다. 다른 제자와 일반으로 끝까지 사랑했다. 장차 나를 배신할 녀석인데 내가 너한테 잘 할 필요가 있느냐고 그를 버리지 않았다. 베드로의 발만 씻어준 것이 아니라 그의 발도 똑같은 정성으로 씻어주었던 것이다. 가룟 유다는 제자의 도리를 다하지 못했지만 예수님은 선생님으로서의 도리를 다 하셨던 것이다. 자신을 핍박하고 십자가에 못을 박아도 그들을 용서해 달라고 기도함으로 당신의 도리를 다하셨다. 그것이 예수님의 위대성이다.

위대한 사람이 되고 싶은가? 그렇다고 무슨 큰일을 해야만 되는 것은 아니다. 도리만 잘 지켜도 위대한 사람이 된다. 특별히 네가 나에게 네 도리를 다 하지 않는다 할지라도 나는 내 도리를 하겠다는 정신만 있으면 된다. 그리고 손해를 입어도, 가슴이 아파도, 억울해도 그것을 실천할 수 있으면 누구나 위대한 사람이 될 수 있다. 우리에게는 언제, 어디서, 누구와 만나도 내가 갖추어야 할 도리가 있음을 잊지 말아야 할 것이다.

동조同調에 대하여

남의 주장이나 사상에 자기의 의견을 일치시키며 찬성하고 지지하는 것을 동조라고 한다. 누가 어떤 운동을 시작하려 할 때 이런 동조자가 있다면 얼마나 든든하겠는가. 장수將帥가 적과 싸우려 할 때 천군만마를 얻은 만큼이나 힘이 될 것이다. 그러나 동조가 어떤 경우에나 좋은 것은 아니다. 악한 일의 동조자는 악을 조장하는 사람이 되기 때문이다. 우리는 선하고 의로운 일에 동조자가 되어야 한다.

그런데 세상은 참으로 희한한 곳이다. 생각은 각자 자유라 하지만 악한 일에 동조하는 사람이 있는가 하면 의로운 일에 방해자도 있기 때문이다. 사람들이 모두 선한 일에 동조하고 악한 일에 방해자가 된다면 얼마나 좋을까. 예수님은 백성이 악한 자들의 무고를 여과 없이 받아들여 동조하므로 사형에 처해졌다. 주님은 평상시에 진리를 전파하면서 수없이 반대자를 만나야 했다. 그러므로 의로운 사람이 박해를 받고 반대에 직면하게 될 것을 말씀하셨다. "나와 함께하지 아니하는 자는 반대하는 자요 나와 함께 모으지 아니하는 자는 헤치는 자라"고 했고(눅 11:23), "우리를 반대하지 않는 자는 우리를 위하는 자라"고도 했다(막 9:40). 이는 언제나 동조자가 있는가 하면 반대하는 자도 있기 마련임을 말씀하신 게 아니겠는가.

더 어리석은 동조도 있다. 자신이 악행에 동조하면서 그것이 옳은 일에 참여하는 줄 착각하는 경우다. 예수께서 기득권자들에게 체포되어 공의회에서 사형 판결을 받고 로마 총독 본디오 빌라도에게 고소되었을 때 광장에 모여든 백성은 어떤 사람들이었는가. 기득권자들의 선동에 의하여 예수님을 십자가에 못 박아 죽이라고 외친 일은 무엇인가. 군중심리에 의하여 모였고 선동에 의하여 외쳤을 뿐이라고 답하면 되는가. 그런 무책임이 어디 있는가. 물론 그 대열에 예수를 십자가에 못 박아 죽이는 것을 반대하는 사람도 끼어 있었을 수 있다. 그러나 왜 그 사람은 그 자리에 서 있어야 했는가. 그도 자기 의사와는 달리 악한 일에 동조했다고 봐야 한다. 무고한 예수를 십자가에 못 박아 죽인 죄를 논할 때 죄 없다고 판결받기는 어려울 것이다. 그런 엄중한 때에는 실수건 유혹에 넘어졌건 어디에 서 있는가도 중요한 것이다.

그럼에도 예수님은 저들이 "자기들이 하는 것을 알지 못한다"고 하나님께 용서를 빌었다(눅 23:34). 무엇이 중요한가. 우리는 언제든지 자신을 살피고 현실을 올바로 판단할 수 있어야 한다. 함부로 악한 일에 참여하여 협력하고 악한 일을 더욱 왕성하게 하는 것은 죄다. 부화뇌동하여 자신도 모르게 악행에 참여하는 것은 어리석은 짓이다.

결론은 그렇다. 선한 일에 동조하자. 의로운 일에 협력해야 한다. 하나님나라의 확장과 그의 영광을 위하여 진리와 정의 편에 서라. 그 헌신은 선하고 의로운 운동을 일으키는 사람이 받을 상을 같이 받게 될 것이다.

동행에 대하여

동행이란 일정한 곳으로 같이 간다는 뜻이다. 호젓한 길을 혼자 걷는 것도 정서상 때로는 필요할 수 있지만 외로운 나그네길에 길동무가 있다는 것은 다행한 일이다. 특별히 염려가 되고 두려움이 생길 때 도움이 되고 힘이 될 만한 사람과 함께라면 안심이 된다. 나는 어렸을 적에 아버지와 동행하는 것이 좋았다. 아버지와 함께라면 어떤 사나운 아이라 할지라도 나를 해롭게 할 수 없으리라는 확신 때문에 마음이 평화로웠다. 어머니는 칠흑같이 캄캄한 밤에도 젖먹이 어린애를 업고 가면 한결 마음이 놓였다고 하셨다. 만약 그런 상황에 불량배가 나타난다면 등에 업힌 어린애가 무슨 도움이 될 수 있었겠는가. 오히려 피하는 데 어려움을 줄 것이다. 그러나 힘없는 아이가 등에 업혀 새근새근 잠들었다 할지라도 같이 있다고 하는 것이 심정적으로 안심을 주더라고 했다. 그렇다면 하물며 천지만물을 지으신 하나님과 동행할 때 무엇이 두려우랴. 안심할 수 있다.

성경에 의하면 위대한 신앙인들은 한결같이 하나님과 동행하는 삶을 살았다. 그 중에 명시적으로 하나님과 동행했다고 기록된 인물 중에 에녹과 노아가 있다. 에녹은 65세에 성경 기록상 가장 오래 산(969세) 므두셀라를 낳은 후 300년을 하나님과 동행하며 자녀들을 낳았고 365세를 지상에서 하나님과 동행하더니 죽음을 보지 않고 승천했다고 한다(창 5:21-24). 노아는 사람들의 죄악이 세상에 가득한 때에 그만 하나님과 동행했다고 소개하고 있다(창 6:9).

이들은 어떻게 하나님과 동행할 수 있었을까? 선지자 아모스는 "두 사람이 뜻이 같지 않은데 어찌 동행하겠느냐"고 했다(암 3:3). 그렇다. 마음이 맞지 않으면 긴 시간 동행하기 어렵다. 많은 인내가 필요하든지 아니면 중도에서 헤어져야 한다. 뜻이 맞지 않으면 의기투합하며 동업하던 친구와도 헤어지는 경우가 많다. 심지어 검은 머리 파뿌리 되도록 해로하자고 결혼한 부부도 마음이 맞지 않는다고 중도에 이혼을 한다. 실로 이 세상에는 많은 사람이 어떤 인연으로 만났다가 여러 사정 때문에 도중에 결별을 하고 있지 않은가. 이해관계 때문에 금이 가고, 신뢰관계가 무너져 결별하는 경우가 적지 않다. 부부관계나 우정관계는 서로 성격과 마음이 맞지 않아서 헤어지는 경우가 많다. 그러므로 긴 여행이라면 아무하고나 함부로 가는 것을 조심해야 한다. 양심적이지 않은 사람과 동업을 했다가 돈 잃고 사람도 잃어버리는 일이 있다. 그런 일을 겪는 사람은 아예 동업은 피하라는 말을 하기도 한다.

그러나 어떻게 혼자만 살 수 있는가. 항상 조심하고 파악을 잘해야 한다는 결론에 이른다. 성경은 "노를 품는 자와 사귀지 말고 울분한 자와 동행하지 말라"고 했다(잠 22:24). 왜냐하면 그런 사람과 동행하다가 그의 잘못된 행위를 본받아 영혼까지 잘못될 수 있기 때문이라 했다. 같이 걸으면 서로 영향을 주고받는다. 좋은 영향을 주고받는 것은 누가 나무라겠는가. 좋은 선생님을 만나 교훈을 받고 성공한 사람이 많다. 그러나 양심과 인격이 바르지 않은 사람을 만나 인생을 실패로 이끈 사람도 적지 않다.

예수님은 우리에게 좁은 길을 제시했다(마 7:13-14). 우리가 진정 생명의 길을 걷고자 한다면 주님과 동행해야 한다. 예수께서 골고다 언덕에서 십자가를 지고 돌아가신 이후 실망하여 엠마오로 내려가던 제자들은 자신들과 동행하게 된 부활하신 주님을 몰라보았다. 지금도 얼마나 많은 사람이 그의 말씀을 들으면서 자신의 옆에 주님이 동행하고 있음을 모르고 있는가. 말씀에 순종하는 것은 영원히 주님과 동행하는 일이다. 성경은 다윗이 하나님의 마음에 맞는 사람이었다고 기록하고 있다(행 13:22). 하나님을 신뢰하는 사람만이 하나님과 동행할 수 있다. 그 길은 승리의 길이요, 영생의 길이다. 주님께 순종하면서 같이 걸어야만 하는 길이다. 하나님은 우리를 긍휼히 여기지만 말씀에 거역하는 사람까지 동행함을 원치 않는다. 하나님은 우리의 마음을 맞추어 주시려고 불의를 행하시는 분이 아니다. 따라서 다윗이 하나님의 마음에 맞았다면 다윗이 하나님의 마음에 들기 위하여 애썼다는 뜻이 된다. 부하 장수인 우리아의 아내를 범한 실수까지도 회개를 통하여 하나님의 마음을 맞춘 것이다.

에녹은 365세를 사는 동안 사회생활과 가정생활을 하면서 하나님과 동행했다. 이는 경건생활을 잘 하려면 사회생활과 가정생활을 조금 소홀히 해도 된다는 생각을 무력화시키는 말이다. 그가 사회생활에서 아무 흠도 없었겠는가. 노아가 아무 흠이 없어서 하나님으로부터 완전한 자라는 평가를 받았겠는가. 용기를 갖자. 하나님은 우리의 약점도 알고 흠도 아신다. 이 세상에는 우리의 신앙생활을 방해하는 요소가 많고 우리가 유혹에 약한 존재라는 것도 알고 계신다. 그런 약한 부분을 가지고 있으면서 그럼에도 어떻게 처신하는가를 보고 계시는 것이다. 하나님께서는 우리가 어떻게 하나님의 마음을 맞추어 드릴까를 고민하면서 걸을 때 우리의 손을 강하게 붙들고 동행해 주실 것이다.

떡에 대하여

먹고사는 일이 그렇게 간단한 문제는 아니다. 아무리 풍요로운 세상이 되어도 여전히 한쪽에는 구걸하는 사람이 있고, 굶어 죽는 사람이 있다. 그래서 사람들은 떡을 찾아서 산다. 누구라도 배고프지 않게 언제든지 떡만 잘 먹여 준다면 그 사람을 대통령으로 세워야 한다고 생각한다.

예수님 시대에도 그랬다. 광야에서 배고픈 군중 5,000명 이상을 어린 아이가 가지고 온 보리떡 다섯 개와 물고기 두 마리로 먹이자 그들은 예수님을 억지로 붙들어 임금으로 삼으려 했다(요 6:15). 그러나 예수님께서 "썩을 양식을 위하여 일하지 말고 영생하도록 있는 양식을 위하여 하라"고 하실 뿐 아니라(요 6:27) 당신의 몸이 참된 양식이요, 당신의 피가 참된 음료라고 말씀하자(요 6:55) 뿔뿔이 흩어지고 말았다. 예수님의 말씀의 참뜻을 이해하지 못했기 때문이었다. 그 자리에는 제자들만 남았고 베드로만이 너희도 가려느냐는 주님의 질문에 "주여, 영생의 말씀이 주께 있사오니 우리가 누구에게로 가오리이까?" 하고 대답했다(요 6:68).

사람들은 떡을 위하여 살고, 떡 때문에 싸우다 떡 때문에 죽는다. 그런데 예수님은 "사람이 떡으로만 살 것이 아니라"고 했다. "하나님의 입으로부터 나오는 모든 말씀으로 살 것이라"고 했다(마 4:4). 무엇을 먹을까, 무엇을 마실까, 무엇을 입을까 염려하지 말라고 하셨다. 공중에 나는 새도 먹이고 들에 피는 백합화도 입히시는데 하물며 너희일까 보냐고 하셨다. 실로 우리는 오늘 있다가 내일 아궁이에 던져지는 들풀이나 두 마리가 한 앗사리온에 팔리는 참새와는 다른 것이다(마 10:29). 주님은 그 나라와 그의 의를 먼저 구하면 이 모든 것을 더하여 주시겠다고 하셨다(마 6:33).

실제로 이스라엘 백성들은 농사를 짓지 않아도 먹고 살았던 기적을 체험한 적이 있었다. 애굽을 나와 가나안으로 가는 광야에서였다. 애굽에서 가지고 나온 양식이 다 떨어지자 하늘에서 만나가 내렸다. 그들은 이 양식을 먹으면서 사막을 지날 수 있었다. 그러나 그들이 스스로 농사를 지을 수 있는 환경에 이르자 하늘에서 만나가 내려오지 않았다. 이것은 우리가 떡을 먹되 공짜로 먹지 말고 땀 흘려 일하고 수고해서 그 결실로 살라는 뜻이요, 하나님을 믿고 바르게 살면 굶겨 죽이지는 않는다는 메시지인 것이다. 그러므로 성경은 무엇을 먹을까 염려하지 말라고 하시면서도 "누구든지 일하기 싫어하거든 먹지도 말게 하라"고 가르친다(살후 3:10).

성경은 단 한 번도 우리에게 떡이 필요 없다고 가르친 일이 없다. 오히려 떡을 많이 갖는 것이 축복이라고 가르치기도 한다. 단지 떡을 목적으로 살지 말라고 가르친다. 떡 때문에 하나님을 잊어버리지 말고, 하나님 대신 떡을 우상으로 섬기지 말고, 떡 때문에 싸우지 말고, 떡 때문에 염려하지 말라고 가르치고 있는 것이다. 결국 떡은 소중한 것이지만 소중하다는 차원을 넘어 우상화하는 것을 금한 것이다. 오죽했으면 부자가 천국에 들어가기는 낙타가 바늘구멍으로 들어가기보다 더 어렵다고 하셨겠는가(마 19:24). 하나님과 재물을 겸하여 섬길 수 없다고 하셨다(마 6:24).

그럼에도 사람들은 현상 세계에만 집착하여 계속 속고 있다. 물질이면 만능이라 생각한다. 그래서 물질 때문에 다투고 형제간에도 의가 상한다. 심지어 살인을 부르기도 한다. 그것을 얻기 위해서 옳지 않은 방법도 부끄러움을 모르고 사용한다. 부도덕한 방법, 부정한 방법을 동원하여 부富를 축적하려 든다. 도둑질도 하고, 사기도 치고, 탈세도 하고, 뇌물도 받고, 배임도 하고, 밀수도 한다. 사람의 생명이 그 소유의 넉넉한 데 있지 않다는 경고가 있음에도(눅 12:15) 개의치 않는다. 실로 사람에게 있어서 떡 문제가 차지하는 비중이 큰 것이다. 마귀가 공생애를 시작하려는 예수님께 찾아와서 맨 먼저 시험한 것 역시 떡 문제였다. "네가 만일 하나님의 아들이어든 명하여 이 돌들로 떡덩이가 되게 하라"고 했다(마 4:3). 마귀가 간교한 것은 당시 예수님이 40주야를 금식하신 이후라 매우 시장한 상태를 이용하여 떡 문제를 들고 나왔다는 것이고, 하필이면 돌들로 떡덩이가 되게 하라는 것이었다. 떡은 쌀이나 밀가루 같은 곡물로 만들어야 한다. 그럼에도 돌로 떡을 만들라는 것은 비상식적이고 비정상적인 방법으로 하라는 뜻이 아닌가. 그렇다. 지금도 마귀는 사람들을 부추긴다. 떡이 없으면 굶어 죽으니까 떡을 모아야 산다고. 그리고 그 방법은 정직해서는 안 된다고 선동한다. 양심을 버리고 수단과 방법을 가리지 말라고 속삭인다. 양심과 정직을 내세우면 언제, 어떻게 떡을 모으겠느냐고 충동하면서 변칙적이든, 부도덕한 방법이든 관계없이 떡을 만들라고 하는 것이다.

어쩌면 곡물로 떡을 만드는 정상적인 방법보다 돌로 손쉽게 떡을 만들려는 사람이 더 많은지 모른다. 얼마나 많은 사람들이 부당한 방법으로 물의를 일으키고 있으며, 또 얼마나 많은 사람들이 사치와 쾌락을 위해 낭비하고 있는가. 떡은 소중한 것이다. 그러나 정상적인 방법으로 취득하고 바르게 사용할 때만 그 가치가 있는 것이다.

막말에 대하여

막말을 잘 한다고 의지가 강한 사람은 아니다. 막말이란 사전적 의미를 보면 ① 뒷일을 생각하지 않고 잘라서 하는 말 ② 나오는 대로 함부로 하는 말이다.

따져서 생각하면 우리는 자주 막말을 하며 산다. 감정에 휘둘려서 또는 의지를 나타내기 위해서 "나는 절대로 이런 일은 하지 않겠다"라든지 "나는 결코 그런 일은 하지 않겠다"고 공표를 한다. 그러나 그 약속 또는 그 결의를 일생동안 지키는 데는 무리가 따른다. 왜냐하면 만사는 내 마음대로 되는 것이 아니기 때문이다. 세상은 그렇게 내 마음대로 호락호락한 것이 아니지 않는가. 변화무쌍한 것이 세상이고 우리는 때때로 내가 원하지 않는 길로 떠밀려가기도 하는 것이다. 우리 속담에 "다시는 이 물 안 먹겠다고 샘에 침을 뱉고 떠났다가 다시 돌아와서 그 물을 마신다"는 말이 있다. 사실 우리는 얼마나 약속을 잘 어기고 번복하는 일이 많은가. 더러 시위 현장에 가 보면 "결사반대決死反對"라는 현수막을 걸어 놓기도 하고 심지어는 머리띠에 써서 두르고 있는 모습을 보기도 한다. 반대 의사를 강하게 드러낸다는 의미는 있겠지만 그 뜻을 생각하면 결코 함부로 할 말은 아니다. 그 일 때문에 생명까지 걸겠다는 의미 아닌가. 관철이 되지 않을 때 죽겠다는 것인데 관철이 되지 않았는데도 살아 있다면 막말을 한 것이 되고 마는 것이다.

우리는 선거철마다 후보자들의 공약公約을 많이 듣게 된다. 그러나 나는 그 공약을 듣는 순간부터 기분이 상한다. 그 공약이 거짓말이란 것을 알기 때문이다. 어떤 후보자는 우리나라의 중산층을 국민의 70%대로 올려놓고 가난한 사람이 없도록 하겠다고 한다. 그 공약대로 이루어진다면 얼마나 좋을까. 그러나 그 사람이 당선된다 할지라도 임기 내에 그 일을 이루기는 쉬운 일이 아니다. 자기가 하나님이 아니다. 자기가 세계 대통령이 아니다. 다행히 세계 경제가 좋아져서 그렇게 이루어진다면 얼마나 좋겠는가. 그러나 이루어지지 않으면 그의 공약公約은 공약空約이 되고, 그는 막말을 한 사람이 되고, 그는 거짓말쟁이가 되는 것이다.

그들의 공약을 듣는 국민들도 그렇다. 휘황찬란한 청사진을 비쳐주는 사람을 그대로 믿고 호응해 주면 곤란하다. 그렇게 잘 넘어가 주니까 저들이 마구 막말을 쏟아 놓는 것이다. 이겨 놓고 보겠다고 듣기 좋은 말만 골라서 하는 것이다. 이른바 포퓰리즘에 매몰되어 자기 자신도 믿을 수 없는 무책임한 말을 하고 뒷감당 못할 말도 서슴없이 하는 것이다.

언제나 우리는 신실한 지도자를 만날 수 있을까? 언제나 우리는 신실하려고 노력하는 사람들이 될 수 있을까? 유권자들 앞에서 "하나님의 뜻대로 살려고 노력해 보겠습니다. 여러분을 섬기는 사람이 되려고 애쓰겠습니다. 여러분의 삶이 조금이라도 나아지도록 최선을 다해 보겠습니다. 나는 하나님이 아니기 때문에 세상일이 내 뜻대로 안 된다는 것을 압니다. 그러나 이렇게 노력하렵니다. 우리 같이 노력해 주십시오. 저에게 힘과 지혜와 능력을 주시라고 하나님께 기도 좀 많이 해 주십시오." 이런 겸손한 사람을 만난다는 것은 진실로 어려운 일인가.

우리는 베드로가 자신은 절대로 주님을 배신하지 않겠다고 호언장담한 사실을 안다. 주님이 가는 곳이라면 옥獄에라도 가고 죽는 데까지라도 따라가겠노라고 했다.

그러나 그는 예수께서 가야바의 법정에 잡혀 심문을 받고 있을 때 그 마당에서 "나는 예수를 모른다"고 세 번이나 부인했다. 그리고 나니 새벽 닭이 울었다. 그는 주님께서 그의 호언장담을 듣고 네가 닭 울기 전에 세 번 나를 부인하리라고 하신 말씀이 생각나서 밖에 나가 통곡을 해야 했다. 결심하는 것은 좋으나 사람들 앞에서 공표할 때는 막말이 되지 않도록 조심해야 한다. 그리고 실현 불가능한 일은 결심한다고 되는 것이 아니다. 단 한마디 말이라도 신중을 기해서 해야 한다.

말을 조심하는 노력을 많이 하자. 특별히 남이나 이 사회에 해를 끼치고 덕스럽지 않은 말, 뒷감당하지 못할 막말을 자주 하는 사람은 결국 거짓말을 많이 하는 사람이 될 뿐 신실한 사람이 될 수는 없다.

맛에 대하여

좋은 음식의 조건은 영양과 맛이다. 거기에 예쁘게 차려져 있으면 한결 구미를 당기게 한다. 그래서 보기 좋은 떡이 먹기도 좋다는 우리 속담이 있다. 기왕이면 예쁜 모양으로 차려지고 깔끔해야 한다. 불결한 음식을 누가 좋아하겠는가.

그러나 역시 좋은 음식의 조건은 그 음식의 영양가와 입 안에 들어가서 느껴지는 맛이다. 아무리 맛이 좋고 깔끔하게 차려져 있어도 거기에 영양 분이 없다면 먹을 이유가 없다. 또한 아무리 영양분이 풍부하고 예쁘게 차려져 있어도 맛이 없으면 먹기가 싫다.

여기에 반드시 덧붙여야 할 것은 불순물이 섞여서는 안 된다는 것이다. 모양을 내기 위하여 색소를 첨가한다든지, 장기長期보관을 위하여 방부제 를 사용했다든지, 맛을 돋우기 위해서 불순한 첨가물을 섞어 놓는다면 그 것은 건강을 해치는 악한 일이다. 결코 좋은 음식이 될 수 없다.

여기서는 음식의 맛에 대하여 생각해 보자. 확실히 맛은 음식에서 무엇 보다 우선한다. 맛이 좋아서 우리는 종종 과식을 하는 경우가 있지 않은

가. 맛을 잃으면 음식이나 사람이나 그 가치는 떨어진다.

　속된 표현이지만 어떤 사람이 전에는 그렇지 않았는데 사상이 변질되었다든지 부실하여 정신이 흐릿해지면 "맛이 갔다"는 말을 한다. 제 구실을 못 한다는 뜻이다. 제 구실을 하려면 사람이나 음식이나 제 맛을 유지해야 한다.

　그 맛이 곧 그 사람과 그 음식의 특색이다. 매운탕은 누가 뭐래도 매운맛이 있어야 한다. 고춧가루가 많이 들어가 붉은색을 띠어야 한다. 설탕은 달고 소금은 짜야 한다. 쑥은 쓰고 식초는 시다. 이 본래의 맛을 잃으면 그때부터 그것은 자신의 정체성을 잃었기 때문에 존재 가치가 없는 것이다. 그것은 버려져야 한다. 그러므로 예수님도 성도를 소금으로 비유하면서 소금이 만일 그 맛을 잃으면 아무 쓸 데 없으므로 밖에 버려져 사람들에게 밟힐 뿐이라고 했다(마 5:13). 자기 존재 가치를 위해서 모든 사물이나 음식이나 사람은 독특한 자기 맛을 지켜나가야 함을 교훈하고 있는 것이다.

　나이가 든 사람은 자기 인생을 평가하면서 흔히 산전수전 다 겪었다는 말을 한다. 치열하게 살았다는 뜻이다. 그런가 하면 "쓴맛, 단맛 다 보았다"는 표현을 하기도 한다. 사는 동안 기쁜 일도 만나고 아프고 슬픈 일도 만났다는 뜻이다. 그러고 보면 어느 누가 한평생을 살면서 쓴맛, 단맛 맛보지 않고 살아왔겠는가.

　지혜자는 권고하기를 "형통한 날에는 기뻐하고 곤고한 날에는 되돌아보아라 이 두 가지를 하나님이 병행하게 하사 사람이 그의 장래 일을 능히 헤아려 알지 못하게 하셨느니라"고 했다(전 7:14). 그렇다면 우리 인생의 쓴맛과 단맛은 누구에게나 필연적인 것이고 그것들이 버물어져 인격이 완성되어가는 게 아니겠는가.

더구나 인간의 성화聖化를 위해서는 단맛보다는 쓴맛의 영향이 더 크리라고 본다. 위대한 신앙 인격자치고 고난당하지 않은 사람이 있는가. "고난당한 것이 내게 유익이라 이로 말미암아 내가 주의 율례들을 배우게 되었나이다"고 고백한 시인의 말씀은 그래서 신뢰가 간다(시 119:71).

음식의 모든 맛은 다 필요하다. 그 맛들이 조화를 이루어 좋은 음식이 만들어진다. 마찬가지로 우리도 다른 사람들과 조화가 필요하고 어울려야 아름답다.

그러나 자기 정체성만은 지켜 나가야 한다. 그것을 예수님은 꿀이나 설탕 같은 단맛이 아니라 소금의 짠맛이라 했다. 소금은 모든 음식에 들어가는 조미료이다. 이 세상이 점점 더 부패해 가고 있음에 우리의 존재 이유와 역할이 무엇인가를 깨우쳐 주신 말씀이었던 것이다.

매듭에 대하여

매듭이란 실이나 끈 따위를 묶어 마디를 맺은 자리를 말한다. 바느질을 시작할 때 한쪽 실 끝에 매듭을 지어 놓아야 바늘땀이 빠지지 않는다. 그런데 이 매듭이라는 말이 여러 뜻으로 활용되고 있다. 매듭이라는 공예품이 있는가 하면 어떤 일과 일 사이의 마무리 또는 어떤 일의 결말을 말할 때 매듭을 짓는다고 한다. 그런가 하면 무슨 일이 순조롭게 풀리지 않고 맺히거나 막힌 부분을 말할 때나 어려운 고비를 말할 때도 쓴다. 그렇다면 이 매듭이 어떤 경우에는 지어야 하고 또 어떤 경우에는 풀어야 한다.

먼저 매듭을 지어야 할 경우를 생각해 보자. 무슨 일이 주어졌을 때 결론을 짓지 않고 다른 일을 한다면 정리를 못 하는 사람이다. 그런 경우도 사정상 생길 수 있긴 하지만 매듭을 짓지 않고 다른 일을 새로 시작한다면 질서상 깔끔하지 않고 혼동을 줄 소지가 생긴다. 무슨 일을 하든지 그 일을 매듭짓고 다른 일로 들어간다는 것은 한결 마음을 편안하게 한다. 매듭을 잘 짓는 습관은 필요하다. 어수선하지 않고 깔밋하지 않은가.

이제 매듭을 풀어야 하는 경우를 생각해 보자. 세상일이란 게 순조롭게 풀리지 않는 경우가 많다. 모든 일이 내 마음대로 풀린다면 얼마나 좋으랴. 그런데 그렇지 않다. 어려운 고비를 맞을 때가 있다. 사람과의 관계도 어떤 일로 해서 원수처럼 지내야 하는 경우도 있다. 매듭지어진 것이다. 이런 매듭은 풀어야 한다. 오래 둘수록 피차 고통만 가중시키는 불행한 일이다. 물론 이런 매듭은 짓기보다 풀기가 더 어렵다. 마치 헝클어진 실타래를 푸는 만큼이나 어렵다. 그러나 실타래를 풀 때 인내를 가지고 요령껏 풀어야 하는 것처럼 잘못 맺어진 매듭도 반드시 풀어야 한다. 그것이 관대함이고 용서이고 화해다.

생각해 보면 우리 사회에는 역사적으로 또는 어떤 악연으로 있어서는 안 되는 매듭이 많다. 가장 화목하고 단란해야 할 가족 중에서도 형제 사이에 또는 고부간의 매듭이 있는 경우가 있다. 지역 간의 매듭도 있고 국가 간의 매듭도 있다. 모두가 풀어야 할 매듭들이다.

하나님과 죄인 사이에도 매듭이 있었다. 그것을 풀기 위해서 하나님은 주도적으로 그리스도를 이 땅에 파송하여 죄인들의 죗값을 지불하도록 하셨다. 그것이 예수 그리스도의 십자가의 죽음이다. 그렇게 해서 원수 관계의 매듭은 풀리고 아버지와 아들 관계가 이루어졌다. 우리는 그것을 구원이라 한다. 그렇다. 매듭을 푸는 데는 희생이 필요하고 노력과 인내도 필요하다. 그러나 무엇보다 용서와 사랑이 필요하다. 그 사랑의 정신으로 이웃과의 매듭이 있다면 풀어야 한다. 때로 자존심도 버리고, 손해도 감수하자. 예수께서 그 모본을 보이셨다. 그래서 매듭이 풀릴 때 우리들의 마음은 참자유와 평화를 얻는다. 매듭을 풀려고 노력하는 것을 자존심이 상하는 일로 또는 큰 손해를 입는 것으로 여겼던 것이 얼마나 잘못된 생각이었는가를 깨달으면서 귀한 평화를 얻게 될 것이다. 그러나 무엇보다 사람을 얻게 된다.

목표에 대하여

목표란 내가 실현하고자 하거나 도달하고자 하는 방향이나 목적지를 말한다. 그러므로 목표는 지금 내가 처한 수준보다 높다. 그래서 목표는 그 사람에게 있어서 원대한 꿈이 된다. 그 꿈은 쉽게 이루어지지 않는다. 땀 흘리는 수고와 눈물 나는 어려움도 겪게 된다. 그러면 왜 사람들은 그런 힘든 목표를 정하는가. 그 열매가 달기 때문이다. 목표점에 도달했을 때 얻어지는 기쁨이 크다. 등산하는 사람이 왜 기를 쓰고 산에 올라 정상에 이르는가. 정상을 정복한 거기에서 얻어지는 성취감이 크기 때문이다. 다시 내려올 걸 무엇 하러 올라가나 하고 생각하는 사람은 절대로 정상에 오르지 못한다.

목표가 없이 사는 사람을 생각해 보자. 그에게 무슨 보람이 있겠는가. 이루고자 하는 꿈이 없는데 무슨 노력인들 필요하겠는가. 되는 대로 사는 삶에는 의미가 없다. 그래서 성경은 꿈이 없는 백성은 망한다고 했다. 망하기를 원한다면 꿈을 포기하면 된다. 망하기를 작정했다면 목표나 목적 없는 삶을 살면 된다. 그러나 그렇게 사는 사람은 진정한 삶을 영위하는 사람이 아니다. 먹고 자식 낳고 배설하는 것으로 만족한다면 동물적 삶일 뿐이다. 보람과 의미가 있는 인생은 아니다.

예수님은 골고다 언덕에 올라 십자가에 못 박혔다. 그는 거기에서 "다 이루었다"고 했다. 목적을 이루었다, 또는 목표에 도달했다는 뜻이다. 이 얼마나 장엄한 고백이요, 승리의 개가인가! 적어도 예수님은 죄인을 위한 대속의 죽음을 목표로 하고 있었음을 알 수 있다. 고상한 목표였다.

바울 사도는 자신의 일생이 끝나가는 시점에서 "나는 선한 싸움을 싸우고 나의 달려갈 길을 마치고 믿음을 지켰으니 이제 후로는 나를 위하여 의의 면류관이 예비되었으므로 주 곧 의로우신 재판장이 그날에 내게 주실 것이라"고 했다(딤후 4:7-8). 적어도 그는 믿음을 지키며 목표를 향하여 싸워야 했고 달려야 했음을 고백하고 있는 것이다. 그렇다. 그는 그 목적을 위하여 달렸음을 알 수 있다.

그는 또 이런 고백을 했다. "내가 이미 얻었다 함도 아니요 온전히 이루었다 함도 아니라 오직 내가 그리스도 예수께 잡힌 바 된 그것을 잡으려고 달려가노라 형제들아 나는 아직 내가 잡은 줄로 여기지 아니하고 오직 한 일 즉 뒤에 있는 것을 잊어버리고 앞에 있는 것을 잡으려고 푯대를 향하여 그리스도 예수 안에서 하나님이 위에서 부르신 부름의 상을 위하여 달려가노라"(빌 3:12-14).

그의 목표는 앞에 있었다. 그리고 위에 있었다. 그는 그 푯대를 향하여 하나님이 위에서 부르신 부름의 상을 위하여 계속 달렸음을 알 수 있다. 이처럼 소기의 목적을 이루고 목표에 도달한 사람들의 특색은 일관된다. 즉 하나님에 대한 순종과 사명감 그리고 신실한 삶을 위한 인내와 열심이었다. 그들은 자기 생명보다 하나님께서 부여해 주신 사명을 더 귀하게 여겼고 그 사명 때문에 열심히 달렸다. 그들은 결코 우연히 목표에 도달하지 않았다.

　내 인생을 성공으로 이끌고자 하는가? 하나님 앞에서 선한 뜻을 세우고 순종해야 한다. 그 뜻이 하나님께서 내게 주신 달란트와 관련이 있다면 훨씬 유리할 것이다.

　겸손해야 한다. 다윗은 노래했다. "여호와여 내 마음이 교만하지 아니하고 내 눈이 오만하지 아니하오며 내가 큰일과 감당하지 못할 놀라운 일을 하려고 힘쓰지 아니 하나이다"(시 131:1).

　승리의 인생을 경영하고자 하는가. 맡은 자에게 구할 것은 충성이라 했다(고전 4:2). 먼저 자기에게 신실해야 한다. 그리고 하나님이 함께하신다는 믿음을 가지고 달려야 한다. 성경은 "믿음은 바라는 것들의 실상이라"고 했다(히 11:1). 믿음은 결국 우리의 목표를 실상으로 나타내 주실 것이다. 바울 사도는 "내게 능력 주시는 자 안에서 내가 모든 것을 할 수 있다"고 고백했다(빌 4:13). 신앙인은 이런 고백을 할 수 있어야 한다. 결코 잠자는 자에게나 누워 있는 자에게 목표가 다가와 주지는 않는다는 사실을 명심할 필요가 있다.

무기武器에 대하여

무기란 싸울 때에 공격이나 방어의 수단으로 쓰이는 도구를 말한다. 그런 무기가 있다는 것은 나에게 해악을 끼치려 하는 적이 있다는 뜻이다. 싸움을 걸어오는 대상이 없다면 무기는 필요 없다. 서로 평화를 누리고 나누면서 살면 된다.

그러나 이 세상에는 나와 생각이 다른 적이 있다. 그들에게 빼앗기거나 심지어는 살상을 당하지 않기 위해서 우리는 긴장을 풀지 않고 자기를 지켜야 한다. 나라 간에도 그렇고, 기업체 간에도 그렇고, 개인적으로도 그렇다. 사람들의 욕심은 크게는 남의 나라의 영토와 주권을 유린하려고도 하고 경제적으로나 사상적으로 지배하려든다.

그렇다면 다른 사람은 앉아서 당할 수만은 없지 않은가. 그래서 방어 태세를 갖추고 침략을 막기 위하여 전쟁도 불사한다. 그럴 때마다 인간 살상용의 무기가 필요하고 가공할 만한 무기도 경쟁적으로 만들어질 수밖에 없다. 기업도 경쟁회사 틈바구니에서 살아남으려면 기술이나 마케팅 분야에서 무너지지 않을 비장의 무기를 개발해야 한다. 정치인은 권력을 무기로 삼고 경제인들은 돈을, 학자들은 지식을, 인기를 생명으로 아는 사람들은 명예를 잃지 않으려고 나름대로 무기를 갖추려 한다.

그러나 자기를 지키려는 무기일지라도 잘 간수해야 한다. 아무 때나 휘둘러서는 안 된다. 특히 남용함으로 남에게 억울한 피해를 주어서는 안 된다. 예수님은 당신을 체포하러 온 사람들에게 칼을 들고 막아섰던 제자 베드로에게 칼을 칼집에 꽂으라 하시면서 "칼을 쓰는 자는 칼로 망한다"고 일침을 놓았다.

초대교회 당시 사마리아 지역에 마술사인 시몬이란 사람이 있었다. 그는 마술을 행하여 사람들을 놀라게 하며 자칭 큰 자라고 자부했다. 그러나 예루살렘에서 내려온 베드로와 요한은 더 큰 능력을 행하였다. 사람들의 머리에 안수하면 성령을 받는 것이었다. 시몬은 이 현장을 목도하고 그 신기한 현상에 놀라 돈을 내놓으며 이 권능을 내게도 주어 누구든지 내가 안수하는 사람은 성령을 받게 해 달라고 주문했다. 베드로는 그에게 "네가 하나님의 선물을 돈 주고 살 줄로 생각하였으니 네 은과 네가 함께 망할지어다" 하고 책망했다(행 8:17-20). 돈이면 무엇이나 살 수 있다고 생각하는 어리석음에 일침을 가한 것이다.

그렇다. 잘못된 것을 무기로 여기고 함부로 사용한다면 그것은 남으로부터 보호받기보다 자기가 먼저 망할 것이다. 실로 이 세상에는 잘못된 도구를 무기로 삼고 남용하여 남에게 오히려 해악을 끼치는 일이 많다. 돈이 가난을 막는 무기일지 모르지만 자신을 타락으로 이끄는 흉기일 수 있다. 권력이 나라를 경영하고 백성을 다스리는 무기일지 모르지만 그것을 남용하여 지배의 도구로 삼았을 때 자신과 나라를 망치게 된다. 세상의 악한 임금과 독재자들이 다 그렇게 행사하다가 결국은 비극으로 끝을 맺었다. 그리고 후세에 오명을 남겼다.

잘못된 지식이나 사상을 퍼트려 사회를 어지럽히는 사람들도 있다. 우리에게 주어진 힘, 지혜나 직분이나 직책은 오히려 자기를 보호하는 무기라기보다 남을 이롭게 하는 도구로 쓰여져야 한다. 예수님은 당신에게 주어진 능력을 도구로 하여 자신을 보호했을 뿐 아니라 사회적 약자라 할 수 있는 병들고 가난하고 눌려 사는 사람들을 돕는 데 사용했다.

우리를 보호하기 위한 최상의 무기가 무엇이라 생각하는가? 다윗은 물맷돌을 가지고 칼로 무장한 골리앗을 이겼다. 그에게는 하나님을 의지하는 믿음이 있었다.

그렇다. 우리가 항상 간직해야 할 최상의 무기는 믿음이다. 믿음이 이기게 한다. 믿음을 붙들고 나아가자. 그 믿음의 출처인 주 예수 그리스도가 우리를 보호해 주시고 승리로 인도해 주실 것이다.

민심民心에 대하여

아무래도 민심을 잘 살피는 부류는 정치인일 것이다. 민주주의를 표방하는 나라는 그들의 한 표, 한 표가 정계 진출에 중요하고 나아가서 정권을 잡기 위해서는 그들의 마음을 사야 하기 때문이다.

민심이란 문자 그대로 백성의 마음이란 뜻이다. 그들의 마음을 외면할 수도, 해서도 안 되기 때문에 "민심이 천심天心"이란 말도 한다. 그러나 민심이 100% 천심일 수는 없다. 민심은 조작될 수도 있고 상황에 따라 수시로 변할 수 있기 때문이다. 그래서 믿어야 하면서 믿을 수 없는 것이 민심이다. 먹을 것을 줄 때는 좋아하지만 어떤 사정으로 먹을 것을 주지 않으면 당장 물 수도 있는 뱀과 같다. 개나 돼지는 먹을 것을 주지 않는다고 자기 주인을 물지는 않는다.

그러나 민중은 언제, 어떻게 돌변할지 모른다. 그런 민중을 살피는 일은 얼마나 피곤한가. 근본적으로 지도자는 민중을 바르게 지도하고 인도하겠다는 정신과 경륜이 있어야 한다. 민심을 얻기 위하여 인기영합주의(포퓰리즘)에 빠져서도 안 된다. 그 한 예가 과다한 복지정책으로 민심을 사려는 유혹이다. 민심은 언제나 달면 삼키고 쓰면 뱉어 버릴 수 있고, 또한 약점을 이용하여 언제든지 정적들은 민중을 선동할 수 있기 때문이다.

그러면 왜 군중은 선동에 약한가? 군중이란 죄인들의 모임이기 때문이다. 사람은 모두 죄인이고 죄인에게는 언제나 한계가 있다. 민족의 장래보다 자신의 유익을 먼저 생각하고 먼 장래보다 당장 자기에게 돌아오는 것을 따져서 옳고 그른 것을 구별하려는 경향이 있기 때문이다.

나치의 선동가, 괴벨스는 이런 말을 했다. "대중에게는 생각이라는 것, 그 자체가 존재하지 않는다. 그들이 말하는 생각이란 모두 다른 사람이 한 말을 그대로 반복하는 것에 불과하다." 이런 말을 들으면 우리는 불쾌하다. 우리를 무시하고 있지 않은가. 그러나 역사를 보면 올바른 정신으로 규합하여 잘못된 정권을 무너트린 사례도 있지만 그렇지 않은 경우가 더 많다.

역사적으로 가장 수치스런 선동에 넘어져 진리와 정의를 짓밟은 사건은 예수를 십자가에 못 박은 사건일 것이다. 기득권자들이 질투와 시기로 민중을 선동하자 그들은 모여들었고 군중심리는 그를 십자가에 못 박을 수밖에 없도록 만들었다. 그 후에 많은 사람들은 자신들의 행위에 후회를 했지만 어떤 사람들은 끝까지 자기들의 행위를 정당한 것이라고 버티고 있다. 이 완고한 자들은 어떤 사건이라도 지나고 나면 되돌릴 수 없고 민중은 잊어버리고 만다고 착각을 한다. 이 얼마나 역사를 모르는 자들의 생각인가.

우리의 경우 광우병 사태 때 촛불을 들고 정권 퇴진까지 외쳤던 사람들, 그러나 그것이 거짓이었다고 밝혀진 이후에 단 한 사람도 그 사건이 잘못되었다고 고백하는 자가 없다. 선동한 사람은 물론이지만 선동당한 사람도 부끄럽다.

민심은 파악되어야 하고 아픈 곳은 치유되어야 한다. 모든 분야의 지도자들은 민심을 파악하되 개인적인 욕구를 채우려고 민심을 선동의 도구로 사용해서는 안 된다. 모름지기 위대한 지도자는 민족의 장래를 위하여 경륜과 지혜를 가져야 하고 그게 옳은 일이라면 백성을 계도하면서 관철할 줄도 알아야 한다.

아무리 선한 일을 하는데도 반대자가 있기 마련이다. 훈민정음을 창제할 때도 최만리를 비롯하여 반대자가 많았고, 김정호가 대동여지도를 만들 때도 적국에 침략로를 알려주는 일이라고 반대했고, 10만 군대를 양성해 두어야 외환을 막을 수 있다는 율곡의 주장도 묵살되어 임진왜란에 속수무책으로 당해야 했고, 현대사를 보면 고속도로를 만들 때도 반대한 사람들이 있었다. 그리고 그런 사람들이 지도자의 입장에서 행세를 했다. 민심이 그들을 옹호했기 때문이다.

지도자들이여, 민심을 정확히 파악하라. 그리고 사심 없이 올바로 계도하라. 백성들이여, 깨어 있어 속지 마시라. 선동에 넘어가지 말고 진실로 민심이 천심이 되도록 겸손히 기도하여 하나님의 뜻을 따라 행동하라. 그리하여 하나님의 뜻이 하늘에서 이루어지듯 땅에서도 이루어지게 하라.

믿음에 대하여

성경은 우리의 구원은 믿음에 있다고 한다(롬 1:17, 10:10). 믿음 없이는 하나님을 기쁘시게 할 수 없다고 했다(히 11:6). 우리의 신앙생활은 믿음을 기초로 한다. 하나님을 얼마나 확신하는가, 얼마나 신뢰하는가가 신앙의 척도다. 모든 기적은 믿음에서 나오고 믿음으로 체험할 수 있다. 귀신을 쫓아내고, 병을 치료받는 것도 믿음에서 나왔다. 예수님은 그러므로 병을 치료하거나 귀신을 쫓아내면서 먼저 "네 믿음대로 되리라"고 선언했다.

그러므로 신앙인의 가장 큰 재산은 믿음이다. 그 믿음은 내 신념과 다르다. 성경을 절대자시며 창조주이신 하나님의 말씀으로 믿는 것이다. 모든 것을 내 지혜나 과학적으로 증명되고 이해되었기 때문에 믿는 것이 아니라 하나님의 말씀이기 때문에 믿는 것이다. 그래서 믿음은 보지 못하는 것들의 증거라고 했다(히 11:1).

예를 들어 하나님의 세상 창조는 이성으로나 과학으로 증명할 수 없다. 그러면 부정되어야 하는가? 아니다. 성경에 하나님께서 태초에 천지를 말씀으로 지으셨다고 하는 말씀이 있기 때문에 그 말씀이 증거가 되고 우리는 확신하는 것이다.

우리가 기본적으로 가져야 할 신앙은 적어도 다음 세 가지다. 첫째는 창조 신앙이다. 즉 하나님께서 태초에 세상을 창조하셨다는 믿음이다. 이 믿음은 세상이 우연히 만들어졌다거나 오랜 세월 진화 과정을 거쳐서 오늘날과 같이 되었다는 설이 잘못임을 바로잡는 것이다.

둘째는 구속 신앙이다. 인류를 죄에서 구원하고 영생을 얻게 하기 위하여 하나님의 아들 예수 그리스도의 성육신과 대속의 십자가를 지고 죽으심과 부활이 있었다는 것이다. 이것을 믿는 것이 유일한 구원의 길이다(요 14:6, 행 4:12). 이 신앙이 확고하여야 종교 다원주의 같은 유의 오염된 사상의 침입을 막을 수 있다.

셋째는 종말 신앙이다. 언젠가 이 세상은 죄로 말미암아 멸망하고 재림하시는 예수 그리스도의 심판으로 새로운 세계, 즉 새 하늘과 새 땅이 열리며, 예수를 믿는 우리는 그리스도 안에서 영생한다는 신앙이다.

이 뼈대 위에서 예수 그리스도의 가르침과 정신을 붙들고 살아야 참 신앙이다. 그러므로 신앙은 온전한 신뢰다. 하나님의 절대적인 속성과 성경이 하나님의 계시임을 믿는 것이다. 하나님의 삼위일체를 믿고 영광과 능력과 존귀하심을 경배하며 찬양해야 한다.

또한 신앙은 의지하는 것이다. 우리는 피조물로서 연약한 존재요, 범죄로 인하여 전적으로 무능하고 타락한 존재다. 스스로 구원을 얻을 길이 없기 때문에 전능하시고 지혜로우시며 인자가 풍부하신 하나님을 의지하는 것이다. 세상에는 우리가 전적으로 의지할 것은 없다. 그 모든 것이 나를 온전히 보호하고 인도할 수 없기 때문이다.

셋째로 신앙은 맡기는 것이다. 나의 삶과 나의 몸과 건강과 재물과 가족과 사업과 모든 것을 하나님께 맡기는 것이다. 나를 온전하게 맡아줄 만한 존재는 세상에 없다. 오히려 우리를 파괴하려는 세력의 유혹만 있다. 거기에서 보호를 받으며 안전을 유지할 수 있는 것은 하나님께 맡기는 길밖에 없다.

마지막으로 신앙은 바라보는 것이다. 우리를 구원하신 예수 그리스도의 피 묻은 십자가, 주님이 가르쳐주신 새 하늘과 새 땅을 바라보는 것이다. 성경은 우리에게 그리스도께서 지금 보좌 우편에 앉아계시는 위를 생각하고 땅의 것을 생각하지 말라고 가르친다(골 3:1-2). 우리의 모든 소망을 그곳에 두라는 것이다.

세상을 향한 소망은 영원치 않아서 결국 물거품이 되고 만다. 잠시잠깐 살아가는 데 필요와 편리를 주다가 결국 떠나는 권세나 재물이나 명예에 매몰되지 말아야 한다. 하나님을 바라보는 것이 영생의 길로 인도한다. 그렇다. 믿음이 구원의 능력과 지혜다.

바닥에 대하여

바닥이란 더 내려갈 곳이 없는 맨 아래 부분을 가리키는 말이다. 그래서 땅바닥이니 발바닥이니 밑바닥이니 하는 말들이 있다. 가장 아래 부분이라 해서 더러 좋지 않은 뜻으로 쓰일 때가 있다. 예를 들면 "성적이 바닥이다", "경기가 바닥이다"고 쓰는 경우다. 요즈음엔 "바닥을 쳤다"는 말이 자주 쓰인다. 바닥으로 떨어졌다는 뜻이다. 경기가 더 이상 떨어질 수 없을 정도가 되었다든지 생활이 어려운 상황에 이르렀을 때 쓰는 말이다.

그러나 한편 생각하면 바닥이 그렇게 나쁜 의미로 쓰일 수 있는 말이 아니다. 본래 사람은 바닥을 딛고 사는 것이다. 바닥이 없는데 어떻게 설수 있고 버틸 수 있겠는가. 바닥이 있으므로 우리는 걷기도 하고 눕기도 하는 것이다. 그러므로 바닥에 떨어졌다, 또는 바닥을 쳤다는 말은 본래의 자리로 돌아왔다는 뜻이 될 수도 있다. 잠시 공중에 올랐다가 제자리로 돌아왔다는 의미. 따라서 바닥을 쳤다는 말은 위안이 되는 말이기도 하다. 왜냐하면 내려가려도 더 내려갈 곳이 없는 곳에 이르렀다면 그것이 다시 일어설 수 있는 변환점이 되고, 다시 오를 수 있는 반환점이 될 수 있다는 뜻이 되기도 하기 때문이다. 속된 표현을 빌린다면 끝까지 내려갔으면 이제 오를 일만 남아 있는 것이다. 그러므로 바닥은 절대로 실망과 좌절의 자리가 아니다. 그런 자리가 되어서는 안 된다. 새로운 시작의 자리요, 자신을 돌아볼 수 있는 자리요, 소망의 자리인 것이다.

누구나 밑바닥까지 떨어질 때는 반성할 점이 있기 마련이다. 또한 실패에 대한 경험 하나를 얻은 셈이 된다. 실패의 경험이 유쾌할 수는 없지만 그것을 잘 활용한다면 유용한 것 아닌가. 어떤 사람에게 있어서 실패는 또 하나의 경험일 뿐이지 실패 자체는 아닌 것이다. 시행착오일 뿐이다. 다시는 그 방향으로 가지 말라는 새로운 지시인 것이다. 그럼에도 어떤 사람은 다음에도 넘어진 그 자리로 가서 또 넘어진다. 어리석은 사람이다. 같은 자리에 가서 같은 방법으로 자주 넘어지는 것은 어리석다. 그러나 넘어진 자리에서 경험을 얻고 다시 그 길로 가지 않는 것은 자기에게 주어진 경험을 잘 활용한 결과다. 어찌 한 번의 실수나 실패를 경험하지 않고 성공과 승리를 기대하랴.

힘을 내자. 사람이 죽어서 땅속에 묻히지 않는 한 바닥은 다시 구를 수 있는 발판이기도 하다. 사람은 누구나 자신의 잘못으로든, 사회 환경 때문이든 밑바닥을 경험할 수 있다. 거기서 일어서지 못하면 영원히 실패자가 되지만 성공한 모든 사람은 그 자리에서 일어선 사람들이다. 참으로 다행인 것은 땅바닥은 끝이지만 우리가 오를 하늘은 무한하다는 것이다. 그래서 사람은 비록 땅에 발을 딛고 살지만 무한한 하늘을 바라보며 무한한 가능성으로 도전할 수 있는 것이다. 위를 보자. 땅에 뿌리를 내린 나무들도 위를 향하여 자라지 않는가.

배려에 대하여

인도의 성자로 일컬어지는 마하트마 간디가 열차를 타고 가다가 실수로 한쪽 신발을 밖으로 떨어트렸다. 그는 곧 다른 쪽 신발을 벗어 달리는 열차 밖으로 던져 버렸다. 사람들이 왜 한쪽 신마저 버렸느냐고 묻자 그는 태연하게 대답했다. "내게 남은 한쪽 신발이 무슨 소용이 있겠소. 주워 신고자 하는 사람에게나 온전하게 신을 수 있게 해야지." 이런 간디의 행위를 배려라고 해야 할지 모르겠다. 그러나 한쪽 신을 주운 사람에게 마음을 써 주었다면 배려다. 배려란 남의 마음을 헤아려 주는 것이다. 작은 정성으로 남을 이롭게 하고자 하는 마음이다. 남의 입장에서 고려하고 행동하는 것으로, 남의 마음을 살필 수 있다면 언제든 배려를 베풀 수 있다.

언제 누구한테 들었는지 모르지만 이 간디의 일화를 나는 잊지 못한다. 한쪽 신발은 가지고 있어도 소용 없고, 한쪽 신발을 주운 사람에게도 소용이 없다. 달리는 열차에서 떨어트린 신발을 다시 주워 온다는 것은 불가능한 일이고, 그렇다면 빨리 남은 한쪽 신발을 벗어 던져주는 게 낫다. 그러면 나중에 그 신발을 주운 사람은 사용할 수 있지 않겠는가. 어떻게 이런 생각을 그렇게 빨리 할 수 있었을까. 배려는 그러므로 때로 순발력을 요구한다. 그는 지금 달리는 열차 안에 있다. 순발력 없이 숙고하다가 비로소 신발을 밖에 버렸다면 그때는 의미가 없다. 먼저 떨어트린 신발과 벗어던진 신발과의 거리가 떨어져 있으면 둘 다 소용이 없는 것이다. 그렇다면 간디와 같은 순발력은 어디서 나올까. 평상시 그의 마음속에 배려라고 하는 사랑의 마음이 없다면 불가능하다. 그릇에 물이 담겨 있으면 언제 쏟아도 물이 나오고, 그릇에 독이 들어 있으면 언제 따라도 독이 나온다. 그러므로 사랑은 항상 마음속에 담겨 있을 때 자연스럽게 표출되는 것이다. 그런 현상을 예수님은 "선한 사람은 그 쌓은 선에서 선한 것을 내고 악한 사람은 그 쌓은 악에서 악한 것을 내느니라"고 하셨다(마 12:35).

우리는 쓸데없는 것을 버리지 못하고 사는 경우가 많다. 주어 버리면 남에게는 유익하고 자신에게는 가벼운 것도 끌어안고 산다. 배려는 곧 남에 대한 사랑의 표현이다. 조금만 마음을 써주면 남에게 유익한 것이 배려고, 내 것을 줌으로 남을 기쁘게 하는 것 또한 배려다. 익숙하지 못해서 그렇지, 조금만 수고하거나 마음을 써주면 남에게 편리하고 유익한 것이 얼마나 많은가. 비단 물질적으로 베푸는 것만이 아니다. 마음만 따뜻해도 말씨가 부드러워진다. 덕스러운 말을 하게 된다. 상한 마음에 위로를 주는 말을 할 수 있고 낙담하는 사람에게 희망을 주는 말을 할 수 있다.

일터에서도, 낯모르는 행인과도, 말 한마디나 간단한 행동 하나로 얼마든지 같이 즐거울 수 있다. 운전할 때도 마찬가지다. 조금만 양보를 해주면 뒤차가 시원하게 빠져나갈 수 있는 경우가 있다. 그런 경우 귀찮다는 생각을 한다거나, 자기 위주로 번거롭다는 생각을 한다면 사랑을 실천할 수 있는 좋은 기회를 놓치고 만다. 그런 사람들이 답답하고 꽉 막힌 세상을 만들어가는 장본인들이다. 배려가 소통을 원활하게 하기도 한다.

제3부

배신에서 습관까지

배신에 대하여

로마의 정치가이며 장군이었던 율리우스 카이사르(Gaius julius Caesar, BC100-BC44)는 원로원에서 반역자들에 의하여 살해되었다. 그가 원로원에 들어섰을 때 예기치 않게 의원들은 모두 칼을 들고 그를 찔렀다. 그는 자기가 아꼈던 브루투스에게 몸을 의탁하려 다가갔으나 믿었던 그마저 칼로 찔렀다. 그는 "브루투스 그대까지!" 하는 마지막 말을 남기고 죽었다. 후에 브루투스는 왜 그대는 자신을 사랑했던 카이사르를 죽였느냐고 묻자 "나는 카이사르를 사랑했지만 로마를 더 사랑했기 때문이라"고 궤변을 남겼다.

배신은 이처럼 가슴을 아프게 한다. 매정하다. 심지어는 사소한 개인적인 이익을 위해서도 신의를 저버리는 것이 배신이다. 그런데 이런 배신의 폭력이 이 땅에서는 수없이 저질러져 왔고 지금도 진행 중이다. 당하는 사람은 억울하고 가슴 아프지만 어떻게 하겠는가. 원수를 갚으려는 마음도 있겠지만 여의치 않은 경우가 더 많다. 심판하시는 이에게 맡길 수밖에 없다.

그러면 배신하여 남을 해롭게 하는 사람은 승리자인가. 아니다. 배신자라는 딱지를 평생 달고 살다가 가야 한다. 후세에 부끄러운 이름을 남겨야 한다. 역사와 정의는 진실을 잊어버리지 않기 때문이다.

예수님은 제자인 가룟 유다에게 배신을 당했다. 가룟 유다는 영광스럽게도 예수께서 밤새 기도하고 택한 열두 제자에 포함되었다. 그는 재리에 밝았던 것 같다. 일행의 돈궤를 맡고 있었다. 그런 그가 스승을 대제사장에게 찾아가서 은 30에 팔아 넘겼다. 당시 모든 제자들이 그런 생각을 했지만 그도 장차 예수께서 로마 권력을 몰아내고 조국의 왕으로 등극할 때 한 자리를 차지하려 했었다. 그러나 그 생각이 현실에서 빗나가자 스승이 돈으로 보였던 것이다. 기왕에 어긋난 것, 돈이나 벌자고 생각했을 것이다. 그러나 양심이 그의 욕심에 제동을 걸었고 결국 자기 행위에 대한 잘못이 느껴지자 목매어 자살하는 것으로 책임을 지려 했다. 그러나 자살이 자기 행위에 대한 책임이 될 수 있는가. 그의 어리석음은 천추에 한을 남기고 말았다.

다윗에게도 배신자가 있었다. 아히도벨. 그는 지략이 출중하여 다윗의 총애를 받았다. 그러나 아들인 압살롬의 반란으로 다윗이 위태로울 때 압살롬의 수하에 들어가 다윗을 잡을 방도를 강구하였다. 그는 압살롬에게 군사 1만 2천 명만 주면 다윗을 추격하여 죽이겠다고 했다. 사실 그 작전은 다윗을 잡을 수 있는 중요한 계략이었다. 그러나 압살롬의 수하에는 거짓 항복을 한 다윗의 부하가 있었다. 후새라는 지략가였다. 그는 압살롬에게 아히도벨의 계략은 무모하다고 간하여 아히도벨의 계략을 무효화시키고 위기의 다윗을 살려냈다. 아히도벨은 자기의 계략이 성립되지 못하자 압살롬의 실패를 예견하고 그 길로 고향으로 돌아가 목을 매어 자살했다(삼하 17:23).

이스라엘의 초대 왕 사울은 하나님을 배신하고 충성스러운 다윗을 죽이려 하였다. 한 나라의 왕이 충성스러운 부하를 사로잡아 죽이려고 10여 년을 쫓아다녔다면 이것은 비극이 아니라 희극이다. 결국 그는 하나님의 심판으로 쳐들어온 블레셋군과 싸워 세 아들과 함께 전사했다. 사세가 부득이 하자 칼을 세워놓고 그 위에 엎드려 자살했다(삼상 31:4).

배신자의 얘기가 어디 이뿐이겠는가. 권력 때문에 배신하고, 재물 때문에 배신하고, 명예 때문에 배신한 사람이 부지기수다. 심지어 복음 때문에 순교한 사람도 많지만 복음을 배신하여 타락의 길을 간 사람도 많다. 바울과 동역했던 데마도 그런 사람 중의 하나이고(딤후 4:10), 후메내오와 알렉산더도 그런 사람들이었다(딤전 1:20).

나는 배신이라는 단어가 싫다. 자기 개인의 이득을 위하여 신의를 버리는 것이 싫다. 실수로 배신의 길을 걸었다 할지라도 자살로 책임지려는 태도도 싫다. 그런 사람일지라도 마지막 은혜를 잊지 말아야 할 것이다. 그것은 회개하는 일이다. 무슨 죄라도 용서하시는 하나님의 은총에 기대는 길밖에 없음을 왜 모를까. 고의적이든 실수로든 배신의 길은 어떤 경우라도 형통할 수 없음을 나는 안다.

버릇에 대하여

우리 속담에 "세 살 버릇 여든까지 간다"는 말이 있다. 어렸을 적에 든 버릇을 평생 고치기 어렵다는 뜻이다. 그러므로 어렸을 적부터 잘못된 습관이 생기지 않도록 바른 교육이 필요하다. 이 사실을 성경은 "마땅히 행할 길을 아이에게 가르치라 그리하면 늙어도 그것을 떠나지 아니하리라"고 말씀한다(잠 22:6).

내가 어렸을 적엔 시골이라서 집집마다 닭 몇 마리씩을 키웠다. 요즈음처럼 계란을 다량으로 얻기 위해서 양계장에서 사육하는 방법이 아니고 아무데나 제멋대로 다니며 먹이를 구해 먹도록 방사를 하다시피 할 때였다. 물론 모이는 주지만 대개 이 녀석들은 여기저기 다니면서 곡식도 주워 먹고 지렁이 같은 벌레도 잡아먹고 풀잎이나 보리 싹도 쪼아 먹고, 거의 못 먹는 게 없었다.

그런데 이 녀석들의 버릇 중 하나가 두 발로 이리저리 땅을 헤치는 것이었다. 그렇게 하여 땅 속에 묻힌 먹이를 찾아내는 것이다. 거기까지는 좋다. 그런데 그렇게 헤치지 않아도 되는 자리에서도 헤치는 버릇은 여전한 것이다. 가령 멍석을 깔아놓고 곡식을 말리는 곳에 찾아와서도 마구 헤쳐서 땅바닥으로 흐트려 놓는 것이었다. 얌전하게 그냥 쪼아 먹으면 좀 좋으랴. 그런데 아니다. 이 녀석들은 곡식이 산더미처럼 쌓여 있어도 양 발로 헤쳐가면서 쪼아 먹는다. 그러면 땅바닥에 흐트러진 곡식을 다시 챙 겨 담으려니 짜증이 나는 것이다.

무슨 일이든지 여러 번 거듭하면 몸에 밴다. 그러면 어느새 습관이 형 성되고, 형성된 습관은 버리기가 어렵다.

담배를 피우는 것도 일종의 버릇이다. 대부분의 애연가들은 식사가 끝 나면 으레 담배를 피워 문다. 습관이 된 것이다. 술 마시는 것도 버릇이다. 어떤 사람은 평상시에는 그렇게 얌전할 수가 없는데 술만 마시면 주사酒 邪가 있다. 고함을 지르기도 하고 남에게 시비를 걸기도 하고 가족들에게 폭력을 휘두르기도 한다. 술이 깰 때까지 한다. 그래서 예전부터 술 마시 는 것도 어른들 앞에서 조신하게 배워야 한다고 했다. 못된 습관이 들지 않도록 해야 한다는 뜻이었다.

아침에 일찍 일어나는 것도 생리적인 차이가 있을 수 있지만 그래도 습 관이다. 책 읽는 것도 버릇이고 오락에 취하는 것도 버릇이 된다. 어떤 사 람은 설교시간만 되면 꾸벅꾸벅 존다. 물론 피곤해서이기도 하겠지만 눈 감고 말씀을 듣는 버릇에 길들여지다 보면 식사시간이 되면 시장기를 느 끼는 것처럼 설교시간만 되면 눈이 감기는 것이다.

이스라엘 백성이 광야생활을 할 때 어려운 일만 만나면 모세와 아론을 원망했다. 무슨 일을 만나도 하나님께서 모두 해결해 주시는 것을 자기들 눈으로 다 확인하면서도 불평부터 했다. 결국 원망과 불평도 습관화된다는 것을 알 수 있다.

그러므로 우리는 자신을 위해서도 나쁜 버릇에 길들여지지 않도록 조심해야 하고 이웃을 위해서도 좋은 버릇이 들도록 해야 한다. 예수님은 새벽 미명에 한적한 곳을 찾아가 기도하고 하루를 시작했다(막 1:35). 습관을 좇아 감람산에 올라가기도 했고(눅 22:39), 안식일에는 어김없이 회당에 들어가 예배에 참여했다(눅 4:16). 전도가 습관이었고 봉사가 습관적으로 이루어졌다. 부지런하심과 열심도 습관이어서 어느 때는 식사할 겨를이 없을 때도 있었다. 누가 시켜서 억지로 한 것이 아니라 자원해서 하셨고 솔선수범하셨다.

우리도 구속의 은혜를 입어서 하나님을 섬기고 성도를 섬기는 일에 참여하게 되었다. 게을러서 되겠는가? 예배드리는 것이 누가 시켜서 해야 할 일이며 찬양과 기도와 봉사를 억지로 해서 되겠는가. 신앙생활이 기쁨이 되고 습관화되어야 한다. 하나님을 만나는 일이 기쁨이 되어야 한다. 하나님의 말씀을 사모하며 들어야 하고 그 말씀을 실천하는 습관이 형성되어야 한다.

그것이 습관화되면 우리는 영적으로 성숙되고, 영적으로 성숙한 사람은 신앙 인격자요, 복 받은 사람이 된다. 나쁜 습관이 들지 않도록 하는 최선의 방법은 역시 좋은 버릇이 몸에 배도록 하는 일이다.

보고報告에 대하여

내 경험으로는 보고가 가장 엄격하고 철저하게 지켜지던 곳이 아마 군대였지 싶다. 기상起床과 함께 일조점호를 했고 취침 전에 일석점호를 했다. 그리고 수시로 대원을 집합시켜 놓고 인원과 장비에 대하여 상급자에게 보고를 했다. 그만큼 군대사회가 항상 긴장이 필요하고 조금만 해이하면 위험이 따를 수 있는 특수사회였기 때문이었을 것이다. 지금도 그런 말이 있는지 모르지만 내가 군대생활할 때에는 그래서 "군대는 보고로 시작해서 보고로 끝난다"는 말이 있었다.

그런데 그 보고라 하는 것이 반드시 아랫사람이 윗사람에게만 하는 것이 아니란 걸 나는 부모님에게서 배웠다. 부모님은 외출이라도 하시게 되면 우리에게 "나 어디 좀 다녀오마" 하고 반드시 행선지를 알려주고 떠나셨다. 그것은 보고가 아니고 엄격히 말하면 고지告知한다고 해야 하겠지만 아무튼 우리는 그 고지 때문에 부모님이 조금 늦으셔도 안심할 수가 있었다. 그렇다. 가족들에게 자신의 행방을 미리 알려주는 것은 안심을 주는 일이다. 행방을 알지 못하고 귀가가 늦어질 경우 얼마나 불안해지는가.

실제로 사회생활에서 보고하는 일처럼 소중한 일도 드물다. 물론 개인적으로 은밀하게 진행해야 하는 일도 얼마든지 있고, 또 있을 수 있는 일이지만 공동생활에서 보고가 자신과 자신이 처한 공동체에 많은 유익을 준다는 것은 무시할 수 없는 일이다.

성경에 의하면 선교여행을 많이 했던 바울 사도는 수시로 보고를 하여 그를 파송한 교회나 관심을 가진 사람들에게 좋은 인상을 남기고, 또 좋은 선례를 남기고 있다. 그토록 교통이 불편하고 통신이 자유스럽지 못한 때에도 편지를 써서 안부와 격려를 전하고, 또한 선교여행을 마칠 때에는 어김없이 예루살렘교회에 돌아와서 선교보고를 했다. 이는 그가 자신의 행동 하나하나가 개인적인 것이 아니라 공동체의 일원으로서의 행동이었음을 보여주고 있는 것이다.

그렇다. 보고한다는 것은 내가 이 공동체 안에서 있으나마나한 존재가 아니라 반드시 필요한 존재임을 인식시키는 일이기도 하다.

그뿐인가, 보고를 한다는 데는 여러 의미가 있다. 첫째는 질서유지 차원이다. 공동체는 언제나 직무상 상하 관계가 있기 마련이다. 여기에 보고가 없고 통보가 없다면 무질서가 아니겠는가.

다음으로 보고는 책임을 면하는 일이다. 어떤 일이 발생하기 전에 상급자에게 보고한 것은 이제부터는 그 문제에 대해서 책임을 상급자에게 맡기는 행위가 되는 것이다. 보고를 받은 그 사람이 어떤 조치를 취하게 될 것이다. 그러나 보고하지 않은 가운데 어떤 문제가 발생한 경우에는 고스란히 보고하지 않은 하급자가 책임을 져야 하는 것이다. 물론 보고를 받지 못한 상급자에게도 관리 책임이 따르지 않는 것은 아니지만.

그리고 보고는 다른 사람에게 신임을 얻는 일이고, 또한 신뢰는 쌓는 일이기도 하다. 보고를 잘 한다는 것은 책임감이 있다는 뜻 아닌가. 세상에서 무질서하고 무책임한 사람처럼 믿을 수 없는 사람은 없다.

그러므로 우리는 내가 소속한 가정 안에서, 교회 안에서, 일반 사회 안에서 보고를 생활화해야 한다. 그리고 더욱 신앙 안에서는 하나님께 수시로 보고하는 습관이 있어야 한다.

하나님은 당신이 이미 알고 계시는 사안이라 할지라도 우리가 직접 우리 입으로 보고하는 것을 기뻐하시는 분이시다. 우리가 만약 우리의 잘못을 보고한다면 그것은 회개悔改가 된다. 우리가 소원을 아뢴다면 그것은 기원祈願이 될 것이다. 간절히 구하면 간구懇求가 될 것이고, 받은 혜택에 대하여 고마움을 표시하면 감사感謝가 되고, 다른 사람에 대해서 말씀드리면 도고禱告가 될 것이다.

그렇다. 기도는 나에 대한 모든 것과 생각을 하나님께 아뢰는 일종의 보고다. "내가 예수를 믿습니다" 하고 말씀드린다면 고백告白이요, 시인是認이다. 그 시인으로 말미암아 우리가 구원을 받는다. 성경은 "사람이 마음으로 믿어 의義에 이르고 입으로 시인하여 구원에 이른다"고 하지 않는가(롬 10:10). 그만큼 보고는 신앙생활에서나 사회생활에서 중요한 일이다.

보람에 대하여

최근에 나는 페이스북Face book을 통하여 편지 한 통을 받았다.

목사님, 안녕하세요. 저는 지성원이에요. ○○교회 중고등부 시절, 목사님
은 실수도 많이 하던 저를 반주자로 세워주시고, 교회 안에서 잘 자랄 수
있도록 멋진 울타리가 되어 주셨지요. 그때 제 안에 심어 주셨던 말씀의 씨
앗들, 현실에 타협하지 않는 곧은 복음의 신앙관이 지금 제게 주일학교 아
이들을 더 뜨겁게 사랑할 수 있게 만들어 주는 것 같아요. 목사님을 뵈니
마음이 너무 좋아요. 지금은 멀리 있어 찾아뵙기가 어렵지만, 목사님 감사
드리고, 사랑을 보냅니다. 샬롬.

이 짧은 내용의 편지를 내게 보낸 지성원. 이름은 금방 생각나는데 얼
굴이 가물가물하면서 쉽게 떠오르지 않는다. 그래, 맞다. 내가 개척교회
를 시작했을 때 학생부에 지성원이라는 학생이 있었다. 그때는 성도 한
사람이 얼마나 귀했던가. 그런데 더구나 지성원이는 피아노를 조금 칠 줄
알았다. 그래서 예배 반주를 맡긴 기억이 난다. 그런데 그가 교회를 떠났
다. 언제 떠났는지 기억이 나지 않는다. 학교를 졸업하면서 아마 떠났을
것이다. 모두가 그렇지만 특별히 학생부 아이들은 같은 지역을 떠나거나

소식을 보내오지 않으면 잊어버리기가 십상이다. 지성원이도 그렇다. 그가 떠난 이후 연락을 주지 않았는데 그의 근황을 내가 어떻게 알 것인가. 내 기억에서 그는 서서히 빠져 나갔고 나는 목회에 정신없이 바빴으니 내 기억력의 한계가 그를 지금까지 붙들어 놓았을 리가 없다. 그런데 이게 얼마만인가, 그가 편지를 보내 온 것이다. 이 편지는 내가 교회를 개척하고 열정 하나로 버티어 나가던 시절, 우리 학생부에 그가 출석했던 기억을 되살려 놓아 주었다.

지체하지 않고 나는 답장을 보냈다. 반가움의 표시와 지금 어디서 살고 있는가에 대해서 안부만 물었다. 그랬더니 또 연락이 왔다.

목사님, 저는 지금 호주 뉴카슬이라고 하는 작은 동네(시드니에서 차로 세 시간 거리)에서 요리사인 남편, 딸과 함께 지내고 있는 주부입니다. 아이가 세 살밖에 되지 않아서 제가 지금 다른 일을 못하고 있지만 앞으로 2~3년 후에는 하나님께서 어떤 일을 하게 하실지에 대해 기도하며 준비하고 있습니다. 작은 한인교회에서 예배 반주로 변함없이 섬기고 있고요. 아마추어인 제 반주를 받으시는 하나님께 정말, 정말 감사드린답니다. 아직은 개척교회라서 주일학교 아이들이 적지만 이 아이들이 믿음 안에서 성장할 것을 믿고 있답니다. 목사님께 그동안 안부드리지 못했던 것은 너무너무 죄송하지만 또 이렇게 목사님과 연결시켜 주신 성령님께 감사드립니다. 목사님, 글로나마 자주 뵐게요. 일평생 믿음을 지키며 살아오신 목사님이 계신 것만으로도 제게는 감사하고 소망과 용기가 샘솟습니다. 저도 역시 믿음을 끝까지 지켜나가기 위해 우리 주님께 기도하며 도움을 구하고 있습니다. 목사님, 감사합니다.

이 두 번째 편지를 받고 잠시 눈을 감으니 그의 생활과 환경이 그림처럼 나타났다. 이역만리 호주에 살고 있구나. 성실한 남편과 귀여운 딸이 있고. 나는 그가 신앙의 끈을 꼭 붙들고 있다는 사실이 고마웠다. 더구나 교회에서 반주자로 봉사할 뿐 아니라 주부이면서도 주일학교 아이들을 섬기고 있다니 이 얼마나 장한 일인가. 그러면서도 끝까지 믿음을 지키며 살게 해 달라고 하나님께 기도하고 있다니 이 또한 얼마나 겸손한 신앙인인가.

편지를 덮고 나는 보람이라는 단어를 생각해 냈다. 나는 하나님께 감사할 수밖에 없다. 개척교회 시절, 아무것도 내놓을 만한 것이 없이 지났다고 생각되는데 지성원 같은 사람이 신앙을 지키며 감사하고 있지 않은가. 보람이 무엇인가? 아무리 사소한 일이라도 그것으로 언젠가 좋은 결과를 가져다주는 것을 말하지 않는가. 따지고 보면 우리는 보람을 위해서 일하고 보람을 위해서 사는 것 아닌가.

보람을 위해서는 심어야 한다. 그것도 선한 것을 심어야 한다. 하나님은 사람이 무엇을 심든지 그대로 거두게 하시기 때문이다. 자기 육체를 위해서 심는 자는 육체로부터 썩어질 것을 거두게 하실 것이다. 언제 거두느냐, 하는 것은 우리 소관이 아니다. 가장 적당한 때에 거두게 하실 것이다. 그러므로 포기하지 말고 우리는 기회 있는 대로 선한 일을 심어야 한다. 아니, 기회를 찾아서 할 수 있으면 많이 해야 할 것이다(갈 6:6-10).

보험保險에 대하여

이제 우리 사회도 보험제도가 보편화되었다. 어느 정도의 수준에 이른 가정이라면 한두 가지의 보험에 가입하고 있다. 이는 우리 사회가 경제적으로 발전하였고 또한 위험요소와 사고가 빈번하게 일어나기 때문이다. 예전에 우리 사회가 빈곤을 면하기 어려운 지경에 있을 때에는 보험의 필요성을 안다 할지라도 당장 생활이 어렵기 때문에 나중에 일어날지 모르는 사고에 대비할 생각을 하지 못했다.

그러나 지금은 속된 표현으로 먹고살 만해졌다. 그런데 재해와 사고가 빈번하게 일어나고 있다. 태풍이나 홍수 같은 자연 재해, 화재·도난 같은 인위적 위험, 실업·공황 같은 사회적 위험 등이 마치 때를 기다리고 있다가 나타나는 것처럼 평화로운 가정을 덮친다. 아무 준비 없다가 우발적인 사고를 만나고 질병에 기습을 당할 때 우리는 얼마나 당황하게 되는가. 그러므로 이런 경우를 당해 본 사람은 조금 어렵더라도 꼬박꼬박 일정한 돈을 지불한다. 실로 보험 가입은 이 시대를 사는 사람들에겐 지혜로운 대책임에 틀림없다.

그러나 한편 생각해 보면 보험에 가입하는 일보다 더 중요하게 여겨야 할 것이 있다. 보험금을 타는 것은 어떤 사고를 만난 뒤의 일이다. 그렇다면 이것은 사후 대책이다. 나는 사후 대책이 잘못이라고 말하고 싶지는 않다. 그러나 사전 대책을 더 중요시해야 하지 않겠는가.

내가 어렸을 적에 농부이신 아버지로부터 배운 것이 있다. 논두렁에 구멍이 나서 물이 논에서 빠져나가면 아버지는 물이 빠져나가는 밖에 흙을 덮어 막지 않았다. 그것은 물구멍을 막는 데 어려웠고 허사였다. 그러나 물이 빠져나가는 입구에 흙을 덮으면 간단히 구멍을 막을 수 있었다. 그때마다 아버지는 말씀하셨다. 뒤를 막는 데 힘쓰지 말고 앞을 막아야 한다고.

그렇다. 질병이 발견되고 치료하기보다 병이 생기기 전에 주의하고 예방을 해야 한다. 소를 잃어버리고 외양간을 고치는 것도 다음을 위해서 괜찮다 할 수 있지만 외양간을 미리 튼튼하게 만들어 놓아 소를 잃어버리지 않아야 한다.

그런데 우리는 언제부터 이런 습성이 들었을까. 설마 그런 일이 내게 일어나겠는가, 하면서 예방에 소홀히 하고 있는 것이다. 실제로 일어나는 사고들을 보면 미리 대비했더라면 괜찮았을 것 같은 것들이 많다. 우리는 이런 감정을 안전불감증이라고 한다. 설마 그런 끔찍한 일이 일어나겠는가, 하고 방관한다.

그러나 분명한 것은 사고는 해이되고 안일한 마음을 찾아오고 허술한 곳을 습격한다. 물론 사람이 감당할 수 없는 천재지변은 막을 도리가 없다. 그러나 그런 사고도 미연에 방지할 수 있는 대책을 세워야 한다.

나는 이 글을 여기서 마쳐야 한다. 그러나 아쉽다. 사고나 재앙은 왜 일어나는가 하는 근본문제를 생각해 봐야 한다.

그렇다. 모든 재앙은 우연히 일어나는 게 아니다. 세상을 만드신 하나님은 여러 자연법칙을 세상에 주셨지만 언제나 모든 사안을 감찰하고 계시며 또한 관리하고 계신다. 우리는 그것을 하나님의 섭리라 한다. 인간은 그 섭리 안에서 산다. 순종할 수도 있고 불순종하며 거절할 수도 있다. 하나님의 뜻이 아닌 자연 훼손 같은 행위는 우리 스스로에게 재앙으로 다가올 때가 많다. 공의와 사랑을 실천하지 않고 부도덕하고 비윤리적인 삶을 살 때 하나님이 방관하실까? 나는 세상의 모든 재앙과 사고가 인간의 타락과 무관하다고 생각지 않는다. 왜 이렇게 재앙이 많은가 하고 생각하면서 왜 이렇게 사회가 타락하고 있는가를 생각하지 않는다면 어리석은 일이다.

우리는 질병과 천재지변과 각종 사고에 대비해서 보험을 드는 것을 어리석다고 할 수 없다. 그러나 조금만 더 지혜롭다면 그런 사고들을 미리 막으려는 노력이 필요하다. 그리고 이 세상과 만물이 창조주 하나님의 섭리 안에 있는 것이라고 믿는다면 그분의 의도대로 세상을 다스리고 그 뜻에 합당한 도덕적인 삶이 먼저 이루어져야 하지 않을까. 참된 보험 가입은 하나님께 순종하는 일이다.

복수復讐에 대하여

율법에는 이른바 동해보복법同害報復法이란 게 있다. 사람이 만일 그의 이웃에게 상해를 입혔다면 그가 행한 대로 그에게 행하라는 것인데 "상처에는 상처로, 눈에는 눈으로, 이에는 이로 갚으라"는 것이다(레 24:19-20, 출 21:24, 신 19:21). 이는 사실 복수법이라기보다 복수를 막는 법이라 해야 맞다. 남에게 상처를 준 만큼 자신도 그만한 대가나 벌을 받아야 한다는 것은 그렇기 때문에 남에게 상해를 입히지 말라는 뜻이 담겨 있다.

보복은 보복을 가져다주는 악순환이 되기 때문에 성경은 원칙적으로 복수를 권하지 않는다. 예수님은 오히려 "너희 원수를 사랑하며 너희를 박해하는 자를 위하여 기도하라"고 가르치셨고(마 5:44), 실제로 당신은 십자가에 달려 돌아가시기 직전에 원수들을 위하여 하나님께 기도하기를 "아버지 저들을 사하여 주옵소서 자기들이 하는 것을 알지 못함이니이다"고 하셨다(눅 23:34). 잠언에는 "네 원수가 배고파하거든 음식을 먹이고 목말라 하거든 물을 마시게 하라"고 가르친다(잠 25:21). 옳다. 올바른 가르침이다. 그러나 감정과 의지가 있는 사람이 남으로부터 육신적 상해나 정신적 모욕을 억울하게 당하고 어떻게 태연할 수 있겠는가. 멋지게 복수하는 길은 없는 것일까?

요셉은 어린 나이에 형들의 시기와 미움을 사서 애굽으로 팔려갔다. 억울했다. 그는 당시 나이로 보나, 형편으로 보나 형들의 부당한 행위에 복수는 생각도 할 수 없었다. 그저 울면서 낯선 타국으로 팔려갔다. 그는 애굽으로 팔려가 바로의 시위대장이었던 보디발의 집에서 종살이를 했다. 그는 거기서 신실하게 주인의 일을 돌봐 주인으로부터 인정을 받았다. 그런데 그 인정이 지나쳐 보디발의 처로부터 유혹까지 받게 되었다. 보디발의 처는 요셉의 미모와 성실성을 인정하여 이성異性으로서 사랑을 고백했던 것이다. 그러나 요셉은 신실한 신앙인으로서 자신이 섬기는 하나님께 범죄하는 행위를 할 수 없었을 뿐 아니라 자신을 신뢰해준 보디발에게 불의를 행하여 배은망덕할 수 없었다. 그래서 과감하게 여주인의 유혹을 뿌리쳤다. 이를 고깝게 여긴 여주인은 자신의 구애를 거절한 요셉에게 오히려 자신을 겁탈하려 했다는 누명을 씌워 감옥에 갇히게 하였다. 자존심을 상하게 한 데 대한 일종의 복수였을 것이다.

그런데 어떻게 되었는가. 무고로 감옥에 갇힌 요셉은 그곳에서도 성실성을 인정받았고, 아무도 해몽하지 못하는 바로의 꿈을 해몽해 주어서 일약 애굽에서 바로 다음가는 국무총리로 발탁이 되었다. 그는 7년이나 계속되는 풍년 기간에 양식을 비축해 두었다가 이어지는 7년 흉년을 지혜롭게 넘김으로써 명재상이 되었다.

이제는 대 애굽 나라에서 왕 다음가는 권세를 가졌다. 보자, 요셉은 자신에게 고통을 주고 서럽게 했던 형들과 보디발의 처에게 어떤 복수를 했는가. 성공한 요셉 앞에서 자기들의 잘못을 뉘우치는 형들에게 "당신들이 나를 이곳에 팔았다고 해서 근심하지 마소서 한탄하지 마소서 하나님이 생명을 구원하시려고 나를 당신들보다 먼저 보내셨나이다"고 위로했고(창

45:5), 아버지 야곱이 죽자 행여 지난날의 자신들의 행위에 보복하지나 않을까 엎드려 빌 때는 "두려워하지 마소서 내가 하나님을 대신 하리이까 당신들은 나를 해하려 하였으나 하나님은 그것을 선으로 바꾸사 오늘과 같이 많은 백성의 생명을 구원하게 하시려 하셨나니 당신들은 두려워하지 마소서 내가 당신들과 당신들의 자녀를 기르리이다"라고 간곡한 말로 위로하였다(창 50:19-21).

요셉은 비록 자신이 애굽으로 팔려와 많은 고난을 겪었지만 그것을 하나님의 섭리로 믿고 용서를 했다. 그렇다면 보디발의 처에게는 어떻게 복수를 했는가. 성경에는 그에 대하여 보복했다는 내용이 전혀 없다. 요셉의 신앙 인격으로 볼 때 복수를 했을 리 없다. 이것이 진정한 복수요, 통쾌한 복수가 아니겠는가. 자기가 받은 만큼 되돌려주는 앙갚음이 복수겠는가. 그들보다 월등하게 높은 위치에 올라섰을 때 저들은 얼마나 불안했겠는가. 이런 사람들에게 꼭 상해를 입히는 것이 복수겠는가.

멋있는 복수를 하자. 소인배나 불량배는 자기가 받은 상해 이상의 것으로 갚으려 든다. 그러나 인격으로 닦여진 큰 사람은 복수도 멋있게 한다. 용서보다 더 멋진 복수는 없다. 그들보다 더 뛰어난 실력을 갖추고, 복수하는 일은 하나님께 맡기는 것이 참 인격자의 복수 아니겠는가.

"내 사랑하는 자들아 너희가 친히 원수를 갚지 말고 하나님의 진노하심에 맡기라 기록되었으되 원수 갚는 것이 내게 있으니 내가 갚으리라고 주께서 말씀하시니라"(롬 12:19). 하나님은 보복하시는 분이다(사 47:3).

본능에 대하여

살아 있는 동물에게는 본능이 있다. 살아가게 하기 위하여 주어진 것들이다. 본능이란 후천적인 학습이나 경험에 의해서 얻어진 것이 아니고 세상에 태어나면서부터 이미 갖추고 있는 행동양식이나 능력을 말한다.

사람이 태어나면 그 아기는 지적 능력이 거의 없다. 그러나 누가 가르쳐 주지 않아도 엄마의 젖을 빨 줄 안다. 여러 감각기관을 활용할 줄 안다. 미약하지만 보고, 듣고, 먹고, 배설을 한다. 살기 위해서, 새로운 세상에서 살아남기 위한 몸부림을 한다. 본능적이다.

성장하면서 본능은 진화를 한다. 살기 위해서 먹을 뿐 아니라 모아 두려고 한다. 자손을 퍼트리기 위해서 이성을 찾고 결혼을 한다. 누가 가르쳐 주지 않아도 자연적으로 안다. 거기에 더 잘 알기 위해서 학습도 한다. 그래서 사람의 모든 욕구는 거의 본능적이라 할 수 있다. 이 본능적 욕구를 잘못이라 할 수 없다. 더구나 버릴 수도 없다. 그러나 그 욕구를 충족하기 위해서 수단과 방법을 가리지 않는다면 문제가 있다. 더구나 인간으로서 최소한의 예절이나 질서 그리고 도덕이나 법을 어기기까지 한다면 그는 본능적 인간으로 끝을 맺게 된다.

과연 사람이 본능에 의해서만 살아야 하는가? 과도한 본능에 의한 욕구 충족은 다른 사람과 함께 살아야 하는 사회에 좋은 영향을 줄 수 없을 뿐 아니라 본인 자신에게도 불행을 초래하고 말 것이다.

성경은 "너희가 육신대로 살면 반드시 죽을 것이로되 영으로써 몸의 행실을 죽이면 산다"고 했다(롬 8:13). 여기서 육신은 다분히 육신의 소욕이요, 본능적인 것을 의미한다. 그렇다. 본능은 타고난 것이요, 그야말로 살아가게 하기 위해서 창조주께서 주신 것이지만 그것을 조절하지 못하거나 절제하지 못한다면 어떻게 인격적인 사람이라 할 수 있겠는가. 이런 조절 능력이나 절제 능력은 사람에게만 있는 것이다. 짐승에겐 없다. 아무리 선한 것이라 할지라도 어느 선을 넘으면 불행하게 된다. 보라, 이 선을 지키지 못해서 불행을 초래한 사람이 어디 하나, 둘인가.

가지고자 하는 본능이 탐욕으로 발전하고, 사랑하는 마음이 음란으로 발전하고, 인정받고자 하는 욕구가 시샘이 되고, 아름다워지고자 하는 욕구가 사치로 발전하고, 즐기고자 하는 본능이 쾌락으로 발전할 개연성은 언제나 있다. 자기를 다스리지 못하고 방임하면 그렇게 된다.

그러므로 본능적 욕구 곁에는 언제나 절제라는 기재가 붙어 다녀야 한다. 그리고 본능에 충실하기보다 억제할 수 있을 때 불행을 막을 수 있다. 본능에 지배당할 것인가, 절제로 이겨나갈 것인가? 그것은 인간답게 사느냐 하는 문제요, 나아가서 사느냐 죽느냐가 될 수 있다.

부끄러움에 대하여

벌거벗었어도 부끄러움이 무엇인지를 몰랐던 최초의 인간 아담과 하와는 죄를 범한 이후 자신들이 벗었다는 사실을 비로소 알고 무화과나무 잎을 엮어 치마를 삼았다(창 3:7). 하나님은 그들에게 가죽옷을 지어 입혔다(창 3:21). 부끄러움을 가리어 주었던 것이다. 후에 다윗은 "허물의 사함을 받고 자신의 죄가 가려진 자는 복이 있도다" 하고 노래했다(시 32:1).

부끄러움은 잘못에 대한 반응이다. 죄에 대한 양심의 반응이다. 이 반응이 일어난다는 것은 사람이 짐승과 다르다는 것을 보여주는 것이다. 인격이 없이 본능으로만 사는 짐승들은 부끄러움을 느낄 수 없다.

그런데 최근에는 짐승이 아니라면서 부끄러운 일을 하고 부끄러운 줄 모르는 사람들이 늘어나고 있다. 인간의 타락이다. 남의 생명에 가해加害를 하고도 당당하고, 남의 인격과 재산에 피해를 주고도 아무렇지 않은 듯 떳떳하다. 참으로 부끄러운 세상이다.

부끄러운 것을 부끄러운 줄 아는 것이 정상이다. 그런 사람들이 사는 세상만이 소망이 있다. 부끄러운 행동을 하지 않으려고 조심하는 사람들이 모인 사회야말로 얼마나 아름다운가.

그런데 우리 사회에는 부끄러움과 관련하여 또 하나의 병폐가 있다. 결코 부끄러운 일이 아님에도 부끄러워하는 경우다.

예를 들면 예전에는 육체적인 노동을 천시賤視하는 경향이 있었다. 그래서 사무직은 고상하고 육체적 노동을 하면 부끄러운 줄 알았다. 그뿐인가. 직업에는 귀천이 없다고 하면서도 어떤 직업에 대해서는 부끄러워했다. 가령 청소부 같은 경우다. 거리를 쓸고 오물을 치우는 일을 부끄러운 일로 여긴 것이다.

그러나 그들은 보람 있는 일을 하는 사람들이다. 하나님이 만든 세상을 깨끗하게 만들고 세상을 아름답게 하는 사람들이다. 부끄러운 일이 아니라 오히려 자랑스러운 일이다. 생각해 보라. 아무데나 오물을 버리거나 담배꽁초를 버리는 사람이 부끄러운 짓을 했는가? 그 오물을 치우거나 담배꽁초를 줍는 사람이 부끄러운 짓을 하는 사람인가? 부끄러운 일을 하면서 부끄러워할 줄 알아야 하는 것처럼 부끄럽지 않은 일을 하면서 부끄럽지 않게 여기고 긍지를 가지는 것이 옳은 태도다.

바울 사도는 자신이 로마 감옥에 갇혀 있는 것에 대해서 부끄럽게 여기지 않는다고 고백했다. 왜냐하면 자신은 도둑질을 했다든지 그 밖에 어떤 나쁜 짓을 하다가 잡혀오지 않았기 때문이었다. 사람들은 단지 그가 감옥에 갇혔다는 이유 하나만으로 비난도 하고 조롱도 했지만 자신은 당당하다고 했다. 그리고 그런 비난 때문에 자신은 위축되어 의로운 일을 중단할 수 없다고 했다. 그렇다. 그는 복음을 전하다가 잡혔다. 생명을 구원하는 일을 하다가 잡힌 것은 부끄러운 일이 아닌 것이다.

예수 그리스도를 보자. 벌거벗긴 몸으로 골고다 언덕에서 십자가에 못 박혔다. 가장 고통스럽고 가장 부끄러운 모습으로 죽이기 위해서 그렇게 한 것이다. 그러나 주님은 자신의 몸을 부끄러움에 내던짐으로 모든 죄인의 부끄러움을 가리어 준 것이다. 우리의 죄를 대신 지고 죽으심으로 우리를 죄에서 구원해 주신 것이다.

성경은 그의 죽으심에 대해서 이렇게 증거하고 있다. "믿음의 주요 또 온전케 하시는 이인 예수를 바라보자 그는 그 앞에 있는 기쁨을 위하여 십자가를 참으사 부끄러움을 개의치 아니하시더니 하나님 보좌 우편에 앉으셨느니라"(히 12:2).

실로 우리는 진정 무엇이 부끄러운 일이고, 무엇이 부끄럽지 않은 일인가를 알기 위해서 그를 바라봐야 한다. 그리고 그의 길을 걸어야 한다. 남의 부끄러움을 가리어 주기 위해서 당신이 그 부끄러움을 대신 짊어지신 분. 생명을 살리는 일은 부끄러운 일이 아니다.

부활에 대하여

어떤 사상이 쑥 들어갔다가 컴백했다거나, 어떤 유행이 시들해졌다가 인기를 회복했다거나, 어떤 사람이 어떤 직위나 위치에서 벗어났다가 회복했을 때 부활했다는 말을 쓰기도 한다. 그러나 사람이 생물학적으로 죽었다가 다시 살아났다는 것은 인간의 이성으로 이해하기 어렵다.

그런데 성경은 예수 그리스도의 부활을 말씀한다. 그것도 구약에서 장차 메시아가 오셔서 고난을 받고 죽었다가 다시 살아날 것을 예언한 다음 신약에서 그대로 이루어졌음을 말씀한다.

그런데 예수의 부활은 매우 특이한 내용을 담고 있다. 그는 하나님의 아들로 육신을 입고 성령으로 잉태되어 오시고 인류를 죄에서 구원하기 위해 죄인들의 죗값을 대신지고 십자가 형틀에 못 박혀 죽어 장사지낸 바 되지만 3일 만에 부활했다는 것이다. 그리고 그 예수의 살아나심은 부활의 첫 열매라 하였다(고전 15:20). 이는 부활 사건이 또 있다는 것을 의미한다. 성경은 그 시기를 승천하신 예수께서 재림하는 때, 즉 세상의 종말의 때라고 말씀한다. 그때가 되면 죽은 자들이 먼저 일어나고 살아 있는 사람들은 공중으로 끌어올려 주님의 영접을 받은 후 신천신지에서 영원히 살 것을 말씀한다(살전 4:16-17). 그러므로 예수의 부활 전에는 영원한 부활이 없었고 그 이후에는 주님의 재림 전까지는 이런 현상이 일어날 수 없다는 얘기가 된다.

죽음이 무엇인가? 실로 죽음은 이 세상 삶의 종료다. 생물학적으로 숨을 멈추고 모든 행동을 정지하는 것이다. 그러므로 죽으면 모든 관계가 끊어지고 어떤 의무도 없다. 인간 관계도, 법적 관계도 끝이다. 부부 관계가 있었을지라도 더 이상 사랑할 수도, 무엇을 요구할 수도 없다. 채무의 의무도 끝나고 재판도 진행할 수가 없다. 법관은 죽은 자에게 판결할 수도 없다. 어떤 면에서 그러므로 죽음은 자유다. 의무나 속박이 없다. 죽는 순간 삶을 송두리째 죽음에게 삼키우는 것이다. 그래서 사람들은 죽음을 두려워하고 불안해한다.

그동안 이 불안과 두려움을 해소하기 위해서 사람들은 얼마나 노력했는가. 늙지 않고 죽지 않으려고 발버둥을 쳤다. 진나라의 시황제는 사방으로 동남동녀를 보내 불로초를 구하려 하였고, 한나라의 무제는 장생불사를 위하여 찬 이슬을 받아 마셨다는 고사가 두고두고 사람들의 입에 회자되고 있다. 그러나 그 모든 시도는 허무하게 이루어지지 않았고, 여전히 죽음은 위용을 자랑하며 삶을 삼켜 버리고 있다.

그런데 예수는 성경의 예언대로 죽었다가 3일 만에 부활을 했다. 이는 죽음이 인생의 종료가 아니고 새로운 시작이며 영생이 있다는 것을 가르쳐 주고 있는 실상이다. 그리고 죽음이 삶을 삼켜 버리는 것이 아니라 오히려 삶이 죽음을 궁극적으로 삼킨다는 것을 보여주고 있다. 예수 그리스도의 부활은 그래서 죽음을 정복하고 승리를 선언하신 쾌거이다. 그렇다.

예수 그리스도는 승리의 주시다. 진실로 거짓을 이기고, 정의로 불의를 이기고, 진리로 비진리를 이기고, 사랑으로 미움을 이긴 쾌거요, 우리로 하여금 낙담하거나 좌절하지 말 것을 깨우쳐 주는 장엄한 교훈이다. 우리로 하여금 소망을 갖게 하며 바르게 인생을 살 것을 격려하는 것이다.

우리가 예수 그리스도를 위대한 구주로 섬기는 까닭은 이 세상에 이름을 올린 그 어떤 위대한 인물도 부활을 얘기하지 못했지만 예수는 부활을 스스로 말씀하고 실천했기 때문이며 또한 장차 인류의 부활을 예고하고 있기 때문이다. 실로 그 어느 종교 사상에도 부활에 대한 신앙은 없다. 오직 예수만이 성경의 예언이 정확하다는 것을 보여 주었다. 그러므로 기독교는 생명의 종교요, 부활의 종교요, 영생의 종교다. 이를 믿는 자는 죽어도 살고 무릇 살아서 믿으면 영원히 죽지 않는다(요 11:25-26).

죽음을 정복한 주께서 부활의 첫 열매가 되셨으니(고전 15:20), 이제 아담 안에서 모든 사람이 죽은 것같이 그리스도 안에서 모든 사람이 삶을 얻게 되었다(고전 15:22).

이제 깨달아야 한다. 육신의 죽음은 누구에게나 공평하게 찾아온다. 그러나 그 죽음은 영원한 죽음이 아니다. 내세가 있다. 그러므로 죽음은 내세로 가는 관문일 뿐이다. 죽음을 두려워하지 말자. 죽음을 정복한 예수를 구주로 믿자. 이 소망과 믿음을 가진 사람은 주님께서 성경대로 다시 오시는 날, 당시에 죽었다면 부활할 것이고 살아 있다면 공중으로 끌어올려 공중에서 주를 영접할 것이다. 부활의 다음 열매로 우리가 부활할 것이다. 부활은 영원한 환희요, 기쁨이다. 그러나 그 부활의 기쁨은 죽음이라는 아픔을 전제로 하고 있음도 깊이 인식하자.

분노에 대하여

분노도 사람에게 주어진 여러 감정 중의 하나다. 그러므로 분노하는 것이 옳다 또는 그르다고 함부로 말할 수 있는 성질의 것은 아니다. 무슨 일 때문에 분노했는가에 따라서 그 사람의 됨됨이나 인격을 가늠할 수는 있어도 분노 그 자체를 판단할 수는 없다.

분노하기보다는 참았어야 할 사안에 성급하게 분노를 표출하는 것은 바람직하지 않다. 그러나 불의한 일을 보고도 분노하지 않는 것도 옳다고 할 수 없다. 온유하고 겸손하셨던 예수님도 가끔씩 분노하셨다. 바리새인이나 사두개파 사람들의 외식을 보고 독사의 자식이라는 표현도 서슴지 않았다. 아무래도 예수님의 분노 표출의 진수는 성전 청결 사건에서 찾을 수 있을 것이다.

죄인 구속을 위하여 스스로 십자가형을 향하여 예정된 길을 걸어가신 예수. 그는 성경의 예언대로 나귀를 타고 예루살렘에 입성했다. 오는 도중에 수많은 사람들이 연도에서 호산나를 부르며 그를 환영했다. 그는 성전을 맨 먼저 찾았다. 거기서 그는 차마 눈을 뜨고는 볼 수 없는 광경을 목도하게 되었다. 거룩한 성전에서 양과 비둘기를 파는 장사치들과 돈 바꾸는 일을 하는 환전상을 보았다. 그곳은 이미 거룩한 곳이 아니었다. 주님은 분노했다. 주님은 노끈으로 채찍을 만들어 그들을 쫓아내고 책상과 의자를 뒤엎으며 외쳤다. "만인이 기도하는 집을 강도의 소굴로 만들었다"고.

이런 행동을 사람들은 예수님의 의분이라고 표현한다. 거룩해야 할 곳에 제사장들과 장사치들이 결탁하여 사람들을 속이고 돈을 모으고 있었다. 그들은 강도와 다름 아니었다. 이런 현상을 보면서 참는다는 것은 인내가 아니라 방관일 것이고, 그런 방관은 오히려 불의한 행동이라 해야 맞지 않겠는가.

성경은 하나님을 가리켜 매일 분노하시는 분이라고 노래했다(시 7:11). 매일, 매시간 인간의 죄를 보시는 하나님의 마음을 그렇게 표현했으리라. 그러나 우리가 분노할 수밖에 없는 세상에서 분노의 감정을 수시로 제어하지 못한다면 교양인이 될 수는 없다.

특별히 자신에게 돌아오는 불이익 때문에 자주 분노를 표출하고 자기 감정을 조절하지 못한다면 참 인격자라 할 수 없다. 차라리 남의 행동에 분노하기보다 자신의 불의나 죄 때문에 분노할 수 있어야 한다. 자신의 행위에는 관대하면서 남의 사소한 일에 자주 분노하는 것은 인격자로서 삼가야 할 것이다.

성경은 자기 마음을 다스리는 자는 성을 빼앗는 것보다 낫다고 했다. 가인은 동생 아벨을 들에서 쳐 죽였다. 하나님께서 자신의 제물은 받지 않으시고 동생의 제물만 받으시자 시기심으로 그렇게 최초의 살인을 했다. 그 마음 근저에는 분노가 있었다. 성경은 분노가 미련한 자를 죽인다 했고(욥 5:2), 분을 그치고 노를 버리며 불평하지 말라고 교훈한다(시 37:8). 또한 노를 품는 자와 사귀지 말라고 했다(잠 22:24).

그렇다. 사랑은 성내지 않는 것이다(고전 13:5). 노하기를 더디하는 자가 크게 명철하다(잠 14:29). 어리석은 자가 노하기를 속히 하고(잠 14:17), 미련한 자는 당장 분노를 나타내고(잠 12:16), 어리석은 자는 자기의 노를 다 드러낸다(잠 29:11).

조심하자. 온유하기가 지면에서 제일이라는 평가를 받았던 모세는(민 12:3) 반석에 명하여 물을 내라는 하나님의 말씀을 어기고 반석을 두 번이나 쳐서 물을 냈다. 백성들의 불순종에 순간적으로 분노를 표출한 것이었다. 반석에서 물은 나왔다. 그래서 모든 백성이 먹었다. 그러나 그 분노 때문에 꿈에도 그리던 가나안 땅에 발을 딛을 수 없었다(민 20:2-13).

분노를 어떻게 조절하고 제어할 수 있을까. 성경은 그것이 어쩔 수 없이 표출해야 했던 분노라 할지라도 해가 지기 전에 풀어야 한다고 교훈하고 있다. 분노의 감정을 오래 품는 것은 마귀에게 틈을 주는 행위가 되기 때문이라 했다(엡 4:26-27).

비교比較에 대하여

비교란 서로 견주어 보는 것이다. 둘 이상의 사물의 질이나 양의 차이를 알아보는 것이다. 이런 비교는 물건의 경우 제품의 질을 높이기 위해 필요한 행위다. 그러나 서로의 성품이나 독특한 성질을 무시하고 단순 비교를 하는 것은 매우 위험하다. 특별히 사람에 대해서 비교하는 것은 위험 요소가 더 많다. 예를 들면 미모를 비교하는 일이나 학생의 실력을 학과 성적의 높낮이로 결정하는 것은 위험하다. 사람의 미모를 어떻게 획일적인 기준으로 평가할 수 있는가. 사람은 주관적이기 때문에 사람마다 평가를 달리 할 수 있는 것이다. 학생들의 실력도 그렇다. 누구나 잘하는 과목이 있으면 못하는 과목이 있기 마련이다. 더구나 사람의 인격은 성적과 비례하는 것이 아니란 점에서 비교는 위험한 행위이다.

모든 죄악은 비교하는 데서 온다고 말한 철학자도 있다. 남과 비교해서 자신이 열등하다고 생각되면 비참을 느껴 낙심하고, 우등하다고 느껴지면 교만심을 가질 수 있기 때문이라 했다. 우리는 생활 속에서 곧잘 남과 비교해서 기분을 상하게 만드는 경우가 있다. 자녀들에게 "너는 왜 동생만도 못하냐?"라든지 "너는 왜 아무개만도 못하냐?" 하고 책망하는 부모도 있다. 자녀들은 그런 책망을 듣고 얼마나 기분이 상하겠는가.

사실 만능은 없는 법이다. 다른 아이가 국어를 잘하지만 수학을 못하는 경우가 있고, 내 아이가 국어, 수학은 못해도 축구나 음악을 잘할 수 있는 것이다. 각자의 재능이 있고 특기가 다를 수 있는 것이다. 모두를 다 잘하는 천재는 없다. 자기가 천착하는 분야에서 뛰어나면 그 방면의 박사가 되고 전문가가 되는 게 아닌가. 그러면 된다. 왜 우리는 모든 것을 다 잘하는 사람이기를 원하는가. 그것은 욕심일 뿐이다.

비교하지 말자. 경쟁을 유도하지 말자. 각자 자기의 특성을 살리고 그 특성으로 전문가가 되었을 때 그 방면에 부족한 사람을 돕는 자로 살자. 그런 정신이 이 사회를 아름답게 만들고 더불어 잘사는 사회를 만들어가지 않겠는가.

세상에 나는 나뿐이다. 나와 비슷한 사람은 있어도 나와 같은 사람은 하나도 없다. 그런 의미에서 우리는 각자 희귀성이 있고 독특성이 있는 존재들이다. 다시 말하면 사람은 어떤 형편에 있든지 누구나 창조주 하나님의 걸작품들이다. 이 세상에 필요에 의해서 태어난 사람들이다. 남과 같지 않다고 자신을 비하하거나 우쭐댈 필요가 없다. 자기에게 주어진 재능이나 지혜를 십분 발휘하여 최선의 삶을 살면 축복 아니겠는가.

따지고 보면 그 사람은 그 사람의 삶을 살고 나는 나의 삶을 사는 것이다. 어떤 이유로든 남을 멸시하거나 남으로부터 멸시를 당할 수는 없다. 만약 그렇다면 그것은 우리를 지으신 분을 욕되게 하는 행위이다. 우리는 서로의 다름을 인정하고 어떻게 조화를 이루며 서로 약점을 보완하며 합력할 수 있는가를 궁구해야 한다. 비교하지 말고 서로 아끼고 사랑하자.

빚에 대하여

성경은 빚을 진 자는 채주의 종이 된다고 했다(잠 22:7). 우리 속담에는 "빚진 죄인"이라는 말도 있다. 빚을 지면 그는 채주에게 그만큼 자유를 속박당하게 된다는 의미이다. 빚을 다 갚기 전에는 항상 채주에게 심리적으로도 압박감을 느껴야 하기 때문일 것이다.

어려서부터 나는 부모님으로부터 빚을 무서워하라는 가르침을 받고 자랐다. "빚은 밤낮으로 자란다"는 말도 들었다. 그러므로 우리는 빚을 지지 않는 게 좋다. 그러나 반드시 져야 할 빚이 있다. 사랑의 빚이다. 성경은 이 사랑의 빚 외에는 아무에게든지 아무 빚도 지지 말라고 가르친다(롬 13:8). 이는 사랑의 빚은 지라는 권면이다.

그렇다면 과연 사랑의 빚이란 무엇인가? 하나님의 은혜를 말한다. 우리는 하나님의 크신 은혜로 구원을 입었다. 우리를 구원하기 위하여 예수님은 하늘 보좌를 버리고 이 땅에 오셨다. 그리고 복음을 전하다 끝내는 우리의 모든 죄를 대신 짊어지고 골고다 언덕에 올라 십자가 형틀에 못 박혀 죽었다. 그리고 이 그리스도의 죽음을 내 죄 때문이라고 믿고 고백하는 모든 사람에게 구원을 주셨다. 주님은 실로 당신의 헌신과 희생의 고통을 통하여 우리를 구원하신 것이고 이보다 더 큰 사랑은 없다.

그러므로 성경은 "우리가 아직 죄인 되었을 때에 그리스도께서 우리를 위하여 죽으심으로 하나님께서 우리에 대한 자기의 사랑을 확증하셨다"고 했다(롬 5:8). 그래서 이 사랑은 은혜다. 가장 숭고한 빚이다.

이 빚은 누구나 져야 한다. 이 사랑의 빚을 거절하면 그는 구원에서 제외되고 그의 죄는 결국 그를 사망으로 인도한다. 그러므로 사람이 이 사랑을 거절하면 가장 무서운 죄를 짓는 결과가 된다. 구원받는 유일한 길을 거부한 것이 되기 때문이다.

그런데 이 무한한 은혜의 빚도 갚아야 한다. 어떻게 갚아야 하는가. 바울 사도는 "헬라인이나 야만이나 지혜 있는 자나 어리석은 자에게 다 내가 빚진 자라"고 고백했다. 이는 그가 인식한 복음 전파 사명을 가리킨다. 그는 예수 그리스도로부터 받은 은혜를 불신 심령의 모든 사람에게 전하여 구원받게 하는 것을 부채 상환으로 여겼다. 또한 그는 은혜를 입은 자로서 육신대로 살지 않고 바르게 사는 것을 빚을 갚는 것으로 여겼고(롬 8:12), 이웃을 돕는 것을 말하기도 했다(롬 15:27).

사실 우리는 물질적인 빚을 질 필요는 없다. 어쩔 수 없이 살아가다 보니 빚을 질 수밖에 없는 처지에 몰리는 경우도 있지만 어쨌든 그런 빚은 갚아야 할 의무가 있다. 그렇다고 우리가 빚을 지지 않고 살 수 있는가. 아니다. 하나님의 사랑의 빚은 자원해서 져야 하는 것이지만 그 외에도 우리는 너무나 많은 사람들로부터 빚을 지며 살고 있다. 우리가 어떻게 여러 사람이 공존하는 세상에서 남의 도움을 전혀 받지 않고 살 수 있는가. 몸이 아프면 병원을 찾아가 치료를 받아야 한다. 여러 사람들로부터 지식을 얻는다. 내가 입고, 먹고 사는 것도 내가 만들어서 입고, 만들어서 먹는 것이 아니다. 누군가, 얼굴도 모르는 사람이 생산한 것을 입고 먹는다. 돈을 주고 사 입는 것이기 때문에 빚이 아닌가? 돈이 많아도 없으면 살 수 없다. 따져 보라, 나를 위해서 세상에는 많은 사람들이 도와주려고 준비하고 있는 것이다. 경찰과 군인과 소방관들이 밤낮 없이 우리를 지키고 도로와 교통수단이 있어 나를 목적지까지 실어다 준다. 우리는 현존하고 있는 사람들에게서만 도움을 받는 것이 아니다. 고대의 저술가와 사상가들과 교육자들이 남긴 업적을 가져다 사용하고 있다. 글자를 만든 분과 과학문명을 일으킨 사람들과 우수한 기구를 발명한 사람들로부터, 정말 얼굴도 모르는 그런 사람들로부터 빚을 지고 사는 것이다.

이런 빚을 다 어떻게 갚을 것인가? 그 모든 빚을 돈으로 환산하면 얼마나 될까? 상상할 수가 없다. 갚을 길이 없다. 그러나 역시 갚을 길이 아주 없는 것은 아니다. 나도 다른 사람들에게 어떤 방법으로든 유익과 혜택을 주면 된다. 그들에게 고통이나 피해를 주지 않고 뭔가 도움을 줄 수 있으면 된다. 그래서 우리는 빚진 자의 심정으로 내 이웃에게 갚으면 되고, 더욱 그리스도의 복음을 전하여 구원의 길로 인도하는 일을 하면 된다.

빚은 밤낮 없이 자란다. 그만큼 우리의 빚 갚는 일도 밤낮 없이 할 수 있다. 지금 우리는 무엇을 하고 있는가? 빚을 갚으며 살자. 자신의 삶에 충실하는 것. 그래서 세상의 소금이 되고 빛이 된다면 지금 빚을 갚는 삶을 살고 있는 게 아니겠는가.

뿌리에 대하여

용비어천가 제2장은 근세조선의 왕조가 튼튼하다는 것을 칭송하면서 뿌리 깊은 나무로 비유하고 있다. 즉, 뿌리 깊은 나무는 바람에 아니 흔들리므로 꽃이 아름답고 열매를 많이 맺는다고 했다.

뿌리 없는 나무는 없다. 꺾꽂이를 해도 사는 나무는 땅 속에서 강인한 생명력으로 뿌리를 내리기 때문이다. 그래서 나무의 가장 중요한 부분이 뿌리다. 나무를 옮겨 심을 때도 다른 어떤 부분보다 뿌리를 다치지 않으려고 노력한다. 일단 심겨진 나무의 뿌리는 땅 속에 묻혀서 물과 영양분을 찾아서 부지런히 뻗어 나간다. 돌 틈이나 단단한 바위 틈새도 지난다. 그 연약한 실뿌리가 겁없이 어둠을 뚫고 돌진한다. 그러다 보면 땅 위에 있는 몸체가 아무리 우람하게 자라도 바람에 넘어지지 않도록 지탱해 주는 역할을 한다. 그렇다. 뿌리가 나무를 지탱해 준다.

모든 것이 근본이 있어야 하고 뿌리가 있어야 한다. 사회를 지탱하는 뿌리가 도덕성이라면 그 사회는 얼마나 든든하겠는가. 가정을 지키는 가훈이 정직이라면 그 가정은 얼마나 단란할 것이며, 근면이라든지 성실이 우리가 일하는 작업장의 구호라면 그 회사는 얼마나 튼튼하겠는가.

뿌리는 물론 나무의 일부분이다. 뿌리는 별도로 존재하는 것이 아니다. 결국 자신의 분발은 자신을 바르게 하고 자신이 속해 있는 나무 전체를 튼튼하게 하는 것이다. 그럼에도 뿌리는 덕을 지녔다. 자신이 하는 일을 남들이 보이지 않도록 은밀히 하고 있다. 드러내지 않고 더구나 자랑하지 않으면서 도리를 다하는 것이다. 사명감이 투철하다. 자신이 허약해진다거나 죽으면 곧바로 나무 전체에 영향이 온다는 것을 알기 때문에 혼신의 노력을 다한다.

성경은 나무가 어디에 심겨졌는가에 따라 자기 구실을 한다고 말씀한다. 즉 "그는 시냇가에 심은 나무가 철을 따라 열매를 맺으며 그 잎사귀가 마르지 아니함 같으니 그가 하는 모든 일이 형통하리로다"고 했다(시 1:3). 여기서 나무가 시냇가에 심겨졌다는 것은 뿌리를 예수 그리스도 또는 하나님의 말씀에 내렸다는 뜻이다.

그렇다. 무릇 사람을 믿으며 육신으로 그의 힘을 삼고 마음이 여호와에게서 떠난 사람은 저주를 받는다. 그는 사막의 떨기나무 같아서 좋은 일이 오는 것을 보지 못하고 광야 간조한 곳, 건건한 땅, 사람이 살지 않는 땅에 사는 것과 같을 것이다. 그러나 무릇 여호와를 의지하며 의뢰하는 사람은 복을 받을 것이다. 그는 마치 물가에 심어진 나무가 그 뿌리를 강변에 뻗치고 더위가 올지라도 두려워하지 아니하며 그 잎이 청청하며 가무는 해에도 걱정이 없고 결실이 그치지 아니함 같을 것이다(렘 17:5-8).

우리는 지금 어디에 심겨져 있는가. 뿌리는 튼튼한가.

사명에 대하여

어떤 직책이나 직분이 주어지면 반드시 거기에 따르는 일이 있기 마련이다. 우리는 그 일을 가리켜서 사명이라 한다. 직분에 따르는 일, 직책을 수행해야 하는 일이 곧 사명인 것이다. 그러므로 직책이 없는 사명이 있을 수 없고 사명이 없는 직책도 없는 것이다.

대통령이 되면 나라를 다스려야 하는 사명이 있고, 농부가 되었으면 농사를 잘 지어 수확을 많이 거두어들여야 하는 사명감이 있어야 하는 것이다. 우리가 예수를 믿으면 성도로서 사명이 주어져 있는 것이고, 내가 집사나 권사나 장로의 직분을 맡았으면 이미 교회를 섬겨야 하는 사명이 주어져 있는 것이다.

성경은 하나님께서 어떤 사람에게는 사도로, 어떤 사람에게는 선지자로, 또 어떤 사람에게는 복음 전하는 자로, 또 어떤 사람에게는 목사와 교사로 직분을 주셨는데 그런 직분을 주신 것은 성도를 온전케 하며 봉사의 일을 하게 하며 그리스도의 몸을 세우려 하심이라고 했다(엡 4:11-12).

물론 여기서 말씀하는 그리스도의 몸은 교회를 가리킨다. 우리 모두는 주님의 몸인 교회를 굳건히 세우기 위해 직분을 맡은 것이다. 그러기 위해서 우리는 봉사도 하고, 헌신도 하고, 충성도 해야 한다. 더 구체적으로 말하면 예배드리고, 전도하고, 헌신하도록 직분을 주신 것이다. 그리고 그렇게 하는 것이 우리에게 주어진 사명을 감당하는 것이다.

이 사명이 왜 소중한가. 만물의 창조주이시고 교회의 머리가 되시는 분이 주셨기 때문이요, 존귀한 가치가 있는 일이기 때문이다. 바울 사도는 자격도 없는 자신에게 이런 소중한 직분이 주어진 것에 대하여 감격했다. 그래서 이런 고백을 했다. "나를 능하게 하신 그리스도 예수 우리 주께 내가 감사함은 나를 충성되이 여겨 내게 직분을 맡기심이니 내가 전에는 훼방자요 핍박자요 폭행자였으나 도리어 긍휼을 입은 것은 내가 믿지 아니할 때에 알지 못하고 행하였음이라"(딤전 1:12-13).

바울 사도의 이 감사와 감격은 복음을 전하는 일에 열심을 내게 만들었다. 그래서 복음을 위하여 생명을 걸었다. 자기에게 주어진 사명을 자기 생명보다 귀하게 여긴 것이다. 그는 자신의 사역 말기에 이런 고백을 남겼다. "내가 달려갈 길과 주 예수께 받은 사명 곧 하나님의 은혜의 복음을 증언하는 일을 마치려 함에는 나의 생명조차 조금도 귀한 것으로 여기지 아니하노라"(행 20:24).

하나님은 우리의 생명을 천하보다 귀하게 여겨(마 16:26) 독생자를 십자가에 못 박아 죽이기까지 했는데 사도 바울 역시 생명을 살리는 복음을 전파하기 위해 자신의 생명을 버리려 했던 것이다. 예수님의 제자들도 이 투철한 사명감 때문에 후에 모두 순교를 당했다. 인류 구원이라는 사명을 위해서 십자가를 지신 예수 그리스도의 정신을 본받은 것이다.

그렇다. 사명은 생명보다 귀한 것이다. 그러므로 사명감이 투철한 사람은 복음을 위하여 생명을 바칠 수 있지만 사명감이 없는 사람은 환난이나 시험 앞에서 믿음조차도 허무하게 무너져 내렸다. 보라, 역사적으로 얼마나 많은 사람이 사명감 때문에 자기의 목숨을 초개와 같이 버리고 순교했는가. 그러나 또한 얼마나 많은 사람이 환난을 견디지 못하고 세상으로 나갔는가. 대표적인 예가 데마다. 그는 세상이 좋아서 복음과 사명을 버리고 세상으로 떠났다(딤후 4:10). 그는 망한 것이다.

자, 그렇다면 이제부터 우리에게 주어진 사명에 대해 생각해 보자. 우리는 누구나 소속되어 있는 곳에서 감당해야 할 사명이 있다. 가정에서는 부모로서 또는 자녀로서 가정을 화목하게 지켜 나가야 할 본분과 사명이 있다. 교회에서도 사명이 주어져 있다. 그 사명을 잘 감당해야 장차 하나님 앞에 설 때 부끄러움을 당하지 않는다. 다니는 직장과 사업장과 속한 사회에서도 사명이 있다. 그 일에 부담을 가지고 성실하게 일해야 한다. 그리고 공통적으로 누구에게나 복음을 전파해야 할 사명이 주어져 있다. 우리는 어디서든지 거치는 자가 되지 말고(고전 10:32) 반드시 그 사회에서 필요로 하는 사람이 되어야 한다.

성경은 우리에게 "견고하며 흔들리지 말며 항상 주의 일에 더욱 힘쓰는 자들이 되라"고 권면하면서 우리의 수고가 주 안에서 헛되지 않는다고 격려하고 있다(고전 15:58).

사이에 대하여

사이는 거리다. 물체와 물체, 시간과 시간, 그리고 사람과 사람이나 물체와의 간격을 말한다.

사이는 관계이기도 하다. 사이가 좋다는 말은 관계가 좋다는 뜻이고 사이가 뜨다, 사이가 멀다, 사이가 났다는 말은 관계가 나쁘다는 뜻이다.

거리와 관계는 밀접한 관계이긴 하지만 꼭 그렇지만도 않다. 다시 말하면 거리가 가까우면 관계가 좋고 거리가 멀면 관계가 소원하기 쉽지만 반드시 그렇지 않다는 말이다. 멀리 살아도 좋은 관계를 유지하는 경우도 많고 이웃에 살아도 전혀 대화조차 없이 살아가는 경우도 있다.

우리는 관계 속에서 살아간다. 혼자 살 수 없고 무엇과 관계를 맺고 살게 되어 있다. 신앙인은 먼저 하나님과 관계를 맺고 산다. 모든 사람은 이웃과 관계 속에서 살고 자연 만물과도 관계를 맺고 산다. 만약 어떤 사람이, 나는 하나님과 관계없이 얼마든지 혼자 살 수 있다고 한다면 그 사람은 교만한 사람이고 어리석은 사람이다. 하나님의 존재에 대해서 모르기 때문에 할 수 있는 말이다.

사람과의 관계도 좋아야 한다. 부부 사이, 부자지간, 친구 사이, 이웃 사이 모두 좋아야 한다. 경영자와 노동자 사이, 어른과 아이 사이, 지도자와 백성 사이, 여야 정치인의 관계, 나아가 나라와 나라의 사이 모두 좋아야 한다.

그러나 세상엔 꼭 사이가 좋아야 하는 것만 있는 게 아니다. 오히려 사이가 나빠야 하고 가까우면 안 되는 것도 있다. 악惡한 것하고는 사이가 좋을수록 나쁜 것이다. 좋은 관계를 형성해서는 안 된다. 복을 가까이하면 복을 받지만 더러운 것을 만지면 더러워지기 때문이다.

관계가 좋으려면 신뢰가 구축되어야 한다. 정직하고 진실하지 않으면 좋은 관계를 오래 유지할 수 없다. 첫인상도 좋아야 하고 언행에 예절이 있어야 한다. 호감이 사람의 마음을 사로잡는다. 결국 관계는 내가 만드는 것이다. 남에게 불친절하고 신용을 잃으면서 그 사람과 가까워질 수 없다. 소원한 사이를 접합시키려면 사랑이라는 접착제가 가장 중요하다. 두 물건을 하나로 묶으려면 끈이 필요한 것처럼 사랑은 강력 접착제가 된다. 하나님께서 첫 사람 아담에게 "아내와 합하여 둘이 한 몸을 이루라" 하신 것도 사실은 접착제로 붙이라는 뜻이다.

이질적인 것은 하나가 될 수 없다. 빛과 어둠이 하나 될 수 없고, 의와 불의가 하나 될 수 없고, 하나님과 우상이 하나 될 수 없는 것이다, 이질적인 것이 하나 되었다면 그것은 협잡이고 불법이고 야합이다.

그러나 동질적인 것은 나누어지면 안 된다. 성령이 하나 되게 하신 것은 힘써 지켜야 한다(엡 4:3). 사이를 떼어놓고 관계를 끊으려 하는 것은 악한 일 중의 하나다. 싸움은 말리고 흥정은 붙이라는 속담은 사이좋게 만들라는 뜻이 아닌가.

성경은 화평케 하는 자는 하나님의 아들이라 일컬음을 받을 것이라 했다(마 5:9). 이는 사이를 떼어놓기 위해서 이간질이나 참소를 하는 사람은 그렇지 않다는 뜻이다. 뱀은 에덴동산에서 아담과 하나님과의 관계를 끊는 일을 하였다. 사탄은 욥과 하나님의 사이를 떼어놓기 위해서 참소하였다. 그러나 예수님은 죄인과 하나님과의 관계를 복원하기 위해 십자가에 못 박혀 죽으면서 중보자 사역을 감당했다.

사이가 벌어지지 않도록 노력해야 한다. 바위라 할지라도 틈새가 생겨 계속 그곳으로 물이 들어가다 보면 언젠가는 그 바위를 깨뜨릴 수도 있다. 한 번 벌어진 틈새를 다시 메꾸고 그 사이를 잇는다는 것은 결코 쉬운 일이 아니다. 사이가 벌어지지 않고, 관계가 두절되지 않게 하려면 그 틈새에 사랑이라고 하는 강력한 접착제를 두어야 한다. 우리의 부부사이, 부모와 자식 관계, 형제와 친구와 이웃 관계, 그 사이는 지금 안전한가. 수시로 점검할 필요가 있다.

살인에 대하여

살인이란 남의 생명을 빼앗는 행위로 인륜으로 볼 때 가장 흉악한 범죄 중의 하나다. 그러므로 생명의 사랑을 강조하시는 하나님으로서는 당연히 살인을 도덕법으로 금했다(출 20:13).

인류 최초의 살인자는 아담의 아들 가인이었다. 그는 하나님께서 동생인 아벨과 그의 제물은 열납하셨으나 자신과 자신의 제물은 받지 않으시자 시기와 분노가 일어나 들에서 아우를 쳐 죽였다(창 4:8). 또한 그는 "네 아우 아벨이 어디 있느냐"고 묻는 하나님께 "내가 알지 못하나이다 내가 내 아우를 지키는 자니이까" 하고 반발하였다(창 4:9). 결국 그는 하나님으로부터 땅에서 피하며 유리하는 자가 되는 벌을 받았다(창 4:12).

구약시대에는 실수로 인한 살인에 대해서는 관대함을 보였다. 도피성 제도를 마련해 놓고 급히 그곳으로 피하여 당시의 대제사장이 죽을 때까지 살다가 그 후에는 밖에 나와서도 살 수 있도록 하였다. 그러나 고의적인 살인자는 피 값을 지불하도록 했다. 즉 살인자는 반드시 죽임을 당하도록 했다. 이른바 동해보복법同害報復法이라고 불리어지는 "눈은 눈으로, 이는 이로"의 적용을 받았다(출 21:24). 이스라엘의 경우 고엘제도라는 게 있어서 누가 남으로부터 살해를 당했을 땐 그의 가장 가까운 친척이 반드시 원수를 갚아 주도록 하는 규정이 있을 정도였다. 살인에 대한 최종적인 벌은 물론 회개하지 않은 것을 전제로 불과 유황으로 타는 못에 던져지는 형벌이다(계 21:8).

그렇다면 왜 살인에 대한 심판을 이렇게 무겁게 다루고 있는가. 생명은 하나님께 속했기 때문이다. 생명의 태어남과 종결은 사람이 결정하는 것이 아니다. 사람은 자기가 태어나고 싶어서 태어나는 게 아니다. 따라서 생명의 종결도 하나님의 뜻에 맡겨야 한다. 그러므로 남의 생명을 빼앗음으로 자기의 어떤 이득을 삼으려 하는 태도는 마귀적인 발상이라고 하지 않을 수 없다. 마땅히 엄벌을 받아야 하는 것이다. 자기의 생명을 귀하게 여긴다면 남의 생명도 귀하게 여겨야 하지 않겠는가. 어떻게 자기의 유익을 위하여 남의 생명을 하찮게 여길 수 있는가.

예수님은 한 알의 밀처럼 자신을 희생하여 죄인들의 생명을 구했다. 이런 하나님의 사랑에 반하는 행동에 대해서 하나님께서 수수방관할 리는 없다. 그러므로 신약에 이르면 살인의 범위가 더 넓어진다. 성경은 직접적인 살인뿐 아니라 살인을 조장하거나 유도하는 행위까지도 살인으로 취급하고 있다. 즉 성경은 "그 형제를 미워하는 자마다 살인하는 자니 살인하는 자마다 영생이 그 속에 거하지 않는다"고 했다(요일 3:15). 미워함을 살인과 동일시하고 있는데 이는 증오가 발전하면 직접적인 살인에도 이르기 때문이다.

그뿐 아니라 비록 직접적인 육신의 생명을 끊는 행위는 아니지만 살인과 동일하거나 유사한 행위는 얼마든지 있다. 예수님은 일종의 인격살인까지 살인으로 인정했다. "옛 사람에게 말한 바 살인하지 말라 누구든지 살인하면 심판을 받게 되리라 하였다는 것을 너희가 들었으나 나는 너희에게 이르노니 형제에게 노하는 자마다 심판을 받게 되고 형제를 대하여 욕하는 자는 공회에 잡혀가게 되고 미련한 놈이라 하는 자는 지옥 불에 들어가게 되리라"고 했다(마 5:21-22). 남의 인격을 심대하게 모독하는 것은 인격살인이다.

여기서 간과할 수 없는 또 하나의 살인 행위가 있다. 자살이다. 자기의 목숨을 자기 스스로 결정할 수 있다고 여기는 매우 잘못된 행동이다. 가룻 유다는 예수님을 판 죄를 뉘우치고 가책을 받자 스스로 목을 매고 자살했다(마 27:5). 낙심해서 죽든, 뉘우치며 죽든, 어떤 이유로 죽든 자기 생명을 자기 스스로 해치는 것은 생명을 주신 하나님을 모독하는 행위이다.

최근 우리 사회는 사람의 생명을 너무 가볍게 여기는 경향이 있다. 이른바 인명경시 현상이다. 원인이 어디에 있을까. 하나님보다 재물을 더 사랑하고 육신적 쾌락을 더 사랑하는 도덕적 해이에서 비롯되었다고 볼 수 있지 않을까. 이런 생각은 하나님의 뜻과 정신에 반하는 행동이다. 하나님은 우리 한 사람 한 사람의 생명을 천하보다 귀하게 여기신다.

우리는 사랑해야 한다. 원수까지도 사랑하셨던 예수 정신만이 나도 살고 남도 살리는 길이다. 진정 내 생명을 귀하게 여기고 사랑한다면 남의 생명도 귀하게 여겨야 한다. 남의 생명을 구원하기 위해서 자기의 생명을 버렸던 예수 정신만이 세상을 아름답게 하는 것이다. 사랑만이 불의와 악을 치료하는 특효약이다.

상대적 빈곤에 대하여

어쩌면 이 세상에 사는 모든 사람 중에 부자富者는 단 한 명밖에 없을 수 있다. 아무리 많은 재산을 소유했어도 자기보다 조금이라도 더 가진 사람보다는 가난하다고 느끼면 그렇다. 바꾸어 말하면 가장 많이 가진 사람만이 자기보다 더 가진 사람이 없기 때문에 그래서 자신이 부자라고 생각한다면 그렇다는 것이다.

사람들은 남과 비교하기를 좋아한다. 근래에 와서 더한 것 같다. 그래서 자신이 남보다 조금이라도 덜 가졌다고 생각되면 자신은 가난하다고 생각하는 것이다. 이른바 상대적 빈곤이다. 일생을 살아도 어려움을 당하지 않을 만큼 쌓아놓고도 이웃집보다 덜 모아놓았다고 여겨지면 자신이 가난하다고 생각하는 것이다.

그런 생각이 들면 어떻게 하는가. 더 모아야 한다고 생각한다. 적어도 이웃 사람만큼은 가져야 하고 나아가서 그 이상을 가져야 한다고 생각한다. 이것이 탐욕이다. 더 이상 욕심을 내지 않아도 될 터인데 더 갖고 싶은 욕망이 있다. 이 욕망에 사로잡히면 어떤 수단과 방법을 동원해서라도 더 가지려 한다. 불의한 방법을 동원할 수 있고 부도덕한 행동도 할 수 있다. 도적질도 할 수 있고 탈세도 할 수 있고 뇌물도 챙길 수 있고 살인도 할 수 있다. 그래서 성경은 "욕심이 잉태한즉 죄를 낳는다"고 했다(약 1:15).

아합 왕은 한 나라의 왕으로 누구보다 부족함이 없었다. 그런데 백성 나봇이 소유하고 있는 포도원이 욕심 났다. 그게 탐욕이다. 아합의 욕심은 결국 나봇을 무고로 죽게 만들고 나중엔 자신도 심판받아 죽게 된다(왕상 21장). 그래서 성경은 "죄가 장성한즉 사망을 낳는다"고 했다(약 1:15).

나는 해방 직후에 태어나서 우리나라가 걸어온 길을 보면서 여기까지 왔다. 일제日帝로부터 해방과 6·25전쟁 이후의 피폐했던 사회도 겪었고 오늘날의 풍요로운 세상도 살게 되었다. 사회는 누가 뭐래도 엄청나게 발전하였고 경제적으로도 눈부시게 성장했다.

그러나 그럼에도 나는 지금까지 사람들의 입으로 하는 "경기景氣가 좋다"는 말을 들어보고 넘긴 해를 살아보지 못한 것 같다. 사업이 잘 안 된다고, 장사가 잘 안 된다고 울상을 짓는 사람들이 언제나 많았다. 지나고 나서 "그때가 좋았지" 하고 지난날을 뒤돌아보는 사람은 더러 있었어도 지금 살고 있는 당시는 언제나 고달프다고 푸념을 하는 것이다.

신기한 것은 그렇게 해마다 경기가 좋지 않은 세상을 살았는데 국가적으로 볼 때 경제가 성장한 것이다. 물론 어려운 사람도 있지만 대체적으로 국민의 삶도 향상된 것이다.

왜 그랬을까? 사람들이 자신의 삶에 만족하지 않고 언제나 상대적 빈곤 속에서 살기 때문이다. 기름값이 올랐다고 아우성을 치는데 도로의 차량은 줄어들지 않고, 물건 값이 올랐다고 아우성을 치는데 백화점이나 대형 마트는 문전성시를 이루고, 쾌락을 즐기는 유흥장은 만원이다. 춤추고 노래하러 떠나는 차량 행렬은 끝이 보이지 않는다. 거기서 행복을 찾으려 하지만 과연 거기서 행복을 만날 수 있겠는가.

비교하는 버릇을 고쳐야 한다. 만족할 줄을 알아야 한다. 작은 것에도 감사할 줄 알아야 한다. 행복은 얼마나 많이 소유했느냐에 있는 것이 아니라 얼마나 감사하며 사느냐에 따라서 찾아오는 것이다.

우리는 가난하지 않다. 마음이 빈곤할 뿐이다. 욕심을 채우지 못해서 가난한 것이다. 욕심을 다 채워서 행복하고자 한다면 그는 영원히 행복할 수 없다. 진정한 행복은 어떤 마음으로 사느냐에 달려 있기 때문이다. 많이 쌓아놓고 행복하려 들지 말고 이미 주어진 분량에 먼저 감사부터 하자. 어느새 내 마음 한가운데에 행복이 자리를 잡았을 것이다.

생명에 대하여

모든 생명은 신비하다. 모든 생명은 그 생명을 지으신 하나님께 속했다. 그러므로 생명을 탄생시켜 세상에 존재케 하는 것도 하나님의 의지고, 그 생명의 종료도 하나님의 소관이다. 현재까지의 기술로 이미 만들어진 생명을 변종시키거나 복제할 수는 있어도 새로운 생명을 만들지는 못한다. 만약 사람의 능력으로 새로운 생명을 만들 수 있게 된다면 하나님의 영역을 침범한 범죄로 그 이전에 이미 종말이 와 있을 것이다.

모든 생명은 존귀하다. 예수는 생명의 귀중성에 대하여 "사람이 만일 온 천하를 얻고도 자기 목숨을 잃으면 무엇이 유익하리요 사람이 무엇을 주고 자기 목숨과 바꾸겠느냐"고 하셨다(막 8:36-37). 천하와도 바꿀 수 없는 것이 사람의 생명이다. 그러므로 내 생명이 귀하면 남의 생명도 귀하게 여겨야 한다.

우리는 그러므로 자기 생명을 지켜야 할 뿐 아니라 남의 생명을 함부로 여기거나 더욱이 빼앗는 행위를 해서는 안 된다. 도덕법인 10계명에서는 살인하지 말라는 법을 여섯 번째로 두고 있다. 그러므로 하나님의 법을 거역하여 사형을 시행하지 않는 한, 남의 생명을 해하는 일을 해서는 안 된다. 만약 어떤 위험이 닥쳐왔을 때 맨 먼저 구하고 건져내야 할 것은 생명이다. 다시 말하지만 생명보다 더 귀한 것은 없기 때문이다.

그러므로 누가 생명을 잃을 만한 재난이나 사고를 만나 위태로운 지경에 있는데 그 현장을 목격하고 자기 생명을 아끼지 않고 뛰어들어 건져내는 일을 했다면 참으로 위대하다. 심지어 남의 생명을 위험에서 건지고 자신은 생명을 잃는 살신성인이 더러 있는데 이런 사람의 정신은 높이 평가되어야 한다. 숭고한 정신이다.

그럼에도 이 세상에는 생명을 위협하는 현상들이 많다. 테러나 전쟁과 같은 고의적인 행동으로 사람을 죽이는 죄가 횡행하고 자연재해나 사고를 통하여 생명을 잃게 하는 악이 자주 일어난다.

그뿐인가, 참으로 안타까운 비극은 지금 우리 사회에 살인 사건이 자주 일어나는 일이다. 몇 푼의 돈을 위해서 강도질을 하고 살인을 한다. 순간의 쾌락이나 분노를 절제하지 못하고 흉기를 휘둘러 살해한다. 존귀한 생명을 재물이나 인간의 쾌락보다 천하게 여기는 것이다. 이른바 생명경시 현상이다. 이는 사람을 지으신 하나님을 분노케 하는 일이다.

하나님을 분노케 하여 얻어지는 것은 무엇이겠는가. 심판과 멸망뿐이다. 인류 최초의 살인자 가인은 동생을 죽인 죄로 하나님의 진노를 사 땅에서 저주를 받았고 땅에서 피하여 유리하는 자가 되었다(창 4:11-12).

우리는 사람의 생명을 위해하는 식품을 제조한다든지 시설을 허술하게 만들어 위험을 초래케 하여 장차 사고를 유발케 하는 일은 금해야 한다.

그런 행동은 곧 간접살인 행위이기 때문이다.

끝으로 생명을 논할 때 사람은 영혼과 육신으로 구성된 독특한 존재이기 때문에 영적생명을 언급하지 않을 수 없다.

사실 영적생명은 육적생명보다 더욱 귀하다. 이 영적생명을 위해서는 생명의 주장자요, 구원자이신 하나님을 떠나서는 안 된다. 육적생명을 위해서 음식을 먹는다면 영적생명을 위해서는 하나님의 말씀을 받으며 순종해야 한다.

하나님은 죄로 죽은 인류를 살리기 위해서 독생자를 이 땅에 파송하고 우리를 죽음에서 건져 구원하기 위하여 독생자를 십자가에 못 박아 죽이는 것을 허락하셨다. 주님은 우리의 죄를 대신 지고 죽은 것이다. 생명을 건지기 위해서 생명을 버린 예수 그리스도의 정신, 그 숭고한 정신을 믿는 사람은 영원한 생명을 얻는다.

선동煽動에 대하여

어떤 행동 대열에 참여하도록 다른 사람의 마음을 부추기는 것을 선동이라 한다. 문서나 언동을 통하여 대중의 감정을 고무시키는데 대체로 자기들의 목적을 관철하기 위해서 명분을 그럴 듯하게 내놓고 사람들을 끌어들이는 것이다. 그러면 사회적인 불만이 있는 사람들은 동조하기가 쉽다. 군중심리를 자극하고 대체로 옳지 않은 일에 참여하도록 하기 때문에 선동이란 말은 부정적인 뜻으로 많이 사용되고 있다.

예를 들면 정치 지도자라 하는 사람들이 정권을 얻기 위해서 현 정권의 잘못을 들추어 국민의 공감을 얻어 궐기하도록 하는 것이다. 이렇게 되면 그렇잖아도 불만을 가진 사람들은 그 불만을 터트릴 기회가 생기기 때문에 이런 부추김에 쉽게 동조할 수 있다. 잘못을 지적하는 것 자체를 나쁘다고 할 수는 없다. 그러나 정권을 흔들어 나라의 기강까지 어지럽게 하여 정권을 차지하려 한다면 비열한 행동이다. 거기에다 진실을 왜곡한다거나 거짓 사실을 유포하여 사회를 어지럽히려 든다면 이는 용서받기 어려운 죄악이 된다.

모세의 종형인 고라는 명예심이 많은 사람이었다. 그는 르우벤 지파의 다단과 온과 아비람을 규합하고 족장 250명을 선동하여 모세와 아론의 지도권에 도전했다. 하나님의 뜻을 따라서 순종하며 백성을 지도하는 사람을 비방하고 선동하는 것은 반역 아닌가. 하나님은 저들을 저주하셔서 고라와 다단과 아비람은 그들의 온 가족과 함께 땅이 입을 열어 삼키게 함으로 산 채로 매장시켰고 족장 250명은 불로 소멸시켜 버렸다(민 16:1-35).

사도 바울은 선교여행 중에 여러 사람들의 선동에 시달려야 했다. 빌립보에서는 귀신 들린 여종을 고쳐준 일로 그 여종의 주인으로부터 우리 성을 심히 요란하게 하며 로마 사람인 우리가 받지도 못하고 행하지도 못할 풍속을 전한다 하고 무고하며 선동하여 옥에 갇히는 일도 있었고(행 16:16-34), 에베소에서는 데메드리오라는 은장색이 바울의 복음 전파로 자기들이 만들어 파는 아데미 신상 모형이 잘 팔리지 않자 다른 영업자들과 시민들을 선동하여 위험에 처한 일도 있었다(행 19:23-41). 저들은 겉으로는 그럴 듯한 명분을 내세우며 백성을 선동했던 것이다.

예수님의 십자가 사형의 판결도 기득권자들의 선동에 의해서였다. 예수님의 가르침은 당시의 기득권자들인 사제 계급이나 서기관, 바리새인들이 도저히 따라잡지 못할 능력이요, 신비였다. 결국 그들은 눈엣가시 같은 예수님을 제거하기 위해서 체포하고 심문하여 하나님을 아버지라고 부른다는 이유로 신성모독죄를 적용하고 로마 총독인 본디오 빌라도에게 고소하였다. 그러나 죄인이라고 하여 인수를 받아 심문을 해보니 예수님에게는 죄가 발견되지 않았다. 빌라도는 예수님을 무죄 방면하려 하였지만 제동이 걸렸다. 기득권자들이 백성을 선동하여 시위를 벌이게 한 것이다. 그들은 민란이 날까 두려워하는 빌라도를 위협하여 결국 십자가에 못 박아 죽이는 극형을 언도하도록 했다. 사형이 집행된 뒤에 자기들의 행동이 무모했고 선동에 의한 불의한 짓이었음을 깨달은 사람도 있었지만 사후에 무슨 소용이 있었는가.

　요즈음도 신문이나 방송을 보면 보도 내용이 은근히 시민들로 하여금 궐기하도록 부추기는 것들이 있다. 대다수는 말하지 않는데 소수의 무리가 국민을 대표하는 것처럼 행동한다. 이는 민주주의의 다수결 원칙을 주장하면서 민주주의를 거역하는 행위다. 폭력을 써서라도 나라를 전복시켜야 한다고 생각한다면 이미 민주주의는 아니다. 민주주의는 법과 질서를 지킬 때만 이루어지는 것이다. 그러므로 폭력을 사용해서라도 정권을 잡겠다고 대중을 부추기는 것은 악한 선동이다. 이런 선동에 동조하는 것은 어리석다. 행여 옳지 않은 선동에 동조한다면 강도에게 칼을 들려주는 격이 되어 버릴 수 있다. 작은 흠이라도 발견되면 그것을 걸고 늘어져 불씨를 만들고 군중심리를 이용하여, 그 힘으로 정권을 전복시키려 한다면 그것은 결코 올바른 자세가 아니다.

　어디 나라뿐이겠는가. 직장에서나 교회에서나 그 어떤 단체에서도 자기들의 어떤 목적을 이루기 위해서 악한 방법을 쓰고 은근히 선동하는 사람들이 있으면 경계해야 한다. 비겁한 사람들이기 때문이다. 또한 그 악한 선동에 휩쓸려 동조한다면 그것도 악한 일이다. 우리는 행여 그런 유혹에 넘어지지 않도록 조심해야 한다.

섬김에 대하여

어느 날 예수님은 제자들과 함께 예루살렘으로 올라가고 있었다. 여기서 야고보와 요한 형제가 예수님께 청원을 했다. "주의 영광 중에서 우리를 하나는 주의 우편에, 하나는 좌편에 앉게 하여 주옵소서"(막 10:37).

예수님은 지금 예루살렘에 올라가서 기득권자들에게 사로잡혀 대속의 죽음을 맞이하려 하는데 이들 형제는 예수님이 영광의 자리를 차지하러 가는 줄 착각하고 있었던 것이고, 그렇다면 자기들 형제가 먼저 청원하여 높은 자리를 차지하고자 했던 것이다. 그러면 그런 마음이 비단 야고보와 요한에게만 있었는가. 성경은 다른 열 명의 제자가 이들의 행위를 보고 화를 냈다고 기록해 놓고 있다(막 10:41). 그렇다면 다른 제자들도 한결같이 예수께서 왕위에 오르면 자기들이 높은 위치에 앉고 싶다는 욕심을 갖고 있었다고 봐야 한다.

그렇다면 왜 제자들은 모두 높은 자리에 앉고 싶어 했을까. 예수님은 제자들에게 말씀했다. "이방인의 집권자들이 그들을 임의로 주관하고 그 고관들이 그들에게 권세를 부리는 줄을 너희가 알거니와 너희 중에는 그렇지 않을지니 너희 중에 누구든지 크고자 하는 자는 너희를 섬기는 자가 되고 너희 중에 누구든지 으뜸이 되고자 하는 자는 모든 사람의 종이 되어야 하리라 인자가 온 것은 섬김을 받으려 함이 아니라 도리어 섬기려 하고 자기 목숨을 많은 사람의 대속물로 주려 함이니라"(막 10:42-45).

그렇다. 예수님은 철저하게 섬기기 위해서 오셨다. 섬긴다는 것은 남을 잘 모시고 받들어 드리는 것을 의미하는 말이다. 그렇다면 우리가 남을 섬긴다고 할 때 반드시 필요한 정신이 있어야 한다. 그것은 다른 사람을 존경한다든지 존중하는 마음이다. 남을 멸시하거나 천대하면서 진정한 섬김은 있을 수 없다. 그러므로 성경이 말씀하는 "남을 나보다 낮게 여기라"는 권면은 같은 맥락에 두어야 할 말씀이다(빌 2:3). 예수님은 백성들을 섬겼다. 이는 백성들을 존중했다는 뜻이다.

그런데 제자들은 예수님의 정신과는 달리 높은 위치를 탐했다. 여기서 예수님은 하나님의 백성과 하나님을 모르는 이방 백성과의 차이를 언급했다. 이방 집권자나 고관은 지체가 낮은 백성들을 다스리며 그들로부터 섬김을 받기 위해서 권세자가 되기를 원하지만 하나님나라의 윤리는 오히려 그 반대라고 했다. 지체가 높은 사람이 오히려 지체가 낮은 사람을 섬겨야 한다는 것이었다. 그러므로 당신 자신도 섬김을 받으러 오지 않고 섬기려 왔으며, 심지어 당신의 목숨까지도 많은 사람의 대속물로 주기 위해서 왔다고 했다.

예수님은 당신이 이 세상을 떠나기 전에 제자들에게 올바른 섬김의 자세를 보여주기 위하여 본을 보여주기도 했다. 제자들과 마지막 만찬을 드신 후에 제자들의 발을 씻겨 주셨다. 베드로가 어떻게 선생님이 제자의 발을 씻어 주느냐고 항의를 하자 이런 섬김을 거절하면 너와 내가 상관이 없다고 하여 그가 수긍할 수밖에 없도록 했다(요 13:8). 역시 세상의 윤리와 하나님나라의 윤리가 같을 수 없다는 것을 역설한 것이다.

예수님의 가르침은 나라를 다스리는 정치가들이 백성들을 지배하는 자세가 아니라 섬기며 지도하는 자세이기를 원하는 것이다. 즉 백성들을 존중하라는 것이다. 목회자는 성도들을 섬기는 자세로 이끌고 선생은 제자들을 섬기는 자세로 가르치고 인도하기를 원한다. 역시 성도나 제자를 사랑하고 존중하라는 뜻이 아니겠는가.

누구에게 복이 임하는가? 섬기는 자에게다. 예수님은 말씀했다. "너희가 나를 선생이라 또는 주主라 하니 너희 말이 옳도다 내가 그러하다 내가 주와 또는 선생이 되어 너희 발을 씻었으니 너희도 서로 발을 씻어 주는 것이 옳으니라 내가 너희에게 행한 것같이 너희도 행하게 하려 하여 본을 보였노라 내가 진실로 진실로 너희에게 이르노니 종이 주인보다 크지 못하고 보냄을 받은 자가 보낸 자보다 크지 못하나니 너희가 이것을 알고 행하면 복이 있으리라"(요 13:13-17).

복을 받고 싶은가? 섬기는 사람이 되자. 하나님은 우리에게 남을 섬길 수 있는 여러 조건들을 주셨다. 지식도, 권세도, 재물도, 힘도, 기술도, 언어도, 그 외의 불의한 일을 제외한 모든 것이 남을 존중하며 섬길 수 있는 도구다.

소망에 대하여

성경은 소망을 믿음, 사랑과 함께 항상 우리가 지니고 살아야 할 것이라 했고(고전 13:13), 소망 중에 즐거워하라고 권했다(롬 12:12). 소망은 기대다. 바라봄이다. 이런 기대나 바라봄이 없다면 무슨 의미로 살겠는가. 어렵고 힘들 때도 소망은 우리에게 힘을 돋우어 준다. 어려운 일을 만났을 때도 좌절하지 않게 한다. 낙심하는 사람을 보라. 자살을 감행하는 사람을 보라. 그들이 용기가 남달라서 그런 행동을 하는 것이 아니라 소망이 없기 때문이다. 결국 소망은 삶에 의욕을 주며 죽음을 방지하는 것이다.

하나님은 아브라함을 믿음의 조상으로 세우기 위하여 계속해서 소망을 주었다. 가나안 땅에 들어온 그에게 사방을 둘러보라고 했다. 보이는 땅 모두를 너와 네 후손에게 주겠다고 했다. 하늘을 보라고 했다. 네 후손이 하늘의 별처럼 번성할 것이라 했다. 부인 사라가 경수가 끊어져 생물학적으로 자손을 둘 수 없게 되었는데 네게서 약속의 자손이 태어날 것이라 했다. 아브라함은 참으로 암담한 현실이었지만 하나님께서 주시는 꿈을 놓지 않았다. 믿음으로 붙들었다. 그런 믿음을 성경은 "바랄 수 없는 중에 바라고 믿은 믿음"이라 했다(롬 4:18). 결국 아브라함은 믿음과 소망으로 하나님의 약속이 성취됨을 보았다. 소망이 하나님을 전폭적으로 의지함이 되었을 때 기적이 동반됨을 그는 체험하게 된 것이다.

요셉은 어렸을 적에 신령한 꿈을 꾸었다. 열한 개의 볏단이 자신의 볏단에 절하는 꿈과 해와 달과 열한 개의 별이 자신에게 절하는 꿈이었다(창 37:5-9). 이 꿈을 그는 형들의 시기로 애굽에 종으로 팔려 갈 때도 간직했다. 시위대장 보디발의 집에서 종살이를 하면서도, 보디발의 처가 무고하여 감옥에 갔을 때도 간직했다. 결국 그의 꿈은 이루어져 애굽의 국무총리가 되었고, 가나안에 흉년이 들어 식량을 구하러 온 형제들을 만나 온 가족을 구원하고 그들을 애굽으로 인도하여 살리는 일을 하였다.

그렇다. 꿈은 기대와 소망이다. 이 꿈을 하나님께 심는 자는 이룸을 받는다. 그래서 지혜자는 꿈이 없는 백성은 망한다고 했다(잠 29:18). 대부분의 인생 승리자는 어려서부터 꿈을 가지고 키워 나갔다. 아니면 성장 과정에서 어떤 계기로 소망을 갖게 되고 그 소망이 이루어지는 날에 승리자가 되었다. 소망이 강렬할 때 고난도 이기고 환경도 이긴다. 그리고 그 소망은 우리에게 궁극적으로 구원을 준다. 성경은 그런 소망은 보이진 않지만 영원한 소망을 가졌다면 참으로 기다려야 한다고 가르친다(롬 8:24-25).

우리는 세상을 탓하거나 낙심하지 말고 소망이 없음을 부끄러워해야 한다. 환경 역시 탓하지 말아야 한다. 소망은 환경을 극복하고 세상을 이기게 한다. 소망이 있는가? 낙심하지 않을 것이다. 한 걸음씩 그 소망을 붙들고 이겨 나갈 때 어느새 놀라운 변화가 내 앞에 이루어져 있을 것이다. 소망이 있기 때문에 참을 수 있고 계획대로 노력하여 목적을 이루게 된다. 성공이나 승리는 저절로 굴러오는 것이 아니라 소망이라는 수레에 실려 온다. 실로 사람은 소망으로 성취를 얻고 구원을 이루게 된다.

소문에 대하여

소문이란 여러 사람의 입에 오르내리며 전해지는 말이다. 소문에는 진실한 것이 있고 거짓된 것, 다시 말하면 헛소문이 있다. 헛소문은 근거 없이 떠도는, 또는 쓸데없는 소문이다. 당연히 있어서는 안 되는 것인데 세상엔 이런 헛소문이 맹위를 떨치는 경우도 많다. 그렇게 되면 헛소문의 대상자가 된 사람은 명예가 훼손되고 유무형의 손해를 입어야 한다.

헛소문이라도 일단 번져나간 뒤에 바로 잡기란 쉽지가 않다. 사람들이 일단 진실처럼 받아들인 이야기는 머릿속에 각인이 되기 때문에 고치기가 어렵다. 언론 매체의 잘못된 기사 때문에 곤욕을 치른 사람들의 경우가 얼마나 많은가.

그럼에도 우리 사회에는 일부러 헛소문을 퍼트려 상대방을 해롭게 하려는 의도를 가진 사람이 있다. 선거전에서 상대방을 떨어트리기 위해서 사용되는 유언비어도 그 일종이다. 비겁한 일이지만 당선을 위해서 생명을 거는 사람은 수단과 방법을 가리지 않으려 든다.

속지 않으려면 소문을 바르게 관찰하고 파악할 줄 알아야 한다. 입소문이란 게 그 파장이 대단하다. 오죽했으면 "발 없는 말이 천 리 간다"는 속담이 생겼겠는가.

그 소문은 전달되면서 확대 재생산되는 경우도 허다하다. 눈덩이처럼 부풀려져 나가게 되어 있다. 그렇게 되면 이미 수습하기가 어렵게 된다. 본인이, 아니라고 변명이라도 하면 오히려 벗어나기 위한 속임수 정도로 오해하려 드는 것이다.

우리는 헛소문에 의해서 피해를 입어서도 안 되지만 근거 없는 헛소문을 유포하는 사람은 더욱 되지 말아야 한다. 헛소문은 사회에 불신과 위화감을 조장하는 악한 행위다. 내가 헛소문의 피해자라 생각해 보라. 얼마나 황당하고 억울한가. 입맛을 잃고 잠을 설칠 수 있다. 그걸 안다면 우리는 남의 체면이나 인격을 존중해 주는 차원에서 당사자들이 헛소문에 의해서 고통 당하지 않도록 조심해야 한다.

그러면 진실한 내용은 모두 널리 퍼져도 되는가. 아니다. 진실한 내용도 경우에 따라 개인의 프라이버시를 해치는 것이라면 막아야 한다. 요즈음엔 "알 권리"라는 미명 아래 마구 남의 사생활을 들추어내려는 사람들이 있다. 조심할 일이다.

어떤 사람에게는 그것이 사실이라 할지라도 감추어 두고 싶은 것이 있다. 그 비밀은 그 사람에게 있어서 생명과도 바꿀 수 있는 가치를 지닌 것도 있다. 그런 내용을 내가 좋다고 발가벗기듯 드러내도 되겠는가. 아니다. 남의 허물을 감추어 주는 것이 사랑인 경우가 많은데(잠 10:12) 드러내서 망신을 주는 행위가 옳은 일이겠는가.

그러나 좋은 소문은 널리 전파되는 게 좋다. 옳지 않은 것을 옳다고 소문내는 것은 그른 일이지만 선행이나 아름다운 사건은 널리 전파되어야 한다. 거짓 광고를 통하여 이득을 보려는 상술이 범람하는 때에도 기쁜 소식은 사회에 활력을 준다.

예수님의 탄생 소식은 "온 백성에게 미칠 큰 기쁨의 좋은 소식"이었다 (눅 2:10). 데살로니가 교회는 믿음의 역사와 사랑의 수고와 주 예수 그리스도에 대한 소망의 인내가 있었음이 각처에 퍼졌다고 했다(살전 1:3, 8). 기쁜 일이요, 바람직한 일이었다.

우리는 좋은 소문을 만들어내는 사람이 되어야 한다. 우리가 바르게 살면 내가 유포하지 않아도 절로 전파된다. 좋은 소문은 사회를 아름답게 하고 정화시킨다. 도덕적이고 덕스럽고 진실한 소문은 사회 발전에 도움과 유익을 주는 것이다.

소신所信에 대하여

소신이 있는 사람은 자기에게 맡겨진 일을 수행함에 있어 당당하게 임하지만 소신이 없는 사람은 주저할 수밖에 없다. 소신이 없으니 자신감도 없기 때문이다. 내가 하는 일에 대하여 남들이 어떻게 생각할까 염려가 되고 그 결과가 어떻게 나타날까 두려운 것이다. 실로 자기가 하는 일에 확신이나 자신감이 없으면 당당할 수 없는 것이다. 그래서 주저하거나 망설이면 주변에서 "소신껏 하라"는 책망이나 격려를 받게 된다. 그렇다. 사람은 소신이 있어야 한다. 소신이란 자기가 믿거나 생각하는 바다. 자기가 믿거나 생각하는 바를 밀고 나가는 것이 소신껏 하는 것이다. 그런데 그 소신껏 하는 데도 문제가 있다. 그 소신이 옳은가 해서이다. 소신은 오랜 세월을 살면서 얻은 경험이나 여러 방면에서 배우고 습득한 지식에서 형성되는 것이다. 그렇다면 잘못된 지식이나 경험에서 잘못된 소신이 형성될 수도 있지 않겠는가. 잘못된 소신을 고집한다면 그 결과가 잘못될 게 뻔하다. 그러므로 소신껏 행하는 것도 좋지만 올바른 소신을 갖는 것은 더욱 중요하다. 나는 무슨 일을 소신 있게 하는 사람을 만나면 부럽지만 잘못된 소신을 가지고 덤벼드는 사람이 있으면 두렵기까지 한다.

예수 그리스도는 사명도 투철했지만 그 사명을 감당함에 있어 소신도 뚜렷한 분이었다. 그는 당시 제사장이나 서기관 같은 기득권자들과 자주 충돌했다. 자기 소신을 굽히지 않았기 때문이다. 그는 불의나 위선에 타협하지 않았다. 그는 사회적 약자들을 외면하지 않았다. 그들의 고통을 이해하며 위로하고 치료했고 그들을 고통스럽게 하는 위선자들을 회칠한 무덤이나 독사의 자식이라고 책망했다. 세상에 자기들이 하는 것을 방해하거나 비방하는 것을 좋아할 사람은 없다. 만일 책망을 듣고 고치려 하는 사람이 있다면 그는 인격자다. 그러나 자기의 잘못을 알면서도 고치기는커녕 오히려 대적하는 사람은 악한 사람이다. 예수는 이런 악한 사람들의 시기와 불의에 의해서 결국 죽임을 당했다. 다시 말하면 올바른 소신 때문에 죽었고 그 죽음은 결국 당신에게 주어진 사명을 감당하는 결과를 낳았다. 그렇다. 소신이란 죽음도 두려워하지 않고 지키는 확신이다. 예수님의 제자들은 자기들이 지닌 구원에 대한 소신 때문에 결국 순교했다.

그러나 이 세상에는 소신을 헌신짝처럼 버리는 비겁한 사람이 얼마나 많은가. 유대의 총독 본디오 빌라도는 예수에게 죄가 없음을 알았다. 죄인 아닌 사람을 사형시켜서는 안 된다는 것도 알았다. 그러나 자기의 권세가 위협당한다고 생각되었을 때 양심도 법도 소신도 버렸다. 그리고 불의와 타협했다. 그는 예수를 십자가에 못 박아 죽이라고 언도했다. 소신 없는 사람이 소신 있는 사람을 죽였다. 그 행위가 결국 예수님을 위대하게 만들고 그로 하여금 죄인을 구원하는 사명을 감당하게 만들었다. 아이러니하다. 그러나 그 아이러니가 소신의 중요성을 강조해 주고 있다.

당신은 바른 소신을 가지고 있는가. 그리고 소신껏 행동하는가. 그렇기 때문에 불의와 타협하지 않는가. 소신 때문에 죽을 수도 있는가. 그렇다면 당신은 위대한 사람이다.

수준水準에 대하여

수준이란 사물의 가치나 등급 따위의 일정한 표준이나 정도를 말하는데 사람들에게도 수준이 있다.

그런데 사람은 자신의 의식수준을 뛰어 넘는 생각을 하기가 어렵다. 가령 초등학생의 지식수준이 대학생의 지식수준을 뛰어넘기가 어렵다. 초등학생은 자기가 가지고 있는 지식 정도에서 말하고 대학생은 자기가 가지고 있는 지식수준에서 생각한다.

경험이 많은 사람과 적은 사람의 생각의 수준도 같을 수 없다. 자기의 경험으로 나타내기 때문이다. 자기가 처한 환경도 무시할 수 없다. 그 환경을 벗어난 생각을 한다면 그는 위대한 인물이 되거나 어리석은 사람이 될지 모른다.

우스운 얘기 하나 해 보자. 지금 우리 사회에는 그런 사람이 없지만 지난 세월, 그러니까 6.25전쟁 직후에는 거리에 깡통을 들고 다니는 사람이 많았다. 고아나 거지가 빌어먹으려면 음식을 담을 그릇이 필요해서였다. 한 신사가 그들 중의 하나에게 물었다. 앞으로 돈이 많이 생기면 어디다 쓰겠느냐? 그랬더니 대뜸 들고 다니는 깡통을 금으로 만들겠다고 대답하더란다. 자신의 현실이나 처지를 바꾸려 하지 않고 자기 생존의 도구를 빛내겠다는 것이었다. 물론 만들어진 얘기겠지만 우리에게 뭔가를 생각게 한다.

왜 우리는 배우고 익히려 하고 경험을 쌓고 실험을 하며 노력하는가? 보다 수준을 높이기 위해서가 아닌가. 의식수준, 지식수준, 생활수준, 사고의 수준 등을 높여 보다 양질의 삶을 살고자 하는 데 있지 않은가. 실로 개인생활도, 대중문화도, 사회도 여러 사람이 연구하고 노력하고 훈련하여 향상되는 게 아닌가.

그런데 이런 생각을 한번 해 볼 필요가 있다. 일반 사람들은 생활수준을 높이려고 노력을 많이 한다. 가난한 사람이 부유를 꿈꾸는 경우 말이다. 잘못된 게 아니다. 풍요로운 삶, 풍요로운 사회를 만들고자 애쓰는 것이 막을 일은 아니다. 우리는 가난의 불편함을 잘 알기 때문이다.

문제는 경제적 풍요가 찾아오면 정신 영역, 더 나아가서 영적 영역에서 왜 뒤떨어지는가 하는 것이다. 모두가 그렇지는 않지만 왜 많은 사람들은 가난하고 어려운 삶을 살 때의 신앙이 부유하고 넉넉해지면서 오히려 게을러지는 것일까. 힘든 환경에서 기도하고 전도하며 헌신을 잘하던 사람들이 부유하고 넉넉해지면 오히려 나태해지는 걸까?

가난에서 벗어나 풍요롭게 된 것에 대하여 더 감사하고 그래서 더 열심을 내야 할 신앙이 그 풍요 때문에 더 물질을 찾고 세속 쾌락에 침몰된다면 뭔가 잘못된 것이다. 그런 상황에서 자신의 신앙에 만족하며 안일에

도취된다면 이것은 신앙수준의 추락이다.

운동선수나 모든 학문에 종사하는 사람들이 실력이 좋아지면 수준급이라는 이름을 붙여 준다. 그렇다면 우리의 생활도, 의식도 수준급이 되는 게 옳다. 우리의 정신세계도 수준급이 되어야 하고 신앙도 보다 성숙하여 수준급이 되어야 한다. 그러나 그 수준급이 하루아침에 이루어지는가. 부단한 노력 속에서 이루어지고 특별히 신앙수준은 부단한 영적생활에서 이루어진다. 그럼에도 육신의 쾌락을 찾아 방향을 잃는다면 과연 수준 향상의 꿈이 이루어지겠는가.

현재까지의 경험은 생활수준, 즉 경제적인 풍요가 인격이나 영적수준을 반드시 높이지 않는다는 사실이다. 그러므로 성경은 돈을 사랑함을 경계하고 있다. 그것 때문에 여러 가지 시험과 올무와 어리석고 해로운 욕심에 떨어져 파멸과 멸망에 떨어질 것을 조심케 하고 있다(딤전 6:7-10).

나의 수준은 어디에 머물고 있는가. 평균점 이하인가, 이상인가? 금덩이가 생기면 구걸하는 데 쓰이는 깡통을 금으로 만들겠다는 수준에 머물고 있지 않은가. 좀 더 의식수준, 영적수준을 높이자. 생활수준, 소득수준을 높이는 것도 중요하지만 더욱 의식수준과 영적수준을 높일 때에 개인이나 이 사회에 소망이 있다.

순수純粹함에 대하여

순수한 마음을 가진 순수한 사람이 좋다. 순수함이란 이질적인 것이 섞이지 않은 상태를 말한다. 사사로운 욕심이나 사악한 생각이 없는 상태다. 그래서 순수의 대립어는 불순이다.

죄인들은 위장을 잘 한다. 본래의 자기 생각은 감춘다. 그것이 옳은 일이라면 왜 감추려 들겠는가. 옳지 않기 때문에 본마음을 숨기고 겉으론 근사한 명분을 내세운다. 가룟 유다는 순수하지 못했다. 유월절 엿새 전, 예수님은 베다니 마을로 가셨다. 마리아가 지극히 비싼 향유 곧 순전한 나드 한 근을 가져다가 예수님의 발에 붓고 자기 머리털로 그의 발을 닦았다. 향유 냄새가 집 안 가득 번졌다.

가룟 유다가 마리아를 책망했다. "이 향유를 어찌하여 삼백 데나리온에 팔아 가난한 자들에게 주지 아니하였느냐"고 했다. 그는 가난한 자들을 생각하는 사람으로 행세했다. 마리아의 선행을 비난하고 책망하기 위하여 가난한 자들을 구제해야 한다는 그럴듯한 명분을 내세운 것이다. 그런데 성경은 그의 본래 의도를 어떻게 폭로하고 있는가. 가난한 자들을 생각함이 아니요, 그는 도둑이라 돈궤를 맡고 거기 넣은 것을 훔쳐가기 위함이었다고 기록하고 있다.

가룟 유다의 이런 행동을 우리는 무엇이라 하는가. 위선이라고 한다. 불순한 태도다. 예수님은 제자들에게 이 여자가 내 몸에 향유를 부은 것은 내 장례를 위한 것이라 하면서 온 천하 어디서든지 이 복음이 전파되는 곳에서는 이 여자가 행한 일도 말하여 그를 기억하리라고 하셨다(마 26:12-13, 요 12:1-8).

겉으로 나타내는 명분과 속마음이 괴리된 언행이 우리를 얼마나 구역질나게 하는가. 그럼에도 우리 사회는 이런 불순한 사람들이 상당하다. 바른 정치를 표방하면서 자신들의 정권 야욕을 채우려 하는 정치인들, 경제 활성화를 말하면서 자신들의 주머니만 채우려 하는 경제인들, 인권을 가르치면서 학생들을 의식화시키려 하는 불순한 교육자들, 애국을 외치면서 속마음으로는 나라가 어찌 되든 자기만 잘살면 된다는 생각으로 사는 사람들, 하나님을 섬긴다는 명분을 앞세우면서 기득권을 챙기려 하는 타락한 종교인들, 정의로운 법치를 주장하면서 공정한 법보다 자기 사상이나 사리사욕에 따라 양심을 팔고 판단하는 법관들, 모두가 순수하지 못한 사람들이다.

그러나 그럼에도 순수한 사람들이 없는 것은 아니다. 내세우는 명분을 위하여 자신의 삶을 살고 그것을 지키기 위해서 죽을 각오까지 하는 사람은 순수한 사람이다. 과연 그런 사람을 어디서 찾을 수 있을까. 예수님은 무화과나무 아래서 기도하던 나다나엘이 자기에게 오는 것을 보시고 "보라 이는 참으로 이스라엘 사람이다 그 속에 간사한 것이 없다"고 하셨다(요 1:47). 끝까지 불의와 타협하지 않고 의를 위하여 죽음을 택했던 세례 요한을 가리켜 예수님은 "여자가 낳은 자 중에 세례 요한보다 큰 이가 일어남이 없다"(마 11:11)고 하셨다.

과연 예수님은 순박한 사람을 좋아하셨다. 여리고의 세리장이었던 삭개오는 사람들에게 멸시를 받았지만 그가 예수님의 인정을 받고 "내 소유의 절반을 가난한 자들에게 주겠사오며 만약에 누구의 것을 속여 빼앗은 일이 있으면 네 갑절이나 갚겠나이다"고 고백할 때 예수님은 "오늘 구원이 이 집에 이르렀으니 이 사람도 아브라함의 자손이다"고 칭찬하셨다(눅 19:8-9).

순수하지 않은 것은 지저분한 것이다. 양심을 속이는 사람이다. 옳지 않은 것을 꿈꾸는 사람일 수밖에 없다. 어느 날 예수님은 어린아이들을 데리고 오는 것을 꾸짖는 제자들에게 말씀하셨다. "어린아이들을 용납하고 내게 오는 것을 금하지 말라 천국이 이런 사람들의 것이니라"(마 19:14). 천국은 위선적이고 불순한 세력의 것이 아니라 순박하고 순수한 사람의 것이란 뜻이 아닌가. 순수해야 할 이유가 있다.

습관에 대하여

같은 행동을 지속하면 습관이 형성된다. 습관은 몸에 배어 고치기가 어렵게 된 버릇이다. 옳지 않은 행동을 지속하면 안 되는 이유가 거기에 있다. 가령, 게으름을 피우는 것, 불평이나 원망하는 것, 남의 험담을 즐기는 것, 술이나 담배나 도박 같은 것에 빠지는 것 등은 조심해야 한다. 별일 아닌 것처럼 시작하지만 나중엔 중독 수준에 이르고 결국 고치기 어려운 병이 된다.

좋은 습관을 길러야 한다. 부지런함, 운동, 독서 같은 것은 얼마나 좋은 일인가. 습관은 자신에겐 물론이지만 남에게도 도움이 되어야 한다. 위대한 사람은 대체로 좋은 습관들을 가지고 있었다. 예수님도 그랬다. 당시 안식일에 회당을 찾는 것도 늘 하시던 대로였다(눅 4:16). 전도하는 것도, 기도하는 것도 습관이었다. 죽음을 앞두고 기도하러 겟세마네 동산에 오르신 것도 습관을 좇은 행위였다고 성경은 말씀한다(눅 22:39).

그러나 당시의 기득권자들은 습관적으로 외식하고 남의 잘못을 책망하기를 좋아하면서 자기들의 잘못에 대해서는 몰랐다. 이런 행위 때문에 저들은 예수님으로부터 "독사의 자식"이라든지 "회칠한 무덤"이라는 심한 책망을 듣기도 했다. 성경은 "보이기를 폐하는 어떤 사람들의 습관과 같이 하지 말라"고 가르치고 있다(히 10:25).

습관이 무서운 것은 그 사람의 성품을 조성하기 때문이요, 결국 그 사람의 인생을 성공으로 또는 실패로 이끌기 때문이다.

가롯 유다를 보자. 그는 일행의 돈궤를 맡은 사람이었다. 돈에 관심이 많은 사람이었고 돈을 훔치는 버릇이 있었다(요 12:6). 그러더니 결국은 자기를 사랑해 주셨던 선생님도 은 30에 팔아 넘겼다. 그의 인생은 그것으로 끝이었다. 한두 번의 옳지 않은 행동을 반복하니 습관이 되었고 나중엔 악행의 전문가가 되어 자기 인생을 망친 것이다.

사소한 일이라고 방심하지 말라. 재미있으니까 조금 해 보자, 하고 아무것에나 덤벼들지 말자. 즐기다 보니 알코올 중독자도 되고 마약 중독자도 된다. 그래서 성경은 악은 어떤 모양이라도 버리라 하지 않는가(살전 5:22). 흉내도 내지 말라는 뜻이다.

대체로 바람직하지 않은 일들은 육신을 즐겁게 한다. 그러면서 진리를 거스르고 정신과 영혼을 병들게 한다. 반면에 바람직한 일들은 진리를 거스르지 않는다. 육신적으로는 고통스럽게 할 수도 있다. 그럼에도 그 일에 길들여지면 영혼과 육신에 희열을 가져다준다.

그러므로 성경은 육체의 일과 성령의 일을 구별해 놓고 있다. 육체의 소욕은 성령을 거스르고 성령은 육체를 거스른다고 했다(갈 5:17). 그리고 분명한 육체의 일을 나열했다. 곧 음행과 더러운 것과 호색과 우상숭배와

주술과 원수 맺는 것과 분쟁과 시기와 불법과 당 짓는 것과 분열함과 이단과 투기와 술 취함과 방탕함과 또 그와 같은 것들이라 했다(갈 5:19-21). 그러나 성령의 열매는 무엇이라 했는가. 사랑과 희락과 화평과 오래 참음과 자비와 양선과 충성과 온유와 절제라 했다(갈 5:22-23). 그리고 결론은 "그리스도 예수의 사람들은 육체와 함께 그 정욕과 탐심을 십자가에 못 박았느니라"고 했다(갈 5:24).

순간적인 육신적 쾌락을 위하여 잘못된 습관을 만들고 그것 때문에 실패의 인생을 남기고 싶은가. 단 한 번의 내 인생을 생각하면 그럴 수 없다. 나뿐 아니라 가족과 이웃을 해하는 나쁜 습관을 만들지 말아야 한다. 특별히 어린아이가 본받지 않도록 해야 한다. 세 살 버릇이 여든까지 간다고 했지 않은가. 좋은 습관으로 내 인생도 살고 이웃도 살리자.

제4부

시간에서 의심까지

시간에 대하여

시간을 재는 시계는 멈추기도 하지만 시간은 멈추지 않는다. 단 1초도 쉬지 않고 계속 흐른다. 그 시간은 영원과 연결되어 있다. 우리 사람은 그 안에서 시한부 인생을 산다. 중병이 들어 당신의 육신적 생명을 끝낼 때가 얼마 남지 않은 사람만 시한부 인생이 아니라 태어난 모든 인간은 시한부 인생이다.

사람들은 이 영원히 흐르는 시간을 나누기를 좋아한다. 하루를 편의상 오전, 오후, 밤 등으로 나누는가 하면 한 주일, 한 달, 1년, 10년, 100년, 1,000년 하는 식으로 매듭을 만든다. 그렇다고 시간이 거기에서 잠시 멈추었다 가는 것도 아니다. 시간 자체에는 의미가 없다.

이 시간은 사람들로부터 무시당하거나 멸시당하지 않는다. 오히려 시간을 무시하거나 멸시하는 사람에게 보복한다. 어떤 사람은 자기에게 주어진 시간에 대해서 둔감하여 함부로 보내다가 낭패를 당하고 후회를 한다. 그래서 이 시간의 가치를 아는 사람은 시간을 돈으로 보기도 하고 어떤 사람은 기회로 보기도 한다. 그런 사람이 시간을 허송하는 일은 없다. 뭔가 족적을 남긴다.

시간의 속도는 일정하다. 그럼에도 어떤 사람에겐 쏜살같이 흘러가고 어떤 사람에겐 거북이보다 느리다. 하기 싫은 일을 하는 사람은 시간이 참 더디게 가는 것 같다. 고통스런 환경에 처해 있는 사람에게는 빨리 시간이 지나갔으면 하는 생각이 든다. 그러나 즐거운 시간을 누리고 있는 사람에게는 시간의 속도가 너무 빠르다. 좀 천천히 느긋하게 흘렀으면 좋겠다는 생각을 갖는다. 어린아이들은 시간의 흐름에 대해서 별 느낌이 없다. 그러나 나이가 들수록 시간의 개념을 알고 그것이 무정하게 흘러가고 있음을 체감하며 살게 된다.

시간의 흐름을 두고 빠르게 느끼는 것도, 느리게 느끼는 것도 자신이 처한 환경과 무관하지 않다. 그럼에도 분명한 것은 우리의 느낌과는 상관없이 시간은 일정하게 흘러간다는 사실이고 우리는 그 시간에 실려서 가고 있다는 것이다.

문제는, 시간은 소리 없이 흐르지만 계속해서 우리에게 메시지를 보내고 있다는 점이다. 흐르는 시간 안에는 무한한 교훈이 들어 있다. 이 교훈은 들을 수 있는 귀를 가진 사람만 듣게 되고 그 사람은 복된 사람이다. 사람들은 시간이라는 열차가 공짜라고 생각하기 쉽다. 그냥 타고 가니까 공짜인 줄 아는 것이다.

그런데 과연 시간은 공짜일까? 누구나 타고 가는 것, 아무 생각 없이, 목적지도 모른 채 그냥 타고만 있으면 되는가? 그런 자세로 종착역에 도착했을 때 그는 결코 공짜가 아니라는 것을 거기서 깨닫게 될 것이다. 거기서 하루라는 시간이 얼마나 소중한 것인가를 비로소 알게 될 것이다. 그 하루는 돈으로 계산할 수 없다. 그리고 보면 우리는 지금, 참 많은 금

액을 지불하려고 우선 외상열차를 타고 가는지 모른다.

이것을 아는 사람들이 만들어 낸 말이 바로 "시간은 돈이다"라는 속담이다. 성경은 "세월을 아끼라"고 했다(엡 5:16).

사실 시간은 돈 이상의 것이다. 시간은 공짜도 아니고 돈으로 살 수 있는 것도 아니고, 돈으로 계산할 수도 없는 것이다. 시간은 우리에게 있어서 가장 소중한 것 중의 하나다. 왜냐하면 우리는 시간 안에서만 무엇이든 할 수 있기 때문이다. 바꾸어 말하면 시간을 떠나서는 아무것도 할 수 없다. 시간을 느낄 수 있다는 것은 살아 있다는 의미이고 살아 있기 때문에 무엇이든지 할 수 있는 것이다.

그러므로 시간 앞에서 우리는 겸손해야 한다. 그것을 잘못 사용하는 것은 허비이고, 허비하는 것은 죄악이다. 누구나 태어나면 그는 시간과 공간이라는 제약 속에 들어와야 한다. 거기서 자라고, 일하고, 늙고, 병들고, 죽는다. 죽어야 시간의 굴레에서 벗어나지만 그 굴레 안에 있을 때 해야 할 일이 반드시 있는 것이다.

시간의 구애를 받지 않는 세계가 있다는 말씀을 들어보신 일이 있는가? 그렇다면 우리는 그 세계에 대해서 진지하게 탐구해야 한다. 그 세계는 시간이 끝나는 곳, 즉 우리가 이 땅에서 숨을 멈추는 순간에 전개된다. 그 곳은 영원의 곳이기 때문에 더 이상 시간의 구애를 받지 않는다. 영원히 병들지 않고 늙지 않고 죽지 않는 곳이다.

성경은 영원에 두 갈래가 있다고 말씀한다. 똑같이 영원하지만 한 곳은 복락의 곳이고 다른 한 곳은 저주의 곳이라 가르친다. 그곳은 우리가 선택하는 것은 아니지만 시간의 제약 속에 있을 때 내가 그 시간들을 천국을 위해서 활용했느냐, 지옥을 위해서 포기하고 살았느냐에 달려 있는 것이다.

시간 안에서 먹고, 입고, 배설하고, 가정 이루고, 자식 두고 사는 것은 누구나 같다. 그렇기에 시간의 끝에 영원이 있다는 사실을 망각해서는 안 된다. 그리고 시간 안에 있을 때 어떻게 사느냐가 장차 도래할 영원한 세계에서 어떻게 되느냐가 결정된다는 것을 안다면 시간은 소홀히 할 수 없는 것이며, 공짜가 아니며, 가장 소중한 기회가 되는 것이다.

성경은 한 번 죽는 것은 사람에게 정해진 것이요, 그 후에는 심판이 있다고 가르친다(히 9:27). 시간 속에서 충성한 사람과 믿음을 지킨 사람에게 면류관이 주어진다고 말씀한다(계 2:10, 딤후 4:8, 벧전 5:4). 지금 우리가 살아 있다는 것은 시간 속에서 아직 기회가 있다는 뜻이기도 하다.

시작始作에 대하여

　모든 일은 시작함으로 이루어진다. 시작하지 않으면 그대로 있는 것이다. 성경은 태초에 하나님께서 천지를 창조하셨다고 했다. 비로소 하나님이 활동을 하셨다는 것이고, 그 시작으로 우주와 세상이 만들어졌다는 뜻이다. 이 말씀에서 "태초"라는 말은 시초, 근원 또는 시작이라는 의미를 가졌고 "창조"라는 말은 아무것도 없는 상태에서 만들어 냈음을 의미하는 말이다. 다시 말하면 하나님은 아무것도 없는 무無의 상태의 어느 시점에서 천지와 만물을 만드셨다는 것이다. 그러므로 하나님은 만물의 창조자이시고 스스로 계시는 유일하신 분이시다. 그러므로 하나님 외의 모든 만물과 모든 원리까지도 만들어진 것들일 뿐이다.

　시작처럼 중요한 것은 없다. 시작이 없으면 행동이 나올 수 없다. 시작이 없으면 과정도 결과도 없다.시작은 어떤 목적을 이루기 위해서 하는 것이다. 하나님이 태초에 천지를 창조하셨기에 그분의 섭리와 간섭 아래서 사람에게도 시작이 있고 또 무슨 일을 시작한다. 사람은 그러므로 태어나면서 한 인생을 시작한다. 먹기를 시작하고 말을 배우기 시작하고 걷기를 시작하고 학교에 들어가 공부를 시작하고 직장생활을 시작하고 결혼하여 가정생활을 시작하고 사업을 시작하고 무엇을 꿈꾸며 계획도 하고 시작한다. 저절로 시작할 수밖에 없는 것도 있지만 성인이 되면 스스로 계획을 세워서 시작하는 것도 많다.

시작하지 않으면 아무것도 이룰 수가 없다. 두려워서 시작하지 않으면 실패할 일은 없지만 무능한 사람이 되고 만다. 그러므로 용기 있는 사람은 위험을 무릅쓰고 시작을 하고 실패를 각오하고 시작하여 마침내 뜻을 이룬다. 시작이 얼마나 중요하면 "시작이 반半이다"는 속담까지 있겠는가. 시작을 잘 하면 이미 절반은 성공한 것이나 다름없는 것이다. 그러므로 가만히 있지 말고 심사숙고하는 가운데 시작은 하고 보아야 한다.

시작한 것에 대한 성취를 위해서 몇 가지 필요한 마음가짐이 있다. 그 하나는 시작이 있으면 반드시 끝이 있다는 사실을 염두에 두고 있어야 한다. 이 세상이나 세상의 모든 일은 끝이 있기 마련이다. 성경은 "범사에 기한이 있고 천하만사가 다 때가 있나니 날 때가 있고 죽을 때가 있다"고 했다(전 3:1-2). 이 세상의 외형은 지나가는 것이다(고전 7:31). 이 사실을 도외시하거나 잊어버리면 낭패를 당하기 십상이다.

창조가 있으면 종말이 반드시 있다. 날 때가 있으면 죽을 때가 있다는 것은 개인적인 종말을 의미하는 것이고, 창조가 있으면 종말이 있다는 것은 우주적 종말을 가리킨다. 그 시작과 끝 사이에 시기時期의 끝, 행동의 끝, 일의 끝, 나라의 끝 등 수많은 시작과 끝이 있다. 그렇다. 이처럼 끝이 있다는 것은 이미 시작이 있었다는 뜻이다. 1월 1일로 시작하는 1년은 12월 31일로 끝난다. 사업을 시작했으면 그만둘 때도 오고, 학교에 입학했으면 졸업할 때가 찾아온다. 한 나라가 세워졌으면 망할 때가 있다. 청년의 때가 영원하지 않고 인생 자체가 영원하지 않다. 물질세계는 영원한 것이 없다. 그러므로 영원을 사모하고 영원한 분을 잊지 않고 사는 것이 옳고 현명한 것이다(전 12:1).

두 번째로 유념할 것은 시작과 끝 사이에는 시간적으로 기간이 있고 공간적으로 틈새가 있다. 이 기간과 틈새를 진지하게 보내야 한다. 진지하게 보내야 한다는 말은 헛되이 보내지 말아야 한다는 뜻이다. 생각하고 노력하고 반성하는 일을 거듭해야 한다. 존재했으면 존재 의미를 나타내야 하는 것이다. 살아 있으면 살아 있어야 할 이유를 보여주어야 하는 것이다. 그것이 노력이고, 수고다. 이런 수고 없는 결과는 허망할 뿐이다. 모든 일을 마친 뒤에는 결산이 있고 인생의 끝에는 심판이 있다.

세 번째로 생각할 것은 조화와 협력을 추구할 일이다. 성공적인 인생을 이루기 위해서는 반드시 이 세상에 독불장군은 없다는 사상을 갖고 사는 것이 옳다. 사람과 자연은 서로 돕고 도움을 받으며 사는 존재다. 사람과의 협력, 자연과의 조화, 하나님과의 교제가 없다면 이미 행복한 삶은 아니다. 이미 우리는 내 의사와 상관없이 인생이 시작되었다. 그 인생을 열심히 살아야 하지만 항상 이웃과의 조화와 협력 가운데서 살아야 하고, 그런 삶이 결국 감사로 마무리할 수 있다.

끝으로 생각할 것은, 이 세상의 끝은 영원한 끝이 아니라는 사실이다. 12월 31일은 그 해의 끝이다. 그러나 그 다음 날이 1월 1일이다. 새로운 시작이다. 인생의 죽음은 이 세상에서의 끝이다. 그러나 그 끝은 영원 세계로 들어가는 관문이다. 우리가 바르게 살아야 하는 이유는 여기에 있다. 시작이 있으니 끝이 있다. 끝이 있다는 것은 시작이 있었다는 것이요, 새로운 세계가 시작된다는 의미인 것이다.

시험에 대하여

내가 하나님으로부터 욥이나 아브라함이 받은 것과 같은 시험을 받지 않는다는 것이 다행인가, 아니면 부끄러운 일인가. 다행이라기보다는 부끄러운 일이라고 생각해야 할 것 같다. 하나님은 신앙인을 시험하되 그 사람의 믿음의 분량에 따라 하기 때문이다.

더 구체적으로 말하면 하나님은 믿음이 연약한 사람에게 힘든 시험을 하지 않는 것이다. 마치 초등학생에게 고등학생이나 풀 수 있는 문제를 내지 않는 것과 같다. 물론 고등학생에게 초등학생이나 풀 수 있는 쉬운 문제도 내지 않는다. 만약 그렇다면 성적을 올리고자 하는 시험의 의미나 효과가 없기 때문이다.

결국 욥이나 아브라함이 하나님으로부터 받은 시험과 같은 시험을 우리가 받지 않는다는 것은 우리의 믿음이 그들에게 미치지 못한다는 의미가 된다. 이 얼마나 부끄러운 일인가.

욥은 사단의 참소에 의한 것이긴 하지만 하나님으로부터 하나님을 온전하게 경외하는가 하는 시험을 받았다. 하루아침에 전 재산과 열 자녀를 잃고 본인은 온몸에 종기가 나서 재 가운데 앉아야 했다. 그럼에도 그는 하나님을 조금도 원망치 않았고 오히려 하나님께서 하시는 일을 찬양했다. 그의 믿음이 어느 정도였는가를 알 수 있게 한다.

아브라함이 받은 100세에 낳은 자식을 번제로 드리라는 시험도 마찬가지다. 아브라함은 그 아들을 칼로 잡아 불로 태워 번제로 하나님께 바치려 했다. 그들의 믿음의 분량에 합당한 시험일진대 그들의 믿음은 우리의 상상을 초월하는 것이었고 소름이 끼칠 정도로 무섭기까지 한 신앙이었음을 깨닫게 하고 있다.

그들은 그 어려운 시험을 견디어내고 통과했다. 욥은 시험을 이겨낸 이후 하나님으로부터 갑절의 축복을 받았고, 아브라함은 "이제야 네가 나를 경외하는 줄 알았다"는 칭찬을 받았다. 그렇다면 작은 시험 하나를 만나도 쩔쩔매면서 하나님을 원망하며 불평하고 심지어 낙심까지 하는 우리는 얼마나 부족한 믿음의 소유자들인가. 아브라함 앞에서 부끄럽고 욥 앞에서 면목이 없는 것이다.

성경은 바울 사도를 통해서 이렇게 말씀했다. "사람이 감당할 시험 밖에는 너희가 당할 것이 없나니 오직 하나님은 미쁘사 너희가 감당하지 못할 시험 당함을 허락하지 아니하시고 시험 당할 즈음에 또한 피할 길을 내사 너희로 능히 감당하게 하시느니라"(고전 10:13).

결국 우리에게 하나님은 무질서하게 시험을 주시는 분이 아니란 것을 알 수 있다. 그리고 아무리 어려운 문제 같을지라도 실상은 우리가 능히 감당할 수 있는 시험이라는 사실도 알게 한다. 그러므로 시험이 왔을 때 낙심할 일이 아니다. 불평할 일도 아니다. 하나님이 감추어둔 "피할 길"을 찾아가야 하는 것이다. 그렇게 함으로 나도 모르는 사이에 우리의 믿음이 성숙되어 가지 않겠는가.

하나님은 믿음의 성숙이 없는 사람을 당신의 도구로 사용하지 않으실 뿐 아니라 믿음을 따라 하지 않는 일조차 죄로 여겨 버린다(롬 14:23). 그러므로 내게 시험이 왔다는 것은 육적으로는 매우 귀찮은 일이 될 수 있지만 영적으로는 기뻐할 일이다.

야고보서는 이렇게 말씀한다. "내 형제들아 너희가 여러 가지 시험을 당하거든 온전히 기쁘게 여기라 이는 너희 믿음의 시련이 인내를 만들어 내는 줄 너희가 앎이라 인내를 온전히 이루라 이는 너희로 온전하고 구비하여 조금도 부족함이 없게 하려 함이라(약 1:2-4).

믿음의 성숙이나 온전한 인품을 만들어 내는 데에는 고난이나 시험보다 좋은 약은 없다. 그러므로 하나님은 수시로 고난과 시험을 통하여 우리의 잘못을 교정하고 훈련시킨다. 하나님의 의도를 안다면 시험이 두려운 것이 아니다. 고난이 결코 낙심할 일이 아니다. 참고 이겨내면 유익이요 승리자가 되는 것이다.

그러나 악한 세력이 주는 시험은 다르다. 그것이 우리에게 시험을 준다면 그 목적 자체가 하나님과는 다르다. 우리를 넘어트리고 망하게 하기 위험인 것이다. 하나님께서 하시는 시험이 테스트test라면 마귀가 주는 시험은 유혹temptation인 것이다. 하나님은 결코 우리에게 유혹성 시험을 하지 않을 뿐더러 당신 자신이 악에게 시험을 받지도 않으신다(약 1:13).

예수님은 "시험에 들지 않도록 깨어 기도하라"고 제자들에게 분부하셨다(눅 22:46). 겟세마네 동산에서 땀에 피가 섞여 나오는 고뇌의 기도를 하던 때였다. 그러나 그 분부를 어기고 잠을 잤다가 주님을 모른다고 부인했던 베드로는 후에 "근신하라 깨어라 너희 대적 마귀가 우는 사자같이 두루 다니며 삼킬 자를 찾나니 너희는 믿음을 굳건하게 하여 그를 대적하라"고 가르쳤다(벧전 5:8-9).

우리는 어떤 시험이든 이겨야 한다. 우리의 신앙의 선배들은 시험과 고난이 올 때마다 말씀 붙들고 믿음으로 승리해 냈다. 그리고 그들은 믿음의 성숙이라는 큰 선물을 받았다. 믿음이 없이 어떻게 하나님을 기쁘시게할 수 있으며 구원을 이룰 수 있겠는가.

신뢰에 대하여

내 아내는 가사에 도움을 주지 않는다고 내게 불평을 쏟을 때는 있어도 내 행동거지에 대해서는 거의 무한하게 신뢰를 보내준다. 믿을 수 있다는 것이다. 이 얼마나 감사한 일인가. 나는 그래서 그런 신뢰를 보내주는 아내를 실망시키지 않기 위해서 행여 부지불식간에라도 실수하지 않으려고 조심을 많이 한다.

실로 신뢰가 무너지면 가정도, 사회도 위험하다. 어떤 남편이 자기의 아내를 믿지 못하여 직장에 가서도 전화로 행적을 확인한다면 그 가정이 평화로울 수 있겠는가. 아내도 마찬가지다. 직장에 간 남편의 행실을 믿지 못하여 수시로 감시의 전화를 한다면 그 가정에 행복이 유지될 수 있겠는가. 이런 남편이나 아내가 자기 배우자를 믿지 못하는 것을 의처증과 의부증이라 하거니와 이것은 병이다. 결국 파국에 이르게 될 것이다. 이런 의미에서 가정의 존립과 행복을 위해서 신뢰보다 중요한 것은 없다. 그 신뢰에서 사랑도 나오고 화목도 나온다.

예전에 우리 사회에서는 우스꽝스런 일이 가끔씩 일어났다. 정부에서 어떤 품목의 가격을 절대로 올리지 않겠다 하면 국민들은 그 품목을 미리 사재기했다. 앞으로 품귀 현상이 일어날 것으로 안 것이다. 그리고 실제로 그 품목이 품귀 현상으로 가격이 상승했다. 국민들을 어리숙하게 여기고 속이려 했지만 속지 않았다. 알면서 속아주긴 했어도 정부의 속셈을 미리 알곤 했었다.

사실인지 확인하지는 못했지만 어떤 백만장자가 영양실조로 죽었다고 한다. 냉장고에 먹을 것을 잔뜩 채워 놓고 굶어 죽었다 한다. 자신이 없는 사이에 누가 음식에 독약을 넣었으면 어떻게 될 것인가, 해서 굶었단다. 자기 집 냉장고에 있는 음식도 의심 때문에 먹지 못했다면 시중에서 파는 우유 한 컵이라도 마음놓고 먹을 수 있었겠는가. 비극적인 얘기다.

서로 신뢰하지 못해서 동업을 못하고, 서로 신뢰를 못해서 이혼하는 사람들의 사회라면 얼마나 불행한가. 진실로 평화를 원하고 행복을 원한다면 신뢰 사회를 구축해야 한다. 정직한 사람이 인정을 받는 사회가 되어야 하고 어떤 경우에도 거짓과 위선은 발을 붙이지 못하도록 해야 한다.

우리 속담에 "콩으로 메주를 쑨다 해도 믿을 수 없다"는 말이 있다. 얼마나 신뢰가 떨어졌으면 이런 속담이 나왔을까. 팥으로 메주를 쑨다는 거짓말이 있어서는 안 되지만 사람이란 팥으로 메주를 쑨다고 해도 신임을 할 만한 인격이 갖추어져야 한다.

신뢰는 진실과 정직에서 얻어진다. 본의 아니게 실수로 잘못을 범했을지라도 잘못을 인정하고 용서를 빌어야 한다. 그것이 당시에는 부끄러워도 떳떳한 일이며 용기에 해당한다. 속여서 위기를 넘기려 하는 것은 손바닥으로 하늘을 가리려 하는 어리석은 행동이다. 성경에는 감추어진 것이 드러나지 않을 것이 없다고 했다. 장사꾼이 돈을 잃으면 다시 얻을 길이 있지만 신용을 잃으면 재기하기가 어렵다. 정치인이 신뢰를 잃으면 유권자들이 표를 주지 않는다. 한번 추락한 신뢰를 회복하려면 얼마나 많은 시간과 노력이 필요한가. 잃는 것은 순간적이지만 그것을 만회하기 위해서는 많은 고생을 해야 한다.

사소한 이득을 얻기 위해서 거짓을 행하고 부당한 이득을 취하기 위해서 신뢰를 저버리는 사람은 얼마나 어리석은가. 다 잃어버려도 정직한 인격을 소유했다면 언젠가 인정을 받게 된다. 자신이 자신에게 신뢰를 주자. 그러면 남도 신뢰할 수 있으리라. 신뢰를 주는 사람은 부끄럽게 살지 않으려는 사람이다.

사무엘은 신뢰의 사람이었다. 사울을 이스라엘의 초대 왕으로 세우고 그는 백성들 앞에서 말했다. "이제 왕이 너희 앞에 출입하느니라 보라 나는 늙어 머리가 희어졌고 내 아들들도 너희와 함께 있느니라 내가 어려서부터 오늘까지 너희 앞에 출입하였거니와 내가 여기 있나니 여호와 앞과 그의 기름부음을 받은 자 앞에서 내게 대하여 증언하라. 내가 누구의 소를 빼앗았느냐 누구의 나귀를 빼앗았느냐 누구를 속였느냐 누구를 압제하였느냐 내 눈을 흐리게 하는 뇌물을 누구의 손에서 받았느냐 그리하였으면 내가 그것을 너희에게 갚으리라" 그랬더니 모든 백성이 하나같이 말했다 "당신이 우리를 속이지 아니하였고 압제하지 아니 하였고 누구의 손에서든지 아무것도 빼앗은 것이 없나이다"(삼상 12:2-4). 정직했던 사무엘에게 모든 사람이 신뢰를 보냈던 것이다. 이 얼마나 아름다운 인격의 사람이었는가!

실수失手에 대하여

　실수를 일부러 하는 사람은 없다. 고의적으로 실수를 했다면 그것은 실수가 아니다. 실수란 내가 조심하지 않아서 일어나는 잘못을 가리킨다. 그렇다면 이론적으로 조심을 하거나 진지하고 심각하게 분별하여 행동하면 얼마든지 방지할 수 있다는 얘기가 된다.

　그럼에도 실수를 한다는 것은 우리의 마음이 해이해졌거나 자신감에 도취되어 조심하지 않기 때문이다. 그렇다고 사람이 모든 일을 할 때 언제나 긴장하고 실수를 하지 말아야지, 하는 생각만 가지고 살 수 있는가. 자유스럽게 살다 보니까 본의 아니게 발생하는 것이다. 그렇다면 실수란 완벽하지 않은 인간이 피할 수 없는 것이기도 하다. 그래서 아무리 도덕적이고 의지가 강한 사람도 실수하게 되어 있다.

　문제는 이처럼 누구나 실수할 수 있는 소지를 갖고 있는 사람이 실수를 했을 때 과연 어떤 생각과 자세를 가져야 하는가이다.

　첫째로 실수했을 때 과도하게 낙심할 일은 아니다. 왜냐하면 실수를 통해서 얻어지는 것도 있기 때문이다. 실수는 어떤 면에서 내가 좀더 성숙해질 수 있는 계기와 방편을 제공해 주기도 한다. 실수를 하지 않기 위해서 아무 일도 하지 않으면 되겠는가. 그렇다면 실수는 안 할 수 있을지 모르지만 그런 사람에게 어떤 발전이 있겠는가. 실수를 일부러 해서는 안 되는 것이지만 두려워 할 필요도 없는 것이다.

둘째로 그 실수가 남에게 해를 끼치는 것이었다면 마땅히 사과를 해야 한다. 남에게 피해를 주고도 아무렇지 않게 생각한다면 그는 파렴치한이요, 예절이 없는 사람이 될 뿐이다. 더구나 그것이 죄로 인식될 때는 반드시 회개를 해야 한다. 그래야 또 다른 실수를 방지할 수 있다.

그렇다면 남이 내게 실수를 하여 피해를 주었을 때, 나는 어떻게 해야 하는가. 너그러운 사람은 남이 내게 행한 실수에 대해서 관대하게 용납할 수 있다. 성경에 나오는 간음한 여인에 대한 예수님의 태도를 보자. 사람들이 돌을 들고 이 여자를 어떻게 해야겠느냐고 질문했다. 율법에는 분명히 간음한 여인을 돌로 치라고 되어 있다. 그러나 예수님은 "누구든지 죄 없는 사람이 먼저 돌로 치라"고 했다. 이 말씀에 아무도 그 여인에게 돌을 던지는 사람은 없었다. 예수님은 군중이 다 돌아간 이후에 여인에게 말했다. "나도 너를 정죄하지 아니하노니 가서 다시는 죄를 짓지 말라"(요 8:3-11). 얼마나 지혜로우면서 관대한 정신이었는가.

셋째는 같은 실수를 반복하지 말아야 한다. 반복은 상습범이 되는 길이다. 이 길이 잘못되었다고 생각되면 다시는 그 길을 가지 말아야 한다. 사람이 그런 의지도 없다면 무슨 일을 감당할 수 있겠는가. 더러 의지는 약하면서 쾌락이 노출되어 있는 사람은 자기 행위가 실수인 줄 알고도 다시 그 길을 가곤 한다. 같은 실수로 습관화된 사람이라면 기대할 것이 없다.

넷째, 누가 나의 실수를 지적하면 자존심 내세워 고까워할 것만이 아니라 인정하는 게 좋다. 숨기려 하거나 아니라고 대항한다면 그는 그 실수를 고칠 수 없다. 다윗도 실수로 죄를 지었다. 부하 장수 우리아의 아내를 범한 것이다. 그리고 그 실수를 은폐하기 위하여 우리아를 맹렬한 전쟁터에 내보내 전사한 것처럼 꾸미도록 했다. 그는 이 실수와 자신의 행동을 아무도 모를 것으로 생각했다. 그러나 세상에 비밀이 어디 있는가. 하나님이 아셨다. 그리고 나단 선지자를 그에게 파송하여 잘못을 지적토록 했다. 당시는 왕이 백성의 생사여탈권을 가지고 있던 때였다. 그러나 다윗은 그를 해하지 않고 그 앞에 무릎을 꿇었다. "내가 여호와께 범죄했노라." 그는 고백했다. 이 고백이 자신을 살렸고 범죄하고도 인정을 받은 사람이 되었다. 물론 자기가 범한 죄에 대한 대가를 톡톡히 치렀지만 용서는 받았다.

다섯째, 고의적으로 잘못하고 실수했다고 생각하지 말아야 한다. 실수란 고의적으로 한 잘못을 말하는 것이 아니다. 잘 하려 한 것이 뜻밖에 잘못되었을 때 그것이 실수다. 그런데 뻔히 잘못된 일인 줄 알면서 그 길을 간 것이 과연 실수인가. 결과가 나쁘지 않다고 해도 옳은 것은 아니다. 모든 선한 일은 목적과 의도와 과정이 모두 선해야 하는 것이다.

누구나 실수할 수 있다. 성경은 만일 말에 실수가 없는 자라면 곧 온전한 사람이라고 했다(약 3:2). 그 만큼 실수 없는 온전한 사람이 되기가 어렵다는 뜻 아닌가. 그렇기 때문에 더욱 조심해야 한다. 그래도 실수를 할 수밖에 없었다면 그 실수를 통해서 얻어지는 교훈을 찾아야 할 것이다. 그런 사람이 지혜로운 사람이요, 인격자의 길을 걷고자 하는 사람이다.

실패에 대하여

실패는 포기한 사람의 것이다. 어떤 사람이 한 번도 실패하지 않고 곧바로 성공을 했다면 그 성공은 대단한 것이 아닐 가능성이 많다. 별 가치 없는 성공은 실패하지 않고도 할 수 있다. 그러나 진정으로 위대한 성공은 실패를 많이 한 사람이 차지하게 된다. 그런 의미에서 실패야말로 성공으로 가는 길이요, 성공의 어머니다.

실패를 실패로 알고 끝내면 그는 실패한다. 실패는 그렇게 하면 안 된다는 것을 가르쳐주는 것이요, 또한 배우는 일이다. 가령 어떤 사람이 어느 곳을 목적하고 가는데 가다가 길이 막혔다고 하자. 다시 돌아와서 다른 길을 찾아가야 한다. 이때 먼저 갔던 길로 다시 들어서는 사람은 없다. 그 길이 막혔다는 것을 아는 것으로 그 길로 가서는 안 된다는 것을 이미 깨우쳤기 때문이다. 그가 지혜로운 사람이라면 틀림없이 이번엔 다른 길로 갈 것이다. 그래서 또 막힌다면 또 다른 길을 택하게 될 것이다. 목적을 두고 가는 사람이 아무 생각 없이 가겠는가. 연구하고 조사해서 타당성이 있을 것 같기 때문에 가는 것이다. 그럼에도 100개의 길 중에서 아흔아홉 번까지 실패했다면 그는 그 아흔아홉 번 실패하는 동안 여러 가지 지식을 얻었을 것이다. 그리고 100번째 길을 갔더니 목적 한 곳이 나타났다. 그는 그동안 포기하지 않았기 때문에 성공한 것이다. 아마 그 성공은 획기적이고 대단한 성공이 되었을 것이다. 지난날의 아흔아홉 번의 실패가 무의미한 수고와 노력이 아니라 큰 보람으로 남게 될 것이다.

누가 실패를 원하랴. 실패하고 기분 좋을 사람은 없다. 그러나 성공한 사람에겐 실패가 값진 성공을 위한 과정일 뿐이다. 기도했는데 응답이 되지 않았다고 낙심하지 말자. 전도했는데 결실이 안 됐다고 포기하지 말자. 중도에서 포기하는 순간 그는 실패자가 된다.

가장 어리석은 사람은 실패가 무서워 아무것도 시도하지 않는 사람이고, 실패를 두고 낙심하여 중도에서 포기하는 사람은 꼭 이루고 말겠다는 의지가 없는 사람이다. 우리는 실패를 거듭하면서 새로운 지식을 얻고, 얻은 지식을 축적해 두어야 한다. 마침내 목적을 성취했을 때 그 전의 실패의 지식도 유용한 가치를 제공할 것이다.

결국 끈덕지게 자기가 목표한 일을 붙드는 사람이 이루어 낸다. 기도도 이루어질 때까지, 전도도 이루어질 때까지, 목표도 이루어질 때까지 하는 사람이 최후의 승리자다.

아픔에 대하여

　아픔을 좋아할 사람은 없다. 그래서 아프지 않으려고 노력한다. 아픔에는 육신적인 아픔도 있고, 정신적인 아픔도 있다. 잘못해서 책망을 들으면 마음이 아프고, 매를 맞으면 몸이 아프다. 감기나 몸살로 열이 나고 온몸이 쑤셔서 거의 뜬눈으로 밤을 새운 일도 있잖은가. 그 밤은 왜 그렇게 길었고, 그 새벽은 왜 그렇게 더디 왔던가. 건강할 때 그렇게 빨리 지나가던 밤이 몸이 아프니까 같은 밤의 길이가 그렇게 길게 느껴졌다.

　사실 우리가 잘 잊어버리고 살아서 그렇지 참 아픈 일을 많이 당하고 사는 것이 인생이다. 때로는 남의 아픔이 내 가슴을 후빌 때도 있다. 남으로부터 모욕이나 비웃음을 당했을 때 분해서 잠이 오지 않을 때도 있다. 억울한 일을 만났을 때, 재해를 입었을 때, 손해를 당했을 때, 누명을 썼을 때, 슬픈 일을 만났을 때 아프다. 그래서 아픔이 없었으면 좋겠고 언제나 건강하고 편안하고 걱정이나 근심되는 일을 만나지 않았으면 좋겠다. 그런데 어디 그렇던가. 아픔은 누구에게나 원치 않는 불청객이다.

　그러나 그 아픔이 때때로 우리에게 소중한 역할을 하고 있다는 것을 아는가? 아픔이 있기 때문에 이 모양으로라도 살아간다고 봐야 한다. 아프지 않아 보라. 상처가 나도 대수롭지 않게 여기고 치료를 안 할 수도 있다. 죽을병이 들었어도 병원에 가지 않는다. 실제로 건강하다고 자신하는 사람들이 아프지 않기 때문에 병을 늦게 발견해서 오히려 병약한 사람보다 일찍 세상을 떠나는 경우가 많지 않은가. 아프기 때문에 병원에 가서 치료를 받고 약을 먹는다. 의사들이 진찰할 때 어디가 아프냐고 환자에게 먼저 묻는 이유가 어디에 있겠는가? 아픈 곳을 찾아서 어디가 아프며 왜 아픈가를 찾아 나가는 것이다. 그래서 가장 고약한 병이 아프지 않는 병이다. 대개의 경우 암癌은 초기에 통증이 없다. 그래서 서두르지 않게 만들고 결국은 생명을 빼앗아 간다. 참으로 음흉한 병이요, 악질이다.

누구의 책망을 들으면 아프다. 기분이 나쁘다. 그러나 그 아픔이 있기 때문에 다음에 조심하게 되고 잘못을 고치는 것이다. 운동을 하면 힘들다. 그러나 그렇기 때문에 운동이 되고 건강하게 되는 것이다. 손해를 보고 누명을 쓰고 억울한 일을 당하면 고통스러우니까 나도 남에게 손해를 끼치지 않으려 하는 것이고, 남을 억울하게 하지 않는 정직하고 교양 있는 사람이 되어가는 것이다.

바울 사도는 이런 고백을 한 일이 있다. "형제들아 우리가 아시아에서 당한 환난을 너희가 모르기를 원하지 아니하노니 힘이 겹도록 심한 고난을 당하여 살 소망까지 끊어지고 우리는 우리 자신이 사형선고를 받은 줄 알았으니 이는 우리로 자기를 의지하지 말고 오직 죽은 자를 다시 살리시는 하나님만 의지하게 하심이라"(고후 1:8-9).

살 소망이 끊어지고 사형선고를 받은 줄 알 정도의 고난이 없었다면 그가 어떻게 하나님을 의지할 수 있었겠는가. 아픔이 있으니 간절한 기도를 하는 것이다. 교만한 인간은 넉넉하고 풍성하여 걱정이 없으면 제 잘나서 그렇게 되는 줄 안다. 고난을 만나봐야 자신이 연약한 존재인 줄을 알고 전능하신 하나님께 무릎을 꿇는다. 그래서 어떤 시인은 "고난당하기 전에는 내가 그릇 행하였더니 이제는 주의 말씀을 지키나이다" 하고 고백했고(시 119:67), 나아가서 "고난당한 것이 내게 유익이라 이로 말미암아 내가 주의 율례들을 배우게 되었나이다"(시 119:71)고 했다. 그러므로 누구에게나 고난이 올 수 있다는 것을 아는 사람은 미리 조심하고, 아픔에 대한 인식을 가지고 있는 사람은 아픔이 오기 전에 예방하려 든다. 그래서 미리 병원에 가서 진찰도 받아보고 몸을 함부로 굴리지 않는다.

우리는 아픔을 바로 이해해야 한다. 그게 싫으면 미리 조심하고 예방해야 한다. 무관심하고 무감각하게 살아서는 안 된다. 남의 충고도 가볍게 듣지 말고 권면도 귀담아들어야 한다. 나도 남을 아프게 하는 일을 해서는 안 된다. 그리고 이 세상에는 나를 아프지 않게 하기 위해 애쓰는 사람들이 있다는 것을 알아야 한다. 부모님이 계시고, 형제와 이웃이 있고, 전혀 알지 못하는 사람도 내게 혜택을 주고 있다. 특별히 예수 그리스도는 어떤 분인가? 그가 십자가에서 아팠기 때문에 우리가 구원을 받았고, 그가 죽은 자 가운데서 부활했기 때문에 아픈 세상을 살면서도 소망을 잃지 않는 것이다. 성경은 이렇게 증언한 바 있다. "그가 찔림은 우리의 허물 때문이요 그가 상함은 우리의 죄악 때문이라 그가 징계를 받음으로 우리는 평화를 누리고 그가 채찍에 맞음으로 우리가 나음을 받았도다"(사 53:5).

이 사실을 믿는다면 우리는 누구나 남을 아프지 않게 하려고 노력할 수 있고, 오히려 아픈 사람을 위하여 같이 아플 수 있는 치료자와 위로자가 될 수 있을 것이다.

알 권리에 대하여

일상생활을 하는 우리에게는 궁금한 게 참 많다. 특별히 정보사회에서는 안다는 것이 지식 차원을 넘어서 이해利害와 관계가 깊어서 더욱 그렇다. 정부나 공공기관에서 지금 어떤 일을 하고 있는가, 궁금하다. 직장에서 어떤 일이 벌어지고 있는가, 궁금하다. 병원에서 치료받는 환자 가족에게는 치료 상황이 궁금하다. 가정에서 돌아가고 있는 일에 대하여 가족이라면 역시 궁금하다. 가정사를 의논할 때 들어봐야 아무 대책도 세울 수 없는 할머니가 지금 무슨 일 때문에 걱정하고 있는가, 해서 궁금해하는데 "어머님은 몰라도 돼요!" 하고 핀잔 비슷하게 내뱉는 며느리의 말을 듣고 아무렇지 않을 노인은 없다. 자신을 가족의 구성원에서 제외시킨다는 소외감 때문에 억울하기도 하고 슬프기도 할 것이다. 알 권리를 박탈당했다고 생각할 수도 있다.

알 권리란 정보의 흐름 속에서 국민이 일반적으로 접근할 수 있는 정보를 자유롭게 수령하거나 수집할 수 있는 권리를 말한다. 소극적으로는 공권력의 방해 없이 일반적으로 접근할 수 있는 정보를 수령할 수 있는 "정보 수령권"과 적극적으로는 일정한 정보원에 접근하여 정보를 청구하고 수집할 수 있는 "정보 수집권"도 포함한다.

그런데 이런 국민의 알 권리를 충족시키고 제공하는 일을 많은 부분 언론 매체들이 담당하고 있다. 그래서 각종 언론 매체의 기능이 중요한 것이다.

문제는 모든 일에 대해서 모든 사람에게 무제한으로 정보를 제공해 주어야 하느냐는 것이요, 아니면 어디까지, 어떻게 제한해야 하느냐는 것이다. 가령 국가적으로 보면 기밀이 적대국가에 알려지는 것은 좋은 일이 아니다. 군사적인 정보나 산업 기술 같은 비밀이 누설된다면 그것은 큰 위험이요, 손실이 된다. 국익 차원에서 당연히 공개되는 것을 원치 않을 것이다.

그런가 하면 어떤 사안은 아무리 빨리 알고 싶어도 조금 참아줘야 명분이 서고 이익이 되는 것도 있다. 그래서 어느 기간 동안 기사 발표를 유보해 달라고 하는 이른바 엠바고embargo를 요청하기도 한다.

실로 사람은 별로 자신에게 필요가 없는 정보도 알고 싶고, 때로는 알면 오히려 자신에게 고통을 가져다주는 일도 알고자 하는 궁금증이 있다. 예를 들면 성경에는 예수님의 재림에 대해서 말씀하고 있다. 그런데 그 재림이 언제 있을 것이냐 하는 것에 대해서는 철저하게 침묵하고 있다. 오직 그 사실은 하나님만 아신다고 감추어 두고 있는 것이다. 그 사실을 미리 알려주면 세상이 무질서하고 유익이 없기 때문에 감추어 두고 있는 것이다. 그런데 성도들은 때로 이게 궁금하다. 그렇다고 그 궁금증을 사람들의 알 권리를 해소해 주겠다고 알려주지 않는다. 더러 인간의 이 궁금증을 이용하려고 이단자들이 재림 날짜를 계시받았다고 속이는 일도 있었지 않는가.

우리는 나의 미래에 대해서도 궁금하다. 그러나 그것도 철저하게 나를 위해서 감추어 두고 있다. 사람들은 그것이 궁금해서 점쟁이를 찾아가는 경우도 있지만 어리석은 짓이다. 아무리 알고 싶어도 참아야 한다. 알면 유익된 면보다 오히려 고통을 더 많이 가져다주는 사안인 것이다.

그러므로 알 권리라는 것도 당연히 제한되어야 하는 것이다. 공공의 이익에 반하는 내용, 국가의 존립에 위험을 줄 수 있는 사안, 개인적인 수치나 불이익을 주는 인권에 관계된 사안이라면 제한되는 게 맞다. 특별히 적대관계에 있는 사람들을 위해危害하기 위하여 폭로 형식을 취하는 것도 조심해야 하고, 거짓 정보를 유출하여 사회질서를 어지럽히는 행위는 엄단해야 한다.

알 권리를 충족시켜 주겠다는 명분 아래 남의 약점이나 공개하고 폭로하려는 태도도 반드시 옳은 것이 아님을 알아야 한다. 물론 부정을 감추어 주고 두둔하려는 것은 아니다. 성경은 사랑을 말씀하면서 사랑을 허다한 죄를 드러내는 것이 아니라 덮어주는 것이라고 말씀하는 부분도 있다는 것을 알 필요가 있다(벧전 4:8). 노아는 포도주를 먹고 취해서 벌거벗었다. 그런데 그의 아들 함은 아버지의 이 수치를 형제들인 셈과 야벳에게 폭로함으로 저주를 받았고, 셈과 야벳은 그 정보를 듣고 오히려 그 수치를 감추어 줌으로 칭찬을 들었다(창 9:20-27).

우리에게는 알 권리가 있다. 그러나 모든 것을 다 알아야 한다는 뜻은 아니다. 나를 위해서도, 남을 위해서도 제한 될 수도 있어야 한다는 뜻이다. 아울러 알 권리를 충족시키기 위한 정보 제공도 이해를 위해서, 또는 덕을 위해서 조심스런 부분임에는 틀림없다.

약속에 대하여

이 세상은 약속으로 사는 곳이라 해도 과언이 아니다. 단 하루라도 약속 없이 사는 날이 있는가 보라. 하나님은 우리에게 태초부터 약속을 주셨다. 그것을 우리는 하나님의 언약이라 한다. 어떤 문제를 이룸 받고자 할 때 인간은 하나님께 서원을 하기도 한다. 그것도 약속이다.

그뿐인가. 사람과의 관계 속에서도 우리는 수시로 약속을 하고 그 약속을 지키며 산다. 약속의 생명은 그 약속을 서로 존중하며 이행하는 데 있다. 약속은 철석같이 해 놓고 어긴다면 누가 그 사람을 신뢰하겠는가. 그래서 약속의 이행 여부는 자신이 어떤 사람인가를 드러내는 바로미터다. 도덕적이고 인격적인 사람이라면 약속을 체결했으면 잘 지킬 것이다.

그러나 인격이나 도덕성에 문제가 있는 사람이라면 약속을 수시로 어길 수 있다. 약속을 했지만 후에 생각해 보니 자신에게 불리할 것 같다, 그러면 내가 언제 약속했느냐는 식으로 파기해 버리는 것이다.

먼저 하나님의 약속, 즉 언약에 대해서 생각해 보자. 성경은 하나님의 약속이 들어 있는 책이다. 그리고 그 약속을 지킬 때 인간에게 보상을 보장하는 책이다. 그러나 이 약속은 사람과의 협의 사항이 아니다. 하나님은 창조주이고 인간은 그의 피조물이기 때문에 하나님의 일방적인 약속으로 되어 있다.

최초의 약속인 선악을 알게 하는 나무의 실과를 먹지 않으면 영원히 산다는 약속도 그렇고, 메시아이신 예수를 구주로 영접하면 구원을 주신다는 약속도 모두 일방적이다. 그 외의 모든 약속이 하나님의 일방적인 약속이고 사람은 지킬 의무만 있다. 이 약속을 지키면 누구나 약속되어진 복을 받고 생명을 얻게 된다.

아담은 그러나 이 약속을 지키는 데 실패했다. 그 실패는 인류를 대표하는 자로서의 실패이기 때문에 온 인류의 실패를 가져왔다. 그 실패한 인류에게 주신, 예수를 믿는 자에게 구원을 주신다는 은혜언약은 지금도 유효하다. 그래서 지금도 이 약속에 의해서 성공자와 실패자가 나누어지고 있다.

그렇다면 사람이 하나님께 소원하고 그 소원을 이루어 주셨을 때 보답하겠다는 서원은 어떤가. 한나는 자식을 주시면 하나님께 바치겠다는 서원을 이행함으로 후에 세 아들과 두 딸을 더 얻었다(삼상 1:11,28, 2:21). 성경은 하나님께 서원한 것은 반드시 이행하라고 했다. 해로울지라도 이행하라고 명한다(시 15:4). 더디면 하나님께서 요구한다고 했다(신 23:21). 사사 입다는 암몬족과 싸우러 나갈 때, 만약 승리를 주시면 맨 먼저 환영하는 자를 번제로 드리겠다고 사려 깊지 않은 서원을 했지만 하나님께 한 서원이었기에 맨 먼저 승리를 축하하러 나온 딸을 번제로 드려야 했다(삿 11:30-31).

사회의 규범도 서로간의 약속이다. 그러므로 건전한 시민은 사회의 약속인 규범을 지키려 애쓴다. 그래서 인격자가 된다. 친구와의 시간 약속, 금전 거래에서 이루어지는 여러 약속, 부모와 자식 간의 약속, 형제간의 약속, 국가 간의 약속, 자기 자신과의 약속, 실로 이 세상은 약속으로 얽혀 있고 어느 것이라도 소홀히 여길 수 있는 것은 없다. 그리고 그 약속들은 이 세상을 지탱해 가는 질서다. 국민을 향한 지도자의 약속이 잘 지켜질 때 백성들은 그 지도자를 신뢰한다. 이웃과의 약속이 잘 이행 될 때 신뢰 사회가 된다.

지키지 않아도 되는 약속은 없다. 그런 약속이라면 처음부터 체결되지 말아야 한다. 인정받는 사람이 되고 싶은가. 하나님께나 이웃에게 약속을 이행하는 사람이 되자. 사람들은 그를 신뢰할 수 있는, 틀림없는 사람이라고 존경할 것이다.

양심에 대하여

칸트(Immanuel Kant, 1724-1804)는 인간의 이성과 이해력의 한계는 하나님을 알 수 없다는 이른바 불가지론不可知論을 주장하였다. 그러나 양심에 들려지는 소리는 하나님의 존재를 인정하지 않을 수 없게 한다고 했다.

성경도 세상이 자기 지혜로 하나님을 알지 못한다고 했다(고전 1:21). 그러나 양심의 존재와 기능은 누구도 부인하지 못한다. 그 양심은 어디서 온 것일까. 성경은 우리에게 선한 양심을 가지라고 권하면서(벧전 3:16) 오직 선한 양심이 하나님을 향하여 찾아가는 것이라고 했다(벧전 3:21).

양심은 참 신기한 존재다. 모든 사람의 심령 속에 있으면서 정의와 도덕적 선善을 지향한다. 그러므로 사람이 사람으로서 본분을 다하려면 양심의 소리를 멀리해서는 안 된다.

그런데 이 양심이라는 기능이 모든 사람에게 있지만 똑같지는 않다. 양심을 따라 살려고 한다면 양심이 그 사람을 변화시키지만, 거절하고 살려는 사람에게는 변질을 가져올 수 있다. 그래서 성경에는 여러 종류의 양심에 대해서 말씀한다.

선한 양심(딤전 1:5), 깨끗한 양심(딤전 3:9), 청결한 양심(딤후 1:5)이 있는가 하면 더러운 양심(딛 1:15), 심지어는 화인 맞은 양심(딤전 4:2)을 말씀하기도 한다. 이는 본래 선한 양심이 더러운 양심으로 변질되고 나아가 화인 맞은 양심이 될 수 있다는 뜻이 될 것이다. 그렇게 되면 더 이상 의롭고 선한 길로 인도하는 기능이 마비된 상태라고 볼 수 있다. 가룟 유다 같은 사람일 것이다.

오늘날 우리는 사람들이 양심을 바로 세우지 않고 거짓과 불의 편에 기울어져 가는 현상을 목도하게 된다. 불행한 일이지만 그런 현상은 곧 인간이 인간이기를 포기하는 일이요, 험한 세상을 만들어가는 인도자로 볼 수 있다.

이런 현상을 들어서 성경은 "그러므로 믿음과 착한 양심을 가지라"고 권면하면서 어떤 이들은 이 양심을 버렸고 그 믿음에 관하여 파선하였다고 말씀한다(딤전 1:19). 이는 믿음과 양심이 서로 끊을 수 없는 관계임을 말씀하면서 양심이야말로 인간으로서 지켜야 할 가장 소중한 그 무엇임을 부각시키고 있는 것이다.

양심을 버려서는 안 된다. 그것은 선한 삶을 포기하는 일이다. 우리는 모두가 소원하는 선한 삶이 양심을 버림으로 진리가 비진리에, 정의가 불의에, 정직과 진실이 거짓에 농락당하는 불의의 사회가 되게 할 수 없다.

예수님을 십자가에 못 박아 죽인 그 시대의 양심이 얼마나 부끄러운가. 죄가 없다는 것을 알면서도 불의에 굴복하여 십자가형을 언도하는 빌라도 총독의 양심은 무엇인가. 기득권자의 시기에 좌초하여 불의한 일에 가담하고 선동에 넘어간 군중들은 무엇인가. 군중심리에 넘어가 광장에 나가 예수를 죽이라고 외친 그 사람들에게 과연 양심을 찾을 수 있었는가. 진실을 거부하고 진실을 허위로 조작하는 당시의 기득권자들에게서 무슨 양심을 찾을 수 있었는가. 그것이 사회악이다. 무질서를 조장하는 사회악이다. 불의한 목적을 달성하기 위해서 수단과 방법을 가리지 않는 행위는 자신뿐 아니라 사회를 어둠으로 인도하는 것이다.

양심은 누구나 지켜야 할 고귀한 가치다. 그러나 특별히 정치인, 법조인, 지식인 등 사회의 주도권을 가진 사람들은 더욱 본을 보여야 그 사회가 건강하다.

하나님께 부끄럽지 않게 건전한 사회인이요, 신앙인으로 살고 싶다면 양심과 정직을 붙들어야 한다. 내 가정의 평안과 행복을 지키고 싶다면 양심과 정직을 실천해야 한다. 우리가 이 사회와 나라를 사랑한다면 무엇보다도 내적으로 양심의 소리에 순종하고 외적으로 정직해야 한다.

얼굴에 대하여

　사람이 가장 먼저 자신을 남에게 보이고 나타내는 곳은 얼굴이다. 예쁘다, 밉다 하는 판단도 대체로 얼굴을 보고 한다. 첫 인상을 얘기할 때도 얼굴을 두고 하고, 의사가 검진하기 전에 환자의 건강 상태도 얼굴빛을 보고 파악한다. 실로 얼굴은 그 사람이라고 할 만하다. "그 얼굴은 왜 안 보이나?" 하면 그 사람이 자리에 없다는 뜻이고 "그 얼굴이 말이 아니네" 또는 "그 얼굴이 대단해졌어" 하면 얼굴이 그 사람 자체를 대신하고 있는 표현이다. 그래서 누구나 몸의 어느 부분보다 얼굴에 관심을 많이 가지고 그 얼굴을 치장하고 가꾸는 데 많은 시간을 할애한다. 아침에 일어나서 거울에 자신의 얼굴을 비춰보지 않고 외출하는 사람은 없다. 자기를 잘 보이려고 노력하고 꾸민다.

　이런 태도를 나무랄 일은 아니지만 그러나 우리가 조금 깊이 생각한다면 얼굴을 잘 가꾸기 전에 마음을 가꾸는 일이 우선이어야 할 것이다. 마음의 상태가 고스란히 얼굴에 나타나기 때문이다. 실로 사람의 모든 감정, 예컨대 슬프고, 기쁘고, 우울한 감정, 고통스런 마음, 힘든 상태, 분노 등이 모두 얼굴에 표현된다. 슬픈 마음을 가지고 있으면서 애써 웃어도 금방 탄로가 난다. 마찬가지로 기쁜 마음을 아무리 감추려 해도 얼굴에 드러나게 된다. 사랑을 하면 예뻐진다는 유행가 가사도 있었다. 연극하는 사람이 연기하듯 능숙하게 표현할 수 없는 것이다. 그러나 연기하는 사람도 관객들에게 감동을 주려면 자기가 맡은 배역의 감정 속에 빠져들지 않으면 안 된다. 자기가 맡은 배역의 희로애락의 감정이 남의 것이 아니라 자기 것이 될 때 비로소 감동적인 연기인이 될 수 있는 것이다. 그래서 얼굴을 가꾸기 전에 마음을 가꾸는 노력을 먼저 해야 한다.

또한 얼굴 표정에 조심해야 할 것이 있다. 공동체 안에서는 나 한 사람의 표정이 나 한 사람의 것으로 끝나지 않는다는 사실 때문이다. 한 사람의 기쁜 얼굴 표정이 같이 있는 모든 사람의 마음을 기쁘고 평안하게 하는 것을 우리는 수시로 느끼며 산다. 반대로 직장 상사의 우울한 표정이 모든 부하 직원의 마음을 얼마나 우울하게 하던가. 집안의 식구 중 한 사람의 고통스런 표정이나 우울한 감정이 집안 식구 모두에게 전염된다. 실직한 아버지의 얼굴 표정은 온 가족을 우울하게 하고 아픈 자식의 고통은 온 가족을 걱정시키고 아프게 한다. 얼굴에 평안이 나타나고 건강이 나타나고 기쁨이 나타나면 얼마나 좋은가. 그리고 그 얼굴이 자기 책임을 다하는 만족스런 모습이라면 얼마나 유쾌한 일인가.

성경은 우리에게 항상 기뻐하라고 가르치고 예수님은 세상이 주는 것과 같지 않은 당신의 평안을 우리에게 주신다고 했다(요 14:27). 우리가 기쁨을 얼굴에 표현하는 것은 자신의 행복함을 보여주는 것이면서 또한 주변 사람들에게 화평과 기쁨을 나누어주는 일이다. 그러므로 밝은 얼굴을 보여주는 것은 공동체 안에서 지켜야 할 예절이기도 하다. 아브라함 링컨은 사람이 나이 40이 되면 자기 얼굴에 책임을 지라고 했다.

여과濾過에 대하여

더러운 물도 정수기淨水器를 거쳐 나오면 깨끗한 물이 된다. 깨끗하기 때문에 마셔도 된다. 물만 그런가. 입에서 나오는 말도 여과가 필요하다. 나오는 대로 그냥 뱉어버리듯 하면 실수하는 경우가 많다. 그렇게 되면 듣는 사람은 오염된 물을 마실 때보다 더 불쾌하다.

말하기 전에 숙고하는 습관이 필요하다. 이 말이 듣는 사람에게 어떤 영향을 줄 것인가를 잠시 생각한다면 그는 말의 여과장치가 잘 된 사람이다. 그는 틀림없이 인격자라는 칭찬을 받는 사람일 것이다.

성경은 만일 말에 실수가 없는 자라면 곧 온전한 사람이라 했다(약 3:2). 사공은 큰 배를 운항할 때 작은 키로 조정하는 것처럼 사람에게 있어서 혀는 작은 지체지만 그 사람을 이끌고 간다고 했다(약 3:4-5 참고). 온전한 사람 되기가 어렵다는 뜻이요, 혀의 역할이 중요하다는 뜻 아닌가.

우리 속담에 말 한마디로 천 냥 빚을 갚는다는 말이 있다. 말하기에 따라서 남에게 호감을 줄 수 있다는 뜻이다. 그래서 성경은 "죽고 사는 것이 혀의 힘에 달렸다"고 했고 "혀를 쓰기 좋아하는 자는 혀의 열매를 먹는다"고 했다(잠 18:21). 실로 말을 잘 해서 칭찬도 듣고 위대한 사람이 되기도 하지만 말 한마디를 잘 못해서 망신을 당하기도 하고, 두고두고 후회도 하며, 심지어는 죽임을 당하기도 한다.

말은 참 신기하다. 같은 말이라도 누가 하느냐에 따라서 다를 수 있고, 옳은 말일지라도 상황에 따라서 그르게 들릴 수 있다. 같은 말이 상황과 환경에 따라서 달리 들릴 수 있기도 하다. 그래서 조심해야 하고 말하기 전에 잠시 숙고하는 여과장치가 필요한 것이다.

대체로 말을 많이 하면 실수가 따르게 된다. 그리고 해서는 안 되는 말을 해서 스스로 인격을 떨어트리는 경우도 있다. 성경은 "무릇 더러운 말은 너희 입 밖에도 내지 말고 오직 덕을 세우는 데 소용되는 대로 선한 말을 하여 듣는 자들에게 은혜를 끼치게 하라"고 권하고 있다(엡 4:29). 이 권면에 의하면 더럽고, 덕스럽지 않고, 선하지 않고, 은혜 되지 않은 말은 하지 말아야 옳다. 실로 여과를 잘 해야 할 말이 있다. 거짓말도 그렇고, 욕설이나 저속한 말도 그렇다. 불평과 원망의 말, 부정적인 말, 자랑의 말, 아첨의 말(유 1:16), 악의적인 선동의 말 등은 해서는 안 되는 말이다.

성경에 의하면 모세는 하나님으로부터 애굽으로 돌아가 이스라엘 백성을 인도하여 내라는 명령을 받고 여러 가지 이유를 들어 자신이 그 일을 수행할 적격자가 아님을 말했다. 그 여러 가지 이유 중의 하나는 자신이 본래 말을 잘 하지 못하는 것이라 했다. 입이 뻣뻣하고 혀가 둔하다고 했다(출 4:10).

그러나 내가 생각하기로는 모세가 그 정도로 말을 못 하는 사람은 아닌

성싶다. 그런데 왜 자신이 말을 못 한다고 했을까. 아무래도 애굽의 바로를 설득하기가 어렵고 상황에 따라 합당하게 처신하기가 어려워서가 아니었을까 하는 생각이 든다.

바울도 자신이 "말에는 부족하다"고 고백한 바 있다(고후 11:6). 그러나 내가 생각할 때 그는 지식도 많았을 뿐 아니라 말하는 데도 부족하지 않았을 것 같다. 아덴에서 당대의 에피쿠로스와 스토아 철학자들과 쟁론할 때 조금도 꿀리지 않았다. 오히려 그들에게서 말쟁이라는 소리를 들었다(행 17:18). 그럼에도 그가 자신을 가리켜 말에 부족하다고 한 이유는 어디에 있었을까. 진리를 올바로 전하기 위해서 매우 조심했기 때문이 아니었을까 하는 생각이 든다.

언행이라는 것이 숙고하지 않으면, 다시 말해서 여과 과정을 거치지 않으면 위험하다. 화나는 대로, 급한 마음에 불쑥불쑥 내뱉듯이 하면 실수하기가 쉽다. 엎어진 물이나 내뱉은 말은 다시 주워 담기가 어렵다는 속담도 있지 않은가. 신중해야 한다. 숙고한 다음에 말해야 한다. 그것이 여과다. 여과되지 않은 말과 행동은 여과되지 않은 물을 마시는 것보다 더 더럽고 위험하다.

역사歷史에 대하여

역사란 과거에 있었던 일, 또는 과거에 일어났던 모든 현상이나 사건을 말한다. 이 역사는 거짓일 수 없다. 사람들이 잊어버리거나 왜곡시킬 수도 있고 사관史觀에 따라 다르게 평가할 수는 있어도 사실은 한 점도 덧붙일 수도 없고 뺄 수도 없는 그대로이다. 만에 하나 사건을 은폐하거나 과장해서 기록함으로 잠시 사람을 속일 수는 있지만 하나님은 속일 수 없다. 하나님은 불꽃 같은 눈으로 역사를 바라보고 계실 뿐 아니라 역사의 주관자이시기 때문이다.

지금도 역사는 계속 만들어지고 있다. 시간이 흐르고 있기 때문이요, 사람이 바뀌기 때문이요, 우리가 처한 현장이 끊임없이 변하기 때문이다. 역사는 개인사도 있고 가정이나 어느 단체적인 것도 있고 사회적인 것과 세계적인 것과 우주적인 것도 있다. 어느 누가 역사를 지나간 일이기 때문에 다시 돌아올 수 없는 것으로 치부하고 무시한다면 그는 어리석은 사람이다. 역사가들은 역사는 반복된다고 말한다.

물론 우리가 인생을 살면서 과거지향적이어서는 안 된다. 잘된 역사라 할지라도 우리는 과거로 돌아갈 수 없고 잘못된 역사라 할지라도 어찌할 수 없다. 우리는 미래를 바라보며 현실을 살아야 한다.

그러나 역사는 언제나 우리에게 교훈을 주고 있다. 잘못된 역사를 남긴 사람들의 족적에서 우리는 반성을 하고 잘된 역사를 기록한 사회에서 긍정을 찾아야 한다. 그러나 무엇보다 우리가 역사를 귀하게 여겨야 하는 것은 그 역사 속에 하나님의 숨결이 들어 있다고 믿기 때문이다. 다시 말하면 모든 역사에는 하나님의 뜻이 들어 있는 것이다. 그래서 신학神學에서는 역사를 자연현상이나 인간의 마음속에 있는 양심과 더불어 하나님의 일반계시一般啓示로 보고 있다.

실로 역사 안에는 어느 시대를 막론하고 선과 악, 사랑과 미움, 정의와 불의 등의 사건들이 게재되어 있는데 당시에는 불의와 악과 증오가 승리하는 것 같을지라도 긴 세월과 안목으로 보면 반드시 정의와 선과 사랑이 승리하는 것을 나타내주고 있는 것이다.

예를 들면 로마의 네로 황제나 우리 역사의 연산군이 나라를 다스릴 때 모두가 그 권력 앞에서 무릎을 꿇어야 했다. 그의 권세가 정의인 듯 싶었다. 그러나 지금 누가 그들의 권력을 정의라 하는가. 세례 요한이 헤롯의 불의를 탄핵하다 목 베임을 당했다.

당시에는 이런 세례 요한을 실패자로 보는 사람도 많았을 것이다. 당시에는 예수 그리스도의 십자가를 실패의 상징으로 본 사람도 있었을 것이다. 그러나 지금 누가 세례 요한이나 예수 그리스도를 실패자라고 보는가. 세례 요한은 죽어서도 정의를 부르짖고 예수님은 영원히 사랑과 생명이 궁극적인 승리를 가져다줌을 증거해 주고 있다. 결국 하나님이 정의고

선이고 사랑이심을 역사가 드러내고 있는 것이다. 그러므로 역사를 아는 현명한 사람은 지난 역사를 살피면서 미래를 보는 안목이 생기는 것이다.

우리는 사람이 태어나는 것을 우연으로 보지 않는다. 반드시 하나님의 섭리라고 믿는다. 예수님은 참새 한 마리가 땅에 떨어지는 것도 하나님의 허락 없이는 안 된다고 했다. 사람이 살고 죽는 것이 모두 하나님의 섭리 안에서 이루어지는 것이다. 그리고 살아 있는 사람들이 만들어내는 것이 역사다.

그렇다면 역사를 아는 사람은 어떻게 살아야 할까. 우리는 지금 이 시대의 역사를 만들어내는 사람들이다. 개인적으로도 자기 역사를 쓰고 있고, 가정의 일원으로, 사회의 일원으로 역사를 쓰고 있는 것이다. 그 역사는 반드시 후세에 평가를 받을 것이며 개인적으로는 장차 하나님의 준엄한 심판대 앞에 서게 될 것이다. 이는 태어났고, 살았다면 적어도 자기가 꾸민 역사에 책임을 져야 한다는 의미다. 아무렇게나 산다는 것은 무책임한 일이고 역사 앞에 죄인이 되는 것이다.

우리는 성실하게 살아야 한다. 선하게, 정의롭게 그리고 아름답게 살아야 할 이유가 있다. 성경은 우리가 본래는 불의했기 때문에 예수를 영접하고 예수님의 의를 힘입어 살기를 원한다. 그 삶은 사랑하며 사는 것이다. 그런 삶을 사는 사람은 사랑의 역사를 쓰게 된다.

사랑은 수고가 필요하다. 진실해야 하고 용서해야 하고 헌신과 봉사가 따라야 한다. 그리고 남을 살리기 위해서 내가 죽은 예수 그리스도의 삶을 본받으려 애써야 한다. 그리스도는 당신이 살았던 삶의 현장에서 이를 실천하고 적나라하게 보여주었다.

    역사를 무시하지 말자. 역사를 거스르지 말자. 역사의 가르침을 멸시하지 말자. 그것이 역사를 아는 것이다. 역사를 알면 나 개인이 바르게 사는 길을 알게 될 것이고, 내가 사는 사회를 어지럽히지 않게 된다.

    지금 우리는 이 시대 역사의 주인공이다. 바른 역사를 위해 이런 질문을 자신에게 해 보자. 나 자신에게 신실한가? 역사의 주장자 앞에서 겸손한가? 양심과 하나님의 음성에 귀 기울이고 있는가? 하늘의 뜻이 이 땅에서 이루어지는 데 기여하고 있는가?

    조금 있으면 우리도 역사의 뒤안길로 가야 한다. 그 이전에 역사의 주인공으로 선한 역사를 남기기 위하여 과거의 역사를 살피자. 내일의 영광을 위하여 역사를 보며 의미 있는 오늘을 살자. 우리는 지금 이 시대에게 주어진 백지 위에 뭔가를 기록하고 있는 중이다. 그것을 가지고 우리는 장차 심판주 앞에 설 것이고, 거기서 우리는 우리 입으로 직고直告하게 될 것이다(롬 14:12).

역전逆轉에 대하여

야구를 좋아하는 사람은 "야구는 9회 말, 투 아웃부터"라는 말을 안다. 변화가 많기 때문에 패색이 짙은 9회 말에도 전세를 역전시킬 수 있다는 희망을 불어넣어 주는 말이다.

어디 야구뿐인가. 모든 경기, 모든 전쟁, 인생사가 뜻하지 않은 계기를 통하여 반전될 수 있는 것이다. 그래서 언제든지 마음을 풀어놓아서는 안 되는 것이 인생인가 하면 언제든지 전세를 역전시켜 기쁨을 누릴 수 있는 것이 또한 인생이기도 하다. 그러므로 "야구는 9회 말, 투 아웃부터"라는 말은 끝까지 낙심하지 말라는 격려가 있고, 끝까지 방심하지 말라는 경고가 들어 있는 말이다.

예수께서 믿음을 말씀하시면서 "먼저 된 자로서 나중 되고 나중 된 자로서 먼저 될 자가 많다"고 하신 바 있다(마 19:30). 역시 신앙도 얼마든지 역전될 수 있다는 가르침이다.

실로 이 세상은 역전이 얼마든지 가능하기 때문에 희망이 있는 곳이다. 그러나 역전승에 묘미와 기쁨이 있는 반면 역전패가 있어서 비참하기도

하다.

　가난한 사람이 항상 가난하라는 법이 없다. 언젠가 부자가 될 수 있다. 항상 낙선만 하는가. 당선될 수도 있는 것이 선거다. 뒤졌다가도 앞설 수 있는 것이 성적이다. 그래서 소망이 있다. 그러나 부유하던 사람이 가난해질 수도 있다. 당선되었던 사람이 다음에 낙선의 고배를 마실 수 있다. 앞서 가다가 뒤질 수 있는 것이 성적이다. 그래서 조심해야 한다.

　요셉은 어렸을 적에 배다른 형들에 의해서 애굽으로 팔려갔다. 그런데 팔려간 요셉은 천신만고 끝에 애굽의 국무총리가 되었고, 그를 팔았던 형들은 양식이 떨어져 애굽으로 양식 구하러 왔다가 동생을 만났다. 그들은 애굽의 국무총리가 된 동생 앞에서 무릎을 꿇어야 했다. 역전이 된 것이다.

　다윗은 사울 왕에게 쫓겨 죽을 고비를 여러 번 넘겼다. 잘못한 것도 없이 쫓겨 다닐 때는 얼마나 비참했는가. 생사가 불투명했다. 그러나 사울 왕이 블레셋과 길보아 전투에서 패하여 죽고, 이어서 다윗은 이스라엘의 왕이 되었다. 역전이 된 것이다.

　예수님의 비유에 나오는 부자는 날마다 베옷과 자색 옷을 입고 잔치를 벌이며 취해서 살았다. 그러나 그 집 대문 앞에서 부자의 상에서 떨어지는 부스러기를 주워 먹던 나사로는 비참했다. 헌 데를 개가 와서 핥을 때 겨우 시원함을 느꼈으리라. 그러나 누구에게나 공평하게 주어지는 것이 있다. 죽음이다. 세월은 거지 나사로도, 부자도 이 세상에 영원토록 두지 않았다. 그런데 그들이 이 세상을 떠나서 간 곳은 어디였던가. 불꽃 속에서 고생하며 바라본 부자의 눈에 비친 현실, 자기 집 대문 앞에서 자기가 먹다 버린 부스러기를 주워 먹고 살던 저 보잘 것 없던 거지 나사로가 아브라함의 품에 안겨 있지 않은가. 역전된 것이다.

역전승, 그것은 짜릿한 기쁨을 주는 것이다. 그러나 역전패, 그것은 비참한 것이다. 이것이 우리가 진지하게 인생을 이끌어가야 할 이유이고 역전승을 이루어야 할 이유이기도 하다.

그러나 그 역전승이 우연히 이루어지는 것이던가. 아무 노력이나 대책 없이도 거저 와 주는 것이 아니다. 어려운 환경에서도 결국 역전하고 말겠다는 굳은 의지와 거기에 걸맞은 피나는 노력이 수반되어야 한다. 그러나 무엇보다도 우리를 이끄시고 계시는 하나님의 도움과 은혜로만 가능하다. 분발하자. 우리는 언제든지 역전이 가능한 세상에서 살고 있다.

연결에 대하여

떨어진 두 곳을 서로 이어주거나 관계를 맺어주는 것이 연결이다. 문장에는 접속사가 있고 지역 간에는 길이 있다. 내를 건너려면 징검돌이 있고 강을 건너려면 다리가 놓여 있어야 한다. 배를 타고 건널 수도 있다. 모든 교통수단은 연결을 위한 것이다. 장사하는 데는 거간꾼이 필요하고 부동산 거래에는 중개사가 역할을 한다. 부부 인연을 맺을 때에 예전에는 "중이 제 머리 못 깎는다"는 속담을 앞세워 중매쟁이가 활약을 했다. 물론 지금도 많이 활동하고 있다.

사실 연결이 없으면 소통이 없다. 소통이 없으면 깜깜하다. 역사에 연결이 없고 학문이나 사상에 연결이 없으면 발전이 없다. 자손이 연결되어 가문이 생긴다. 그렇다면 우리는 그냥 왔다가 없어지는 것이 아니라 뭔가 연결시켜 주고 가는 존재이다. 유익하고 보람을 주는 연결자가 되자. 옳지 않은 것을 연결지어 주는 불의한 사람이 되지 말자. 선한 것도 연결되지만 악한 것도 연결되고 있지 않은가.

수원지에 담긴 물이 내 가정 수도꼭지까지 들어오려면 연결관이 있어야 한다. 샘물이 바다에까지 이르려면 내를 거치고 강으로 흘러야 한다.

실로 연결이 없으면 생활이나 사람 관계에 있어서 불편함을 넘어 존재할 수 없는 사회에서 우리는 사는 것이다.

좋은 연결자들이 되자. 어느 날 예수님은 큰 무리가 당신에게로 오는 것을 보시고 "우리가 어디서 떡을 사서 이 사람들을 먹이겠느냐"고 빌립을 시험했다. 빌립은 대답하되 "각 사람에게 조금씩 받게 할지라도 이백 데나리온의 떡이 부족하리이다" 하고 계산부터 했다. 안드레는 "여기 한 아이가 있어 보리떡 다섯 개와 물고기 두 마리를 가지고 있나이다 그러나 이것이 이 많은 사람에게 얼마나 되겠사옵나이까" 하고 말씀드렸다 (요 6:5-9). 이때 예수님은 제자들에게 "너희가 먹을 것을 주라"고 하셨다(막 6:37). 가진 것 없는 제자들은 어리둥절할 수밖에 없었다. 예수님은 사람들을 질서 있게 앉게 하시고, 어린아이가 가지고 온 보리떡 다섯 개와 물고기 두 마리를 가지고 축사하신 다음 떡을 떼어 제자들에게 나누어 주도록 했다. 그래서 여자와 어린아이를 제외한 오천 명을 먹일 수 있었다. 기적이었다. 그리고 그 기적은 예수님의 손에서 나왔고 직접 군중에게 나누어 준 것은 제자들이었다. 그렇다. "너희가 먹을 것을 주라"는 말씀이 이렇게 이루어졌다. 제자들은 하나님으로부터 받아서 나누어 주는 사람들이다. 교회도 하나님으로부터 받아서 세상에 나누어 주는 사랑의 공동체이다.

그렇다. 우리는 받은 복음을 세상에 나누어 주는 연결자다. 우리는 사랑과 진리를 받은 자들로 다른 사람에게 나누어 주는 연결자로 살아야 한다. 바울 사도는 자신을 가리켜 "너희를 정결한 처녀로 한 남편인 그리스도께 드리는 중매쟁이"로 비유했다(고후 11:2). 우리도 중매쟁이요, 신령한 연결자다. 소망을 전하고 사랑을 나누어 주는 전달자로 살아야 한다. 역사적 사명을 가지고 이 시대에 귀한 것들을 연결해 주는 사람이 되자.

열등감에 대하여

내가 아는 사람 중에 피해의식과 심한 열등감에 사로잡혀 있는 사람이 있었다. 그녀는 지나가는 중에 다른 사람들이 모여 자기들끼리 뭔가 얘기를 나누고 있으면 그들이 자신을 헐뜯고 있다고 생각했다. 그래서 항상 우울했다. 미모도 뒤떨어지지 않고, 의상도 고급으로 입었고, 늘 깨끗한 이미지를 주는데 왜 그럴까? 알고 보니 그렇게 자신의 외모를 가꾸어도 자신의 모습이 어떤 기준보다 부족할 뿐 아니라 남과 비교할 때 열등하다고 느끼기 때문이었다. 한마디로 자신을 과소평가하고 있는 것이었다. 남들이 모여서 얘기를 나누고 있는데 왜 엉뚱하게도 자신을 비난한다고 생각할까? 그들이 자신을 칭찬하고 있다고 생각할 수는 없을까?

더구나 지금은 개성시대다. 자기 자신을 남과 비교해서 미추를 가리는 시대는 지났다. 내 모습 그대로가 얼마든지 아름답다. 한때 우리는 가장 한국적인 것이 곧 세계적이라는 말을 유통시키기도 했다. 그리고 실제로 그게 증명되고 있다. 열등감에 사로잡힐 이유가 없다. 백합도 예쁘지만 코스모스도 예쁘다. 장미꽃도 예쁘지만 땅에 붙어 있는 듯한 제비꽃도 예쁘다. 꺽다리 해바라기만 예쁜 게 아니다. 채송화도 예쁘다. 채송화가 해바라기와 비교해서 예쁜 게 아니고 코스모스가 백합과 비교해서 예쁜 게 아니다. 자기 개성으로 예쁨을 뽐내고 있는 것이다.

모든 조건이 장점이 되고 단점이 될 수 있다. 키가 크면 운동선수로서는 장점이 될 수 있지만 키가 크기 때문에 불이익을 당하는 경우도 분명히 있다. 사람은 더구나 누구든지 장단점을 지니고 산다. 이런 점은 좋은데 저런 점은 부족하다. 국어는 잘하는데 수학을 못하는 경우가 있다. 그림은 잘 그리는데 노래를 못하는 사람도 있다.

예전에는 모든 것을 다 잘하는 사람을 찾았는지 모르지만 지금은 그런 사람도 없을 뿐 아니라 하나의 장기나 특기만 있어도 유명해진다. 노래를 잘 부르지 못한다고 주눅들 필요가 없다. 그림으로 성공하면 된다. 자기 역량만 살리면 누구나 인정을 받을 수 있는 사회에서 우리는 지금 살고 있다.

특별히 하나님의 섭리 차원에서 생각하면 하나님께서 필요 없는 사람을 태어나게 하셨을 리가 없다. 모두가 필요하기 때문에 태어나게 하셨다. 그러므로 하나님께서 실수하여 일률적으로 똑같은 키와 똑같은 얼굴과 똑같은 재능으로 태어나지 않도록 하신 것이 아니다. 각기 다르게 태어나게 하심이 하나님의 뜻이다.

나는 드라마를 보면서 자주 느낀다. 어쩌면 연출가들은 사기꾼들이다. 불량배 역할을 맡은 사람은 거의 모두가 험한 얼굴을 하고 있다. 그렇지 않은 사람은 일그러진 얼굴로 분장을 시켜놓는다. 사실은 얼굴이 험하다고 불량배는 아니다. 다시 말하면 불량배는 얼굴이 험해서 되는 것이 아니다. 그러나 그런 인상을 가지고 있으니 불량배역으로 사용되는 것이다.

그러나 그런 외모와 달리 그 마음이 얼마나 선량한가!

　그렇다. 개성이다. 갸름한 얼굴을 가진 사람만 가지고 드라마가 만들어질 수 없다. 개성을 잘 나타내야 훌륭한 연기자다. 자기의 성품이나 외모 때문에 주눅들지 말라. 남과 비교해서 열등감에 사로잡히지 말라. 나보다 우월하게 느껴지는 그 사람도 죄인이고 또한 부족하고 무능한 점이 많은 사람이다.

　피해의식 속에 살지 말자. 나를 만드신 하나님은 최선을 다하여 나를 만드셨다. 개성적으로, 내가 살아가는 데 전혀 지장 없도록, 남에게 멸시당할 이유 없이 당당하게 살 수 있도록 만드셨다.

　열등감은 남과 비교해서 이겨낼 것이 아니라 자기 정신과 싸워서 이겨야 할 내 안의 적이다. 세상에 나와 비슷한 사람은 있을 수 있어도 나와 똑같은 사람은, 모든 사람의 지문이 다르듯 하나도 없다. 그러므로 우리는 각자 특별한 사람이고 물건으로 비유한다면 귀중품이다.

　그렇다. 나에게는 무엇인가, 잘하는 재능이 있다. 나를 필요로 하는 곳이 있고 필요로 하는 사람이 있다. 왜 내가 남과 같지 않다고 낙심하는가? 과연 아름다움의 기준이 무엇인가? 좋은 성품이란 무엇인가? 예전의 양귀비나 클레오파트라가 지금 세상에서도 미인 축에 들며 미모를 자랑할 수 있을 것인가.

　하나님은 지금 이 세상에 필요해서 우리를 태어나게 하셨고 이 세상에 적응할 수 있도록 만드셨다. 네가 부족한 것이 내게는 넉넉하고 내게 부족한 것이 네게 있다. 우리 서로 비교하면서 우월감이나 열등감을 가질 필요도, 이유도 없다. 내가 이렇게 태어나고 싶어서 태어난 게 아니다. 조물주의 뜻이다. 남과 비교해서 우쭐하지 말라. 나도, 내가 소유한 것도 한 시대를 살아가는 데 필요한 도구들이다. 많이 가진 것도, 조금 가진 것도, 많은 지식이 있어도, 무식해도 그 조건 때문에 행복과 보람이 따르는 것 아니다. 어떤 마음으로 사느냐가 중요하다.

그러고 보니 내가 행복하다. 나를 이렇게 태어나게 하시고, 이런 성품으로, 이런 일을 하도록 인도하신 하나님께 감사하다. 더구나 다른 사람과 어울려 협력하며 살 수 있으니 이 얼마나 행복한 일인가.

우월감의 안타까움이여, 열등감의 슬픔이여!

예방에 대하여

사람은 누구나 질병에 노출되어 있다. 질병은 허약한 사람을 공격한다. 그러므로 건강해야 한다. 그러나 어디 모두가 건강할 수만 있는가. 태어날 때부터 허약하게 태어나는 사람도 있고 살아가면서 부주의로 건강을 잃는 경우도 있다. 이를 치료하기 위해서 치료의학이 발달한다. 그러나 아무리 치료의학이 발달해도 한계가 있다. 결국은 고치지 못하고 불구가 되는 경우도 허다하다. 그래서 재활의학이 필요하다. 잃어버린 기능을 회복시키기 위해서이다.

이처럼 건강을 위해서 치료의학과 재활의학이 필요하지만 이보다 더 소중히 여겨야 할 분야가 있다. 곧 예방의학이다. 예방의학이란 문자 그대로 병이 들기 이전에 들어오지 못하도록 막는 의학이다. 많은 사람들이 건강을 잃은 후에 건강할 때 건강을 지킬걸, 하고 후회를 한다. 건강을 잃은 뒤에 다시 회복하는 것이 어렵기 때문이다.

요즈음은 수명이 늘어나면서 건강에 대한 관심이 많아졌다. 허약한 가운데 오래 산다는 것이 또 다른 고통이라는 것을 알기 때문이다. 그래서 운동, 섭생, 약물 등에 관심이 많아졌다. 얼마나 오래 사느냐보다 그동안 어떻게 건강할 수 있느냐가 중요하다는 인식 때문이다. 결론은 그렇다. 건강을 위해서 치료도 중요하고 재활도 중요하지만 그 중에서도 가장 중요한 것은 예방이라는 것. 그렇다면 예방이 꼭 육신의 건강에만 해당되는가? 아니다. 사회생활 전반에 걸쳐서 필요한 것이다.

왜 우리는 밤에 문단속을 하고 잠을 자는가? 도둑이 들어오는 것을 미리 방지하기 위한 것이다. 불이 나지 않게 하기 위해서는 전기 시설이나 가스 시설이 잘못되지 않았나, 수시로 점검하고 또 조심해야 한다. 그것이 예방이다. 나라를 지키기 위해서 무기를 만들고 군인들로 하여금 지키도록 하는 것도 전쟁을 예방하는 조치다. 그래서 유비무환有備無患이라는 말도 생겨났다.

이쯤에서 나는 우리의 정신적이고 영적인 면에서의 예방에 대해서 생각해 보려 한다. 우리는 육신만 연약하고 부실한 것이 아니라 정신적으로도 취약하고 영적으로도 허약한 것이다. 잘 넘어지고, 시험에 빠지기도 한다. 그리고 좌절을 하여 재기불능이라는 단계에 들어서는 사람도 있다. 그래서 자살을 감행하기도 하지 않는가.

신앙생활을 하던 사람도 어떤 충격적인 자극에 의해서 좌절하는 경우가 있다. 예를 들면 뜻밖에 가까운 사람의 죽음이라든지 질병 때문에 당황하는 것이다. 사업의 실패나 다가온 어떤 불행이 낙심케 만들기도 하고, 가까운 사람으로부터의 배신이나 금전적인 손해를 입으면 시험에 들기도 한다. 물론 이런 모든 일이 올바른 믿음에 서 있지 않다는 데 원인이 있지만 아무튼 이런 현상은 우리가 정신적으로나 영적으로 매우 취약하다는 반증이 되는 것이다.

이럴 때 어떻게 해야 하는가? 육신적으로 건강을 잃었을 때처럼 영적이고 정신적인 측면에서도 치료와 재활이 필요한 것이다. 하나님의 말씀과 교육과 상담과 권면과 사랑으로 회복하도록 해야 한다.

그러나 역시 영적인 면에서도 치료 이전에 예방이 더 중요하다는 것을 명심해야 한다. 예수님께서도 "시험에 들지 않게 일어나 기도하라"고 가르치셨다(눅 22:46). 시험에 빠지지 않으려면 기도라는 방법으로 예방하라는 뜻 아닌가. 시험 요소를 미리 제거하는 방법이 기도라는 뜻이고, 더 나아가서 병들기 전에 예방하라는 의미가 담겨 있는 것이다. 나는 여기서 영적 질병을 예방하는 방법으로 두 가지를 말씀드리려 한다.

하나는 나부터 다른 사람에게 충격을 주는 행동을 하지 않도록 조심해야 한다는 것이다. 내 생각으로 아무렇지 않게 여기고 내놓은 말 한 마디나 행동이 상대방에게 큰 충격이 될 수 있다는 사실을 알고 삼가야 한다. 서로가 생각이나 관심이나 취약점이 다르기 때문이다.

어느 날 어린아이가 방죽에 개구리가 앉아 있는 것을 발견했다. 심심하던 차에 이 어린아이는 작은 돌을 집어서 그 개구리에게 던졌다. 개구리가 말했다. "너는 심심풀이로 돌을 던지지만 나는 잘못 맞으면 죽는다." 이런 경우가 우리에게는 얼마든지 있는 것이다.

예수님은 말씀하셨다. "누구든지 나를 믿는 이 작은 자 중 하나를 실족하게 하면 차라리 연자맷돌이 그 목에 달려서 깊은 바다에 빠뜨려지는 것이 나으리라 실족하게 하는 일들이 있음으로 말미암아 세상에 화가 있도다 실족하게 하는 일이 없을 수는 없으나 실족하게 하는 그 사람에게는 화가 있도다"(마 18:6-7).

두 번째는 누구나 영적 생활에 충실해야 한다. 사탄은 언제나 영적으로 허약한 사람을 공격하는 것이다. 영적으로 나태하거나 해이해진 사람이 사탄의 가장 좋은 먹잇감이 되는 것이다. 예배나 전도나 기도생활이나 성경공부나 봉사활동과 같은 기초적인 신앙생활을 소홀히 해서는 안 되는 이유는 이런 요소들이 우리를 영적으로 성숙시키고 건강을 유지케 하기 때문이다. 실로 우리는 주 안에서와 그 힘의 능력으로 강건하여지는 것이다(엡 6:10).

그렇다. 언제든지 치료보다는 예방이 우선이어야 한다. 육신도 물론 건강해야 하지만 영혼은 더욱 건강해야 한다. 바울 사도는 기도한 바 있다. "그의 영광의 풍성함을 따라 그의 성령으로 말미암아 너희 속사람을 강건하게 하시오며 ……"(엡 3:16).

오래 참음에 대하여

참는다는 것이 그렇게 쉬운 일은 아니다. 그렇기 때문에 미덕이 될 수 있는 것이다. 성경은 사랑을 정의할 때 오래 참는 것이요, 모든 것을 참는 것이라 했고(고전 13:4,7), 오래 참음이 성령의 열매 중 하나라고 말씀하고 있다(갈 5:22). 성령의 사람은 오래 참을 수 있어야 한다는 의미요, 사랑한다면 기본적으로 참을 줄 알아야 한다는 뜻이 아니겠는가.

그렇다고 참는 것이 모든 경우에 능사가 될 수는 없다. 몸이 아플 때는 무조건 참고 견디기만 할 것이 아니라 왜 아픈가, 진찰을 받아 적절한 치료를 받는 것이 현명한 처신이 될 것이다. 환자 중에는 참다가 시기를 놓쳐 중병이 된 사람도 더러 있지 않은가. 그뿐 아니라 이 세상에는 간혹 참기만 해서는 안 되는 일들이 벌어지기도 한다. 가령 약자를 억압하기 위한 불의의 폭력이 자행될 때 항거하지 못하고 눌려 사는 것은 미덕이 아니라 비겁하거나 무능한 소치다.

그러므로 오래 참음이 미덕이 되려면 어떤 분명한 목적이 있다거나 의롭고 선한 일을 성취하기 위해서 견디는 경우다. 본래 인내忍耐라는 말은 무조건 참는 것을 의미하는 말이 아니다. 어떤 목적이나 사명을 이루기 위해서 그것을 방해하거나 막는 환경을 견디면서 부단히 노력하는 것을 의미한다.

실제로 어느 분야에서 성공했다는 사람, 인생을 승리로 이끌었다고 칭송이나 존경을 받는 인물을 보면 거의 모두가 잘 견디었고 힘든 상황에서 잘 참아낸 사람들이다. 성경은 "수욕을 참는 사람을 슬기로운 자"라 하였고(잠 12:16), "시험을 참는 자는 복이 있다"고 했다(약 1:12). 복음을 위해서 갖은 고난과 박해를 참아낸 사람들의 이야기를 우리가 어떻게 다 이야기할 수 있겠는가.

그렇다면 우리에게 닥치는 고난을 어느 정도까지 참아야 하는가? 예수님은 사랑하는 제자 가룟 유다의 인도를 받고 온, 대제사장들과 백성의 장로들이 파송한 무리에 의해서 체포되었다. 곁에서 이 황당한 모습을 목도한 베드로가 칼을 뽑아 대제사장의 종인 말고의 귀를 쳐 떨어뜨렸다. 이때 예수님은 베드로에게 가르쳤다. "네 칼을 도로 칼집에 꽂으라 칼을 가지는 자는 다 칼로 망하느니라"(마 26:52). 그리고 말고의 귀를 만져 다시 낫게 해 주시면서 "이것까지도 참으라"고 하셨다(눅 22:51).

그렇다면 예수께서 "이것까지 참으라"고 하신 말씀은 참음의 한계가 어디까지라는 뜻일까? 아마 "도무지 참을 수 없다" 또는 "참는 것도 한계가 있다"고 생각하며 보복행위를 감행하려는 바로 그것까지도 참으라는 뜻이 아니겠는가. 그렇다면 무한히 참으라는 뜻이 되리라.

실로 예수님은 오래 참음의 본을 보이셨다. 부당하게 고난을 받으면서도 슬픔을 참으셨고 선을 행함으로 오히려 고난을 받았지만 참으셨다(벧전

2:19-20). 십자가에 못 박혀 당한 고통과 부끄러움을 참으신 것은 실로 초인적인 것이었다(히 12:2).

그렇다면 이런 고난을 언제까지 참으라고 성경은 말씀하시는가? "주께서 강림하시기까지 길이 참으라"고 하신다. 그리고 그 길이 참아야 하는 예를 농부를 들어서 설명한다(약 5:7). 농부가 씨를 뿌리는 것은 귀한 열매를 얻기 위함이다. 그러나 그 귀한 열매를 얻기 위해서는 서두른다고 되는 것이 아니다. 열매가 익을 때까지 기다려야 한다. 길이 참으면서 가꾸어야 하고 땀을 흘리면서 수고를 해야 한다.

도대체 주님은 언제 재림하시는가? 아무도 모른다. 그러나 반드시 다시 오신다고 성경은 약속하고 있다. 그렇기 때문에 "주께서 강림하시기까지 길이 참으라"는 말씀은 약속이 이루어질 때까지 참으라는 뜻이 된다. 성경은 "만일 우리가 보이지 않는 소망을 확실하게 붙들었다면 참음으로 기다려야 한다"고 가르친다(롬 8:25). 농부는 결실의 약속이 있기 때문에 씨를 뿌리고 결실 때까지 참는 것이다. 아브라함은 네 몸에서 약속의 자식이 태어나게 될 것이라는 약속을 받고 참으며 기다렸다. 자신도 늙었고 더구나 아내는 경수가 이미 끊어진 상태임에도 참고 기다렸다. 이 사실을 성경은 그가 "바랄 수 없는 중에도 바라고 믿었다"고 했다(롬 4:18). 그는 75세에 하나님의 약속을 받고 100세에 아들을 얻었다.

요셉은 소년 시절에 부모 형제가 자신에게 절하는 꿈을 꾸고 그 이야기를 발설했다가 형제의 시기로 애굽으로 팔려갔고, 거기서 무려 14년 이상을 종살이, 감옥살이를 하고 난 뒤에 어렸을 적에 꾸었던 꿈이 이루어져 애굽의 국무총리가 되었다. 다윗은 장차 이스라엘의 왕이 된다는 약속의 기름 부음을 받고도 10여 년 동안이나 사울 왕에게 쫓겨다니며 위험한 고비를 수없이 넘겼지만 결국 왕위에 올랐다. 모세는 애굽 궁중에서 도망하여 미디안 광야에서 40년 동안 목자생활을 했다. 그리고 드디어 하나님의 부르심을 받아 이스라엘 백성을 애굽에서 인도하여 내는 지도자가 되었다.

그렇다. 약속을 받았다면 그 약속이 이루어질 때까지 길이 참아야 한다. 사명을 받았으면 그 사명을 완수할 때까지 참아야 한다. 고통도, 슬픔도, 외로움도 목표가 분명하다면 오래 참아야 한다. 불우한 환경을 원망하거나 불평하기보다는 참으면서 이겨내야 한다. 우리 주변에는 얼마나 많은 장애물이 있는가. 욥은 전 재산과 모든 자녀를 잃고 몸마저 병든 극한 상황을 오직 믿음으로 극복한 이후 위대한 체험을 이렇게 고백했다. "내가 주께 대하여 귀로 듣기만 하였사오나 이제는 눈으로 주를 뵈옵나이다"(욥 42:5).

오래 참음에는 반드시 진귀하고 합당한 열매가 주어지는 것이다. 성경은 말씀한다. "너희에게 인내가 필요함은 너희가 하나님의 뜻을 행한 후에 약속하신 것을 받기 위함이라"(히 10:36).

옷에 대하여

언제부터 사람이 옷을 입기 시작했을까? 성경에 의하면 하나님이 지으신 첫 번째 사람인 아담과 하와는 에덴동산에서 살며 옷을 입지 않았다. 그러나 그들이 뱀의 유혹에 넘어가 금단의 열매를 먹은 뒤 죄를 알게 되었고, 벗은 것에 대하여 부끄러움을 느껴 무화과나무 잎으로 수치 부분을 가리었다고 한다(창 3:7). 그러나 무화과나무 잎이 항구적인 옷이 될 수는 없었다. 그런 그들에게 하나님이 직접 가죽옷을 지어 입혔다(창 3:21).

그렇다면 옷은 왜 입게 되었는가? 첫 번째 이유는 수치를 가리며 예의를 갖추기 위함이었을 것이다. 그러다가 환경의 변화에 따라 추위를 막기 위해서도 입었을 것이고 몸에 상처를 입지 않기 위해서도 입었을 것이다. 그러던 게 근래에 와서는 단순히 몸에 걸치는 것만이 아니라 아름다움을 나타내기 위해서 입게 되었다. 당연히 색상과 디자인이 고려되지 않을 수 없게 되었다. 그래서 "옷이 날개"라는 속담이 나왔으리라.

옷은 신분을 나타내기 위해서도 입는다. 옛날에는 관직에 따르는 옷이 있었다. 군인은 군복을 입고, 학생은 학생복을 입고, 근로자는 작업복을 입는다. 죄수는 수의囚衣를 입고, 의사나 법관이나 목사 같은 성직자는 가운을 입는다. 회사마다 각기 특색을 나타내는 제복이 있기도 하다. 같은 옷이라도 계절에 따라 다르게 입게 되고 상황이나 장소에 따라서 고려하는 것이 예의이다. 결혼식에는 예복을 입고 장례식에는 화려한 옷이나 색깔을 피하여 검정이나 하얀 옷을 입어 애도를 표한다. 심지어 죽은 사람에게도 삼베로 수의壽衣를 만들어 입혀 보낸다. 화장장에 가면 다 불태워지는데도 정성을 다하여 입혀서 보낸다. 그리고 보면 인간 사회에서 옷이 차지하는 비중이 적다고 할 수 없다. 흔히 기본적으로 인간에게 필요한 것을 말할 때 의식주衣食住라 하지 않는가. 옷을 첫째로 꼽고 있다. 그만큼 예절과 염치와 질서가 사람에게 소중하다는 뜻일 것이다.

옷은 또한 입은 사람의 품위를 나타낸다. 깨끗하고 단정하게 입으면 그 사람은 깔끔한 사람으로 보인다. 내복 차림이라면 자기 거주 공간 밖으로 나와서는 안 된다. 예의를 잃는 행위가 된다. 후줄근한 차림이면 정리되지 않은 사람으로 보이기 십상이다. 그러므로 우리는 옷을 상황에 따라서도 잘 입어야 한다. 사치는 금물이고 무슨 옷을 입을까 염려하는 것도 바람직하지 않지만 단정하고 검소하게 입는 것은 그 사람의 정신 상태나 품위를 위해서 반드시 고려되어야 한다. 그리고 함부로 벗어서는 안 된다.

성경에서는 옷을 영적으로 또는 상징적으로 사용하는 경우가 있다. 반드시 익혀 두어야 할 내용이다. 욥은 내가 의義로 옷을 삼아 입었다고 했다(욥 29:14). 성경은 근심 대신 찬송의 옷을 입고(사 61:3), 어둠의 일을 벗고 빛의 갑옷을 입으라 하고 주 예수 그리스도로 옷 입으라 한다(롬 13:12-14). 하나님의 사람은 유혹의 욕심을 따라 썩어져 가는 구습을 따르는 옛 사람을 벗어 버리고 오직 성령으로 새롭게 되어 하나님을 따라 의와 진리의 거룩함으로 지으심을 받은 새 사람을 입으라 한다(엡 4:22-23).

용기에 대하여

세상은 용기 있는 사람을 찾는다. 그럼에도 비겁한 사람이 많은 것 같다. 용기란 뜻은 사전적으로 말하면 "용맹스러운 기운" 또는 "굳세고 씩씩한 기운"이다. 그러나 그 정도의 풀이로는 미흡함이 느껴진다. 그래서 나름대로 보충을 해본다면 용기란 "선하고 의로운 일에 예사 사람들이 할 수 없는 행동을 하는 사람"이라고 하고 싶다. 자신의 능력이나 의지로 감당하기엔 벅찬 일임에도 그것이 옳기 때문에 행동으로 옮기는 굳센 의지일 것이다.

그러나 굳센 의지가 있다고 해서 모두가 용기는 아니다. 만용이란 것이 있다. 사리를 분별하지 못하고 마구 날뛰는 미숙한 용기, 그것을 누가 인정해 주겠는가. 참 용기는 건전하고 올바른 정신이 개입되어야 한다. 그래서 용기 있는 사람은 체면이나 인격의 추락을 감수하고 심지어 생명까지도 버릴 수 있게 한다.

가끔씩 우리 사회에서 일어나는 일이 있다. 위험에 처한 사람을 건져내기 위하여 자기 몸을 던져 그를 구출해 냈지만 자신은 미처 피하지 못하여 죽는 살신성인. 드문 일이지만 그래서 그게 용기다.

다윗이 어린 나이에 전쟁터에 나갔다가 교만한 적장을 쓰러트렸다. 그는 참전한 형들의 안부와 전황을 알아오라는 아버지의 심부름을 하기 위해 전쟁터로 갔다. 그는 거기서 블레셋의 백전노장 골리앗이 기고만장하여 이스라엘의 하나님을 모욕하는 것을 참을 수가 없었다. 그는 평소 목동으로서 맹수를 쫓던 물매를 가지고 나가서 칼과 창과 단창으로 무장한 골리앗을 단번에 쓰러트렸다. 그는 만군의 여호와 하나님을 의지하고 그 이름으로 나가서 승리했다. 어린 목동이 어떻게 거대한 골리앗을 대항하여 싸울 수 있었을까? 용기다.

그러나 그런 행위만이 용기는 아니다. 그는 왕위에 올라 부하 장수였던 우리아의 아내 밧세바를 불러들여 간음하였다. 그리고 그 사실을 은폐하기 위하여 우리아를 맹렬히 싸우는 적진에 내보내 전사를 가장한 살인을 했다. 그러나 사람을 속일 수는 있었지만 어떻게 하나님까지 속일 수 있었겠는가. 하나님은 나단이라는 선지자를 그에게 보내 책망하도록 했다. 당시 다윗은 한 나라의 임금으로서 자기를 책망하는 선지자 한 명쯤은 아무도 모르게 죽일 수 있었다. 그러나 그는 그 앞에서 무릎을 꿇었다. 그는 왕이라고 하는 권위나 체면을 내려놓았다. 부끄러운 일이었다. 그렇지만 "내가 하나님께 범죄했노라" 하고 자백했다. 이것이 용기다. 용기는 물매를 들고 적장을 향하여 나가는 것이기도 하지만 부끄럽지만, 잘못을 잘못이라고 시인할 줄 아는 것이기도 하다.

요나는 참 선지자로서 하나님의 뜻을 거역하려 들었다. 니느웨로 가서 회개의 복음을 전하라는 하나님의 명령을 받았지만 그곳이 적대국가라는 이유 때문에 거절하고 다시스라는 엉뚱한 곳으로 피하기 위하여 배를 탔다. 그러나 그의 도피행은 자기 마음대로 되지 않았다. 바다에 풍랑이 일었고 배가 전복될 위험에 처하게 되었다. 선원과 승객들이 갖은 수단을 다하여 살아남으려 했지만 자기들 뜻대로 되지 않았다. 자기들이 섬기는 신의 이름을 부르고 배를 가볍게 하기 위해서 모든 짐을 바다에 버리기도 했다. 그래도 풍랑이 멎지 않자 과연 이 풍랑이 누구 때문에 일어났는가, 제비를 뽑았다. 당연히 요나가 걸렸다. 요나는 그 자리에서 자신의 책임이 아니라고 부인하지 않았다. 오히려 그는 풍랑의 원인이 자신에게 있으며 풍랑을 멈추게 하기 위해서는 자신을 들어서 바다에 던져야 한다고 했다. 그는 끝까지 비겁하지 않았다. 진실했고 모든 책임을 지려고 했다.

자기가 가담한 일이 좋게 판결이 나면 자신의 공을 드러내려 애쓰지만, 옳지 않았다고 하면 자신은 거기에 가담하지 않았다고 발뺌을 하는 사람이 얼마나 많은가. 그렇기에 이 세상은 요나와 같은 사람이 그리운 곳이다. 그는 자기 행위에 책임까지 지려고 했던 용기 있는 사람이었다.

우리는 세례 요한에게서도 그러한 용기를 볼 수 있다. 그는 낙타 털옷을 입고 메뚜기와 석청을 먹었지만 그 입으로 바른 말만 했다. 분봉왕 헤롯이 동생의 부인인 헤로디아를 부인으로 삼자 그런 행위가 옳지 않다고 탄핵했다. 그 일로 해서 후에 목 베임을 당했지만 정의를 위해서 목숨을 건 것은 용기가 아닌가.

세상은 용기 있는 사람을 찾는다. 하나님의 영광을 위해서, 정의와 진리를 위해서, 불의와 타협하지 않고 체면이나 목숨까지 버릴 수 있는 진정한 용기의 사람은 얼마나 있을까. 하나님은 그런 사람을 찾고, 없으면 그렇게 만들어서 쓰신다.

용서에 대하여

용서는 사랑을 나타내는 최고의 표현이다. 용서란 저지른 잘못에 대하여 벌을 내리지 않고 관대하게 처리해 주는 것을 말한다. 용서받는 입장에서 보면 너무나 좋은 것이다. 물론 용서하는 마음은 더욱 아름답다.

내가 어렸을 적에 겪었던 일이 생각난다. 숙제를 해 가지고 가지 않으면 선생님은 손바닥을 매로 때렸다. 우리를 위해 주는 벌이라고 믿었기 때문에 아파도 아프다고 하지 못하고 맞았다. 그러므로 숙제를 해 가지고 가지 않은 날은 숙제 검사를 할 때까지 가슴이 두근거렸다. 그런데 가끔씩 선생님은 숙제를 해오지 않았는데도 벌을 내리지 않았다. 잔뜩 긴장하고 있는 우리에게 오늘은 용서해 주겠다고 하셨다. 그때 우리는 얼마나 기뻤던가. 다음엔 꼭 숙제를 해 오겠다고 다짐을 하곤 했다.

성경은 왜 남의 잘못을 용서해야 하는가에 대해서 몇 가지 예를 든다. 그 첫째가 나도 남을 정죄할 만한 의인이 아니기 때문이라는 것이다.

어느 날 예수님은 음행 중에 잡힌 여인을 끌고 온 서기관들과 바리새인들을 만난다. 그들이 예수님께 물었다. "선생님이여, 이 여자가 간음하다가 현장에서 잡혔나이다. 모세는 율법에 이러한 여자를 돌로 치라 명하였거니와 선생은 어떻게 말하겠나이까?" 예수님은 그들에게 말했다. "너희 중에 죄 없는 자가 먼저 돌로 치라." 이 대답을 들은 그들은 양심의 가책을 받고 모두 돌아갔다. 그 자리에는 이제 예수님과 간음하다 잡힌 여인, 둘만이 남았다. 예수님은 그 여인에게 말했다. "나도 너를 정죄하지 아니하노니 가서 다시는 죄를 범하지 말라"(요 8:3-11). 용서의 아름다움과 용서의 목적이 다시는 죄를 짓지 않게 하는 데 있다는 뜻이 아닌가. 진정 우리는 그 누구도 남을 정죄하고 심판할 만큼 의롭지 않은 것이다. 우리가 남의 잘못에 대하여 용서해야 하는 또 다른 이유는 이미 우리도 더 큰 죄를 용서받은 사람이라는 것이다.

어떤 임금이 1만 달란트라는 많은 빚을 진 종을 용서해 주었다. 탕감해 준 것이다. 그런데 그는 그 큰 은혜를 입었음에도 밖으로 나와서 자기에게 빚을 진 동료를 용서치 않고 감옥에 가두도록 했다. 빚이라고 해야 불과 100데나리온밖에 되지 않은 것이었다. 나중에 이 사실을 안 임금은 자기가 용서해 준 종을 불러서 말했다. "악한 종아 네가 빌기에 내가 네 빚을 탕감해 주었거늘 내가 너를 불쌍히 여김같이 너도 네 동료를 불쌍히 여김이 마땅치 않느냐?" 임금은 그를 책망하면서 옥에 가두었다(마 18:23-34). 예수님의 비유 말씀이다.

하나님으로부터 엄청나게 큰 죄를 용서받고 구원을 얻은 우리라면 우리도 이웃이 내게 범하는 작은 잘못을 관대히 용서해 주어야 하지 않겠느냐는 가르침인 것이다. 이론적으로 얼마나 타당한가. 그런데 우리는 타당한 이론임을 알면서도 실천하지 못하는 경우가 많다. 베드로는 형제의 잘못을 일곱 번 용서하면 되겠느냐고 주님께 물었다. 베드로는 참 대단한 사람이다. 어떻게 일곱 번까지 용서할 수 있을까. 그런데 예수님은 더 대단하셨다. 일곱 번뿐 아니라 일곱 번을 일흔 번까지라도 용서하라고 하신 것이다(마 18:21-22).

문제는 또 하나 있다. 용서받는 사람의 자세다. 용서하는 사람이야 넓은 아량으로 용서한다지만 용서받을 사람이 스스로 자기의 잘못을 깨닫지 못하는데 용서의 효력이 나타나겠느냐, 하는 것이다. 용서받을 사람은 반드시 잘못을 인정하고 뉘우치거나 회개를 해야 한다. 사랑이 풍성하신 하나님도 회개하지 않은 사람의 죄까지는 용서하지 않는다. 보라, 회개하지 않은 사람을 일방적으로 죄 없다고 하여 구원하신 일이 있는가.

누가복음에 의하면 "만일 하루에 일곱 번이라도 네게 죄를 짓고 일곱 번 네게 돌아와 내가 회개하노라, 하거든 너는 용서하라"고 말씀하고 있다(눅 17:4). 역시 잘못을 알고 뉘우치는 사람에게 용서가 필요하고 용서의 효력도 있음을 밝히고 있는 것이다. 하루에 한 사람에게 일곱 번씩이나 죄를 짓는 사람은 참 잘못된 사람이다. 그러나 그럼에도 일곱 번이나 돌아와서 용서를 비는 태도는 가상하지 않은가. 그런 사람을 용서할 수 있다면 나도 위대한 사랑의 사람이 될 수 있지 않겠는가. 요셉은 애굽의 국무총리가 되었을 때 자기를 애굽에 팔아 시위대장 보디발의 집에서 종살이하게 만든 형들을 용서하였고, 자기의 사랑을 거절했다고 무고로 감옥에 보낸 보디발의 처를 용서해 주었다. 정말 대단한 사람이 아닌가.

용서하면서 살아야겠다. 그것이 가장 아름다운 사랑의 실천이다. 이 용서하기 어려운 사회에서 성경의 권면에 귀를 기울여 보자. "너희 관용을 모든 사람에게 알게 하라 주께서 가까우시니라"(빌 4:5).

우선순위에 대하여

나는 지금까지 살아오는 동안 여러 차례 시험을 치렀다. 특별히 학창시절엔 입학시험이니, 일제고사니, 중간고사니 해서 수시로 시험을 치러야 했다. 그때마다 주변에서 시험을 치르는 요령이라고 하면서 가르쳐 준 것 중에 잊혀지지 않는 것이 하나 있다. 어려운 문제와 쉬운 문제가 있을 때는 쉬운 문제부터 풀라는 것이었다. 어려운 문제를 먼저 풀려다 시간에 쫓기면 아는 문제도 놓치는 경우가 있기 때문이라 했다.

그렇다. 모든 일에는 먼저 해야 할 일과 천천히 나중에 해도 되는 일이 있기 마련이다. 물론 그에 앞서 해야 할 일과 해서는 안 되는 일을 구별해야 한다. 그래서 아무리 쉽고, 재미가 있고, 이득이 있어도 해서는 안 되는 일은 하지 말아야 한다. 부도덕하고 남에게 해를 끼치는 일들이 그렇다. 그러나 그것이 반드시 해야 할 일이라면 하기 싫어도 해야 하고, 손해를 봐도 해야 하는데, 거기에는 먼저 해야 할 일과 나중에 해도 되는 일이 있는 것이다. 이것을 구별하는 것이 우선순위 결정이라 하거니와 이 우선순위만 잘 파악해서 먼저 할 것을 먼저 하고 나중에 할 일을 나중에 할 수만 있다면 그는 성공적인 인생을 살 확률이 높다. 대체로 시급한 일은 먼저 하고 덜 급한 일은 나중에 해도 될 것이고, 그리 중요치 않은 일보다는 중요한 일을 먼저 해야 할 것이다.

그렇다면 무엇이 시급하고 소중한 일이며 무엇이 덜 시급하고 덜 소중한 일인가. 성경은 육신적인 것보다 영적인 일이 우선이라고 말씀한다. 다시 말하면 무엇을 먹고 마시며, 무엇을 입을까 하는 육신적인 일보다 하나님을 섬기는 일이 우선이라는 것이다. 그것이 너희는 먼저 그의 나라와 그의 의를 구하라는 말씀이다(마 6:33).

그렇다고 먹고 입는 문제가 육신을 지니고 사는 인생에 있어 소홀히 할 수 있는 것이라는 얘기는 아니다. 하나님을 섬기는, 영적인 삶을 사는 일보다 우선일 수는 없다는 뜻이다. 오히려 성경은 먼저 그의 나라와 그의 의를 구하면 이 모든 것을 더하여 주시마고 약속한다. 영적인 문제가 해결되고 영적인 삶이 안정되면 육적인 모든 문제는 종속적으로 해결해 주실 것을 약속하고 있는 것이다. 먼저 배부르고 등 다습게 해 주시면 하나님을 잘 섬기겠습니다, 하는 우리의 요구나 기도와 사뭇 다른 것이다.

제단에 예물을 드리는 일과 형제와 화목하는 일 중에는 무엇이 우선이어야 하는가. 예수님은 "예물을 제단에 드리려다가 거기서 네 형제에게 원망들을 만한 일이 있는 것이 생각나거든 예물을 제단 앞에 두고 먼저 가서 형제와 화목하고 그 후에 와서 예물을 드리라"고 하셨다(마 5:23-24).

우리는 흔히 하나님을 섬기는 일이 우선이라고 생각하여 하나님께 예물 드리는 것이 우선일 것으로 여길 수 있다. 그러나 하나님을 섬기는 일이 우선일지라도 하나님이 무분별하신 분이 아니란 것을 알아야 한다. 하나님은 성도가 예물 드리는 것을 기쁘게 여기시지만 형제와 불화하면서 드리는 예물까지 기뻐하지는 않으신다. 하나님은 성도가 드리는 예물 그 자체에 관심이 많은 것이 아니라 어떤 정신으로 드리느냐에 더 관심이 있는 것이다. 합당치 않은 많은 양의 예물보다 차라리 과부의 두 렙돈을 더 소중히 여겼지 않은가. 그러므로 예수님은 형제와의 화목을 하나님께 드리는 예물보다 우선으로 여기셨던 것이다.

그렇다. 우리는 이 땅에 사는 동안 하나님의 뜻을 따라 먼저 사랑하고, 먼저 존경하고, 먼저 배려하며, 먼저 용서하며 살아야 한다. 주님도 섬김을 받으러 오시지 않고 섬기려고 오셨다고 하지 않으셨던가(마 20:28). 성경은 형제를 사랑하여 서로 우애하고 존경하기를 서로 먼저 하라고 가르친다(롬 12:10).

승리의 인생을 살고자 하는가. 우선순위를 알아야 한다. 언제나 육적인 삶보다 영적인 삶을 우선으로 해야 한다. 세상에서의 인간관계를 바르게 하는 것이 우선이다. 제단에 예물을 드리려다 형제에게 원망 들을 만한 일이 있으면 먼저 가서 화목을 꾀해야 한다. 그 믿음과 정신이 우리 인생을 성공과 승리로 이끌 것이다.

위로에 대하여

우리는 지금 그 어느 때보다 위로가 필요한 시대에 살고 있다. 그만큼 불행한 일이 많이 일어나고 있다. 위로란 괴로움이나 슬픔 같은 남의 불행을 달래주는 것을 말한다. 어떤 사람에게는 따뜻한 말 한마디가 낙심하는 마음에 용기를 준다. 사소한 행동 하나가 큰 도움과 격려가 된다. 이런 따뜻한 말이나 격려가 곧 위로다. 세상에 위로가 필요 없는 사람이 있을까? 예를 들어 살다 보면 가까운 이들의 죽음을 보게 되고, 막상 그런 일을 만나면 아무렇지 않을 수는 없다. 슬프고 외롭고 고통스럽다. 그럴 때 위로해 주는 사람이 없다는 것은 불행한 일이다. 같이 슬퍼해 주는 사람이 없다면 그는 삭막한 세상을 사는 것이다.

성경에 보면 누구로부터도 위로받을 수 없었던 사건이 있다. 이스라엘이 애굽에서 자유와 해방을 얻으려 하는데 이를 막는 애굽 왕의 고집 때문에 하나님께서 애굽 전역의 모든 가정에 재앙을 내렸다. 장자가 죽는 재앙이었다. 심지어는 가축의 초태생까지 죽임을 당했다. 모두가 당했으니 누가 누구로부터 위로를 받을 수 있었겠는가. 노아 시대에는 홍수로 노아 가정의 8식구 외엔 전 인류가 심판을 당했다. 이런 경우 누가 누구로부터 위로를 받을 수 있었겠는가. 비극이었다.

그런데 그러한 재앙이 앞으로 일어날 것이라는 성경의 예언이 있다. 세상의 종말이다. 주님의 재림과 함께 세상의 종말이 오고 산 자와 죽은 자가 모두 심판을 받게 된다. 위로받을 길 없는 비참한 상황이 전개될 것이다. 그 시대가 차츰 다가오고 있다. 예수님은 그 날은 모르지만 일어날 징조는 말씀해 주셨다. 그 징조 중에 하나가 재앙들이다. 실로 지금은 그 어느 때보다 분쟁과 전쟁이 심하다. 사람들의 갈등으로 억울한 일과 답답한 일들을 자주 만나게 된다. 지진이나 폭우나 폭설 그리고 화산 폭발과 같은 자연재해가 곳곳에서 빈번하게 일어나고 있다. 모든 사람의 삶의 이면에도 외롭고 슬픈 일들이 수없이 일어난다. 이런 현상들은 이 세상이 얼마나 위로가 필요한 곳인가를 보여주는 것이다.

그렇다면 우리는 누군가의 위로를 받아야 하지만 우리도 누군가에게 위로를 주는 자가 먼저 되어야 한다. 성경은 우리가 섬기는 하나님이 위로의 하나님이라고 소개하고 있다(고후 1:3). 그분은 우리의 모든 환난 중에서 우리를 위로하사 우리로 하여금 하나님께 받은 위로로써 모든 환난 중에 있는 자들을 능히 위로하게 하시는 이라고 했다(고후 1:4).

그렇다. 우리는 언제나 불행에 처한 사람에게 위로하는 자가 되어야 한다. 예수님은 우리 곁에 도움이 필요한 사람이 항상 있을 것이라고 하셨다(막 15:7). 실로 이 세상은 너나없이 위로가 필요한 곳이다. 언제, 어디서, 어떻게 재앙과 고난과 슬픔이 찾아올지 모른다. 그렇기 때문에 서로 위로하면서 살아야 한다. 성경은 즐거워하는 자들과 함께 즐거워하고 우는 자들과 함께 울라고 권한다(롬 12:15). 가난한 자와 병든 자들을 치료하시며 어루만져 주셨던 예수님의 위로를 실천하면서 산다면 그것이 우리에게 내려주신 복이고 그 또한 위로가 아니겠는가.

유언비어에 대하여

유언비어란 근거 없이 널리 퍼진 소문을 말한다. 누군가가 터무니없이 사회를 어지럽히거나 남을 모략하기 위한 목적으로 세상에 퍼트리는 말이다. 이런 말이 어떻게 해서 세상에 유포될까? 아니 땐 굴뚝에 연기 날 이유가 없다. 누군가가 악의적으로 그 소문을 만들어 유포했을 것이다. 그 사람은 어떤 변명을 한다 할지라도 잘못된 사람이다. 남의 사주를 받아서 유포를 했다 해도, 내용을 모르고 이용을 당했다 해도 마찬가지로 잘못된 사람이다. 남의 인격에 흠집을 내서 추락시키는 행위가 어떻게 칭찬을 받을 수 있겠는가. 그 내용이 진실이라 해도 남의 흠을 드러내는 일은 덕스럽지 않은 법인데 하물며 거짓으로 남의 인격을 훼손하여 명예를 추락시키려는 행동이 어떻게 칭찬의 대상이 될 것인가.

선거철이 되면 이런 현상이 더욱 기승을 부린다. 상대방을 음해하여 낙선시키고 자신이 당선되기 위한 이른바 네거티브 작전인 것이다. 정정당당히 겨뤄서 이길 수 없기 때문에 그런 비겁한 행동을 할 것이다.

그런데 이런 음해성 유언비어가 어떻게 대중에게 먹혀드느냐는 것이다. 지혜로운 것 같지만 대중은 분명히 어리석은 면이 있다. 때로는 상식에 맞지 않는 이야기도 먹혀들고 있는 것이다. 일찍이 나치의 선동가 괴벨스는 거짓말이나 선동의 말도 계속 들으면 진실처럼 들리는 것이라 했다. 선동가들은 이런 맹점을 이용하는 것이다. 사악한 행위다.

그러면 왜 이런 음해성 유언비어를 만들어 유포하는 행위가 잘못인가. 상식적이지만 그래도 조금 생각해 보자. 첫째는 거짓을 진실처럼 꾸미는 자체가 잘못이다. 거짓은 어떤 경우에도 옳지 않기 때문이다. 거짓으로 나라도, 어떤 사회도 바르게 세울 수는 없다. 둘째는 남을 음해하여 인격적으로 해롭게 하는 것은 엄연한 인격살해다. 사람을 죽이는 일은 흉기로 육신의 생명을 끊는 것만이 아니다. 그런 의미에서 유언비어도 사회의 흉기다. 셋째로 거짓으로 남을 속여 그릇되게 하는 행위는 세상을 어지럽히고 평화를 깨트리는 행위다. 마지막으로 유언비어 날조나 유포는 사람들의 판단력을 흐리게 만들어 악을 조장하는 잘못이다. 가령 선거에서 그런 행위로 옳은 사람을 떨어트리고 그른 사람을 당선시켰다면 그것은 사회적으로 손실이고 불행이다. 아무튼 근절되어야 할 것이 독버섯처럼 자라는 세상이다.

유언비어에 대하여 소홀히 대처해선 안 된다. 경각심을 가지고 대처해야 하고 행여라도 나 자신이 유언비어 유포자가 되지 않을까 조심해야 한다. 언어를 조심해야 한다. 입에는 입술이라는 덮개가 있다. 사건을 과장하거나 침소봉대한다면 경우에 따라 그것도 유언비어의 4촌이 된다. 진실과 정직을 훼손하는 말조심, 입조심, 그것은 내 품위를 높여준다.

유혹에 대하여

　사탄은 시험하는 자요, 유혹하는 자다. 우리는 지금도 그것들이 맹렬히 시험하고 유혹하는 세상에서 살고 있다. 타락을 부추기고 멸망의 길로 인도하는 그것들은 역사적으로 "온전하고 정직하여 하나님을 경외하며 악에서 떠난 자"라는 평가를 받았던 욥도 유혹했고(욥 1:1), 하나님의 아들이신 예수 그리스도도 시험했다. 그렇다면 어느 누가 그것들의 유혹에서 벗어나 살 수 있을까.

　확실히 세상에 악한 세력의 유혹이 많다는 것은 불행한 일이다. 그러나 그보다 더 불행한 것은 우리에게 그러한 유혹을 이길 힘이 매우 부족하다는 점이다. 아무리 세상에 유혹과 시험이 많아도 그것을 이길 능력이 있다면 두려워할 것이 없다. 예수님에게 수많은 시험과 유혹이 있었다. 그러나 단 한 번도 넘어진 일이 없다. 그만큼 유혹을 이길 만한 능력이 있었기 때문이다. 욥도 고난의 시험을 이겼다. 하나님을 신뢰하는 굳건한 믿음이 있었기 때문이었다.

　사실 유혹은 밖에 있는 것들 때문에 당하는 것이 아니다. 내 안에 있는 유혹과 시험을 받아들일 만한 연약함 때문이다. 그 연약함은 내 안에 있는 죄성과 본질적이라 하는 욕심이다. 사람은 누구나 생득적으로 가지고 태어나는 욕구가 있다. 식욕, 성욕, 물욕, 권세욕, 명예욕, 지식욕 등이다. 이 욕구 자체가 잘못이라고 할 수는 없다. 왜냐하면 하나님께서 허락하시고 주신 것이기 때문이다. 그러나 하나님께서 주신 이 선물을 내가 다스리지 못하고 방치한다면 그것이 문제가 된다.

모든 욕구는 반드시 절제가 필요하다. 내버려두면 무한정으로 자라는 것이 욕구다. 절제를 위해서 우리는 언제나 성령의 능력을 힘입어야 하고 말씀 앞에 굴복해야 한다. 그리고 내 안에 있는 바른 의지를 발동시키고 적절하게 조절하도록 해야 한다. 이를 조절하지 못할 때 그가 누구일지라도 실패의 사람이 될 수밖에 없다.

예수님의 예를 보자. 그는 공생애로 들어가기 전에 성령에 이끌리어 광야에서 마귀의 시험을 받았다. 주님은 당시에 금식을 했다. 철저한 기도를 했을 것이다. 주님은 시험하는 자가 와서 "네가 하나님의 아들이어든 명하여 이 돌들로 떡덩이가 되게 하라"는 시험을 "사람이 떡으로 살 것이 아니요 하나님의 입으로 나오는 모든 말씀으로 살 것이라 하였느니라"(신 8:3)는 말씀으로 물리쳤다. 사탄은 금식한 사람의 배고픔을 이용하여 돌로 떡을 만드는 시험으로 유혹한 것이다. 사탄의 시험에는 언제나 딜레마가 있다. 만약 자신이 하나님의 아들이라는 사실을 증명해 주려면 주님은 돌들로 떡덩이를 만들어야 했을 것이다. 그러나 그렇게 한다면 그것이 곧 마귀에게 순종하는 것이 된다. 그러나 주님은 하나님의 말씀에 사로잡혀 있었고 성령의 인도를 받고 있었다. 그래서 사탄에게 순종하지 않았고, 굳이 돌들로 떡덩이를 만들어 하나님의 아들이라는 증명을 할 필요를 느끼지 않았다.

유혹과 시험이 많은 세상에서 우리는 벗어날 수가 없다. 그러나 승리자 예수 그리스도와 함께하는 한 두려워할 필요는 없다. 질병이 창궐해도 건강한 사람은 두려워할 필요가 없다. 병균도 건강한 사람에게 들어오지 못한다. 우리는 하나님의 말씀과 기도로 거룩해진다(딤전 4:5). 우리가 영적으로 나태하고 부패에 빠지지 않는다면 언제나 성령이 우리를 돕고 계심을 알고 말씀에 순종할 수 있을 것이다. 그런 사람에게 마귀의 유혹이 통하지 않는다. 안일과 방심 때문에 다윗이 무너졌다. 육신의 정욕을 제어할 힘은 하나님을 의지하는 영적능력에서 나온다. 바울 사도는 항상 자신이 영적 능력을 잃을까 경계했다. 그는 항상 자신의 몸을 쳐 복종시켰다. 복음을 남에게 전파한 후에 자신이 도리어 버림을 당할까 두려워서였다(고전 9:27).

하나님께 복종하면 세상이 내 안에 들어오지 못한다. 의롭고 선한 일에 열심을 내는 사람에게 악이 들어오지 못한다. 결국 악한 세상이 두려운 것이 아니라 내 마음이 세상을 향하여 무방비 상태로 모든 문을 열어 놓는 것이 두려운 것이다. 해이나 방관이 내 안에 둥지를 틀고 내가 그것들을 결박할 수 없는 마음이 두려운 것이다.

의심에 대하여

철학은 진리를 얻기 위해 의심을 허용한다. 의심을 통해 답을 구하려고 노력하라 한다. 그러나 성경은 의심하지 말고 신뢰하라고 강조한다. 물론 모든 것을 의심하거나 모든 것을 신뢰할 수는 없다. 그럼에도 성경이 의심을 배제하려는 이유는 의심에서 바른 답을 찾기가 어렵기 때문이다.

예수님은 성경 말씀을 하나님의 말씀으로 믿을 뿐 아니라 기록된 대로 믿으라 한다. 인간의 불완전한 이성이나 경험이나 과학적인 사고로 의심해서 정답을 찾으려 하지 말라고 하신다. 예수님의 제자 도마가 예수님의 부활을 인정하지 못한다고 했다. 못 자국을 보아야 믿겠다고 했다. 이는 대표적인 과학적 사고요, 실증주의 사상이다. 예수님은 그에게 나타나셔서 못 자국을 보여주며 믿는 자가 되라고 했다. 그는 비로소 "나의 주시며 나의 하나님"이라 고백했다. 이를 보고 주님은 "너는 나를 본고로 믿느냐 보지 못하고 믿는 자들은 복 되도다"고 했다(요 20:29).

성경은 과학을 무시하지 않지만 초월한다. 그래서 믿음은 보지 못하는 것들의 증거가 된다(히 11:1). 성경은 기도할 때도 응답을 의심하지 말라고 한다. 의심은 마치 바람에 밀려 요동하는 바다 물결과 같아 구하여도 얻을 수 없다고 했다(약 1:6-7).

　의심은 신앙의 적이요, 인간관계에 불신을 가져온다. 의부증, 의처증은 심각한 병이다. 가정을 파괴한다. 음식을 의심하면 백만장자도 굶어 죽는다. 친구를 의심하면 동업을 할 수 없다. 불신은 불행한 사회를 만든다. 반면 신뢰는 무엇과도 바꿀 수 없는 재산이다. 신용 있는 사람은 인격자와 교양인이 되며, 사람들로부터 인정을 받고 존경을 받는다. 예수님을 신뢰했을 때 베드로는 물 위를 걸을 수 있었지만 의심하는 즉시 물에 빠져들었다(마 14:28-31). 실로 의심은 자신을 파멸로 인도한다.

　신뢰할 수 없는 사람은 사랑할 수 없는 사람이다. 용서할 수도 없다. 같이 일할 수 없고 같이 우정을 쌓을 수도 없다. 예수님께서 병자를 치료할 때마다 먼저 네가 믿느냐고 물으셨다. 그리고 믿는 자에게 구원과 치료를 주셨다. 의심에는 구원도, 치료도, 기적도 나오지 못한다.

　불신이나 의심의 사회는 평화를 파괴한다. 그러므로 우리는 불신 사회를 조성하는 일에 일조를 해서는 안 된다. 그러기 위해서 무엇보다 거짓이 추방되어야 한다. 가정에서부터, 어릴 때부터 진실을 가르쳐야 한다. 전화를 받기 싫으면 전화기를 전달하는 자식에게 "없다고 해!"라고 한다. 아무렇지 않게 거짓말을 시키는 부모에게 무엇을 배우겠는가. 어느 날, 좋은 것을 사주겠다고 하면 대뜸 "아빠, 정말이야?" 하면서 반긴다. 얼마나 거짓이 많았으면 그런 반응이 아무렇지 않게 나올 수 있을까? 의심과 불신은 관계를 파괴하는 것이다. 진실과 정직만이 의심과 불신을 막는다. 믿음이 승리와 성공을 가져다 준다고 확신하자.

제5부

의인에서 충성까지

의인義人에 대하여

의인이란 문자적으로 의로운 사람이란 뜻이다. 그렇다면 의義란 무엇인가? 사람이 이 사회에서 지켜야 할 도리를 가리킨다. 그러므로 도덕적으로 남에게 피해를 주지 않고 유익이나 도움을 주는 사람은 의인이 된다. 잃은 나라를 되찾기 위하여 자기 목숨을 버리면 의사義士라 한다. 남을 죽게 될 위험에서 건져내고 자신은 죽는 이른바 살신성인도 있다. 악한 세상이기에 어렵고 힘든 사람들을 돕는 사람들이 많이 나온다. 그래서 의인이 많다.

그러나 의인은 없다. 그 의인이라 칭함을 받는 사람들이 당시에 다른 사람들과 비교해서 의로운 행동이나 삶을 살았기 때문일 뿐이지 절대적으로 죄나 허물이 없기 때문은 아니다. 그러므로 세상의 모든 사람은 모두가 상대적으로 의인이 될 수 있다. 성경에 의하면 노아나 에녹 같은 인물을 의인이라 칭한다. 소돔성이 유황불로 멸망당할 때 빈손으로 빠져나와 생명을 구한 아브라함의 조카 롯도 성경은 의인이라 한다. 이들이 모두 당시 상황에서 다른 사람보다 바르게 살았기 때문에 의롭다는 칭함을 받았다. 그렇다. 세상에 상대적 의인은 많지만 죄를 범하지 않은 절대적인 의인은 하나님 외엔 없다. 그래서 성경은 "의인은 없나니 하나도 없다"

고 선언한다.

　죄란 하나님의 뜻에 어긋나는 생각과 행동 전체를 말한다. 그렇다면 누가 이런 죄에서 스스로 벗어날 수 있었는가? 인간의 노력으로나 수고로는 불가능하다. 그렇다. 절대로 불가능하다. 그렇다고 사람들이 양심의 가책을 가져다 주는 이 죄의 길에서 벗어나려고 노력하지 않았겠는가. 수많은 방법을 취하여 보았다. 자기 몸을 학대하면서 죗값을 치르려 했다. 금식, 금욕, 고행 등이 그것이다. 그러나 죄는 없어지지 않았다. 생각에서 잊어버리려 하는 이른바 망각의 방법도 취하여 보았다. 그래서 인위적으로 술이나 마약을 사용하여 벗어나려 했지만 순간적일 뿐이지 알코올이나 마약성분에서 깨어났을 때는 오히려 더욱 선명하게 죄의식에 사로잡힐 정도로 불가능했다. 그래서 선한 행동을 많이 하여 죄와 상쇄하려는 방법도 썼다. 그러나 그것도 어림없는 일이었다. 아무리 인간적인 선행을 많이 하여도 선행은 선행이고 죄는 죄였다. 서로 상쇄되지 않았다.

　그렇다면 죄에서 벗어날 길은 전혀 없는가? 절망의 늪에 빠져 결국 죄의 삯인 사망에 이르고 말아야 하는가. 아니다. 죄인이면서 절대적인 의인과 같은 대접을 받을 수 있는 길이 있다. 죄 없는 분이 죄인들의 죄를 대신 지고 죗값을 치름으로 죄 없다고 인정받는 유일한 길이 있다. 이를 하나님이 하셨다. 성부 하나님께서 성자 하나님을 세상에 보내시고 그로 하여금 온 인류의 죄를 대신 짊어지도록 하셨다. 그것이 예수 그리스도의 십자가 사건이다. 누구든지 예수 그리스도의 죽음이 내 죄를 대속하는 죽음이라고 믿으면 값없이 의롭다 하는 인정을 받는다. 이것이 이른바 기독교의 이신칭의以信稱義 교리이다. 이 이론을 누가 믿을 수 있는가? 그러나 믿는 사람이 있다. 그 사람에게만 죄 사함이 이루어지고 구원에 이르는 축복이 임한다. 이때의 죄 사함은 그 사람이 태어나기 전에 가졌던 원죄와 살아오면서 지은 모든 과거의 죄와 현재 짓고 있는 죄와 장차 지을 죄까지 용서함을 받는다는 의미이다. 이 용서는 실제로는 죄가 있지만 법정에서 무죄라고 선포하는 무죄 선언과 같다. 이런 무죄 선언을 받은 사람은 구원을 받았기 때문에 죽어도 다시 살고 영원히 죽지 않는 영생을 상급으로 받는다.

상대적인 의인은 많다. 그러나 절대적 의인은 단 한 명도 없다. 그렇지만 하나님의 사죄의 은총을 받아들인 사람은 절대적 의인의 자리에까지 이르는 상을 얻게 되는 것이다. 이론적으로 의인이 되는 길은 간단하지만 간단하기 때문에 오히려 의인의 길을 무시하는 사람이 있고 또한 감사하며 받아들이는 사람이 있다. 어떤 길을 택할 것인가? 하나님 편에서 보면 하나님의 특별한 선택에 의해서 결정되지만 인간 편에서 보면 그것은 각자 자기 선택에 따르는 일이다. 따라서 최종 결과에 따른 책임도 각자 자기 몫이다.

이웃에 대하여

　우리 속담에 "이웃사촌"이란 말이 있다. 멀리 사는 사촌보다 가까이 사는 이웃이 낫다는 말이다. 실로 위급한 상황에서 나를 도울 수 있는 사람은 먼 곳에 사는 피붙이가 아니라 가까운 곳에 사는 이웃이기 때문이다. 가령 강도가 들었다든지 불이 났을 때 먼 친척은 발을 동동 구를 수는 있어도 직접 참여해서 도울 수는 없다.

　농경사회에서 살았던 경험이 있는 나에게 이웃이란 개념은 훈훈한 이미지와 정다운 느낌을 회상시켜 준다. 당시 우리는 경사를 만나든 궂은일을 만나든 이웃끼리 서로 자기 일처럼 도우며 살았다. 돌떡을 나누어 먹었고 초상을 만나면 같이 슬퍼하며 도왔다. 그런 풍토가 산업화 사회가 되면서 조금씩 변질되기 시작했다. 이제는 가까이 살아도 모르는 사람이 많다. 같은 아파트에서 사는데 다른 집에서 혼인을 치르는지, 장례를 치르는지 모르고 사는 경우가 많다. 모두가 자기 일에 열심을 내다 보니 별 관심이 없는 것 같다.

　이웃이란 무엇인가? 예수님은 "선한 사마리아 사람의 비유"에서 진정한 이웃이 누구인가에 대해서 가르쳐 주셨다(눅 10:29-37).

어떤 사람이 예루살렘에서 여리고로 내려가다가 강도를 만나 강도들이 그 옷을 벗기고 때려 거의 죽게 되었는데 마침 그 곁을 지나던 제사장이나 레위인은 그를 보고도 피하여 갔다. 그러나 어떤 사마리아 사람은 여행 중에 그 사람을 발견하고 불쌍히 여겨 그 사람의 상처에 기름과 포도주를 부어 치료하고 자기 짐승에 태워 주막에 데리고 가서 돌보아 주었다. 그는 이튿날 주막 주인에게 치료비를 주며 치료를 부탁했을 뿐만 아니라 비용이 더 들면 자신이 돌아오는 길에 갚겠다고 했다. 그렇다면 이 강도 만난 사람에게 과연 누가 이웃이 되겠는가. 제사장이나 레위인일 수는 없다.

이 비유에서 말씀하는 예수님의 이웃 개념은 무엇인가. 가까이 살기 때문에, 또는 가까이 있기 때문에 이웃일 수는 없다는 것이다. 이웃이란 개념이 거리에 있는 것이 아니라 관계에 있다는 의미가 된다. 성경은 우리에게 이웃을 네 몸처럼 사랑하라고 가르친다. 하나님을 사랑하고 이웃을 자기 자신처럼 사랑하는 것이 온 율법과 선지자의 강령이라 했다(마 22:37-40). 하나님을 사랑한다면 그는 마땅히 이웃을 사랑해야 하고 자기 자신을 사랑한다면 마땅히 이웃도 사랑해야 한다는 뜻이리라.

이런 맥락에서 생각해 보면 오늘날 우리 사회는 참다운 이웃이 줄어든다고 봐야 한다. 그리고 또한 그런 현상은 종말적 징조에 해당한다고 봐야 할 것이다. 예수님은 그때가 되면 많은 사람이 실족하여 서로 잡아주고 서로 미워하겠으며 불법이 성하므로 많은 사람의 사랑이 식어질 것이라 했다(마 24:10,12).

누구나 어려운 처지가 되면 이웃의 소중함을 안다. 그때는 간단한 위로의 말 한마디나 도움이 그렇게 고마울 수가 없다. 힘이 된다. 사실 고난이나 역경은 누구에게나 불쑥 찾아오는 불청객이다. 그러므로 고난이 남의 일만은 아니다.

기쁜 일도 그렇다. 기쁨을 같이 나눌 수 있는 이웃이 없다면 그것도 슬픈 일이다. 성경은 참다운 이웃 관계를 이렇게 교훈한다. "즐거워하는 자들과 함께 즐거워하고 우는 자들과 함께 울라"(롬 12:15).

오늘날 이웃은 거리적으로 가깝게 산다는 개념이 아니다. 관계를 맺고 살면 거리와 관계없이 이웃이다. 삭막해져 가는 사회에서 우리는 서로 담을 쌓을 것이 아니다. 길을 내야 한다. 그리고 서로 격려하며 좋은 관계 속에서 참 이웃으로 살아야 한다. 옛 사람들은 평생 살아가면서 이웃 잘 만나는 것만큼 큰 복이 없다고 생각했다. 내가 먼저 이웃에게 참 이웃으로 다가가자.

일에 대하여

일하지 않는 것이 축복인 줄 아는 사람이 있다. 어리석은 생각이다. 매일 바쁘게 일하다 보면 순간적으로 노는 사람이 부러울 때가 있을 수 있다. 그러나 일이 없어 일자리를 찾아다니는 실업자失業者들을 보라. 정년퇴임을 하고 아직 건강함에도 할 일이 없어 고통을 느끼며 무료함을 달래는 사람들을 생각해 보라. 일은 하나님께서 우리에게 주신 축복이다.

그러나 게을러서 일하지 않는 사람, 먹을 것이 충분히 있으니까 그냥 놀고먹자고 하는 사람, 만약 그런 사람이 있다면 그는 참 행복을 모르는 사람이다. 성경적으로 말한다면 먹지도 말게 해야 할 사람이다(살후 3:10).

하나님은 사람이 행복하게 살도록 하기 위하여 아담이 범죄하기 이전에 벌써 "땅을 정복하고 바다의 물고기와 하늘의 새와 땅에 움직이는 모든 생물을 다스리라"고 하셨다(창 1:28). 하나님이 만든 모든 피조세계를 경영하라는 명령이요, 사람이 진정한 행복을 위해서는 일해야 함을 가르친 것이다.

노동이 우리에게 행복이 되려면 몇 가지 조건이 갖추어져야 한다. 첫째는 그 일이 재미있어야 한다. 내게 재미없는 일을 해야 한다는 것은 그야 말로 고역이다. 적성에도 맞지 않는 일을 먹고살기 위해서 억지로 해야 한다는 것은 일생 돈 버는 기계의 삶을 사는 것과 같은 불행이다. 돈을 벌어도 즐겁게 벌어야 한다.

둘째 조건은 그 일이 도덕적이어야 한다. 세상에는 부도덕한 일이 많다. 남에게 해를 끼치는 일은 좋은 일이 아니다. 그 일이 법으로 허락된 일이라 할지라도 사회에 유해를 끼치는 일이라면, 거기서 제아무리 소득을 많이 올릴 수 있다고 해도 피하는 게 옳다. 나의 유익을 위해서 다른 사람에게 해를 끼쳐야 한다면 결코 좋은 일이 아니다.

셋째 조건은 반드시 보람이 있어야 한다. 열심히 일했는데 아무 보람이 없다면 어떻게 일할 의욕이 생기겠는가. 여기서 보람이라고 할 때 두 가지 차원에서 생각해야 한다. 하나는 생계를 유지할 수 있느냐 하는 차원이다. 육신을 가지고 있는 생명체는 생존에 필요한 양식이 있어야 한다. 가족을 부양하고 가치 있는 삶을 살기 위해서 물질이 필요한 것이다. 사람이 떡으로만 살 수 없지만 그러나 떡이 없으면 살 수 없다.

또 하나의 차원은 그 일을 통하여 어떤 유익을 얻을 수 있느냐 하는 것이다. 하나님께는 어떤 영광이 돌려질 수 있으며 자기 발전에는 얼마나 유익하며 또한 이 사회나 이웃에게 어떤 혜택이 돌아갈 수 있느냐 하는 것이다.

이상과 같은 조건이 충족될 수 있다면 열심히 일해야 한다. 그렇다면 그 많은 일 중에서 가장 가치 있고 보람 있는 일이 무엇일까. 단언하건대

생명을 살리는 일에 관련된 것들이다.

오늘날 우리 사회는 생명을 가볍게 여기는 풍조가 만연하고 있다. 자살률이 높은 것이 그 증거다. 낙태가 아무렇지 않게 자행되고 살인사건이 빈번하게 일어나는 현상이 그 증거다. 우리의 생명이 그렇게 천한 것이 아니다. 성경은 한 사람의 생명이 천하보다 귀하다고 했다(마 16:26). 실로 생명보다 귀한 것은 없다. 그런데 왜 사람들은 생명을 소홀히 여기는가. 타락의 증거다. 인간이 생명의 존엄성을 상실한 것이다.

이제 우리가 인간 본연의 모습을 찾기 위해서는 만연한 생명경시현상을 추방하고 생명존중사상을 고취시켜야 한다. 생명을 소중히 여기고 생명을 살리는 것에 관련된 일에 열심을 내야 한다. 예수 그리스도는 생명을 살리기 위해서 영광의 보좌를 버렸다. 복음을 전하고 치유사역을 감당하다가 결국은 자신을 희생제물로 바쳤다. 세상에서 가장 가치 있고 보람 있는 일이 무엇인가를 보여주신 것이다.

일하자. 일은 우리에게 축복으로 주어진 것이다. 땀 흘려 일하면서 보람을 얻을 수 있다면 그는 이미 행복을 누리고 있는 사람이다.

입 또는 말에 대하여

하나마나한 상식적인 말이지만 입이 하는 일은 음식을 먹는 것과 말하는 것이다. 심한 감기로 코가 막힐 경우 조금씩 숨 쉬는 용도로 쓰일 때도 있지만 그것은 어디까지나 보조적인 역할일 뿐 역시 가장 중요한 일은 말하는 것과 먹는 일이다. 실로 산 사람에게 매우 중요한 일이다. 말하는 기능이 없다면 어떻게 사람이 다른 사람과 교제하고 소통할 수 있으며 먹을 수 없다면 어떻게 육적 생명을 유지할 수 있겠는가.

이렇게 중요한 기관이지만 잘못 사용하면 위험한 것이 입이다(물론 인체의 모든 기관이 중요하다). 잘못된 음식을 먹으면 생명이 위독하고 말을 함부로 하다가는 망신뿐 아니라 생명의 위험까지 당할 수 있다. 실로 옛 사람들이 경계한 것처럼 세 치 혀가 생명을 좌우하는 경우가 있다. 실로 말 한마디 때문에 죽임을 당한 경우가 많다. 그래서 성경은 죽고 사는 것이 혀의 힘이 달렸나니 혀를 쓰기를 좋아하는 자는 혀의 열매를 먹는다고 했다(잠 18:21).

우리는 좋은 음식을 먹을 수 있어야 하고 자신에게나 남에게 유익한 말을 해야 한다. 옛 사람들은 좋은 음식을 먹으면서 그 입으로 허튼소리를 하는 것을 보고 "익은 밥 먹고 선소리 한다"고 비난하기도 했다.

나는 개인적으로 세례 요한을 존경한다. 그는 검소했다. 그는 사막 지방에서 죽은 낙타 가죽을 옷으로 입고 메뚜기와 석청을 먹었다. 그러나 비록 먹고 입는 것이 시원치 않을지라도 일생 동안 단 한마디도 허튼소리를 한 일이 없다. 받은 사명대로 예수의 메시아 되심을 전하는 말을 하면서 정의롭게 살았다. 회개하여 예수를 구주로 믿음으로 구원을 받으라고 외쳤고, 분봉왕 헤롯이 자기 동생의 부인을 맞아 사는 것을 부도덕한 일이라고 탄핵했다. 결국 그 일로 해서 칼로 목 베임을 당하였지만 그의 꼿꼿하고 정의로운 정신은 지금도 영원히 살아서 역사하고 있는 것이다.

말을 잘한다는 것은 확실히 축복이다. 예전에는 아이들이 조잘조잘 말을 잘하면 장차 아나운서나 변호사가 되려나 보다고 격려를 하기도 했다. 그러나 말을 잘한다는 것은 청산유수처럼 거침없이 하는 것을 의미해서는 안 된다. 기계에 기름을 쳐 잘 돌아가는 것처럼 더듬지 않고 말하는 것을 의미해서는 안 된다. 사기꾼치고 말 못하는 사람은 드물다. 호감이 가게 말하지 못하면 어떻게 남을 속일 수 있겠는가. 우리는 비록 어눌하여 말을 더듬어도 바른말을 해야 한다. 그것이 말을 잘하는 것이다. 세상에 그럴듯하게 말하면서 남을 속이는 일이 얼마나 많은가. 정치인들의 속임수에 그동안 얼마나 많이 속아왔으며 넌더리를 내고 있는가.

그렇다면 말을 잘하는 사람이란 과연 어떤 사람들을 가리키는가. 해서는 안 되는 말과 꼭 해야 할 말을 구별할 줄 아는 사람이다. 그래서 남에게 유익이 되는, 가치 있는 말을 하는 사람은 말을 잘하는 사람이다. 그런 언행은 결국 자신을 위해서도 유익한 말을 하는 사람이 된다.

먼저 결코 해서는 안 되는 말엔 어떤 것들이 있는가. 한마디로 악한 말이다. 저속한 욕설이나 남을 헐뜯는 참소, 저주와 같은 부도덕한 말은 입 밖에도 내지 말아야 한다. 부정적인 말, 즉 안 된다, 못 한다와 같은 말은 자신의 정신을 지배하기 때문에 자기 사전에서 제거해야 한다. 덕스럽지 않은 말이나 경우에 합당하지 않은 말은 자신의 인격과 교양에 치명상을 준다. 거기에 거짓말이 끼어들면 인격적으로 인정받지 못하는 사람이 된다. 그러므로 우리가 하는 말은 덕스러워야 한다. 사실이라도 덕스럽지 않으면 삼갈 줄 알아야 교양인이 된다. 남을 칭찬하고 격려하는 말을 잘 하면 일단 인정을 받는다. 낙심한 사람에게 격려나 위로의 말을 건넬 때 그 말의 위력은 크다. 감사의 말을 자주 하는 사람은 행복할 것이다.

우리는 누구나 이따금 말에 실수를 한다(약 3:2). 그러므로 조심할 것은 말을 가급적 적게 하는 것이 좋다(약 1:19). 옳은 말이라 할지라도 때와 장소에 따라 적절하게 할 수 있다면 그는 말에 능한 사람이다. 우스갯소리지만 항간에는 귀는 머리 양쪽에 둘을 두었고 입은 하나이며, 귀는 덮개가 없지만 입은 입술이라는 덮개를 둔 것은 하나님의 오묘한 뜻이 아니었겠느냐는 말이 있다. 듣기는 속히 하고 말하는 것은 조심하라는 뜻이라 한다. 그렇다. 입을 지킬 줄 알아야 인격자가 되고 생명을 얻는다(잠 13:3). 가급적이면 하나님께 부지런히 기도로 대화하자.

분명히 사람이 말을 잘한다는 것은 복이다. 그러나 어떻게, 무슨 말을 하는 것이 잘하는 것인가를 조심해야 한다. 아무리 좋은 것이라 할지라도 선하게 사용하지 못하면 악한 것이 된다.

자격資格에 대하여

　어떤 신분이나 지위를 얻으려면 필요한 조건을 충족해야 한다. 그 조건을 자격이라 한다. 머리를 깎아 주거나 다듬어 주는 이발사나 미용사도 자격이 있어야 하고 공인중개사 자격을 취득해야 부동산 거래를 성사시키며 수수료를 받을 수 있다. 학교에서 학생을 가르치려면 교사 자격증이 있어야 하고 법정에서 피고의 변호를 하려면 변호사 자격증이 있어야 한다. 그래서 지금은 자격증 시대라고도 한다.

　몸이 아픈 사람은 아무에게나 자신을 맡길 수 없다. 의사 면허가 없는 사람에게 자신의 귀중한 생명을 다루는 수술을 맡길 수 있겠는가. 운전면허가 없는 사람이 운전하는 차량에 어떻게 편안한 마음으로 탈 수 있겠는가. 그러므로 자격이나 면허가 필요한 일은 그 자격부터 갖추고 일을 해야 한다. 기술을 요하는 일은 기술 습득부터 해야 하고, 지혜를 원하는 직종 또한 과정을 거쳐 실력을 갖추어야 한다. 그런 자격증이 없는 사람을 가리켜 돌팔이라 하거니와 그런 사람들 때문에 질서가 무너진다.

　그럼에도 우리 사회에는 자격 없는 사람들이 적잖게 있다. 자격 없는 부모도 있다. 낳기만 하고 제대로 양육하지 못하는 부모. 자격 없는 교사도 있다. 지식은 있어도 존중할 만한 인격이 없다든지 제자들에게 잘못된 사상을 주입시킨다면 그는 바른 제자를 양성하는 교사가 아니다. 지도자들도 그렇다. 어떤 사람들은 권위만 앞세우면서 지도자가 되기보다는 지배자를 꿈꾼다. 어떻게 하면 얻은 권세로 남을 지배할까 궁구한다.

예수님 당시에 제사장이나 바리새파 사람들이나 서기관들은 자신의 기득권을 충분히 활용했다. 그들은 백성으로부터 대접받는 것을 좋아했다. 예수님은 제자들에게 말씀했다. "이방인의 집권자들이 그들을 임의로 주관하고 그 고관들이 그들에게 권세를 부리는 줄을 너희가 알거니와 너희 중에는 그렇지 않아야 하나니 너희 중에 누구든지 크고자 하는 자는 너희를 섬기는 자가 되고 너희 중에 누구든지 으뜸이 되고자 하는 자는 너희의 종이 되어야 하리라 인자가 온 것은 섬김을 받으려 함이 아니라 섬기려 하고 자기 목숨을 많은 사람의 대속물로 주려 함이니라(마 20:25-28).

예수님은 당신의 삶에서 섬김의 도리를 실천하셨고 결국 많은 사람의 대속물이 되어 죽었다. 세상의 권력자들이 남을 지배하고 다스리는 목적으로 권세 취득에 혈안이 되었다면 그는 하나님의 백성의 윤리와 도덕은 남을 섬기는 데 있음을 가르치셨고 또한 실천하신 것이다. 얼마나 탁월한 지도력이었는가. 그의 지도력은 자기희생이요, 섬김의 지도력이었다. 이 지도를 받은 제자들은 하나같이 진리를 위해 목숨을 바칠 수 있었다. 존경받는 사람이 되려면 적어도 이런 인격부터 갖추어야 하지 않겠는가.

이제 천국에 들어갈 수 있는 자격에 대해서 생각해 보자. 천국은 누구나 들어갈 수 있다. 남녀노소의 차별이 없다. 지식의 유무라든지 신분, 인종 등 어떤 조건에도 차별을 두지 않는다. 그럼에도 모두가 천국에 들어

가는 것은 아니다. 누구나 갈 수 있지만 아무나 가는 것은 아니란 뜻이다. 자격이 있다. 그것은 죄가 없어야 한다는 자격이다. 문제는 누구나 가지고 있는 죄를 어떻게 없앨 수 있느냐다. 인간은 스스로 죄를 없앨 수 없다. 그런 능력이 전혀 없다. 그것은 지식으로도, 재물로도, 세상 권세로도 불가능하기 때문이다.

그렇기 때문에 모든 사람은 죄 앞에서 절망해야 한다. 구원을 스스로 얻을 수 없다는 사실에, 천국에 스스로 이를 수 없다는 사실에 절망해야 한다. 그때 비로소 손짓하는 예수 그리스도가 보일 것이다. 그분은 죄가 없는 분으로 우리의 죄를 용서하시기 위해서 오셨다. 그분은 죄가 없기 때문에 남의 죄를 대신 짊어질 수 있었다. 그분은 실제로 인간의 죄를 대신 짊어지셨고 그 죗값으로 십자가 형벌을 받고 죽었다. 이 사실을 믿어야 한다. 자신의 죄를 회개하고 예수님이 나를 위해서, 내 죄를 대신 짊어지고 죽었다는 사실을 믿어야 한다. 그러면 신기하게 주님은 내 죄를 짊어지고 죽었음을 알게 된다. 성령께서 깨닫게 해 주신다. 그것이 구원이요, 천국에 들어갈 수 있는 자격이다.

세상에는 여러 가지 자격 취득 방법이 있다. 시험에 합격하여 자격을 얻는 것도 있다. 재주와 기술로 얻는 것도 있고 태어나면서 얻어지는 국적國籍도 있다. 나이가 차면 자동적으로 얻어지는 선거권이 있고 선거를 통해서 얻어지는 자격도 있다. 수많은 자격이 있다. 그 중에 공통적으로 필요한 것이 있다면 인격과 교양을 갖추는 일이고, 천국 백성의 자격은 예수를 구주로 영접하는 유일한 방법으로 얻는다. 모든 자격이 다 소중하고 살아가는 데 필요하다. 무슨 일이든 자격을 취득하고 행사해야 한다. 돌팔이가 사람을 잡고 무자격자가 질서를 파괴한다.

자기 사랑에 대하여

성경은 사랑을 강조한다. 그래서 기독교는 사랑의 종교다. 요지부동의 도덕법인 십계명은 사랑을 명령한다. 하나님 외에 다른 신을 섬기지 말라, 우상을 만들지 말고 섬기지도 말라, 하나님의 이름을 망령되게 부르지 말라, 안식일을 지키라, 네 부모를 공경하라, 살인하지 말라, 간음하지 말라, 도둑질하지 말라, 거짓 증거 하지 말라, 탐내지 말라. 이 열 개의 계명을 예수님은 두 계명으로 요약했다. 즉 "네 마음을 다하고 목숨을 다하고 뜻을 다하여 주 너의 하나님을 사랑하라 하셨으니 이것이 크고 첫째 되는 계명이요 둘째도 그와 같으니 네 이웃을 네 자신같이 사랑하라 하셨으니 이 두 계명이 온 율법과 선지자의 강령綱領이니라"고 했다(마 22:37-40). 앞의 네 계명은 하나님을 사랑하라는 계명이요, 나중의 여섯 계명은 이웃을 사랑하라는 계명이라는 것이다.

그런데 이 계명들 안에는 하나님의 사랑과 이웃 사랑뿐 아니라 이미 자기 자신에 대한 사랑이 포함되어 있는 것이다. "네 이웃을 네 자신같이 사랑하라"는 말씀이 그렇다. 실로 자기 자신도 사랑하지 못하면서 어떻게 이웃을 사랑할 수 있겠는가. 하나님은 사람이 누구나 자기 자신을 사랑하는 정신이 있음을 알고 계실 뿐 아니라 자신조차 사랑하지 못하면서 이웃을 사랑할 수 없음을 말씀하고 있는 것이다. 실로 그렇다. 우리는 자기 자신조차 사랑하지 않으면서 이웃을 진정으로 사랑할 수 없다. 그런 의미에서 자기 자신에 대한 사랑은 모든 사랑의 기초라 할 수 있다. 다시 말하면 하나님 사랑도 자기 자신을 사랑하는 사람이 할 수 있고, 이웃 사랑도 자기 사랑 안에서 하는 것이다.

그러면 자기 사랑이란 무엇인가? 자기 자신을 바르게 세워 놓는 것이다. 자기의 위치나 본분이나 사명을 감당하며 하나님으로부터나 다른 사람으로부터 인정을 받는 것이다. 자기 자신조차 남들로부터 인정받지 못하면서 어떻게 남을 사랑할 수 있는가. 그런 사랑이라면 다분히 위선이나 거짓일 수 있다. 예절이나 도덕성에서 자기의 품위를 지켜 나갈 수 있을 때 그는 비로소 이웃에게 해악을 끼치지 않고 도움과 유익을 줄 수 있는 것이다.

진정한 자기 사랑은 나와 남을 차별하는 것이 아니라 나의 인격과 남의 인격을 같이 존중하며 나의 자유와 남의 자유를 같이 인정하고, 나의 생명이 귀한 만큼 남의 생명도 귀하게 여기며, 나의 행복이 곧 이웃의 행복과 같다고 보는 것이다. 이는 예수님의 사랑이 기초다. 예수님은 섬김을 받기보다 섬기려고 오셨고, 죄인 구원을 위해서 자기 몸을 십자가에 내놓았다. 이처럼 주님의 헌신과 희생정신으로 이웃을 사랑하는 것이 진정한 자기 사랑이다.

이런 사랑이 성령이 충만했던 초대교회에서 이루어졌다. 성도들이 다 함께 있어 모든 물건을 서로 통용하고 또 재산과 소유를 팔아 각 사람의 필요에 따라 나눠주며 날마다 마음을 같이하여 성전에 모이기를 힘쓰고 집에서 떡을 떼며 기쁨과 순전한 마음으로 음식을 먹고 하나님을 찬미하며 또 온 백성에게 칭송을 받았다(행 2:44-47). 진정한 사랑의 공동체였다. 그 공동체는 성령이 충만한 가운데서 이루어졌다.

그런데 우리 사회는 인간의 죄성으로 말미암아 진정한 자기 사랑의 정신이 퇴색하고 변질되었다. 이타정신이 이기주의로 인하여 무너져 내렸다. 성경은 말세에 고통하는 때가 이를 터인데 그때 사회에 만연할 퇴폐적 상황을 나열하는 중에 맨 먼저 자기 사랑을 들고 있다(딤후 3:1-5).

여기서 말씀하는 자기 사랑은 무엇인가? 변질된 자기 사랑, 하나님께서 요구하는 자기 사랑과는 동떨어진 이기주의利己主義다. 남을 이해하고 배려하는 자기 사랑이 아니라 나를 위한다 하면서 남을 해치는 행위다. 나의 인격을 위해서 남에게 피해를 주어도 되고 나의 행복을 위해서 이웃은 불행해도 된다고 생각한다. 심지어는 내가 살기 위해서 남을 죽여도 된다는 정신도 최근에는 팽배하다. 이런 행위가 어떻게 자기 사랑인가? 아니다. 말세에 일어나는 악한 풍조요, 악한 사회로 이끄는 정신이다.

우리는 창조주 하나님을 사랑해야 한다. 같은 피조물 된 우리는 서로 사랑해야 한다. 그 사랑만이 또한 진정한 자기 사랑을 온전히 이룰 수 있다.

자랑거리에 대하여

　남에게 자랑스럽게 내세울 만한 어떤 거리가 있다는 것은 확실히 좋은 일이다. 남이 갖지 않은 것을 가졌다든지, 남보다 뛰어난 재주를 가졌다든지, 남들이 받지 못한 상을 받았다든지, 아무튼 자랑하고 싶고 뽐내고 싶은 것을 내가 가지고 있다는 것은 정말 자랑스러운 일이다.

　그러나 그런 자랑거리가 다른 가치관을 가진 사람에게는 자랑거리가 아닐 수 있다. 예를 들면 사울이라는 사람은 당시 세속적인 자랑거리를 많이 가지고 있었다. 그는 혈통을 중요시하는 사회에서 이스라엘 민족의 베냐민 지파 사람이었다. 그는 선대로부터 부富와 로마 시민권이라는 권세를 물려받았다. 신앙으로 엄격한 바리새파 사람이었고 지식으로는 당시 최고의 석학이라는 가말리엘로부터 배웠다. 그는 산헤드린 회원이기도 했다. 이런 자랑거리는 오늘날에도 거의 누구나 얻기를 추구하는 것들이 아닌가.

　그런데 그는 다메섹 도상에서 부활하신 예수님을 만나고 변했다. 그 모든 자랑거리, 오늘날도 거의 모든 사람이 생명을 걸고라도 차지하고자 하는 자랑거리를 배설물로 여기고 가차없이 버렸다. 그리고 새로운 자랑거리를 발견했다. 그것은 자신이 약하다는 것(고후 11:30)과 십자가였다(갈 6:14).

실로 내가 연약하다는 것이 무슨 자랑거리가 되며 죄인을 사형시키는 데 쓰이는 형틀인 십자가가 무슨 자랑거리인가. 그러나 그가 깨달은 것은 세상에서 가치 있다고 생각하는 자랑거리는 영원한 하나님나라를 소유한 사람에게는 오히려 거추장스러운 것이 된다는 것이었다. 그는 생명의 주인이시요, 구원을 주시는 주 예수 그리스도와의 접근을 막는 모든 것이 이미 자랑거리가 아님을 깨달은 것이다.

그런 관점에서 볼 때 자신이 약한 것은, 강하고 생명이 되시는 주님을 의지하는 계기를 마련해 주는, 그래서 더욱 영적으로 강한 사람이 되게 하는 것을 자랑으로 여길 수밖에 없었고, 주님의 십자가 은혜만이 구원을 주고 영원한 생명을 준다는 의미에서 십자가 외에는 자랑할 것이 없다고 고백할 수밖에 없게 된 것이다.

모세는 애굽의 궁중에서 공주의 아들로 자랐다. 그에게는 애굽의 지식과 보화와 권세가 주어져 있었다. 그러나 그는 그 모든 것을 버리고 하나님의 백성과 함께 고난 받기와 그리스도를 위하여 받는 수모를 택하였다(히 11:24-26). 이들은 어리석어서 그랬을까?

그렇다. 어떤 사람들은 바울이나 모세의 이런 태도를 어리석은 짓이라 할 것이다. 그러나 참 생명을 알고 영원한 세계를 동경하는 사람은 그렇지 않다. 순간적인 세속적 가치의 자랑을 버리고 영적인 가치와 영원한 생명을 추구하며 그 받는 은혜에 감사할 수 있는 것이다.

우리는 지금 무엇을 위하여 살고 있으며 무엇을 얻기 위하여 노심초사하고 있는가. 진실로 인생의 승리자가 되고 싶다면 순간적인 것을 버리고 영원한 것을 추구해야 할 것이며 모든 것을 주고 생명을 얻어야 할 것이다. 진주의 가치를 아는 사람은 모든 것을 팔아서 진주를 사는 것이다(마 13:45-46).

예수님은 사람이 온 천하를 얻고도 자기 생명을 잃으면 무엇이 유익하겠느냐고 했다(마 16:26). 먼저 그의 나라와 그의 의義를 구하면 이 모든 것을 더하여 주실 것을 약속하셨다(마 6:33).

그러나 지금 내가 가지고 있는 모든 세속적인 자랑거리가 무의미한 것은 아니다. 그것을 함부로 대접하거나 버리지 말라. 그것을 영생을 위해서 사용하라. 그러면 이 땅에서도 더 가치 있는 삶을 주실 것이고, 천국과 영생을 얻지 못할 사람이 없을 것이다. 그러나 그것을 하나님보다 더 사랑하거나 생명보다 더 귀하게 여길 때, 그것 때문에 인륜을 버리고 도덕적 삶을 포기한다면 어느 누구한테도 존경받을 수 없을 뿐 아니라 당신에겐 커다란 선물이 기다리고 있을 것이다. "실패한 인생"이라는 커다란 딱지.

자유에 대하여

일찍이 패트릭 헨리는 "자유가 아니면 죽음을 달라"고 외쳤다. 실로 자유는 생명과 맞바꿀 만한 가치가 있다. 자유 없는 삶은 차라리 자유 있는 죽음보다 못하다.

억압과 부자유가 얼마나 인간을 고통스럽게 하는가. 하나님은 애굽에서 억압당하는 이스라엘 백성들을 이끌어내어 자유와 해방을 주셨고, 예수 그리스도는 자신이 십자가에 못 박히므로 우리에게서 죄와 허물을 벗기고 자유를 주셨다. 그리고 성경은 "그리스도께서 우리를 자유롭게 하려고 자유를 주셨으니 그러므로 굳건하게 서서 다시는 종의 멍에를 메지 말라"고 권고하고 있다(갈 5:1).

모든 사람에게는 보편적으로 생존을 위한 자유가 주어진다. 표현의 자유와 거주 이전의 자유와 집회·결사의 자유와 생활의 자유가 있다. 누구나 살아 있는 사람은 행복을 추구할 수 있다. 이 얼마나 감사한 일인가.

그러나 우리에게 주어진 자유가 무한대이고 무한정할 수 있는가. 아니다. 결코 아니다. 인류 보편적인 예절이나 도리에 어긋나는 행동을 하는 것이 자유는 아니다. 더구나 남에게 현저한 피해를 주는 것을 내가 좋다고 행한다면 그것은 자유의 한계를 넘는 방종이다.

우리 사회에는 지금 자신의 자유를 구가한다면서 남에게 고통을 주고 사회를 어지럽히는 일이 얼마나 많이 일어나고 있는가. 내 표현의 자유가 남의 인격에 심대한 피해를 주고 사회의 도덕적 가치를 훼손시키는 일이라면 그것은 절대로 용납해서는 안 되는 방종이다. 내 행동의 자유가 성실하게 살아가는 이웃에게 파괴적이고 의욕을 잃게 만드는 것이라면 부끄러운 일이다.

그러므로 자유 개념에 있어서 다음 두 가지는 우리가 항상 유념해야 할 사항이다. 하나는 자유가 주어졌다고 해서 그 자유로 악을 가리는 데 쓰는 것은 옳지 않다. 성경은 "너희는 자유가 있으나 그 자유로 악을 가리는 데 쓰지 말고 오직 하나님의 종과 같이 하라"고 말씀한다(벧전 2:16).

두 번째는 나의 자유가 약한 자들을 걸려 넘어지게 하는 것이 되어서는 안 된다. 성경은 "그런즉 너희의 자유가 믿음이 약한 자들에게 걸려 넘어지게 하는 것이 되지 않도록 조심하라"고 말씀한다(고전 8:9).

참자유는 불합리한 인습과 법률에서 자유롭다. 베드로 사도는 복음을 전하다 감옥에 갇혔다. 날이 밝으면 자신의 목이 먼저 목 베임을 당한 야고보 사도처럼 베임을 당할 처지에 놓였지만 양심은 거리낌 없는 자유를 누렸다. 그는 감옥에 갇혀 두 군인 틈에서 두 쇠사슬에 매여 있었지만 편안히 잠들 수 있었다. 이런 자유인에게 하나님은 쇠사슬을 벗겨 감옥에서 나오게 하는 기적을 통하여 신체적 자유도 허락하셨다(행 12:1-11).

바울과 실라가 빌립보 지역에서 복음을 전하다 무고로 감옥에 갇혔지만 그 밤중에 하나님께 기도하며 찬송할 수 있었다. 비록 몸은 영어의 몸이 되었지만 그들의 영혼은 한없는 자유를 누리고 있었던 것이다(행 16:16-25). 그들은 성령의 사람이었다. 성경은 "주의 영이 계신 곳에는 자유가 있다"고 했다(고후 3:17). 실로 주의 영이 함께하는 사람은 매이지 않는 것이다.

참자유인이셨던 예수 그리스도를 보자. 세상은 그를 묶으려 했지만 그는 묶이지 않았다. 제도와 관습과 당시 위선자들의 비뚤어진 율법 적용이 그를 얽어매려 하였지만 그는 언제나 자유스러웠다. 주님은 진리를 붙들었고, 당신 스스로 진리 자체였기 때문에 어디서나 당당할 수 있었고, 심지어 십자가 죽음 앞에서도 자유스러웠다. 그는 말씀하셨다. "진리를 알지니 진리가 너희를 자유케 하리라"(요 8:32).

그러므로 참자유는 진리 안에 있다. 예수 그리스도 안에 있다. 예수 그리스도를 중심에 모시고 살면서 그의 길을 따른다면 우리도 참자유인의 삶을 살게 된다. 심지어 죽음도 우리를 얽어매지 못한다. 죽음을 이기고 부활하신 승리자 예수께서 자유를 주시는 것이다. 성경이 말씀한다. "그러므로 아들이 너희를 자유롭게 하면 너희가 참으로 자유로우리라"(요 8:36).

재물에 대하여

여호와 하나님께서 가장 싫어하신 것은 하나님 외의 다른 신神, 곧 우상을 숭배하는 것이다. 그러므로 십계명을 주시면서 맨 먼저 하나님 외의 다른 신을 섬기는 일을 금하셨다.

오늘날 우리 사회에 만연된 가장 큰 우상은 무엇일까. 재물이다. 재물은 하나님보다 더 사랑하는 현대인의 우상이다. 이를 경계하여 일찍이 예수님도 "한 사람이 두 주인을 섬길 수 없으며 하나님과 재물을 겸하여 섬기지 못함"을 말씀했다(마 6:24). 이 재물우상 때문에 신앙은 제 구실을 못하고 해이해진다. 재물 때문에 주일을 지키지 못하고 재물이 아까워 십일조를 드리지 못하는 경우가 허다하다.

실로 현대인은 재물을 신神으로 삼고 있어서 만약 떡의 문제만 해결된다면 영혼이라도 팔 것이다. 어느 날 예수님께서 떡 다섯 개와 물고기 두 마리로 5,000명 이상을 먹이자 모두 주님을 세상의 왕으로 삼으려 했지 않은가(요 6:15). 이런 인간의 약점을 아는 악한 세력은 사람을 떡으로 유혹한다. 사단은 예수님까지도 "네가 만일 하나님의 아들이라면 이 돌로 떡을 만들라"고 시험했다(마 4:3).

그러면 재물이 악한 것인가? 결코 아니다. 축복으로 주신 것이다. 성경은 사람이 떡으로만 살려는 자세를 금했지 필요 없다고 하지 않았다. 예수님도 일용할 양식을 위하여 기도하라고 가르쳤다(마 6:11). 다만 떡이 어떤 사람에게 우상이 되었을 때 그는 이미 재물의 유혹에 넘어간 것이고 그래서 예수님은 "부자가 하나님의 나라에 들어가기는 낙타가 바늘귀로 들어가기보다 어렵다"고 했다(마 19:24). 바울 사도는 "돈을 사랑함이 일만 악의 뿌리가 된다"고 했다. 그리고 "부자가 되고자 하는 사람은 시험과 올무와 여러 가지 어리석고 해로운 욕심에 떨어지나니 곧 사람으로 파멸과 멸망에 빠지게 한다"고 주의를 환기시켰다(딤전 6:9-10). 그렇다. 우리는 경건을 위하여 자족하는 마음으로 살고 먹을 것과 입을 것이 있으면 족한 줄로 알아야 한다(딤전 6:6-8).

그럼에도 물질을 숭배하는 사람들은 물질이 곧 행복이라고 생각한다. 그러나 아니다. 행복을 위해서 돈도 필요할 뿐이다. 돈이 없으면 불편하기 때문이다. 사실 재물은 중립적이다. 재물과의 관계를 어떻게 설정하고 사느냐가 선도 되고 악도 된다. 바르게 벌어서 바르게 사용한다면 행복을 주지만 그렇지 않을 경우는 불행을 가져다 주는 위험물이다.

먼저 재물은 정당한 방법으로 취득해야 한다. 무위도식은 죄다. 성경은 "누구든지 일하기 싫어하거든 먹지도 말게 하라"고 가르친다(살후 3:10). 속임수로 취득하는 것이 죽음을 구하는 것이라 했고(잠 21:6), 불의한 방법으로 치부하는 자는 어리석다고 했다(렘 17:11). 이는 마치 자고새가 낳지 아니한 알을 품음 같아서 결국은 그것이 떠나게 될 것이라 했다.

하나님은 재물을 취득하는 것뿐 아니라 사용하는 데도 많은 관심을 가지고 계신다. 즉 함부로 쓰지 말라는 것이다. 낭비나 사치, 그리고 쾌락의 도구로 쓰지 말 것을 수없이 경고하고 있다. 선하게 벌었으면 선하게 써야 한다. 좀과 동록이 해하지 않고 도둑이 뚫지 못하는 하늘나라에 보물을 쌓아두면 거기에 마음을 두고 살 수 있을 것이다(마 6:20-21).

실로 우리는 이 땅에 태어날 때 아무것도 가지고 오지 않았고 또한 아무것도 가지고 갈 수가 없다. 그러나 미리 보내 놓을 수는 있다. 그것은 살아서 내게 맡겨진 재물을 선하게 그리고 하나님의 영광을 위해서 사용하는 것이다.

우리는 재물을 의지하지 말아야 하고(잠 11:28) 소망을 거기에 두지 말아야 한다. 재물은 정함이 없고(딤전 6:17) 생명을 주는 것이 아니기 때문이다. 차라리 재물보다는 명예를 택해야 한다(잠 11:28). 하나님나라의 백성으로서의 품위를 지켜 자신의 명예와 하나님의 영광을 위해서 산다는 것은 얼마나 아름다운 삶이겠는가.

재앙에 대하여

아담이 에덴동산에서 쫓겨난 이후 이 지상에는 수많은 재앙이 일어났다. 노아시대의 홍수는 대표적인 예가 될 것이다. 방주를 예비한 노아의 여덟 식구 외에 전 인류가 물로 망했으니 그 규모가 과연 세계적이었다.

그 이후에도 재앙은 끊임없이 일어나 사람들을 괴롭혔다. 태풍, 폭우, 폭염, 폭설, 가뭄, 화산폭발, 지진, 화재, 기근, 질병 등의 자연재해와 전쟁, 폭력, 살상, 파괴와 같은 인위적인 재해도 수없이 일어났다. 지금도 전 세계적으로 일어나고 있지 않은가. 수시로 일어나서 생존을 위협하고 생활에 고통과 슬픔을 안겨주고 있다.

왜 이런 재앙이 일어날까. 세상의 학문이나 철학은 그 이유를 여러 가지로 말할 것이다. 그런데 성경은 창조주 하나님에 대한 인간의 교만과 죄 때문이라고 한다. 실로 인간에게 내려진 그 수많은 재앙의 배후에는 하나님의 뜻을 거역한 인간의 교만과 불순종이 자리하고 있는 것이다. 노아시대의 홍수도 당시 사람들의 불순종과 하나님을 대적하는 행위 때문이었다. 유황불로 인한 소돔과 고모라성의 멸망도 당시 사람들의 음란과 불순종 때문이었다. 이스라엘의 멸망도 백성들의 우상숭배를 비롯한 불의 때문이었음을 성경은 증언하고 있다. 그 외의 각종 질병이나 기근, 전쟁 같은 고난도 인간의 죄와 무관하지 않은 것이다. 하긴 인간에게 찾아오는 죽음도 선악을 알게 하는 나무의 실과를 먹은 아담과 하와의 범죄에서 비롯되었지 않은가.

그러므로 이런 모든 재앙에는 그 재앙을 내릴 수밖에 없는 어떤 분명한 목적이 있는 것이다. 범죄에 대한 하나님의 심판과 징계의 목적도 있을 것이고 교정과 경고의 의미도 있을 것이다. 선하신 하나님의 뜻을 거역하는 행위는 하나님에 대한 도전이다. 하나님은 당연히 그런 행위를 공의로 다스릴 것이고 그것이 재앙으로 나타날 것이다. 그 재앙이 어떤 사람에게는 심판이 될 것이고, 어떤 사람에게는 징계가 될 것이며, 또 어떤 사람들에게는 경고나 교정의 의미가 될 것이다.

이 세상은 죄가 없어지지 않는 한 영적인 싸움터다. 하나님의 뜻에 순종하고자 하는 선한 의지와 하나님의 뜻을 거역하며 대적하고자 하는 악한 의지가 충돌하고 있는 싸움터인 것이다. 최근 들어 재앙의 규모가 커지는 것도 이와 무관하지 않을 것이다. 날로 간악해지는 악한 의지를 경고하기 위해서는 하나님의 강력한 메시지가 필요하지 않겠는가. 보라, 문명의 발달과 물질의 풍요를 자랑하는 이 세상의 풍조를. 악하고 음란한 세상이다. 무질서한 세상이다. 죄는 더욱 지능화되고 폭력은 더욱 흉포해지고 있다. 그래서 성경은 이 세대를 본받지 말라고 가르친다. 오직 마음을 새롭게 함으로 변화를 받아 하나님의 선하시고 기뻐하시고 온전하신 뜻이 무엇인지 분별하도록 하라고 한다(롬 12:2). 그럼에도 사람들은 깨닫지 못하고 인간의 지혜와 발달한 과학으로 내려지는 재앙을 막을 궁리만 한다.

그렇다면 사람의 지혜와 능력이 이런 재앙들을 막을 수 있는가? 어느 정도는 가능하지만 완전히 막을 수는 없다. 왜냐하면 하나님의 능력이 사람의 능력보다 크고 위대하기 때문이다. 징계하거나 심판하고자 하시는 하나님의 의지가 사람의 지혜나 능력에 의해서 좌절될 리는 없는 것이다. 그렇다면 다가오는 재앙을 막고자 하는 우리의 의지도 포기해야 한다는 말인가. 아니다. 철저하게 방비대책을 세우고 지혜와 수단을 동원하여 막아내야 한다. 그러나 최근에 일본에서 일어난 쓰나미나 미국에서 일어나는 토네이도를 보라. 그 나라들이 방비대책을 소홀히 해서 그런 엄청난 피해를 입는 것이 아니다. 지구상의 그 어떤 나라보다 과학이 발달하고 방비대책을 잘 세우는 나라들이다. 그렇지만 하나님의 능력 앞에서 속수무책으로 당하고 있는 것이다. 하나님께서 심판하시고자 하는 의지를 사람의 수단으로 막지 못하는 것이다. 다시 말하면 심판하시고자 하는 하나님의 뜻이 절대로 방어하고자 하는 사람들의 노력 때문에 무위로 끝날 수 없다는 것이다.

그러나 그렇다고 해서 우리는 재앙을 막으려 하는 노력을 포기해서는 안 된다. 재앙을 입기 전에 방비를 철저히 해야 하고 재앙을 입은 후에는 복구에 최선을 다해야 한다. 그리고 더 중요한 것은 왜 이런 재앙이 있는가를 찾아내야 한다. 재앙을 당하고 나서 서로 누구의 잘못이라고 책임공방이나 하는 것은 별 도움이 되지 않는다. 근본 대책을 모색한다면 첫째, 인간이 하나님 두려운 줄 알고 그 앞에서 교만하지 말아야 할 것이다. 언제든지 하나님은 하나님의 영역에 도전하는 일이 있으면 진노하셨다. 시날 평지에서 인간들이 바벨탑을 쌓을 때 이를 허물어뜨린 것이 좋은 예이다. 하나님은 언어를 혼잡시켜 사람들을 뿔뿔이 흩어지게 하였다. 하나님을 대적하는 인간의 합력을 무력화시킨 것이다.

다음으로 우리의 잘못을 인정하고 회개해야 할 것이다. 예수님은 빌라도가 갈릴리 사람들의 피를 그들의 제물에 섞은 일과 실로암 망대가 무너져 열여덟 사람이 치어 죽은 사건을 접하고 그들이 다른 모든 사람보다 죄가 더 있어서 된 일이 아님을 역설하셨다. 그리고 경고하시기를 만일 너희도 회개하지 않으면 다 이와 같이 망하리라고 하셨다(눅 13:1-5).

성경은 우리에게 재앙을 막는 방법을 가르쳐 주고 있다. 이스라엘과 적대적 관계에 있었던 앗수르의 니느웨 백성들. 그들은 선지자 요나의 외침을 가볍게 듣지 않았다. 요나가 하루 동안 다니면서 "40일이 지나면 니느웨가 무너지리라"고 외칠 때 그들은 하나님을 믿고 금식을 선포하고, 높은 자나 낮은 자를 막론하고 다 같이 굵은 베옷을 입었다. 왕도 보좌에서 일어나 왕복을 벗고 굵은 베옷을 입고 재 위에 앉았다. 그리고 전국에 조서를 내렸는데 사람은 물론이고 심지어 짐승까지 아무것도 먹지 말고 힘써 하나님께 부르짖을 것이며 각기 악한 길과 손으로 행한 강포에서 떠나라고 했다(욘 3:1-9). 그런데 어떻게 되었는가? 그 결과에 대해서 성경은 이렇게 말씀하고 있다. "하나님이 그들의 행한 것, 곧 그 악한 길에서 돌이켜 떠난 것을 보시고 하나님의 뜻을 돌이키사 그들에게 내리리라고 말씀하신 재앙을 내리지 아니하시니라"(욘 3:10).

인간의 교만과 불순종에 비례해서 앞으로 재앙은 더 빈번하고 크게 일어날 것이다. 그렇다면 하나님을 진노케 하지 않는 것만이 재앙을 막는 길이 아니겠는가.

적당 適當함에 대하여

적당하다는 말은 좋은 말이다. 사리에 맞고 정도에 맞을 때 쓰는 말이다. 넘치지도 않고 부족하지도 않은, 그래서 주변과 어울리고 알맞을 때 쓰는 말이다. 이 말의 뜻이 얼마나 좋으면 지혜자가 "적당한 말로 대답함은 입맞춤과 같다"고 했을까(잠 24:26). 지혜자 아굴은 하나님께 기도하기를 "나를 가난하게도 마옵시고 부하게도 마옵시고 오직 필요한 양식으로 나를 먹이시옵소서 혹 내가 배불러서 하나님을 모른다 여호와가 누구냐 할까 하오며 혹 내가 가난하여 도둑질하고 내 하나님의 이름을 욕되게 할까 두려워함이니이다"고 했다(잠 30:8-9).

아굴은 하나님 앞에 지혜로운 사람이다. 그가 구한 것이 적당함이었다. 그는 소유를 하나님과의 관계에서 생각했다. 배가 불러 하나님을 잊어버리면 안 되고 배고파서 도둑질하면 하나님을 욕되게 하는 일이 된다. 그러므로 필요한 양식만 있으면 된다고 했다. 우리에게 먹을 것과 입을 것이 있은즉 족한 줄로 알 것이라고 하는 말씀과 통한다(딤전 6:8). 그것이 적당함이다. 이런 경지에 오르려면 상당한 신앙과 인격이 갖추어져야 한다.

문제는 또 하나 있다. 적당이라는 말이 매우 추상적이기 때문에 어느 정도를 기준으로 삼아야 하는가 하는 것이다. 사람마다 다르게 생각할 것이다. 과연 어느 정도를 적당하다고 할 것인가. 그러나 분명한 것은 우리가 '적당히'를 원한다면 육신의 욕심을 버려야 하고 절제의 능력을 소유해야 할 것이다. 욕심은 '적당히'의 한계를 자꾸 높이려 할 것이고, 거기에 절제 능력이 없으면 그 욕심을 제어할 제동장치는 고장나 있을 것이다. 과유불급過猶不及이라 하지 않는가. 지나친 것은 모자람만 못한 것이다. 넘치면 반드시 사고가 난다. 성경은 욕심을 제어하지 못할 경우 욕심이 잉태하여 죄를 낳고 죄가 장성하여 사망을 낳는다고 경고하고 있다(약 1:15). 그렇지만 부족하고 없어서 당하는 고통을 알기 때문에 누구에게나 욕심은 날개를 준비하고 있는 것이다.

그래서 여전히 성경은 "모든 것을 품위 있게 하고 질서 있게 하라"고 가르친다(고전 14:40). 여기서 "품위 있게 하라"는 말은 적당하게 하라는 말과 같다. 적당하게 해야 품위가 있는 것이다. 칭찬도 적당하게, 책망도 적당하게, 소유도 적당하게, 먹고 누리는 것도 적당하게, 그야말로 모든 일을 적당하게 하면 탈이 나지 않는다. 그게 품위가 있고 아름다운 모습이 아니겠는가.

그런데 적당하다는 이 좋은 말이 변질되어 쓰이는 경우가 있다. 무슨 일을 할 때 너무 열심히 하지 말고 대충 하라는 뜻으로 쓰이는 경우다. 나중에 말썽이 나지 않을 정도로만 하면 된다는, 안일을 강조하고 열심을 막는 말이다. 범사를 이런 식으로 해서 되겠는가. 그릇됨을 부추기는 행위는 배격되어야 한다. 더구나 임시변통이나 눈가림으로 대충 하자는 태도인 적당주의에 빠지면 곤란하다.

적용適用에 대하여

　자연현상이나 역사 또는 여러 선인들의 기록물들은 활용만 잘 한다면 우리의 훌륭한 교재敎材다. 어떤 것은 타산지석他山之石이 되고 어떤 내용은 반면교사反面敎師로 삼을 수 있다. 어떤 원리나 지식이나 남의 경험 등도 마찬가지다. 그것들을 내가 쓰는 언어나 생활에 알맞게 응용하면 그것이 곧 적용이다.

　우리는 참 많은 것을 보고, 듣고, 배우면서 생활을 하는데 그 생활을 바르게 하기 위해서 이런 경험이나 교훈들을 내 삶에 적용하는 것은 올바른 자세라 할 수 있다. 특별히 성경을 내 삶에 적용할 수 있다면 그것은 축복이다.

　나는 기독교를 신봉하는 신앙인으로서 성경을 일 점, 일 획도 오류가 없는 하나님의 말씀으로 믿고 산다. 그래서 그 말씀대로 믿고 그 말씀을 따라서 살고자 한다. 물론 어림도 없지만 그런 마음만은 변함없이 지키고 있다. 신앙인이라면 누구나 그리해야 한다고 생각한다.

　성경은 신앙인의 규범이요, 삶의 표준이다. 그렇기 때문에 신앙인은 성경이 아니라고 하면 하지 말고 성경이 옳다 하면 손해를 봐도 해야 하며, 고난과 박해를 당하거나 심지어 죽음을 요구해도 해야 한다. 그렇게 하지 못하는 것은 우리의 연약함 때문일 뿐이지, 성경의 가르침은 언제, 어디서나 옳다.

이런 하나님의 말씀에 순종하는 삶을 살기 위해서는 반드시 세 단계를 거쳐야 한다. 첫 번째 단계는 그 말씀이 의도하는 뜻이 무엇인가를 분명히 이해해야 한다. 해석을 바로 하지 못하면 그 이후는 물어볼 것도 없이 잘못으로 이어질 수밖에 없다. 그리고 다음 단계가 그 말씀이 오늘을 사는 우리에게 어떻게 적용될 수 있을까 하는 것이다. 아무리 위대한 말씀이라도 내 생활이나 삶에 적용될 수 없다면 의미가 없는 것이다. 그리고 마지막 단계로 그 말씀이 나에게 오늘 이렇게 다가왔다면 그 말씀을 실천하는 단계다. 실천이 따르지 않는 이론은 무가치하고, 행함이 없는 믿음은 죽은 것일 뿐이다.

그렇다면 실제적인 예를 들어보자. 욥이라는 사람은 아브라함이 살던 시대에 동방에서 살았던 위대한 신앙인이다. 그에게는 열 남매가 있었고 재물이 많아서 동방에서 그는 가장 유력하였다. 그런데 어느 날 그에게 시련이 닥쳤다. 전 재산이 날아가고 사랑하는 자녀가 모두 죽었다. 그리고 자신은 발바닥에서부터 정수리까지 종기가 나서 재 가운데 앉아 질그릇 조각으로 몸을 긁고 있는 신세가 되었다. 그래도 욥의 하나님을 향한 신실함은 변함이 없었다. 이를 곁에서 본 그의 아내가 "당신이 그래도 자기의 온전함을 굳게 지키느냐 하나님을 욕하고 죽으라"고까지 했다. 그러나 그럼에도 그는 끝까지 견디면서 신앙을 지켰다. 그런 그에게 하나님은 말년에 복을 주셔서 잃어버린 것보다 배가 되는 복을 받았다. 이 내용을 보고 옛날 얘기 정도로만 이해한다면 성경이 무슨 의미가 있겠는가. 그러나 내가 어떤 고난을 만났을 때 욥의 처신을 생각하며 나도 참으면서 변함없이 하나님을 신뢰한다면 그것이 적용이다. 그러면 하나님은 나에게도 욥에게 주셨던 위로를 주실 것이다.

성경에서 어떤 사람은 실수해서 하나님의 책망과 징계를 받고 어떤 사람은 하나님의 뜻에 순종해서 복을 받고 있다. 여기서 우리는 책망받을 일을 피하고 복 받을 일을 내 생활에서 실천하면 그에 알맞은 상을 받게 될 것이다. 이것이 적용이다. 같은 사람일지라도 다윗의 실수에서 그래서는 안 된다는 것을 배우고 다윗의 충성에서 나도 저렇게 살고 싶다고 실천하면 그것이 적용이다.

많은 말씀이 기록된 성경의 교훈을 남의 이야기요, 남이 들어야 할 내용으로만 여긴다면 나하고는 무관할 것이다. 그러나 예를 들어 "항상 기뻐하라. 쉬지 말고 기도하라. 범사에 감사하라"는 말씀을 하나님께서 지금도 나에게 주신 말씀으로 믿고 그대로 실천하면 하나님께서 약속하신 바대로 복을 주시는 것이다.

결국 성경은 영원한 진리요, 하나님의 생명의 말씀으로 믿고 그 말씀을 내 것으로 받아들여 적용하고 실천하는 것이 신실한 신앙인의 삶이요, 축복인 것이다.

적응適應에 대하여

내가 어렸을 적엔 오늘날처럼 이양기로 모를 내지 않았다. 못자리에서 쪄온 모를 넓은 논에 일일이 손으로 심었다. 그러고 나면 모는 한동안 잎을 늘어트리고 시든 모습으로 있었다. 그러면 농부들은 모가 몸살을 앓는다고 표현했다. 그러다가 잎에 생기가 돌면서 자세를 갖추면 "땅맛을 보았다"고 기뻐했다. 지금도 기억하고 있지만 모가 땅맛을 보고 생기를 얻어 짙은 푸른색을 낼 때가 참 예뻤다. 농부는 늦지 않도록 이 즈음에 비료를 주었다. 모는 모대로 생소한 곳으로 옮겨와서 그 땅에 적응하기 위한 몸살을 앓은 것이고 농부는 모의 적응을 위해 도와주는 일을 한 것이다.

화초나 나무를 옮겨 심어도 마찬가지다. 나무들은 심는 즉시 착근하여 사는 게 아니다. 한동안 몸살을 앓다가 뿌리를 내린다. 그러므로 이 시기에 나무를 옮겨 심으면 마르지 않도록 물을 충분히 주고 필요에 따라 거름도 주어야 한다. 그래도 살지 못하는 나무도 있다. 하물며 척박한 땅과 기온이 다른 곳에 심어지면 살아남기 위해 얼마나 고생을 하겠는가. 환경에 적응하지 못하면 정성을 들인 보람도 없이 말라죽는 경우도 허다하다.

어디 식물뿐이겠는가. 자연계의 동물들도 낯선 환경으로 옮겨지면 그곳의 토양과 기온과 환경 등에 적응하기 위하여 애써야 한다. 그것이 살아남는 방법이다. 사람도 마찬가지다. 나는 집을 떠나 낯선 곳으로 여행이라도 가게 되면 그 새로운 환경이 신기하면서도 언제나 불안감을 느낀다. 성품이 내성적인 나는 생소한 사람을 만나 대화하는 것조차 어색하다. 하물며 전혀 생소한 땅으로 이주를 해서 그곳에 적응하고 그곳 사람과 같아져서 살려면 얼마나 고생이 되겠는가. 적응을 못 하면 살아남지 못하는 것이다.

진화론을 체계화한 다윈(Darwin Charles Robert,1809~1882)은 1858년에 "종種의 기원"을 발표했는데 어떤 생물에 생긴 유전적 변이개체變異個體 중 생존에 유리한 것이 살아남는다는 이른바 자연선택natural selection을 유전학의 주요 개념으로 도입했다. 이런 다윈의 진화론에 입각하여 생물학, 심리학, 윤리학을 종합한 철학 체계를 수립하고 사회 발전을 진화론적으로 설명한 학자들이 있다. 영국의 철학자이며 사회학자인 스펜서(Spencer Herbert, 1820~1903)는 생물이 생존경쟁의 결과 외계의 상태와 가장 적합한 것만이 생존, 번영하고 적합지 않은 것은 도태淘汰되어 쇠퇴하고 멸망한다는 이른바 적자생존설適者生存說을 발표했다. 그는 이 용어를 인간들의 사회적 생존경쟁의 원리를 함축시킨 사회, 철학 용어로는 처음 사용하였다.

이런 학문적 이론을 굳이 내세우지 않더라도 사람이나 모든 생물이나, 사업이나 상품이나, 어떤 기구나 사상이나 종교 영역까지 그 시대에 적응하지 못하면 살아남을 수가 없다. 그동안 이 지상에 얼마나 많은 것들이 태어나기도 하고 사라지기도 했는가. 누가 또는 무엇이 어느 사회에 뛰어들었을 때에 그 환경에는 그를 받아들이려는 요소도 있을 것이지만 배타적인 요소도 있게 마련이다. 그럴 때에 생존하려면 받아들이려는 요소를 잘 활용하고 거절하는 요소를 극복해야 한다. 그래서 살아남으면 적응이 된 것이다.

예수님께서 하늘 보좌를 버리고 이 땅에 오셨을 때 그 사회는 그의 출현을 기뻐한 사람도 있었지만 기득권자들의 배타적인 태도도 있었다. 이 배타적 태도가 결국은 예수님을 십자가에 못 박아 죽인 것이다. 그러나 예수님은 부활하셨고 그 세계에 적응해 나갔다. 바울 사도도 개종 전에는 예수 신앙에 배타적이었다. 그러나 그리스도의 복음은 진리이기에 완강한 그를 무너트리고 오히려 그로 하여금 복음을 들고 세계로 선교 여행을 떠나도록 만들었다. 가는 곳마다 배타적이었지만 소수의 환영자들을 만나 복음을 열정적으로 심어 나갔다. 그 복음이 그 사회에 적응하여 마침내는 로마를 점령하고 세계로 전파되었다. 지금도 복음은 불모지와 같은 척박한 땅으로 계속 진출하고 있고, 사실 우리도 그 혜택을 입어서 구원을 받지 않았는가.

복음은 어느 지역, 어느 환경으로 들어가든지 선교 용어로 토착화土着化가 되면 거기에서 자생하게 되는 것이다. 본질을 잃어버리지 않고 그 땅에 적응하는 것이 선교다. 기독교가 우리나라에 들어와 토착화될 때까지 많은 순교자를 탄생시켰고, 미국 대륙은 거기로 이주한 청교도들이 그들의 문화를 토착화한 결과물이 아니겠는가.

살아남을 뿐 아니라 번성하기 위해서는 적응을 해야 한다. 그러나 적응하기 위해서는 몸살을 앓아야 하는 단계가 있고 본질을 잃어서는 안 된다는 명제가 언제나 분명하게 있는 것이다.

절제에 대하여

　절제란 욕망을 제어하는 능력이다. 사람에게는 누구나 욕구 또는 욕망이 있다. 갖고 싶고, 먹고 싶고, 누리고 싶고, 이루고 싶고, 하고 싶은 것들이 있다.

　그러나 그러한 욕구가 모두 충족되어야 하는 것은 아니다. 실제로 충족되지 않는 것도 많고 오히려 충족되면 불행을 가져오는 것도 있다. 사람에게 꼭 필요한 것이지만 그럼에도 불구하고 과도하게 소유를 하면 차라리 가지지 않은 것만도 못한 결과를 가져오는 것들이 있는 것이다. 이런 과욕구나 불필요한 것이나 부당한 것들을 스스로 거절 할 수 있는 능력이 곧 절제다.

　아무리 소중한 가치도 사실 무제한으로 소유하거나 사용되어도 되는 것은 없다. 예를 들면 자유나 사랑이 얼마나 소중한 가치인가. 그러나 그러한 자유도 무제한으로 누릴 수 있는 것이 아니다. 지나치거나 남에게 피해를 주는 자유는 이미 자유의 한계를 떠난 방종에 해당하는 것이다. 사랑도 마찬가지다. 얼마나 소중한 가치인가. 그러나 그것이 무분별하거나 무질서하다면 이미 사랑의 개념에서 이탈한 것이다. 마땅히 절제되어야 하는 것이다.

절제 능력은 사람에게만 있다. 짐승들에게는 없다. 짐승들은 본능으로 살고 충동적으로 산다. 그렇다면 사람이 절제능력을 상실했다고 할 때 어떻게 설명할 수 있겠는가. 짐승을 닮아가는 현상이라고 할 수도 있을 것이다. 자기에게 주어진 능력을 포기한다는 것은 결국 사람이기를 포기하는 태도인 것이다.

오늘날, 우리 사회에 물의를 일으키는 성폭력 사태를 보자. 충동을 이기지 못하는 사람들의 행위다. 절제 능력의 결여에서 오는 것이다. 감정을 붙들어 맬 수 있는 능력이 없는 것이다.

뇌물을 챙겼다가 발각되어 망신을 당하는 공직자나 정치 지도자들을 보자. 돈에 대한 욕구를 절제하지 못해서 일어나는 현상이다. 지나친 욕심이 자신을 망치고 사회를 어지럽히고 있는 것이다. 그러므로 성경은 "이기기를 다투는 자마다 절제한다"고 했다(고전 9:25). 자기 마음에서 일어나는 욕구를 제어하지 못하면서 어떻게 남을 다스리고 세상과 악한 세력을 이길 수 있겠는가. 순종하게 하기 위해서 망아지에게는 굴레를 씌우거나 입에 재갈을 물리고, 사고事故를 막기 위해서 자동차에는 제어장치를 달아놓는 것이다. 스스로 절제 능력이 없기 때문에 억지로 제어 시키는 것이다.

성경은 사람들이 절제하지 못함을 말세의 고통하는 때에 일어나는 일반적인 현상 중의 하나로 들고 있다(딤후 3:3). 그리고 신성한 성품에 참여할 수 있는 자의 덕목 중 하나로 절제를 거론하고 있다(벤후 1:6). 절제가 얼마나 소중한 덕목인가. 성경은 교회에서 직분을 맡을 자의 자격으로 절제가 필수적인 요소임을 말씀한다(딤전 3:2, 딛 1:8). 어디 교회에서의 직분자만이겠는가.

성경은 "자기의 마음을 절제하지 아니하는 자는 성읍이 무너지고 성벽이 없는 것과 같다"고 했다(잠 25:28). 마음부터 해이되지 않도록 절제해야 한다. 말도 조심해야 한다. 말이 많으면 우매한 자의 소리가 나타난다(전 5:3). 마땅히 절제해야 한다. 말이 많으면 허물을 면하기 어렵고 남에게 상처를 준다. 따라서 지혜 있는 사람은 마땅히 그 입술을 제어할 줄 아는 것이다(잠 10:19).

육체의 정욕은 영혼을 거스른다. 우리는 충동적으로 사는 사람이 아니다. 본능에 지배당하는 사람이 되어서도 안 된다. 날카로운 이성理性에 의한 정확한 판단을 거쳐 행동에 옮겨야 한다. 그리하려면 반드시 절제 능력은 언제나 함께 따라다녀야 하는 덕목인 것이다.

정의에 대하여

정의를 세상에서는 흔히 이긴 사람의 것으로 착각을 한다. 그러므로 불의한 방법을 동원해서라도 우선은 이기려 든다. 그렇다면 이긴다는 것은 무엇인가? 그들은 완력이든, 권력이든, 무력이든 그 어떤 힘을 이용하여 상대방을 꼼짝 못하게 제압하는 것으로 안다. 그렇기 때문에 무력을 동원하고 술수를 동원하고 선동을 해서라도 상대를 제압하려 든다. 그리고 자신은 정의의 사도쯤으로 생각한다. 과연 그것이 승리이고 정의인가. 그렇지 않다. 역사는 불의의 힘으로 상대방을 억눌러 겨우 숨이나 쉬게 만들어 놓는 것을 정의라 하지 않는다.

그렇다면 정의란 무엇인가? 규범에 맞는 올바른 도리다. 여기서 규범이라 함은 진리를 가리킨다. 아무리 수단 방법을 동원하여 상대방을 제압했다 해도 규범이나 진리에 부합하지 못했다면 불의다. 이런 불의가 정의를 누르고 득세하는 일이 이 세상에는 수없이 있었다. 지금도 도처에서 일어나고 있다. 그들은 진리를 붙들고 사는 사람을 어리석은 사람으로 치부하고 마음을 괴롭힌다.

세상에는 불의가 정의를 짓밟았다가 낭패를 본 사건이 많지만 대표적인 예를 하나 든다면 예수 그리스도를 십자가에 못 박아 죽인 유대 지도자들이 있다. 악한 세상에 속하지 않고 진리만 증거하였던 예수에게 그를 심문했던 빌라도는 "진리가 무엇이냐"고 물었다(요 18:38). 그는 진리를 앞에 두고 진리를 물었다. 예수님은 친히 진리이기에 도덕이나 윤리 차원에서도 전혀 흠이 없었다. 유대인들에게 "너희 중에 누가 나를 죄로 책잡겠느냐. 내가 진리를 말하는데도 어찌하여 나를 믿지 아니하느냐"고 책망했다(요 8:46). 사람으로 오셨기에 사람이 지켜야 하는 모든 율법 조항도 어기지 않았다. 다시 말하면 주님은 행동이나 언어나 마음에도 전혀 불법이 없었다. 그럼에도 사람들은 그를 십자가에 못 박아 죽였다. 이 일을 위해서 당시 기득권자들의 시기와 선동이 있었고 그 선동에 동조한 군중들이 있었다. 그리고 그런 불의를 알면서도 자신의 정치생명 때문에 그들의 손을 들어준 로마의 우유부단한 총독 본디오 빌라도가 있었다.

그들은 예수를 죽이고 나서 자기들이 이겼기 때문에 정의라고 생각했을지 모른다. 그러나 그리스도는 죽은 지 3일 만에 죽은 자 가운데서 부활했다. 예수님은 말씀하지 않았지만 역사는 그들이 생각하는 정의라는 것이 얼마나 잘못된 것인가를 보여주었다. 세월이 흐르면 흐를수록 예수를 십자가에 못 박은 부류들이 불법자라는 사실만 강조되고 있다.

그렇다. 순간적으로 정의가 불의에 의하여 농락을 당할 수 있지만 결코 정의가 패배하지 않는다는 것을 역사는 보여준다. 거짓에 의하여 진실이 잠시 우롱을 당할 수도 있지만 거짓이 진리가 될 수 없고, 진리가 거짓에 의하여 패할 수는 없는 것이다. 속지 말자. 세계 도처에서 이루어지고 있는 불의의 집단들이 정의를 가장하고 불법을 자행하는 것을 보면서 정의의 실패로 생각하지 말자. 우리는 순간을 사는 사람이 아니고 영원을 사는 사람이다. 그리고 궁극적인 심판에서 결코 불의가 승리하지 못함을 아는 사람들이다. 우리는 역사를 심판하고 세상을 심판하고 인류를 심판하실 하나님은 정의로운 분이고 절대적인 분임을 알기 때문이다.

불의한 권력, 불의한 재력, 불의한 무력, 불의한 지식이 난무하는 세상은 악한 곳이다. 악한 세상에서는 정의를 붙들었기 때문에 피해를 볼 수 있고 죽을 수도 있지만 그것은 행복한 고난이다. 우리는 최후의 승리는 진리와 정의를 붙든 사람에게 주어지며 결국 불의는 심판을 견디지 못할 것을 확신해야 한다.

진리는 내 신념이 아니다. 하나님의 뜻이다. 그 뜻을 위하여 예수님은 생명을 내놓았다. 세상의 불의한 권세에 붙잡혀 있으면서도 정의로운 자로 행세를 하는 사람들이 난무하는 세상에서 그래도 부화뇌동하지 않고 진리와 정의를 붙들었기 때문에 고통을 감내하는 당신은 용기 있는 사람이다. 보라, 세상에는 불의와 타협하지 않고 끝까지 정의를 위하여 생명을 바친 사람이 많다. 그들이 고통을 피할 줄 몰라서 피해와 고통을 고스란히 담당했겠는가. 그래서 그들은 역사의 순교자이고 승리자이다.

조화調和에 대하여

조화는 곧 아름다움이다. 어울림이다. 서로 다르지만 같이 있으면 어울리는 것, 그것이 아름다움이요, 곧 조화이다.

사람들 중엔 다른 사람의 성품조차 모두 자기와 같기를 원하는 사람이 있다. 획일을 원한다고 할까. 그러나 획일적인 것만큼 무미건조한 것도 없다. 모든 것은 나름대로 개성個性이란 게 있다. 그런데 어떻게 똑같을 수가 있는가. 서로 다르지만 같은 자리에 놓았더니 훨씬 어울리는 것, 그것이 조화다.

'조화' 하면 우선 오케스트라 연주가 생각난다. 서로 다른 음량이 있어 다른 소리를 내는 악기들이 어울려 합주를 하면 더욱 아름다운 소리가 된다. 하모니가 잘 되었기 때문이다. 4부 합창을 할 때도 각 파트의 하모니가 잘 이루어져야 아름답다. 조화의 덕이다.

사람들이 획일적일 수 없는 것처럼 우주 만물도 획일적이지 않다. 우주에 음양이 있고 밤과 낮이 있고 계절이 다르다. 자연을 보라. 높은 산과 낮은 언덕이 있고 넓은 들이 있다. 계곡이 있고 강물이 흘러간다. 그게 아름다운 것은 조화가 되기 때문이다.

산에 들어가 보면 큰 나무, 작은 나무, 곧은 나무, 휘어진 나무가 섞여 있다. 수종도 여러 가지다. 그것들이 모여서 울창한 숲을 이루고 있다. 여러 종류의 새들이 이 나무, 저 나무 가리지 않고 날아가 앉는다. 특징이 다른 수목들이 때를 따라 꽃을 피우고 다양한 잎을 내고 있다. 짐승과 곤충들은 그 아래서 서식한다. 서로 잡아먹히기도 하고 잡아먹는 먹이사슬이 이루어지지만 그것이 생태계의 조화다. 그 조화가 질서를 유지하고 아름다움을 연출한다.

성경은 교회를 주님의 몸으로, 성도는 몸의 각 지체로 비유한다. 어떤 사람은 눈이요, 어떤 사람은 코의 역할을 한다. 서로 다르지만 각자의 기능이 살아 있어야 건강한 사람이 된다. 모두가 눈일 수 없고 모두가 코여서는 안 된다. 그러면 기형아요, 불구자다.

성경은 만일 온몸이 눈이면 듣는 곳은 어디며, 온몸이 듣는 곳이면 냄새 맡는 곳은 어디냐고 묻고 있다(고전 12:17). 눈이 손더러 내가 너를 쓸 데가 없다 하거나 또한 머리가 발더러 내가 너를 쓸 데가 없다 하지 못하리라고 했다(고전 12:21). 특별히 이런 서로 다른 다양함 속에 서로 분쟁이 없고, 여러 지체가 서로 같이 몸을 돌보게 하신 오묘한 뜻을 설명해 주고 있다. 그러나 모든 지체는 하나님의 영광이라는 목표가 같다. 그 목표를 향하여 각기 다른 일을 할지라도 조화가 이루어지기 때문에 건강하고 아름다운 것이다.

그렇다. 세상 조직이나 교회 조직이나 모두 다른 직책과 직분이 있지만 성공이나 번영이라는 목적을 위하여 질서를 유지하고 조화를 꾀한다. 그러므로 우리는 이 아름다움을 위해서 몇 가지 사항에 유의해야 한다. 하나는 남을 이해하고 긍정적으로 보려고 노력해야 한다. 나와 같지 않기 때문에 무조건 배타적일 때 화목은 깨진다.

둘째는 아무리 다양함을 꾀한다 할지라도 남을 해롭게 하거나 고통스럽게 하는 것은 조화의 요소가 될 수 없다. 세상의 모든 사람이 각자 개성이 있고, 하는 일이 다르지만 그렇다고 죄를 짓는 것까지 조화를 위한 것으로 여기면 되겠는가. 성경은 의와 불법이 어찌 함께하며 빛과 어둠이 어찌 사귀며 그리스도와 벨리알이 어찌 조화될 수 있겠느냐고 말씀하고 있다(고후 6:14-15).

마지막으로 우리는 남이 나와 다르기 때문에 그를 소외시켜서도 안 되고 또한 내가 저들과 다르기 때문에 스스로 외톨이가 되려고 해서도 안 된다. 서로 어울리도록 하고 또한 어울려야 한다. 그것이 참다운 조화요, 아름다움이다.

좁은 길에 대하여

산상수훈에서 예수님은 좁은 문으로 들어가라고 권면한다. 왜냐하면 멸망으로 인도하는 문은 크고 그 길이 넓지만 생명으로 인도하는 문은 좁고 길이 협착하기 때문이라 했다(마 7:13-14).

어느 날 예수님은 제자들과 함께 예루살렘으로 올라가고 있었다. 이 노정에서 제자 중의 야고보와 요한이 예수님께 나아와 앞으로 주님께서 영광의 자리에 앉으면 자기들 형제를 주님의 좌우편에 앉게 해 달라고 주문을 했다. 그들은 지금 예수님의 예루살렘 길이 이 땅을 다스리는 왕으로 등극하는 길이라 착각을 한 것이었다. 그렇게 되면 자기들이 선수를 쳐서 높은 관직에 앉아 예수님의 막강한 권력 밑에서 백성들로부터 대접도 받고 권력도 휘두르고 싶었던 것이었으리라.

얼마나 어리석은 생각이었는가. 예수님은 지금 당신이 이 땅에 오신 목적, 즉 죄인 구원을 완성하기 위한 십자가의 길을 가고 있는데 제자들은 예수님 덕분으로 높은 자리에 앉고자 했으니 말이다. 그렇다면 예수님은 지금 좁은 길을 가고 있었고 제자들은 넓은 길을 꿈꾸고 있었다고 보아야 하지 않겠는가.

당시 예수님께서 편안을 꿈꾸고 안일한 생각을 가졌더라면 얼마든지 그런 삶을 살 수 있었을 것이다. 그것은 당시의 기득권자들과 타협의 길을 걷는 것이었다. 실로 서기관이나 제사장들이나 바리새파 사람들과 충돌할 필요 없이 당시에 돌아가는 풍습과 적당한 관계를 유지하면 얼마든지 편안한 삶을 살 수 있었을 것이다.

그런데 예수님은 그 편안한 길을 포기하고 충돌하는 지난한 길을 걸었다. 그들을 회칠한 무덤이요, 독사의 새끼들이라고 질책했다. 그들의 위선을 역겨워했다. 그리고 사회의 가장 밑바닥에서 사는 사람들과 가까이 하며 친구가 되었다. 가난하고 병들고 소외된 사람들을 찾아가서 위로하고 치유했다. 세리나 창기를 불쌍히 여겼다. 당시의 사람들은 그들과 같은 자리에 앉는 것조차 꺼려했는데 예수님은 오히려 그들과 격의 없이 같이할 뿐 아니라 식사를 같이 하고 심지어는 그들의 집에 들어가 잠자리를 같이 하기도 했다. 이런 예수님의 행보에 일반 서민들은 환호했지만 기득권자들에겐 눈엣가시였다. 시기심만 불러일으키게 했다.

이런 상황에서 어떤 사람들은 예수님을 따르면 살아가는 데 지장은 없을 것이라 생각했다. 예수 정신은 이해하지 못하면서 무작정 따르고자 하는 사람도 많았다.

그렇다. 이런 사람들은 언제든지 있기 마련이지만 당시에도 안일을 꿈꾸는 사람들은 예수를 따르며 그를 이용하여 편안히 살기를 구하였다. 그러나 예수님은 그런 삶의 자세를 용납하지 않았다. 그들에게 "여우도 굴이 있고 공중의 새도 거처가 있으되 인자는 머리 둘 곳이 없다"고 했다(마 8:20). 세상의 안일과 편안을 위하여 따르려면 그만두라는 뜻이 아닌가.

성경은 경건하게 살고자 하는 자는 박해를 받을 것이라 했다(딤후 3:12). 예수님은 그 고난을 자초했다. 하늘 보좌를 버릴 때부터 그 고난은 시작되었다. 세상의 부귀영화와는 처음부터 담을 쌓았다. 그리고 서서히 골고다의 길로 갔다. 자기 십자가를 지고 언덕에 올랐다. 당신이 지고 간 십자가에 못 박혔다. 고난의 정점에서 주님은 하나님에게 버림을 받았다. 거기서 주님은 기도했다. "아버지여 저들을 용서하여 주시옵소서 자기들이 하는 일을 알지 못합니다." 평소에 원수까지 용서하고 그들을 위하여 기도하라고 가르친 바를 십자가상에서 실천했다. 사랑의 실천이었다. "나의 하나님, 나의 하나님, 어찌하여 나를 버리십니까?" 하고 절규했다. 인류의 죄를 대신 짊어지고 그 죗값으로 버림받는 순간이었다. 그러나 그 고통 중에서 주님은 "내가 다 이루었다"고 승리의 개가를 불렀다.

그렇다. 예수님께서 걸으신 길은 생명으로 가는 정의로운 길이었지만 고난의 길이었다. 좁은 길이었다. 누가 이런 험난한 길을 가고자 하겠는가. 누가 지금 이 길을 가고 있는가. 그러나 그 길에 생명이 있다. 육신이 원하는 세상에서 대접받고, 높임 받고, 낮은 사람들을 지배하고자 하는 정신으로 사는 사람은 갈 수 없는 길이다. 그럼에도 세상에는 그 넓은 길로 가고자 하는 사람이 차고 넘치고 있다.

섬기고, 봉사하는 거룩한 희생의 삶을 자원해서 걷는 사람이 비록 줄어든다 할지라도 그 끝에 생명과 영광이 있다는 사실에 우리는 결코 그 길을 포기하지 말아야 한다. 영광은 좁은 길을 가서 좁은 문을 통과하는 그곳에 있기 때문이다.

죄에 대하여

일반적으로 생각하면 우리는 죄를 짓기 때문에 죄인이다. 그러나 신학적으로 생각하면 우리는 죄인이기 때문에 죄를 짓는다. 아담의 원죄가 없었더라면 우리는 죄를 짓지 않을 수 있다. 원죄가 원인이고 자범죄는 그 결과인 것이다. 결국 원죄 때문에 의인은 없나니 하나도 없다(롬 3:10).

죄를 짓지 않고 살 수는 없을까? 성도라면 누구나 한 번쯤 고민해 본 명제일 것이다. 그러나 그럴 때마다 우리는 우리의 나약함에 절망할 수밖에 없다. 사도 바울의 "오호라 나는 곤고한 사람이로다 이 사망의 몸에서 누가 나를 건져내랴" 하는 한탄을 공감하지 않을 수 없다(롬 7:24). 사람들은 드러난 잘못된 행위만을 죄라고 말한다. 심지어 법은 잘못된 행위가 발견되지 않으면 죄로 다루지 않는다. 그렇기 때문에 사람들은 죄를 안 지으려고 하기보다 숨기려 든다. 발견되지 않았기 때문에 "내가 무슨 죄를 지었느냐"고 항변한다.

그렇다면 죄란 무엇인가? 사전적인 의미는 "도덕이나 종교, 법률 등에 어긋나는 행위다." 그러나 신학적인 정의는 더 구체적이다. "하나님의 율법을 범함으로 말미암아 하나님의 뜻을 거역하는 인간의 생각과 행위다."

신학적인 정의가 맞다. 죄란 나타난 행위로만 한정해서는 안 된다. 잘못된 생각에서부터 행동은 이루어지기 때문이다. 그렇다면 이 잘못된 생각과 행위에서 벗어나 바르게 살 사람이 과연 얼마나 있겠는가.

사람들은 죄를 큰 죄와 작은 죄로 구분하기 좋아한다. 참 편리하다. 성경도 구별한 흔적은 있다. 그러나 큰 죄와 작은 죄의 구별은 별 의미가 없다. 모든 죄의 삯이 사망이기 때문이다(롬 6:23). 이것이 죄의 파멸성이다. 죄는 반드시 그에 상응하는 벌을 요구한다. 그것이 파멸이요, 사망이다. 결국 사람은 죄 때문에 죽는 것이다. 그 외에도 죄에는 전염성과 성장성이 있다. 반드시 다른 사람에게 전염을 시키고 자라는 것이다. 따라서 바늘 도둑이 소 도둑이 된다. 죄는 한 번 지으면 털어버릴 수도, 벗어날 길도 스스로에게는 없다. 세상에서는 죄를 지으면 죗값을 치르면 무죄가 된다. 벌금이나 구금으로 판사가 판결한 만큼만 지불하면 된다. 그러나 성경은 죗값을 그런 식으로 해결할 수 없다고 한다. 재판관의 판결만큼 옥살이를 했다고 죄가 없어지는 것이 아니다. 그 심령에 남아 있는 죄는 인간의 노력이나 수단으로 없앨 수 없다, 여기에 인간의 비극이 있다. 죄에서 벗어나지 못하니 그 벌을 면할 방법이 없는 것이다.

여기에서 성경은 하나님의 자비를 발견케 한다. 누군가 인간이 범한 죄를 대신 해결할 수는 없을까? 사람은 모두 죄인이니 불가능하다. 하나님의 사랑은 여기서 독생자를 희생시키는 방법을 제공한다. 죄 없는 사람만이 남의 죄를 대신할 수 있다는 사실. 그래서 죄 없으신 독생자를 사람으로 내려보내 인류의 죄를 대신 짊어지게 하셨다. 그분이 곧 예수 그리스도시다. 그가 나를 위해 죄를 짊어지셨고 그 죗값으로 십자가를 지고 죽었다는 사실을 믿는 사람에게 하나님은 죄를 없애 주신다. 그것도 과거의 죄만이 아니다. 현재의 죄도, 앞으로 짓게 될 죄까지 모두 용서해 주신다. 이를 많은 사람이 믿지 못한다. 그들은 죗값을 스스로 지불해야 한다. 그러나 예수께서 내 죄를 대신 짊어지셨음을 믿는 사람은 용서를 받는다. 예수를 구주로 영접한 사람은 모두 이 혜택을 받은 사람이요, 사망의 형벌에서 벗어나게 된다. 이 사실을 믿는 사람은 그 은혜에 감격하여 바르게 살려고 노력한다. 잘못을 범할 때마다 뉘우치며 회개한다.

그렇다면 죄를 안 지을 수는 없을까? 없다. 안 지으려는 노력은 가능하지만 법적으로 용서받은 사람이라 할지라도 인간의 연약성과 무지는 알게, 모르게 죄의 생각과 행동을 하게 한다. 이미 하나님으로부터 용서를 받았으니 이제는 죄에서 벗어나 살아야 한다는 의식을 스스로 배반하는 것이다. 그렇다고 포기할 수는 없는 일, 더구나 이미 구원을 받은 사람은 죄를 지어도 괜찮다는 이른바 "도덕 폐기론"을 추종할 수는 없는 것이다.

죄를 짓지 않으려는 노력에는 크게 두 가지 방법이 있다. 하나는 소극적인 방법으로 죄를 짓지 않기 위해 노력하는 것이다. 죄가 있는 곳을 기피하고 절제하며 말이나 행동을 삼가고 조심하는 것이다. 그러나 권장하고 싶은 것은 적극적인 방법이다. 죄를 기피하려는 노력을 오히려 선한 방향으로 내어 경건생활에 힘쓰는 것이다. 우리는 예배드리며 죄를 지을 수 있고 기도하면서도 죄를 지을 수 있다. 그러나 예배드리는 시간이 죄에서 멀어진 시간이다. 기도하는 시간이 죄에서 멀어진 시간이고 전도하며 봉사하고 선한 일에 힘쓰는 시간이 죄와 멀어진 시간이다. 그렇다. 하나님의 구속의 은혜를 감사하는 사람이라면 경건의 시간을 많이 갖고 선한 일에 열심을 내야 한다. 하나님은 우리의 연약함을 아시기 때문에 죄를 안 짓는 것보다 죄를 멀리하려고 애쓰는 모습을 더 기뻐하실 것이다.

주인의식主人意識에 대하여

일하는 태도나 참여하는 태도를 보면 주인과 삯꾼은 차이가 있다. 주인은 그 일이 자기 일이기 때문에 철저하게 한다. 소신과 확신을 가지고 일하며 책임감이 있다. 할 일을 스스로 찾아서 하며 어려움에 봉착해도 감수하며 스스로 극복해 나가려 한다.

그러나 삯꾼은 오직 삯을 위하여 하기 때문에 아무래도 소홀히 하게 된다. 시간이 지나면 품삯이 나오기 때문에 그래서는 안 되는데 열심이 부족하다. 소극적이며 어려운 일을 만나면 불만과 핑계가 많고 책임질 일이 있으면 피하려 든다.

나는 부교역자를 쓸 때 항상 이런 당부를 했다. "네 목회는 아니지만 네 목회처럼 하라." 그렇다. 부교역자는 원교역자 밑에서 중요한 사항은 물어서 해야 한다. 자기 목회가 아니기 때문이다. 그러나 맡은 일에 대해서 남의 일처럼 해서는 안 된다. 소신을 가지고 맡겨진 일에는 자기 일처럼 해야 한다. 그게 주인의식이다.

장맛비가 사정없이 내리는 날이었다. 학생들을 모아 가르치는 어느 교수는 낙심이 되었다. 맑은 날씨에도 참여가 저조한데 이런 날씨에 누가 참석할까 해서였다. 그래도 교수는 자신이 맡은 강의를 해야 한다. 단 한 명이 오더라도 교수는 가르치는 게 책임이다. 그래서 힘없이 교사에 들어가 강의실 문을 열었다. 학생들이 꽉 차 있었다. 날씨 때문에 학생들의 참여가 저조할 것이라는 생각은 그야말로 기우에 불과했다. 오히려 맑은 날씨 때보다 훨씬 많은 인원이 참석해 있었던 것이다. 신기하고도 놀라워 어찌 된 일이냐고 물었더니 각자, 이런 날씨에 나까지 빠지면 어떻게 되겠느냐, 교수님이 얼마나 힘이 빠지겠느냐 하고 모였다고 했다. 이것이 주인의식 아니겠는가. 이런 경우, 나 한 사람 빠졌다고 별일 있겠느냐고 생각했다면 그것은 종의식이다.

우리는 어느 단체나 어떤 일에 참여할 때, 그 일과 그 단체의 발전을 원한다면 주인의식을 가지고 참여해야 한다. 나 한 사람의 불참을 가볍게 여기고 무슨 일이든 억지로 한다면 이는 종의 근성이다.

어떤 공동체나 모임의 생명은 그 조직원의 책임을 다하는 태도에 있다. 참여하는 일에서부터 자신이 감당해야 할 회비, 그리고 맡은 일에 대한 사명 감당은 그 조직을 활발하게 성장시킨다. 다시 말하면 주인의식을 가진 사람들의 모임이 그 조직체를 든든하게 세워 나가는 것이다. 그러므로 우리가 어느 기관이나 모임의 구성원이 되었을 때는 거룩한 부담감을 가져야 한다. 나 한 사람 빠졌다고 별 차이가 있겠느냐 하고 소홀히 할 때 그 모임은 와해된다.

초대교회 성도들은 모이기에 힘썼다(행 2:46). 그들은 복음을 전파하는 목적으로 마음을 같이했다. 거기에서 부흥의 역사가 요원처럼 일어났다.

그들은 모두가 초대교회의 주인공들이었다.

나 한 사람의 존재를 가볍게 여기지 말아야 한다. 이스라엘 백성이 요단을 건너 가나안을 정복할 때 여리고성은 난공불락의 성이었다. 그러나 하나님이 함께하고 모든 백성이 순종하자 무너져 내렸다. 그러나 그 다음 싸움터인 아이성에서 이스라엘은 패했다. 그 원인은 이스라엘 공동체에 주인의식이 없었던 아간이란 자가 있어 여리고성에서 얻은 전리품 중에서 일부를 훔쳐 자기 개인 것으로 만든 범죄 때문이었다. 성한 사과들이라 해도 썩은 사과 하나와 함께 두면 모두를 썩게 만들 수 있는 것이다.

알고 보면 우리 모두는 하나님의 종이다. 주인이신 하나님께서 맡겨주신 모든 일을 관리하고 사용하는 종들이다. 물질도, 정신적인 재능도, 영적인 모든 은사도 주인의 뜻대로 활용해야 하는 종들이다.

그러나 그 모든 것들을 사용하고 활용할 때 사명의식과 책임의식이 분명해야 한다. 하나님의 뜻에 따라 즐거운 마음으로 그 영광을 위하여 힘써야 한다. 다시 말하면 우리는 하나님의 청지기이면서 주인의식으로 사명 감당해야 한다.

죽음에 대하여

죽음을 좋아할 사람은 없다. 더러 죽고 싶다고 푸념하듯 하는 사람이 있지만 과연 죽음이 좋아서 하는 말일까. 환경이 어렵고 심적 고통이 쌓이다 보니 인생을 포기하고 싶은 생각이 들어서일 것이다. 그러나 어쨌든 죽음이란 현실에 있는 것이고 그것을 원하든, 원하지 않든 살아 있는 사람에게는 기필코 찾아오는 것이다. 그래서 서양에는 "원수 같은 죽음이 친구처럼 찾아온다"는 속담도 있다.

성경은 죽음을 죄의 삯이라 한다(롬 6:23, 약 1:15). 죄가 죽음의 원인이라는 것이다. 하나님이 만든 에덴동산에서 최초의 사람 아담과 하와는 하나님의 명령을 받았다. 동산에 있는 각종 나무의 실과는 임의로 먹어도 되지만 중앙에 있는 선악을 알게 하는 나무의 실과는 먹지 말라고 했다. 그리고 그것을 먹는 날에는 반드시 죽는다는 것을 가르쳐 주었다. 그럼에도 간교한 뱀의 꾐에 빠져 그 실과를 먹고 말았다. 뱀은 선악을 알게 하는 나무의 실과를 먹어도 죽지 않을 뿐 아니라 너희도 하나님과 같이 된다고 했다. 아담과 하와는 그 유혹에 넘어간 것이다.

결국 아담은 하나님의 말씀에 불순종하는 죄를 지었고 그 죗값으로 하나님과의 관계가 끊어졌다. 이 하나님과의 관계가 끊어지는 것을 성경은 영적 죽음이라고 한다. 그리고 이 죄는 대표성을 가지고 지은 죄이기 때문에 아담의 후손으로 태어나는 모든 사람이 죄를 범하게 된다. 그래서 이 죄를 원죄라 한다. 이 원죄를 가지고 태어나는 사람은 그 죄성 때문에 스스로 죄를 짓게 된다. 그것이 자범죄이고 이 죄의 영향으로 육체적 죽음이 오는데 그 결과로 사람은 영혼과 육신이 분리되는 것이다. 결국 원죄는 모든 죄의 원인이고 그 결과로 자범죄를 짓게 된다. 육체적 죽음에 이르면 육신은 흙으로 돌아가고 영혼은 불멸한다.

문제는 죽지 않기 위해서는 어떤 방법이 있겠느냐는 것이다. 이론은 간단하다. 죽음의 원인이 죄이기 때문에 죄를 없애면 된다. 그러나 죄를 제거하는 방법이 인간에게는 없다. 여기에 하나님의 은총이 개재되는 것이다. 그것이 곧 죄 없으신 예수 그리스도를 사람으로 보내서 인간의 모든 죗값을 대신 치르는 것이다. 그것이 주님의 십자가 죽음이다. 죄가 없으면 죽지 않지만 예수는 죄인들의 죄를 대신 짊어졌기 때문에 죽는 것이다.

이것은 우리의 죄가 예수께 전가되면서 예수의 의義가 우리에게 전가됨으로 우리는 값없이 의롭다 함을 얻는 것이다. 물론 예수의 대속의 죽음의 효과는 예수를 구주로 영접한 사람에게만 미치는 것이다. 그러므로 죽지 않기 위해서는 반드시 예수를 구주로 영접해야 한다.

그러나 오해는 말아야 한다. 예수를 믿으면 육체적 죽음을 면하는가. 그것은 아니다. 그 육체적 죽음은 이미 하나님께서 아담에게 선언한 대로 실시된다. 단, 영원히 죽지 않는 영혼이 장차 어떻게 되느냐, 하는 데 문제가 있다. 하나님의 사랑을 거절하고 예수를 믿지 않아 구원을 받지 않은 영혼은 하나님께서 구원받은 영혼을 위하여 마련한 천국에 이를 수 없다. 지옥불에 떨어져 영원히 고난을 겪어야 한다.

우리는 원죄를 벗어날 수 없다. 자범죄를 짓지 않을 수 없다. 그래서 육체적 죽음을 피할 수 없다. 그러나 영원적 사망, 즉 지옥불에 던져지는 일은 피할 수 있다. 그것이 우리를 위해서 우리 죄를 대신 지고 죽으신 예수의 죽음을 헛되지 않게 하는 것이다. 다시 말하면 예수를 믿어 의롭다 함을 얻는 길이다.

죽음은 즐거운 행사가 아니다. 본래 죄를 지은 자에게 주신 형벌이기 때문이다. 그러나 이제 예수를 믿어 값없이 의롭다 함을 얻은 사람은 두려워할 이유가 없다. 우리의 장래에 영원한 천국이라는 보장이 있기 때문이다. 거기는 이 세상과 같은 고통이나 아픔이나 슬픔이나 다시 죽는 일이 없는 영원히 영광스러운 곳이다. 영원한 안식과 참평안이 있는 곳이다. 우리의 죽음은 이 땅에서의 삶을 끝내고 그곳으로 이사를 가는 것이다. 더 나은 본향으로 이사하는 것이다. 그래서 성경은 "그의 경건한 자들의 죽음은 여호와께서 보시기에 귀중한 것이로다"고 했고(시 116:15), "주 안에서 죽는 자들은 복이 있다"고 했다(계 14:13). 복 있는 죽음을 죽고자 하는가. 두려워 말고 예수를 구주로 영접하고 우리의 모든 생을 그에게 맡기자. 그것이 영원히 사는 길이다.

지도자에 대하여

    지도자란 특정 집단이나 사회를 거느리고 이끄는 사람이다. 그가 올바른 지도자라면 구성원을 가르치고 계도하며 바른 길로 인도할 것이다. 그러므로 아무나 지도자 자리에 앉아서는 안 된다. 그만한 능력과 지혜와 경륜, 그리고 리더십이 있어야 한다.

    지도자의 자질에 대해서라면 나는 반드시 다음 세 가지 조건은 기본적으로 갖추어야 한다고 본다.

    첫째는 역사의식이다. 역사는 1차적으로 과거를 다룬다. 그러나 역사는 반복되고 현재와 미래를 연결시키고 발전시킨다. 그러므로 역사의식이 없으면 바른 길을 제시할 수가 없다.

    둘째는 실천력과 행동이다. 이는 현재의 모습을 보여주는 것이다. 건강하여 성실하게 맡은 일에 충성할 수 있어야 한다. 게으르다든지 불성실한 사람은 지도자의 자격이 없다.

    셋째로 언제나 비전을 제시하여 나아가야 한다. 안일하거나 현실에 안

주하거나 미래를 바라보지 못하면 올바른 계획조차 세울 수가 없다. 그러 므로 조직을 이끌 수 없다.

나는 여기서 다른 사람의 지도력에 대해서는 언급하고 싶지 않다. 그러 나 예수 그리스도의 지도력에 대해서는 흔쾌히 언급할 필요를 느낀다. 그 의 지도력은 그 누구보다 탁월하기 때문이다.

그는 우선 성품이 온유하고 겸손하여 모든 사람을 포용할 수 있었다. 그는 매사 긍정적이면서 능동적으로 활동했다. 분명한 사명의식으로 맡 겨진 일에는 적극적이었다. 그는 일하기 전에 먼저 기도로 시작했고, 남 에게 명령만 한 것이 아니라 옳다고 여기는 일을 먼저 실천하면서 따르라 하였다. 기도하면서 기도하라 가르쳤고 전도하면서 전도하라 명하셨다. 사랑하고 용서하면서 사랑을 가르쳤고 옳지 않은 일에는 누구를 막론하 고 부당함을 말하며 책망했다. 섬김을 받으려 하지 않았고 자신은 섬기러 왔다고 선언했으며, 기꺼이 죄인들의 대속물이 되기를 원했다.

특별히 사회적 약자의 인권을 존중하며 친구처럼 여겼다. 그들에게 받 는 것보다 주는 것이 복이라고 천명하며 나누어 주며 섬겼다. 말씀으로, 교육으로, 치유사역으로 섬겼다. 부지런히 섬겼고 열정을 가지고 섬겼다. 더구나 자신의 위치를 이용하여 남의 무엇을 탐하지 않았다.

그는 검소했다. 이득을 얻기 위하여 자기를 따르려는 사람에게 "여우도 굴이 있고 공중을 나는 새도 거처가 있지만 자신은 머리 둘 곳이 없다"며 거절했다. 그는 인기에 영합하지 않았고 가난하고 병들고 자유를 잃은 소 외된 백성들에게 끊임없이 믿음과 소망을 제시하고 하나님나라에 대하여 비전을 품도록 했다. 그리고 끝내는 그들을 위하여 자신을 십자가에 못 박히는 데 내놓았다. 당신을 보낸 아버지 하나님께 복종했던 것이다.

지도자는 군림하는 자가 아니다. 자신을 지도자로 삼아주신 분을 두렵게 여겨야 한다. 지배자는 더욱 아니다. 모범을 먼저 보이고 섬김의 도리로 지도하되 앞서 실천해야 한다.

예수님의 지도력에 대하여 지금까지 어느 누구의 반론이나 비판의 대상이 되지 않았고 존중되어 왔지만(물론 앞으로도 그럴 것이다) 무엇보다 그의 지도력의 탁월성은 그가 남긴 열매로 확연히 드러난다. 그는 자신의 가르침을 영원히 전달하기 위하여 제자를 선택하고 양육했다. 밤새 기도한 다음 택했고 늘 함께하면서 가르쳤다. 그 제자 중에는 배신자도 있었지만, 그러나 나머지 모든 제자는 그의 가르침을 생명을 걸고 전하면서 사랑을 나타내다가 하나같이 순교의 제물이 되었다. 올바른 진리의 길임을 확실하게 인식하고 믿었기 때문이 아니었겠는가.

예수는 구원을 주시기 위해서 오셔서 생명을 전하고 끝내는 자기 생명까지 바쳤다. 생명을 얻게 하기 위해서 자기 생명을 바친 지도력! 어느 누가 이를 따를 수 있으랴!

질서에 대하여

질서가 사회생활에서 중요하다는 것을 새삼스럽게 말할 필요는 없지만 굳이 말해야 한다면 무질서가 가져다 주는 폐해를 생각해 보는 것이 훨씬 설득력이 있을 것 같다. 부끄러운 현실이지만 우리가 살고 있는 이 사회는 지금 무질서가 각계각층에 판을 쳐서 몸살을 앓고 있다.

질서란 사물 또는 사회가 올바른 상태를 유지하기 위해서 지켜야 할 일정한 차례나 규칙을 말한다. 그러므로 이 질서가 무너지면 사회는 올바른 상태를 유지할 수 없어 사회인 모두가 고통스럽게 되는 것은 자명하다. 그런 사회나 조직은 불편하고 위험하며 추하고 무서운 세계로 변하게 된다.

세상을 창조한 하나님께서는 질서 있는 분이시다. 그분이 만든 세계는 질서가 있었다. 그의 창조 기사를 보면 6일 동안 천지창조를 마쳤는데 그 내용은 질서가 정연했다. 첫째 날에 빛, 둘째 날에 궁창, 셋째 날에 땅과 바다를 만들고 땅에는 풀과 채소와 열매 맺는 나무가 나게 했다. 넷째 날에는 궁창에 해와 달과 별들을 만들고 다섯째 날에는 물에 생물, 궁창에 새를 만들고, 여섯째 날에 짐승과 가축, 그리고 마지막으로는 하나님의 형상을 따라 사람을 만들었다.

이 기사를 자세히 살펴보면 크게 두 가지 특징이 있는데 그 특징이 곧 질서정연한 창조를 증명하고 있다. 첫째 특징은 배경을 만든 다음 내용물을 만들었다는 것이다. 궁창을 먼저 만들고 그 후에 해와 달과 별들을 만들고 하늘을 나는 새를 만들었다. 또한 짐승을 만들기 전에 땅을, 물고기를 만들기 전에 바다를 만든 것이다. 이는 활동 공간을 먼저 만들고 내용물을 만들어 내용물들이 자유스럽게 활동하게 했다는 것이다.

두 번째 특징은 동물보다 식물을 먼저 만들고, 하등생물을 먼저 만들고, 고등생물을 나중에 만들어 먹이사슬이 이루어질 수 있게 한 것이다. 사람을 맨 나중에 만든 것은 그러므로 사람이 살 수 있는 충분한 환경과 먹고 살 수 있는 모든 식물食物이 갖추어진 후에 만들어졌다는 것이다. 이 얼마나 질서 있는 창조사역이었는가. 그리고 계절이나 태양과 별들의 운행이 얼마나 정확하고 질서가 있는가.

그런데 인간은 이 질서 세계를 파괴하기 시작했다. 문명이라는 이름으로 자연을 훼손하고 개발이라는 이름으로 마구 파헤치며 대기를 오염시키고 생물의 먹이사슬을 파괴하여 멸종의 위기를 조성하고 있다. 자연 뿐만 아니라, 인간의 욕심은 사랑이라는 대명제를 파괴하고 있다. 같이 잘 사는 세상을 꿈꾸기보다 남을 희생시켜 자신만 유익하려 했다. 그렇다고 그런 방식이 진정한 자기 유익이 되었는가. 인류 멸망이라는 종말을 만들어 가고 있는 것이다.

사회 질서를 유지하기 위해서 만들어진 법이 지켜지지 않음으로 무법

천지로 가고, 사람이 사람다움을 유지하기 위한 윤리와 도덕 질서가 무너지고 있다. 윗사람, 아랫사람이라는 위계질서가 인권을 앞세우고 수평적인 관계만 주장하다 어느새 수직적인 관계가 무너지고 있다. 부모, 선생님, 상사, 어르신을 존경하던 풍습이 차츰 허물어지고 있다. 동등한 인권이 중요하다면 인간사회의 위계질서 또한 무시될 수 없다.

거리의 안전을 위하여 교통질서를 지켜야 함에도 그렇지 못하여 수많은 인명과 재산의 피해가 급증하고, 자기 배만 채우려는 욕심이 상商 질서를 무너트려 부익부 빈익빈 현상이 일어난다. 갈등과 다툼과 전쟁이 그치지 않는 세계를 만들어 가고 있다. 한마디로 무질서의 극치다. 세상이 무질서의 장場이 되었다. 사랑과 용서와 희생의 아름답고 거룩한 세계가 아니라 약육강식, 자연도태, 생존경쟁으로 절대자의 진노와 공의로운 심판을 앞당기는, 진실로 무서운 세상이 만들어져 가고 있다.

성경은 말씀한다. "모든 것을 품위 있게 하고 질서 있게 하라"(고전 14:40). 여기서 품위 있게 하라는 것은 사람이 사람답게 살라는 뜻이다. 사람이 짐승의 행위보다 못하다면 품위 있는 게 아니다. 이제 생활에서 질서를 찾아야 할 때이다. 그것이 하나님의 진노를 면하고, 하나님께서 만드신 세계를 하나님의 뜻대로 보존하는 일이고, 자연과 환경을 아름답게 유지하는 길이다. 질서의 세계가 곧 행복한 사회요, 살맛 나는 세계다.

짐작에 대하여

사정이나 형편 등을 어림쳐서 헤아리는 것을 짐작이라 한다. 이성理性과 경험 등을 토대로 그 일은 이런 일이며, 이렇게 진행되지 않을까 하고 예상하는 것이다. 즉, 어떠한 일을 직접 대하기 전에 미리 상상하는 것인데 과학적인 근거에 의한 것이 아니라 그야말로 지레짐작하는 것이다.

이런 예상이나 짐작은 어떤 면에서 필요한 것이기도 하다. 예를 들면 수험생이 시험을 치르기 전에 이런 문제가 나오지 않을까 하여 미리 풀어보는 것이 예상문제다. 그 예상문제를 푼 것이 시험에 그대로 났다면 말할 것도 없지만 빗나갔다 하더라도 공부를 했다는 데서 많은 도움을 얻게 된 것이다.

그러나 역시 짐작이고 예상일 뿐이다. 족집게처럼 맞힐 수도 있지만 빗나갈 수도 있다. 그래서 위험한 것이기도 하다. 남의 사정을 예단하고 추측하여 함부로 사실인 것처럼 발설하면 어떻게 되겠는가. 평상시에 어떤 사람을 곱지 않은 눈으로 보고 있다가 물건이 없어졌을 때 아마 저 사람이 훔쳤을 거야 하고 짐작한다면 얼마나 위험한 일인가. 평소에 도벽이 있으니까 이것도 그의 소행일 거야 하는 것은 극히 조심해야 할 일이다.

언론이 과학적 증거 없이 추측 기사를 내보내는 경우가 많다. 이런 경우 거론된 당사자는 낭패를 당할 수밖에 없다. 사람들은 이미 발표된 것은 일단 믿어버리는 습관이 있기 때문에 나중에 해명을 해도 오히려 해명을 잘못을 감추려는 태도로 보기도 한다. 한번 머리에 입력된 것은 쉽게 지워지지 않기 때문이다. 선의의 피해자가 나오지 않으리란 법이 없다. 수사관이 범인을 잡으려 할 때 의심하고 접근하는 것은 있을 수 있다고 보지만, 그러나 그 의심이 때로는 무고한 사람에게 미쳐 억울하게 되는 경우도 많다. 지목받은 사람은 화가 치밀 수밖에 없지 않겠는가. 그 보상은 어떻게 받을 수 있겠는가.

세상에는 예상과 달리 빗나가는 일이 많다. 만약에 예상이 척척 맞아떨어진다면 세상에 실패할 사람은 없을 것이다. 그러나 우리의 경험이나 이성은 한계가 있기 때문에 자주 틀린다. 이 점을 안다면 아무리 그럴듯한 예상을 했더라도 발설하기 전에 심사숙고하고 확인된 것만 발표해야 한다.

예상을 통하여 세상을 어지럽히는 경우도 많다. 점술가들은 점이라는 미신을 통하여 사람의 운명을 이야기하고 갖가지 사술로 마음 약한 사람들을 현혹시킨다. 그들이 무슨 책임이 있는가. 아니면 말고 식이다. 또 시한부 종말론자들은 주님의 재림을 예언한다. 성경은 그날과 그때는 아무도 모르나니 하늘의 천사들도, 아들도 모르고, 오직 아버지만 아신다(마 24:36)고 했는데 그런 엉터리 예언을 하는 것이다. 맞을 리가 없다. 추측성 기사, 추측성 예언, 모든 예단 등의 짐작은 함부로 할 게 아니다. 우리는 함부로 발설하지도 말고 그에 대하여 현혹되지도 말아야 한다.

착각에 대하여

　속된 표현이지만 "착각은 자유"란 말이 있다. 사람은 착각하기가 쉽다는 뜻이리라. 착각이란 외계의 사물을 사실과 다르게 알거나 깨닫는 것을 말한다. 다시 말하면 잘못 깨달았거나 틀린 생각을 말한다. 그러므로 본래 착각이란 해서는 안 되는 것이다. 사실을 사실대로 보고 인식해야지 잘못 보아서 되겠는가. 착각하면 실수하고 실패할 확률이 많다.

　우리는 바르게 볼 수 있어야 한다. 그러기 위해서는 정확히 볼 수 있는 안목이 있어야 하는데 정확한 안목을 기르기 위해서는 공부도 많이 해야 하고 경험도 쌓아야 하고 연구도 필요하다. 그래서 올바른 가치관이 형성되어야 한다. 그른 것이 옳은 것으로 보인다면 착각이다. 좋은 것을 나쁜 것으로 인식한다면 그것도 착각이다. 올바른 가치관이 이를 잘 구별해 준다. 착각을 아예 안 할 수는 없지만, 착각을 많이 하는 것은 결코 바람직한 일은 아니다.

　나는 여기서 그 바람직하지 않은 착각이 때로 어떤 경우에 있어서는 행복을 가져다 줄 수 있다는 얘기를 하고 싶다. 착각에도 효율성이 있는 사안이 있다는 것을 말하고 싶은 것이다.

사람에게는 자기 나름의 관점이라는 것이 있다. 그 관점이 다른 사람과 같을 수도 있고 다를 수도 있다. 다른 사람의 외모를 보고 어떤 사람은 예쁘다고 평가할 수도 있지만 밉다고 보는 사람도 있을 수 있다. 이것이 그 사람의 관점이다.

도대체 그 아름다움의 기준이 어디에 있는가. 사람들은 어떤 기준을 만들기를 좋아하고 그것을 객관화하려 든다. 그러나 그 기준이라는 것이 세월이 흐르고 환경이 바뀌면 얼마든지 바뀔 수 있는 것이다. 고려 시대의 미인이라 일컬어졌던 사람이 오늘날에 살아도 여전히 미인 취급을 받을 수 있다고 보는가. 그 미인은 그 시대 그 사회에서 미인이었을 뿐이다.

그렇다면 내 아내나 남편은 어떤가? 어떤 유명인과 비교해서 그와 다르기 때문에 예쁘지 않다고 해야 하는가. 그런 식으로 비교하며 살면 그는 십중팔구 불행할 수밖에 없다. 이런 경우 잘못 볼 수 있는 것이 착각이라면 착각을 하는 것이 좋다.

내 아내가 세상에서 가장 아름답다고 착각한다면 그는 누가 뭐래도 행복한 사람이다. 내 남편이 조금 부족하지만 세상의 누구보다도 좋은 사람이라고 믿고 신뢰를 보낼 수 있다면 그는 마땅히 행복해도 되는 사람이다. 이런 경우가 착각이라면 착각하며 살 필요도 있다. 그리고 그것은 어쩌면 착각이 아닐 수 있다. 내 주관적인 평가다.

결혼 전에는 수많은 사람이 나의 결혼 대상이 된다. 그러나 한 사람과 결혼을 하고 나면 아무리 좋은 조건을 가진 사람이라도 그림의 떡일 뿐이다. 아무리 대단한 사람이나 어여쁜 사람이 있어도 나에게는 "빛 좋은 개살구"와 같다. 나를 가장 사랑하고 이해해 줄 수 있는 사람은 그 조건 좋은 사람이나 대단한 사람이 아니다. 내 남편이나 아내가 되어야 한다.

우리가 남들의 어떤 모습이나 환경을 바라보며 그에 못 미치는 나를 비관하는 것은 올바른 태도가 아니다. 자기를 긍정하고 자기를 사랑하며 자기의 환경을 긍정적으로 볼 수 있어야 행복이 찾아온다.

지구상에는 국민소득이 높고 문화 혜택을 많이 받는 사람들보다 그렇지 못한 사람들이 오히려 행복감을 더 많이 느끼고 산다는 통계도 있었지 않는가.

착각하는 것이 좋은 것은 아니지만 때로 착각이 행복을 가져다 줄 수도 있다. 착각은 자유다. 자유스럽게 착각하여 행복해질 수 있다면 가끔씩 착각도 하며 살자. 단, 그 착각이 남에게 해를 끼치지는 말아야 한다.

책에 대하여

　"사람은 책을 만들고 책은 사람을 만든다." 이는 어느 책 만드는 사람이 했다는 말인데 참으로 의미가 있고 근사하다. 실로 많은 사람에 의해서 책이 만들어지고 있다. 그리고 그 만들어진 책을 읽으면서 많은 사람이 교양인으로, 인격자로, 실력자로 만들어지고 있다. 책 읽기를 강조하는 적절한 표어라는 생각이 든다.

　그런데 문제는 만들어진 책을 읽는 사람이 많지 않다는 데 있다. 왜 사람들이 책 읽기를 기피할까? 좋은 책이 없다는 사람이 있다. 거기엔 할 말이 없다. 좋은 책을 만들지 못하는 작가의 책임이 있다. 책 읽을 시간이 없이 바쁘다는 사람이 있다. 매스 미디어의 발달로 많은 정보와 지식이 손 안에 든 휴대폰이나 컴퓨터로 전달되는데 굳이 종이책에 몰두할 이유가 없을 것 같기도 하다.

　나의 경우도 책을 많이 읽지 못한다고 해야 한다. 내 전공 사역도 바쁜데 다른 분야는 정말 읽을 시간이 없기도 하다. 읽지 않은 책이 쌓여서 언덕을 이룬다. 그렇다고 버릴 수는 없다. 언젠가는 읽어야지 하면서 모아두는 동안 쌓여서 산을 이룬다. 내가 어렸을 적엔 정말 책이 없어서 읽지 못했는데 이제는 너무 많아서 못 읽게 되었으니 이런 아이러니가 없다. 지난날에는 책을 살 돈도 없고 구해 보기도 어려운 환경에서 나는 자랐다. 안타까운 현실이었다. 그런데 이제는 이런저런 친분으로 보내주신 책도 다 못 읽는 형편이다.

그러나 그렇기 때문에 책을 읽지 않아도 된다고 주장할 수는 없다. 내가 못 읽는다고 책이 만들어지고 유통되는 것 자체가 잘못일 수는 없다. 책은 계속 만들어져야 하고 책은 계속해서 사람을 만들어내야 한다. 고전은 물론이지만 신지식을 전달하는 책도, 인문 서적도 돈이 안 된다고 멀리할 것이 아니라 꾸준히 읽혀져야 한다. 누가 뭐래도 세상에는 수많은 양서가 있다.

나는 그 많은 책 중에서 성경을 읽으라고 추천한다. 물론 내가 그 성경 말씀을 전하는 사람이기 때문이기도 하지만 지식을 원하는 모든 분은 여기에서 자기 전공의 유익을 얻을 것이기 때문이다. 이런 정도의 지식은 이미 새삼스러운 말이다. 그렇지만 부연하면 법률, 교육, 도덕, 윤리, 예술, 군인, 상인, 정치인 등 모든 직업을 가진 사람이나 여러 호기심을 가진 분들이 읽어서 유익하다. 나는 특히 문학을 공부하는 사람으로 이보다 더 좋은 책을 발견하기가 어렵다고 본다.

신기한 것은 이 책이 처음 만들어질 때부터 마지막 책이 만들어질 때까지 기간이 약 1,500년이고 인간 저자의 수가 30여 명에 이른다. 그리고 저자의 직업이나 삶의 환경이 서로 다르다. 그럼에도 그 많은 사건과 교훈이 일사분란하다. 서로 충돌되는 것이 없고 서로 보완한다. 내용은 한 인격 예수 그리스도라는 주인공을 통해서 죄에서 인류를 구원하겠다는 목적으로 되어 있다. 나는 이 책이야말로 그 어느 종교나 사상보다 윤리나 도덕적 가치에서 우월하고 고상하며 포괄적이라고 자신 있게 말한다.

세월이 아무리 흘러도 그 가치는 여전하고 연령이나 인종이나 성별이나 지식 정도의 차이에도 구애 없이 누구나 읽어도 적당한 감동을 준다고 확신한다.

성경은 자증하기를, 이 말씀은 성령으로 감동을 받은 사람들이 쓴 하나님의 말씀이라고 한다. 그러므로 읽어야 한다. 내용 중에는 인간의 이성으로 판단하고 증명하기 어려운 부분도 있다. 그러나 부탁하고 싶은 것은 그 내용을 신화나 전설로 읽지 말고 말씀 그대로 믿어야 한다. 그러면 증명이 된다. 그러나 증명부터 하고 믿으려 하면 본질을 이해하는 데 실패한다. 믿음의 책이기 때문에 믿음으로 받아들여야 한다. 그러면 이 책은 우리에게 생명을 가르쳐 주고 그 생명의 길로 인도한다.

인간이 인간답게 살고, 영원한 생명을 얻어 살겠다고 하는 사람은 반드시 읽고 말씀의 권유를 실천해야 한다. 성공적인 인생, 승리의 인생, 영원한 삶에 대하여 알고 싶으면 편견 없이 어린아이와 같은 심정으로 읽어야 할 것이다. 성경은 사람을 거룩하게 만들고 영원한 생명으로 인도한다.

충성에 대하여

군주주의君主主義 제도하에서 왕이나 국가에 대한 백성의 충성은 거의 절대적이어야 했다. 충성된 신하는 그래서 국가의 안위를 위해서 생명을 바칠 수 있었다. 그러나 이런 충성은 비단 왕이나 국가를 위해서만 요구하는 것이 아니라 오늘날 우리의 삶의 모든 영역에서 요구하고 있다. 직장에서도 교회에서도 요구한다. 그래서 성경은 맡은 자에게 구할 것은 충성이라 했다(고전 4:2).

충성이란 본래 진정한 마음에서 우러나는 정성을 의미하는 말이다. 따라서 신실함으로 번역할 수 있는 말이기도 하다. 자신에게 또는 다른 사람에게 신실하고 책임을 다하는 것이 충성이다. 그러므로 모든 사람은 자기가 맡은 일을 수행하면서 충성해야 한다. 지도를 받는 사람은 물론 지도자의 입장에 있는 사람도 자기 자리에서 충성해야 한다.

성경은 맡은 지도자에게는 억지로 하지 말고 자원함으로 하고, 더러운 이득을 위하여 하지 말고 기꺼이 하고, 맡은 자들에게 주장하는 자세로 하지 말고 본이 되라고 했다(벧전 5:2-3). 또한 지도를 받는 사람에게는 모든 일에 지도자들에게 순종하되 사람을 기쁘게 하는 자와 같이 눈가림하지 말고 오직 주를 두려워하여 성실한 마음으로 하라고 했다(골 3:22-23). 마지 못해서 한다든지 억지로 하는 것은 아무리 잘한 일이라 해도 충성은 아니다.

충성하는 사람에게는 반드시 합당한 상이 있다. 현세에서도 칭찬이 있고 내세에서도 있다. 그러므로 성경은 죽도록 충성하면 생명의 관을 주리라고 약속하고 있다(계 2:10).

그러면 죽도록 충성한다는 게 무엇일까? 첫째는 작은 일부터 충성이다. 예수님은 지극히 작은 일에 충성된 자는 큰 것에도 충성하고 지극히 작은 것에 불의한 자는 큰 것에도 불의한다고 했다(눅 16:10). 더러 어떤 이들은 작은 일은 시원찮게 여기고 처음부터 큰 것을 탐하기도 한다. 그러나 큰일이란 작은 일에서부터 시작하는 것이다. 작은 일이 모여서 큰 일이 되지 않는가. 누구든지 무슨 일을 맡길 때 작은 일이라고 소홀히 여기는 사람에게 맡기진 않는다. 기초가 튼튼하지 않으면 큰일을 감당하기 어려운 법이다.

둘째, 시간적으로 시작부터 끝까지 최선을 다하는 것이 충성이다. 시작할 때는 의욕을 가지고 덤벼들었다가 차츰 시들해지고 마무리를 잘못하는 것은 충성이 아니다. 일이란 시작, 경과, 결과가 다 신실해야 잘한 것이 된다. 특별히 어떤 목적을 위해서 과정을 생략한다든지 대충 하는 것은 틀림없이 위험하다. 좋은 결과를 원한다면 기초를 튼튼히 하고 과정 하나하나를 소홀히 하지 않는 정성이 필요하다.

셋째는 맡은 일에 변함이 없는 최선이 필요하다. 환경이 변해도, 상황이 바뀌어도 시종여일해야 한다. 힘들고 어려운 환경과 상황에서 변함이 없는 것이 충성이다. 사실 평화스러울 때는 충신과 간신을 구별하기 어려운 법이다. 그러나 난세에는 충신과 간신이 금방 구별이 된다. 신실한 신앙인은 평화스러울 때 나타나는 것이 아니다. 순교자는 고난이 오고 박해를 받을 때 꿋꿋이 자기 사명을 감당하면서 태어나는 것이다.

예수님은 달란트 비유에서 다섯 달란트와 두 달란트 받은 종들이 자기 사명을 다했을 때 "착하고 충성된 종"이라고 칭찬했지만, 한 달란트 받은 종이 받은 달란트를 땅에 묻어 두었을 때 "악하고 게으른 종"이라고 책망했다(마 25:14-30).

하나님도, 사회도 우리에게 충성을 요구한다. 우리는 자기 자신에게 신실해야 한다. 자신에게 신실하지 못하면서 어떻게 남에게 신실할 수 있겠는가. 작은 일에 충성하지 못하면 큰일에도 충성하지 못한다. 충성하지 못하는 사람은 누구도 칭찬하지 않는다. 선한 일에 신실하고, 맡겨 주신 일에 충성하자. 그것이 교회와 나라와 하나님을 사랑하는 일이다.

제6부

친구에서 흉기까지

친구에 대하여

애완용으로 개를 키우는 이유가 여러 가지겠지만 그 중의 하나는 주인을 꾸준히 따른다는 데 있을 것이다. 실로 개는 누구든 한번 자기 주인으로 삼으면 평생 변함없이 그 주인을 따른다. 주인이 어려도 따른다. 늙어도 따르고 병들고 쇠약하고 가난해져도 그 충성은 변함이 없다. 돈 때문에 배신하고 명예나 지위 때문에 쉽게 관계를 버리기도 하는 사람들 하고는 사뭇 다른 것이다. 그래서 차라리 말은 못하지만 끊임없이 교감할 수 있는 개를 친구로 삼는 것이 아닐까. 실로 어떤 사람들은 개만도 못하다.

세상에는 훌륭한 친구 관계가 많이 있었지만 성경에 나오는 다윗과 요나단과의 관계는 다른 어떤 사람들의 우정에 뒤지지 않는다.

요나단은 당시 이스라엘의 왕 사울의 아들이다. 다시 말하면 왕자다. 믿음도 좋고 용기도 있고, 인격도 갖추고 있어서 왕의 자리가 세습되던 당시에 차기 왕으로 손색이 없는 인물이었다. 이 사람이 다윗을 친구로 삼았다. 우정을 변치 말고 지켜나가자고 하나님 앞에서 맹세를 했다.

그러면 다윗은 어떤 사람인가. 베들레헴 목장에서 아버지인 이새의 양을 치던 목동 출신이다. 다윗이 두각을 나타내기 시작한 것은 블레셋의 침략으로 이스라엘이 위기에 몰렸을 때부터였다. 그는 아버지의 심부름으로 전장에 나갔다가 적장 골리앗과 수세에 몰려 있는 이스라엘 군대의 형편을 보았다. 거기서 다윗은 이스라엘 군대의 하나님을 모욕하는 골리앗의 교만한 모습에 분노가 치밀어서 사울 왕의 허락을 받아 싸우러 나갔고, 결국 칼과 창과 단창으로 무장한 골리앗을 물맷돌로 쓰러트렸다. 소년이 대장군을 이긴 것이다. 이 사건으로 다윗은 일약 이스라엘의 영웅이 되었다.

그러나 이 사건이 이스라엘에게는 승리를 가져다준 쾌거였지만 다윗 개인에게는 고난의 길을 걷게 하는 계기가 되었다. 백성들이 사울 왕보다 다윗을 더 칭찬하는 바람에 왕으로부터 시기와 미움의 대상이 된 것이다.

사울 왕은 다윗을 죽이려 했다. 그가 살아 있는 한 자신의 아들 요나단이 자신의 뒤를 이을 수 없다는 불안도 작용했다. 그런데 그의 아들 요나단에게 있어서의 다윗은 영원히 변치 말자고 맹세한 친구였다. 이 우정이 어떻게 유지될 수 있겠는가.

요나단이 혈연관계를 중요시하여 자기 아버지의 뜻을 따른다면 다윗은 요나단의 원수가 되어야 한다. 장차 왕좌王座를 이어받으려는 야심이 있다면 다윗은 자신의 앞길을 막는 걸림돌이 된다. 이를테면 정적政敵이 되는 것이다.

그럼에도 요나단은 아버지 편에 무조건 서지 않았다. 아버지께 다윗에게 잘못이 없음을 설득하고 그것도 통하지 않자 다윗을 도피시켜서 살려

낸다. 훗날 요나단이 블레셋과의 길보아 전투에서 전사를 했다. 사울 왕과 그의 아들 삼형제가 전사를 한 것이다. 이 소식을 들은 다윗은 그들의 죽음을 애도하며 "활 노래"를 지었다. 다윗은 이 노래 중에서 "내 형제 요나단이여 내가 그대를 애통함은 그대는 내게 심히 아름다움이라 그대가 나를 사랑함이 기이하여 여인의 사랑보다 더 하였도다"(삼하 1:26)고 술회했다.

다윗이 곡절 끝에 드디어 왕위에 올랐을 때 그는 옛 친구인 요나단의 후손이 어디에 있는가, 수소문했다. 그리고 양쪽 발을 모두 저는 그의 아들 므비보셋을 찾아냈다. 다윗은 그를 왕궁으로 불러 위로를 하며 자신의 아들들과 같은 대우를 하면서 그의 삶을 보장해 주었다(삼하 9:1-13). 대를 이어서 의리를 지킨, 참으로 아름다운 우정이 아닌가.

이런 우정을 보면 누구나 부러운 게 사실이다. 외로운 인생길에서 이런 정도의 친구 하나쯤은 있었으면 좋겠다는 생각도 들 것이다. 나는 그런 생각을 갖는 사람이 있다면 여기서 두 가지만 권하고 싶다.

첫째는 그런 친구보다 훨씬 더 좋은 친구가 이미 우리 가까이에 있다는 사실이다. 하늘 보좌를 버리고 죄인 구원을 위하여 우리 곁으로 오신 예수 그리스도. 그는 말씀했다. "사람이 친구를 위하여 자기 목숨을 버리면 이보다 더 큰 사랑은 없나니 너희는 내가 명하는 대로 행하면 곧 나의 친구라"(요 15:13-14).

누가 남을 위하여 자신의 목숨을 버리는가. 그러나 버릴 수 있다면 그 사랑은 큰 것이다. 예수님은 이 땅에 우리를 친구 삼으시려 오셨다. 그리고 그 친구들을 위하여 십자가를 지고 죽는 위대한 사랑을 베풀어 주셨다. 이 사랑을 거절하지 말아야 한다. 지금도 주님은 외로운 사람들을 친구 삼기 위해서 여전히 그리고 얼마든지 부르시고 계시는 것이다.

두 번째 권면은 생명을 버릴 만큼 희생적인 친구를 구한다면 내가 먼저 상대에게 그런 친구가 되어야 한다는 것이다. 예수님은 죄인들을 친구로 삼기 위하여 적극적으로 찾아오셨다.

우리도 좋은 친구를 얻으려면 적극적으로 다가가야 한다. 그리고 내가 받고자 하는 대로 먼저 주어야 한다. 내가 어떤 조건을 보고 친구를 사귀려 든다면 그 친구도 나에게서 조건을 볼 것이다. 내가 어떤 이득을 얻기 위해서 친구가 필요하다고 생각한다면 그 친구도 나에게서 어떤 유익을 얻을 것인가를 먼저 생각할 것이다. 그러나 내 사랑을 주기 위하여 친구를 찾는다면 반드시 나를 사랑하기 위한 친구가 만나질 것이다.

성경은 "무엇이든지 남에게 대접을 받고자 하는 대로 너희도 남을 대접하라 이것이 율법이요 선지자니라"고 말씀한다(마 7:12).

친절에 대하여

　몸이 아파 병원에 갔는데 나를 담당한 의사가 실력이 있다고 소문은 널리 났지만 매우 불친절하다면 어떤 마음이 들겠는가. 고침을 받아야하기 때문에 참아야 하겠지만 마음은 불편할 것이다. 그러나 실력은 조금 부족하지만 아주 친절한 의사를 만났다면 어떻겠는가. 병에 대하여 자세히 설명해 주고 앞으로 이렇게 치료하고자 한다고 치료 방법까지 소개해 주면서 그렇게 치료하면 효과를 볼 수 있겠다고 말해 준다면 불안했던 마음이 한결 가벼워질 것이다. 그래서 똑똑하기보다는 친절하라는 말이 있다. 그만큼 친절은 사람과의 관계를 원만하고 부드럽게 하는 데 유익한 것이다.

　그렇지만 친절이라 하는 것이 마음내키는 대로 그렇게 쉽게 나타낼 수 있는 것이 아니다. 몸에 배어 있는 무엇이 있어야 한다. 그 중의 하나가 예절이다. 사실 상대방에게 친절할 수 있는 그 자체가 예절이다. 남을 존중하고 배려할 수 있는 마음이 없다면 친절한 언어나 태도가 자연스럽게 나올 수 없다. 상대방의 입장을 고려할 수 있을 때 배려할 수 있는 것이고, 남의 인격을 존중할 수 있을 때 친절할 수 있는 것이다.

　예수님은 스스로 "나는 마음이 온유하고 겸손하니 나의 멍에를 메고 내게 배우라"고 했다(마 11:29). 그리고 성경은 예수님의 겸손한 마음을 닮고자 할진대 남을 나보다 낮게 여기라고 했다(빌 2:3). 남을 존중하는 정신과 마음의 겸손이 있다면 그는 친절할 수 있다.

예수님을 보라. 그는 누구를 차별하거나 업신여기지 않았다. 찾아오는 수많은 사람들에게 친절했다. 바리새인이나 서기관 같은 위선자가 아니면 모두를 용납하고 그들을 치료해 주었다. 영적권위가 있었지만 권위를 내세우지 않고 아픈 사람들의 마음을 보듬어 주었다. 그러니까 그를 따르는 사람이 날로 늘어났다. 사람들은 그의 겸손과 친절을 좋아한 것이다.

불친절한 종업원이 일하는 곳에 가서 물건을 구매하고 싶겠는가. 아무리 상품이 좋아도 불친절한 가게를 다시 찾고 싶지는 않을 것이다. 딱딱하고 고집이 센 사람하고 상담을 하고 싶은 사람이 있겠는가. 누구나 싹싹하고 친절한 사람에게 호감이 가게 마련이다.

사람을 얻고자 하는가. 무엇보다 친절해야 한다. 예의를 갖추고 그 사람의 인격을 존중하고 그 사람의 입장에서 생각하는 배려를 해보라. 그는 약간의 손해를 본다 해도 당신을 만나는 것을 기쁨으로 여길 것이다. 많이 알기 때문에 교만하고, 많이 가지고 있기 때문에 남을 깔보고, 지위가 높은 자리에 앉아 있다고 낮은 위치의 사람에게 함부로 한다면 물론 사람들은 그에게 머리를 숙일 것이다. 그러나 존경을 하겠는가.

내심으로 존경하지 않으면서 머리를 숙이는 사람을 조심하라. 그 사람이 언젠가는 내가 실수하거나 약점이 노출되었을 때 내 편에 서서 나를 옹호하고 변명해 주지는 않을 것이다.

존경받으려면 친절해야 한다. 인정받고 사랑받으려면 겸손하고 친절해야 한다. 특별히 남이 어려움을 당할 때 더욱 친절을 베풀어라. 사람을 귀하게 여기고, 위기에 처한 사람을 구하고, 외로운 환경에 있는 사람에게 함부로 해서는 안 된다. 사람은 어려울 때 받은 호의나 친절을 쉽게 잊어버리지 않게 되어 있다.

아브라함은 찾아오는 나그네들에게 함부로 하지 않았다. 그랬더니 천사를 영접하기도 했다(히 13:2). 감히 손을 내밀지 못하는 그 사람에게 다가가 먼저 손을 내밀어 잡아준다면 그는 그 감동을 오래 기억하며 간직할 것이다.

거만이나 친절은 모두 내 인격의 표현이다. 그런데 친절은 사람을 얻는 일이고 거만은 사람을 잃은 행위다.

칭찬에 대하여

누구나 칭찬을 들으면 기분이 좋다. 그래서 "칭찬은 돌고래도 춤추게 한다"는 말이 있다. 그러므로 칭찬에 인색할 필요는 없다. 칭찬은 단지 기분만 좋게 하는 것이 아니라 격려가 된다. 조금 부진한 사람도 칭찬을 들으면 분발하고 싶어진다. 잘하는 사람은 물론 긍지를 갖게 된다. 그렇다고 무턱대고 칭찬해서 되는가. 그렇지만은 않다. 남의 약점에 가식적으로 칭찬하면 그것은 오히려 기분을 상하게 할 것이다.

칭찬과 아첨은 다르다. 칭찬을 하는 사람은 물론이지만 칭찬을 듣는 입장에서도 아첨을 구별할 줄 알아야 한다. 아첨은 남의 마음에 들려고 비위를 맞추며 간사하게 알랑거리는 것이다. 왜 아첨을 하겠는가. 지체가 높은 사람에게서 유무형의 어떤 이득을 취하기 위함일 것이다.

초대교회 당시 두로와 시돈 사람들이 양식을 얻기 위하여 헤롯에게 아첨을 했다. 그가 어느 날 단상에 앉아 연설을 할 때 "이것은 신神의 소리요, 사람의 소리가 아니라"고 했다. 성경은 헤롯이 이 소리를 듣고 영광을 하나님께로 돌리지 아니하므로 주의 사자의 공격으로 벌레에게 먹혀 죽었다고 했다(행 12:20-23). 아첨하는 사람도 비굴하지만 아첨과 칭찬을 구별하지 못하는 사람도 어리석다. 성경은 하나님께 드릴 영광을 사람이 가로 채는 것을 옳지 않게 여긴다(시 29:1, 115:1). 뿐만 아니라 "아첨하는 입은 패망을 일으킨다"고 했다(잠 26:28).

아이들을 양육할 때는 칭찬이 많이 필요하다. 물론 행여라도 잘못에 칭찬을 해서는 안 된다. 이웃집에서 연필을 하나 훔쳐 왔다고 하자. 농담으로라도 그 행위에 칭찬을 하면 그 아이는 또 칭찬을 받기 위해서 더 큰 것을 훔쳐올 수도 있다. 칭찬이 좋기로서니 징계와 책망이 필요할 때 칭찬을 해서 되겠는가.

사안을 잘 파악해야 한다. 칭찬으로 교만할 수 있고 책망으로 위축될 수 있다. 그러나 분명한 것은 책망보다는 칭찬이 많은 것이 낫다.

성경은 우리가 우리의 인생을 마치는 날에 하나님 앞에 서서 심판을 받게 될 것을 말씀한다.

어떤 사람이 타국으로 가면서 종들을 불러 소유를 맡겼다. 각각 그 재능대로 한 사람에게는 금 다섯 달란트를, 한 사람에게는 두 달란트를, 또 한 사람에게는 한 달란트를 주고 떠났다. 주인이 오랜 후에 돌아와 결산을 해 보니 다섯 달란트 받은 사람과 두 달란트 받은 사람은 사업을 해서 각각 다섯 달란트와 두 달란트를 남겼다. 그러나 한 달란트 받은 사람은 그 한 달란트를 땅에 감추어 두었다가 가지고 나왔다. 주인이 다섯 달란트를 남긴 종과 두 달란트를 남긴 종에게 일률적으로 "잘 하였도다. 충성된 종아 네가 적은 일에 충성하였으매 내가 많은 것을 네게 맡기리니 네 주인의 즐거움에 참여할지어다" 하고 칭찬했다. 그러나 한 달란트를 받아 땅에 묻어 두었다가 가지고 온 종에게 "악하고 게으른 종"이라고 책망했다. 그리고 이 무익한 종을 바깥 어두운 데로 내쫓으라고 했다(마 25:14-30).

사실 이 땅에서 사람으로부터 받는 칭찬도 중요하지만 심판 날에 받는 공의로우신 하나님의 칭찬은 얼마나 소중하겠는가. 그 칭찬이 소중하다면 그 앞에서 받는 책망은 또 얼마나 무서울 것인가도 상상이 된다.

우리는 하나님으로부터 받는 칭찬을 사모하면서 살아야 한다. "네가 죽도록 충성하라 그리하면 내가 생명의 관을 네게 주리라"(계 2:10). 우리에게는 이 감격적이고 최종적인 칭찬이 대기하고 있음을 알자. 그 칭찬은 지금 우리가 어떻게 살고 있느냐에 달려 있는 것이고, 그 칭찬은 우리의 주님이신 그분이 주실 것이다.

타성惰性에 대하여

살아가노라면 누구나 습관이라 하는 그 무엇이 생긴다. 반복되는 행동이 그것을 만들어내는 것이다. 그 습관이 굳어지면 타성이 되기 쉽다. 특별히 좋지 않은 습관이 타성이다. 경계해야 할 생활태도 중의 하나이다.

정상적인 사람이라면 반복되는 생활 속에서 성장과 발전이 있어야 한다. 특히 신앙은 날마다 새로워지고 신선해져야 한다. 그런 현상을 변화라 말할 수 있다. 그런데 발전이나 성장은커녕 오히려 정지하거나 심지어 퇴보하는 경우가 있다. 그것은 불행한 일이다. 성경은 타성에 젖은 신앙인을 "성전 마당만 밟는다"는 말로 표현하고 있다(사 1:12). 교회에 빠지지 않고 나오는데 감동이 없다. 늘 하던 대로 왔다 가는 생활을 신앙이라 한다면 그 신앙은 타성에 젖은 것이다. 교회에 다녀야 한다는 의무감 때문에 다니기는 하지만 감동이 없고, 교회에 다녀온 것으로 신앙생활을 잘하고 있다고 생각한다면 신앙의 위기에 처해 있다고 봐야 한다. 형식에 매여 살고, 법의 굴레 안에서 감동 없이 습관화 된 삶을 사는데 어떻게 변화를 기대할 수 있겠는가. 그래서 첫사랑을 회복하라는 말씀도 있다. 신앙생활 초기에는 신비롭기도 하다. 그래서 은혜를 사모하며 열정이 생긴다. 마치 남녀가 처음 만나 사랑을 시작할 때 상대에 대한 호기심과 신비로움에 잠을 이룰 수 없을 만큼 가슴이 뛰는 것과 비교할 수 있을까. 그러던 사랑이 세월이 흐르면서 호기심이 사라지고 신비함도 사그라지면서 평범해진다. 신앙생활도 그렇게 된다면 문제가 있다. 열정이 식고 형식에 매인다면 헌신할 수가 없다. 그야말로 타성에 젖어서 교회에 다니는 것으로 만족하는 무감각의 신앙이 된다. 예수님은 이런 무감각, 무감동의 신앙을 "피리를 불어도 춤추지 않고 애곡을 하여도 가슴을 치지 않는 것"으로 묘사했다. 타락이고 전락이다. 영적으로 깊은 잠에 빠졌다고 봐야 한다.

성경은 잠자는 자들에게 깨어 일어나라고 한다. 영적으로 잠이 들면 어둠의 세력은 기뻐한다. 마음대로 농락할 수 있기 때문이다. 사탄은 우는 사자가 되어 삼킬 자를 찾는다. 그들의 유혹은 하나님을 보지 않고 세상을 바라보게 만든다. 그러면 게을러지고 육신적 쾌락에 빠지게 된다. 눈의 초점이 흐려지고 그러면 판단이 흐려지는 것이다. 손이 게을러져서 헌신이 어려워지고 발이 게을러 전도가 귀찮아진다. 찬양과 기도가 부담스러워진다. 이런 형태가 곧 병든 신앙이다.

그러므로 성도는 수시로 자기 점검을 해야 한다. 내 영적 상태는 지금 어떠한가. 무엇을 바라보고 있으며 무엇에 관심이 많은가. 주님을 멀리해도 가책이 없다면 잠들어 있는 것이고 중병이 들었다고 봐야 한다. 회개를 통해 주님과 관계를 회복해야 한다. 믿음 없는 것을 도와 달라고 간구해야 한다. 성령의 능력을 힘입어야 한다. 그래서 예배가 기다려지고 전도와 봉사 활동이 즐거워져야 한다. 신앙생활이 세상 그 어떤 일보다 재미있어야 한다. 신앙생활이 매너리즘에 빠지면 잠든 것이고 신앙생활에서 소망과 의미를 찾아내면 깨어 있는 것이다. 영적 사명으로 가는 타성에서 벗어나 영적 회복을 이루어야 한다. 그것이 생명과 축복의 길이다.

타협에 대하여

타협이 좋은 경우도 있다. 흔히 하는 정치인들의 타협이 그렇다. 이해가 상반되거나 견해 차이가 극심할 때 서로 양보할 것은 양보하고 받을 것은 받으면서 적정선에서 결정하는 것이다. 그렇게 되면 자기들 주장을 완전하게 관철시키지는 못했지만 그렇다고 전부를 손해 보거나 양보한 것이 되지 않는다는 점에서 서로 만족하는 것이다.

그러나 결코 타협해서는 안 되는 일들이 있다. 진리가 타협할 수 있는 것인가? 만약 진리가 비진리에게 일부를 양보하여 적당한 선에서 만족하자고 한다면 그때부터 진리일 수 없다. 비진리야 손해 볼 것 없다. 어차피 비진리이고 진리를 조금이라도 파괴하자는 목적을 이루었기 때문이다. 그러나 진리는 비진리와 타협한 결과 진리의 가치를 잃어버린 것이고 그 다음부터 진리일 수 없는 것이다. 그것은 진리가 진리이기를 포기한 것이 된다.

정의가 불의와 타협을 하면 정의도 아니고 불의도 아닌 어떤 제3의 형태가 나오는 것이 아니다. 정의의 가치만 타락하고 불의만 남는 것이다. 맑은 물에 구정물을 섞으면 절대로 맑은 물이 될 수 없다는 원리와 같다.

단 한 방울의 구정물이 맑은 물에 섞인다 할지라도 그 물은 구정물일 수밖에 없는 것이다.

그래서 교회가 세속과 타협할 수 없다. 타협하는 순간 교회는 세속화되었다는 지탄을 면할 수 없는 것이다. 신앙과 우상숭배가 타협하면 곧 혼합주의가 되면서 순수한 신앙은 빛을 잃는 것이다. 그러므로 성경은 경고한다. "너희는 믿지 않는 자와 멍에를 함께 메지 말라 의와 불법이 어찌 함께하며 빛과 어둠이 어찌 사귀며 그리스도와 벨리알이 어찌 조화되며 믿는 자와 믿지 않는 자가 어찌 상관하며 하나님의 성전과 우상이 어찌 일치가 되리요"(고후 6:14-16).

이 말씀은 신앙인이 비신앙인과 절대로 접촉도 말고 상대도 하지 말라는 뜻은 물론 아니다. 어떤 면에서 신앙인은 비신앙인과 접촉을 많이 해야 할 부분이 있다. 비신앙인 모두는 전도의 대상이 되기 때문이다. 그러나 그런 접촉을 하더라도 신앙인이 자신의 신앙을 포기하면서까지 비신앙인의 생각에 동조해서는 안 된다.

빛과 어둠은 절대로 사귈 수 없다. 의와 불법이 함께하면 의의 존재는 없어지고 불법만 남는다. 절대로 그리스도와 벨리알은 조화될 수 없고 일치할 수 없다. 그런 일치를 요구하거나 조화를 꾀하고자 할 때 순수한 신앙을 지키려 하는 사람은 거절할 수밖에 없는 것이다. 독선적이라는 욕을 먹어도 할 수 없다.

만약에 우상과의 일치와 조화를 물리적인 힘으로 강요한다면 순교를 택할 수밖에 없는 것이다. 바벨론에 포로로 잡혀간 사드락과 메삭과 아벳

느고는 느부갓네살 왕이 만든 금신상에 절하지 않고 풀무불에 들어가는 것을 택했다. 물론 하나님의 보호하심으로 죽음을 면했지만.

죄와 쉽게 타협해 버리는 세상은 불의한 세상이다. 종교가 세속이나 우상과 쉽게 타협한다면 악하고 음란한 종교다. 부당한 이득에 쉽게 무릎을 꿇는 사람들에게 우리가 무슨 소망을 걸 수 있겠는가.

타협은 지금 타락하고 있다는 뜻이요, 부패하고 있다는 뜻이요, 무너지고 있다는 뜻이다. 순수를 잃어버리고 있다는 증거다. 본래의 자기가 망그러지고 본연의 자세를 팽개친 것이다. 이는 곧 맛 잃은 소금이요, 빛을 잃은 촛불이 된 것이다. 거기에서는 소망을 찾을 수 없다.

성도가 세속과 타협하면 더 지독하게 세상을 오염시킨다. 향수香水가 썩으면 더 지독한 악취를 풍기는 법이다.

탐심貪心에 대하여(1)

　네 이웃의 소유를 탐내지 말라는 것은 도덕법인 십계명 중의 마지막 열 번째 계명이다. 본래 탐심이란 말은 남의 것을 욕심이 생겨 제 것으로 만들고자 하는 마음이나, 지나치게 많이 소유하고자 하는 부당한 욕심을 가리키는 말이다. 그래서 탐심은 탐욕貪慾이다.

　탐심은 누구에게나 있다. 에덴동산에서 뱀이 하와를 유혹할 때 이용한 것이 바로 탐욕이었기 때문이다. 하나님은 동산 각종 나무의 실과는 임의로 먹되 선악을 알게 하는 나무의 열매는 먹지 말라고 하시면서 먹으면 정녕 죽으리라고 하셨다. 그러므로 선악과는 하나님의 권위를 상징하는 것이었다. 그런데 하와를 찾아온 뱀은 그 실과를 먹어도 죽지 않을 뿐 아니라 너희 눈이 밝아 하나님같이 되어 선악을 알게 될 것이라 했다(창 3:5). 하와는 자신들도 하나님과 같이 된다는 뱀의 감언이설에 속아 선악과를 먹었다. 피조물인 인간이 창조주인 하나님과 같이 된다는 것은 탐심이다. 인류의 대표로서 아담과 하와가 이 유혹에 넘어갔으니 이후로 태어나는 모든 아담의 후손 속에는 이 탐욕의 죄가 있을 수밖에 없는 것이다.

　성경은 탐심을 가리켜 우상숭배라고 정의한다(골 3:5, 엡 5:5). 탐심이 일단 마음을 점령하면 그것이 곧 신神이 되는 것이고, 이 끝없는 욕심은 하나님보다 더 사랑하는 것이 되어서 우상숭배가 되는 것이다.

그렇다. 욕심은 절제하지 못할 때 그 끝이 없다. 우리 속담에 아흔아홉 섬을 가진 사람이 한 섬밖에 가진 게 없는 사람에게 백 섬을 채우기 위해서 그 한 섬을 달라고 한다는 말이 있다. 이것이 탐심이다. 욕심엔 만족이 없는 것이다. 성경은 "은을 사랑하는 자는 은으로 만족하지 못하고 풍요를 사랑하는 자는 소득으로 만족하지 아니하나니 이것도 헛되다"고 했다 (전 5:10).

우리가 탐심을 두려워해야 하는 것은 탐심을 다스리지 못할 때 다른 종류의 죄를 연달아 지을 수 있기 때문이다. 이스라엘의 아합 왕은 왕궁 가까이에 있는 나봇의 포도원에 욕심이 났다. 그는 그 포도원을 차지하기 위해서 처음엔 합법적인 방법을 쓰려고 했다. 나봇에게 더 좋은 자기의 포도원과 바꾸든지 아니면 시가보다 비싸게 팔라고 종용했다. 그러나 나봇은 일언지하에 거절했다. 조상으로부터 받은 유산은 팔지 말라는 율법 때문이었다. 아합 왕은 자기의 욕심이 관철되지 않자 답답한 마음으로 침상에 누웠고 식사도 하지 않았다. 이를 보고 그의 아내 이세벨이 아합 왕이 상심하는 원인을 찾았고 나봇의 포도원을 뺏기 위해 불의한 방법을 꾸몄다. 이세벨은 아합 왕의 이름으로 나봇과 같은 성읍에 사는 장로와 귀족 몇 사람에게 편지를 써 보냈다. 음모는 신속히 진행되었다. 이세벨의 편지를 받은 사람들이 성읍 백성에게 금식을 선포하고 어느 날 장로와 귀족들이 재판석에 앉은 다음 나봇을 백성 가운데에 앉혔다.

불량자 두 사람이 나봇이 하나님과 왕을 저주하였다는 증언을 하였다.

물론 거짓증언이었다. 그 벌로 나봇은 군중의 돌에 맞아 죽었다. 이후 나봇의 포도원은 자연스럽게 아합 왕의 것이 되었다(왕상 21장).

여기서 아합 왕과 왕후 이세벨의 범죄를 분석해 보자. 처음은 아합 왕의 탐욕으로 시작되었다. 그 욕심을 채우려다 보니 거짓증인을 세우게 되었고 그 거짓증언에 의해서 나봇은 돌에 맞아 죽었다. 그리고 아합 왕은 나봇의 포도원을 차지하게 되었다. 잘 아는 바와 같이 제10계명인 탐심을 다스리지 못하자 거짓증거하지 말라는 제9계명을 어기고 사람을 억지로 죽여서 살인하지 말라는 제6계명을 어겼다. 그리고 남의 재산을 강탈했으니 도둑질하지 말라는 제8계명을 어기고 만 것이다. 이런 의미에서 탐심은 모든 죄의 뿌리라 할 수 있는 것이다.

예수님은 말씀하셨다. "삼가 모든 탐심을 물리치라. 사람의 생명이 그 소유의 넉넉한 데 있지 아니하니라"(눅 12:15). 생명을 소중히 여긴다면 탐심을 제어해야 한다는 결론이 나온다. 성경은 탐심이 믿음에서 떠나게 만들고, 시험에 빠지게 하고, 결국은 생명까지 잃게 한다고 경고한다(딤전 6:9-10).

탐심이 내 안에서 자유롭게 활동하지 못하도록 제어해야 한다. 방임해서는 안 된다. 그것을 결박하지 못하면 탐욕은 결국 이웃에게 피해를 주고 자신을 패망의 길로 인도할 것이다. 그것이 물질이든, 명예든, 권세든 물리치지 않으면 그것에 의해서 내가 삼킴을 당하게 되는 것이다. 그래서 성경은 말씀한다. "욕심이 잉태한즉 죄를 낳고 죄가 장성한즉 사망을 낳느니라"(약 1:15).

탐심貪心에 대하여(2)

　　탐심은 탐욕貪慾이다. 과도한 욕심이다. 이 욕심을 제어하지 못하면 그동안 쌓아놓은 명예도 하루아침에 잃고 결국에는 죽음에까지 이른다. 사람은 누구나 태어나면서부터 생득적으로 가지고 나오는 여러 가지 욕구가 있다. 그것들이 과도하게 나타나면 탐욕이 된다. 물질욕만 있는 게 아니라 명예욕, 권세욕, 지식욕, 성욕, 식욕 등 여러 종류의 욕심이 있다. 그러고 보면 사람이란 욕심으로 뭉쳐져 있는 존재라 해도 과언이 아니다. 이 욕심들을 적절하게 조절하거나 절제하지 못하면 위험하다. 다윗 같은 위대한 신앙인도 한 순간의 정욕을 절제하지 못하여 부하 장수인 우리아의 아내 밧세바와 간음죄를 지었다. 그리고 그 죄를 감추기 위해서 충성스런 부하 우리아를 죽이는 살인죄까지 범했다. 명예를 지나치게 추구하다가 망신을 당하는 일도 우리 사회에는 잦고, 지나치게 인기나 아름다움을 위해 살다가 실패한 사람도 적지 않다. 그래서 성경은 "욕심이 잉태한즉 죄를 낳고 죄가 장성한즉 사망을 낳는다"고 경고한다(약 1:15). 탐욕을 버리지 않으면 하나님 앞에서나 사람 앞에서 인정을 받을 수 없다.

　　바울은 고백하기를 "내가 아무의 은이나 금이나 의복을 탐하지 아니 하였다"고 했다(행 20:33). 사무엘이 군중을 모아 놓고 "내가 누구의 소를 빼앗았느냐, 누구의 나귀를 빼앗았느냐, 누구를 속였느냐, 누구를 압제 하였느냐, 내 눈을 흐리게 하는 뇌물을 누구의 손에서 받았느냐"고 물었을 때 어느 누구도 그의 결백에 대해서 이의를 제기하는 사람이 없었다(삼상 12:3). 진실로 사무엘은 자기에게 주어진 권력을 이용하여 다른 어떤 욕심을 충족시키려 하지 않았다. 청렴결백한 지도자였던 것이다.

선지자 엘리사는 아람의 군대 장관 나아만의 나병을 고쳐 주었지만 사례로 주는 예물을 받지 않고 돌려보냈다(왕하 5:16). 그런데 엘리사의 사환 게하시는 그게 못내 아쉬워 돌아가는 나아만을 쫓아가 우리 주인이 은과 의복을 요구하였다고 거짓말을 하여 은 두 달란트와 옷 두 벌을 받아왔다. 주인은 탐심이 없었는데 사환은 탐심이 있었다. 결국 게하시는 그 탐심 때문에 저주를 받아 나아만의 나병을 이어받고 말았다(왕하 5:27).

아간은 여리고성 싸움에서 얻은 탈취물 중에서 일부를 몰래 감추어 자기 개인 것으로 만든 일 때문에 가족과 함께 아골 골짜기에서 돌에 맞아 죽었다(수 7장).

가룟 유다는 예수님의 제자 신분이면서도 탐심의 유혹을 뿌리치지 못했다. 마리아가 지극히 비싼 향유인 순전한 나드 한 근을 가져다가 예수님의 발에 붓고 자기 머리털로 그 발을 닦을 때 유다는 그게 못마땅하여 "이 향유를 어찌하여 삼백 데나리온에 팔아 가난한 자들에게 주지 아니하였느냐고 책망을 했다. 그러나 그의 속셈은 가난한 자들을 생각함이 아니라 돈궤를 맡은 자로서 거기 넣은 것에 욕심이 있어서였다. 겉으론 가난한 사람을 생각하는 듯한 그럴 듯한 명분을 내세우면서 주님께 행하는 헌신을 허비로 생각한 그는 결국 자기 선생님을 은 30에 팔아먹는 어리석은 자가 되었다(요 12:1-8). 탐심이 자기 영혼을 사탄에게 팔아먹도록 한 것이다.

우리는 "여우도 굴이 있고 공중의 새도 거처가 있으되 인자는 머리 둘 곳이 없다(마 8:20)고 하셨던 예수님의 정신을 기억해야 할 것이다. 탐심은 모든 죄의 뿌리요, 그래서 하나님의 계명을 어기게 만드는 일을 한다. 탐심 때문에 도둑질을 하면 도둑질하지 말라는 제8계명을 어기는 것이고, 탐심 때문에 이웃의 정조를 빼앗으면 간음하지 말라는 제7계명을 어기는 것이고, 탐심 때문에 사람을 죽이면 살인하지 말라는 제6계명을 어기는 것이고, 탐심 때문에 남을 속이고 거짓말을 하면 거짓증거하지 말라는 제9계명을 어기는 것이 된다.

사람에게는 절제 능력이 있다. 탐심이 예사로 넘길 수 있는 죄가 아니란 것을 알고 과도한 욕심을 제어해야 한다. 그리고 자족해야 한다. 자족하는 마음이 있으면 경건은 큰 이익이 된다(딤전 6:6). 성경은 이렇게 탐심을 경계하고 있다.

"우리가 세상에 아무것도 가지고 온 것이 없으매 또한 아무것도 가지고 가지 못하리니 우리가 먹을 것과 입을 것이 있은즉 족한 줄로 알 것이니라 부富하려 하는 자들은 시험과 올무와 여러 가지 어리석고 해로운 욕심에 떨어지나니 곧 사람으로 파멸과 멸망에 빠지게 하는 것이라. 돈을 사랑함이 일만 악의 뿌리가 되나니 이것을 탐내는 자들은 미혹을 받아 믿음에서 떠나 많은 근심으로써 자기를 찔렀도다"(딤전 6:7-10).

탓에 대하여

우리말에 "공부 못하는 놈이 연필 탓한다", "잘못되면 조상 탓"이란 속담들이 있다. 자기의 무능과 잘못에 대해서 솔직히 시인하지 못하고 어떤 다른 이유 때문에 그렇게 되었노라고 하는, 이른바 변명으로 위기를 빠져나가려는 태도를 비꼬는 속담이다. 따져보면 그런 태도는 비겁한 행위다. 그들은 내가 성공하지 못한 것은 세상이 이렇게 이렇게 나빠서이고, 내가 실수한 것은 이런저런 환경이나 조건 때문이었다고 핑계대려 든다. 적어도 나는 정직하고 뛰어나지만 세상이나 환경이 내 정직을 인정해 주지 않고 내 뛰어난 재주를 받아주지 않기 때문이라고 주장한다. 잘된 것은 내 공로로 내세우고 잘못된 것은 모두 남의 탓으로 돌리려 든다. 책임을 회피하려 들고, 남에게 전가하려 들면서 자신이 짊어지려 하지 않는 이런 태도는 우리 주변에서 영구히 추방해야 할 것 중의 하나다.

하와가 뱀의 유혹을 받고, 먹는 날에는 반드시 죽게 된다는 선악을 알게 하는 나무의 열매를 먹었다. 아담도 아내의 말을 듣고 그걸 먹었다. 하나님께서 그걸 왜 먹었느냐고 책망하니까 하와는 뱀이 나를 꾀므로 먹었다고 했고, 아담은 하나님이 주셔서 나와 함께 있게 하신 여자, 그가 그 나무 열매를 내게 주므로 먹었다고 했다. 하와는 자기의 잘못을 뉘우치기보다는 뱀에게 책임을 돌렸고, 아담은 물론 자기의 잘못도 있지만 그 여자를 만들어 자기에게 주신 하나님에게도 일말의 책임이 있지 않느냐는 투의 변명을 한 것이다. 사실 아담은 하나님께서 그 여자를 처음 만들어 이끌어 왔을 때 얼마나 기뻐했는가. 내 뼈 중의 뼈요, 살 중의 살이라고 했다. 좋을 때는 그렇게 말하고 잘못되었을 때는 그 책임을 하와에게 돌리려 하는 태도, 그게 과연 옳은가. 비겁한 태도다.

이런 태도 때문에 가정에도 불화가 생긴다. 어느 가정의 자녀가 시험 성적이 나쁘게 나왔다고 하자. 성적표를 받아 든 아내가 남편에게 다른 남편들은 퇴근해서 자식들의 공부를 돌봐준다는데 당신은 그동안 무엇했느냐고 추궁했다. 그러면 남편이 그래 맞아, 내가 소홀히 했구먼, 하고 잘못을 인정하는가. 아니다. 그런 당신은 하고한 날 집에서 무엇 하느라고 자식이 이렇게 되도록 내버려 두었느냐고 화를 낼 것이다. 이런 가정이 화목하겠는가. 책임을 내가 짊어지려는 가정은 화목하지만 남의 탓으로 돌리는 집안은 수많은 다툼을 겪어야 한다.

그 탓 때문에 공동체도 시끄럽다. 사업의 부진을 사원들은 사장의 경영 능력 부족에서 찾고, 사장은 사원들의 열심이 없어서라고 탓한다면 그 부진이 해소되겠는가. 잘된 일은 내 공로 때문이고, 잘못된 일은 남의 탓이라고 책임을 회피하려 든다고 문제가 해결되는가. 그 태도가 우선은 살아남는 방법이 될지 모르지만, 결국은 딱하고 초라하게 만들 뿐이다.

제가 잘못했습니다, 제 탓입니다, 하는 고백이 당장은 부끄러울 수 있어도 용서받는 길은 그 길밖에 없다. 그것이 나중까지 모든 사람에게 인정받는 겸손한 태도이기도 하다.

트집에 대하여

자기 세계에서 인정받으며 살아남으려면 트집을 잡히지 말아야 한다. 어찌된 일인지 요즈음은 남을 칭찬하는 얘기보다 헐뜯고 트집 잡는 말이 더 많은 세상이 된 듯하다. 공연히 조그만 흠집을 끄집어내거나 없는 흠집을 만들어서 남을 괴롭히고 있다. 공석에서는 말할 것도 없고 사석에서 한 말도 언론은 후딱 낚아채듯 해서 공개한다. 그 목적이 폭로성이고 고통을 주기 위함 같다. 실수조차 용납하지 않는다. 오히려 침소봉대하여 시선을 집중시키려 하고 여론화하여 매장시키려 든다. 더러는 말의 앞뒤 내용은 빼고 문제될 만한 부분만 부각시켜 곤경에 처하도록 한다. 세상이 왜 이렇게 험악해졌을까. 신사도紳士道가 아쉽다.

그러므로 누구에게나 해당되지만 특별히 유명인사나 인기를 누리는 사람들은 행여 트집 잡힐 언행이 은연중에 나오지 않을까 신경을 곤두세워 조심하고 있을 것이다. 그러나 그게 어디 쉬운 일인가. 트집 잡으려고 사냥개처럼 눈을 부릅뜨고 나발통처럼 귀를 열고 있는 사람에겐 걸려들기 마련이다. 말과 행동이란 것이 누구나 언제든지 조심해야 하는 것임은 분명하지만 넘어지기를 기다리고 찾는 사람 앞에서 나는 절대로 흠을 잡히지 않을 것이라고 장담할 수는 없다. 아, 무섭다.

어느 관점에서 보고 듣느냐에 따라서 모든 말에는 트집 잡힐 소지가 있다. 얼마든지 옳은 뜻으로 말한 것도 나쁜 의미로 받아들일 수 있도록 왜곡시킬 수 있다. 그런 일을 잘 하는 사람들이 있다. 대개 부정적인 사고가 발달한 사람일 것이다.

만약에 트집 잘 잡는 사람이 능수능란한 사람이라고 대접받는 사회라면 그 사회는 참으로 불행한 사회다. 실수라면 관용하고 격려하는 것이 아니라 옳은 말도 트집 잡아 폄훼하는 사회라면 불행한 사회다. 윗사람에게 겸손하고 예의가 바르면 아부한다고 생각하고 온유한 사람에게는 우유부단하다고 트집을 잡는다면 살아남을 사람이 얼마나 있겠는가.

예수님도 트집을 많이 잡혔다. 당시 사람들의 마음보자기가 얼마나 잘못되었는가가 여실히 증명되는 말씀이 성경에 기록되어 있다. 세례 요한이 와서 먹지도 않고 마시지도 않으며 금식을 하니까 귀신이 들렸다 하고 예수님이 오셔서 먹고 마시니까 먹기를 탐하고 포도주를 즐기는 사람이라고 매도했다(마 11:18-19).

바울 사도가 사례비를 받고 사역을 하니까 돈 바라보고 일한다고 하다가 사례비를 받지 않고 자비량 선교를 하니까 사도 자격이 없기 때문이라고 매도했다. 트집 아닌가.

오늘날은 어떤가. 의지가 강해서 불의와 타협하지 않으면 자기 말을 들어주지 않는다고 독선이고, 심지어는 불통이라고까지 한다. 천천히 걸어가면 왜 의젓하다고 하지 못하는가. 왜 빨리 걸으면 촐랑댄다고 매도하는가. 말을 빨리 하면 서두른다고 하고 천천히 하면 거드름 피운다고 매도

하는 사람이 있다. 왜 그렇게 마음이 배배꼬여 있는가.

흠이 발견되어도 덮어주려 하고, 오해 소지가 있을 때에도 이해하려고 노력해야 하지 않겠는가. 세상에 어떤 풍조가 일어난다고 해도 그것이 도덕적이고 정상적인 사고를 가진 사람의 태도다.

없는 흠도 만들어서 트집 잡지 말자. 남을 물에 빠뜨리려면 자기가 먼저 들어가야 한다는 속담이 있다. 흠을 만들어 남을 해롭게 하려는 그 순간 자기 인격은 어떻게 되겠는가.

관대한 사람이 인격자다. 불의와의 타협을 거절하는 사람이 용기 있는 사람이고 그게 정직한 사람이다. 트집을 잡아 남의 인격을 모독하는 일이 어찌 가벼운 죄이겠는가. 옳고 그른 것은 반드시 밝혀지기 마련이고, 격려와 배려와 덮어주기를 잘한 사람은 결국 인정을 받기 마련이다. 악한 것을 선하다고 말하라는 것이 아니다. 선한 의도를 악하게 매도하지 말라는 것이다.

편견에 대하여

편견이란 한쪽으로 치우친 생각이나 견해를 말한다. 당연히 공정성을 잃은 심리상태가 된다. 어떤 대상을 공정하게 보지 못하고 자기만의 고정관념으로 보고 평가를 한다. 속된 표현으로 색안경을 쓰고 보는 것이다.

이런 편견은 대체로 어떤 집단이나 사회의 내부에 전통적으로 이어져 내려온다. 지금은 많이 바뀌었지만 우리 사회의 여성에 대한 편견, 장애인에 대한 편견, 어떤 지역에 대한 편견 등 많은 편견이 있어 왔다. 이런 편견은 어린 시절에 가정에서 배우기도 하고 편견을 가진 사람과 접촉을 통해서 배우고 획득하게 된다. 이런 편견은 쉽사리 바뀌지 않는다. 그래서 고정관념이 되는 것이다. 그러므로 편견을 가진 사람이 교육자가 되어서는 안 된다. 소경이 소경을 인도하는 꼴이 되기 때문이다. 우리의 현실을 보면 이념적으로 편향된 교육자가 자기가 가진 이념을 피교육자들에게 주입시키는 활동을 하고 있는 듯싶다. 모름지기 지도자라면 사물을 합리적으로 보고 구체적이며 객관적으로 생각하게 하여 다른 사람과 의사소통의 광장을 넓히도록 해야 할 것이다.

예수님을 보자. 주님은 편견에 사로잡혀 잘잘못을 평가하지 않았다. 당시의 통념은 세리나 창기와는 식사도 같이 해서는 안 되었다. 그러나 주님은 창기를 불쌍히 여기고 세리와 스스럼없이 식사를 했다. 바리새인과 서기관들이 제자들에게 너희가 어찌하여 세리와 죄인과 함께 먹고 마시느냐고 비방할 때에 예수님은 "건강한 자에게 의사가 쓸데없고 병든 자에게라야 쓸데있나니 내가 의인을 부르러 온 것이 아니요 죄인을 불러 회개시키러 왔노라"고 했다(눅 5:31-32).

이 세상에 의인이 어디 있는가? 의인인 체하는 사람과 죄인이 있는 것이다. 주님은 신분에 대한 편견이 없었고 지역적인 편견이 없었다. 역사적으로 앗수르의 침략으로 혼혈이 되었던 사마리아 지역 사람들이 멸시를 받았지만 예수님은 특별히 사마리아 지역에 편견을 갖지 않았다. 그 지역을 기피하지 않았고 똑같이 불쌍히 여겼다. 사마리아 수가성 여인에게 접근하여 구원을 주셨을 뿐 아니라(요 4:3-26) 오히려 사마리아 사람들의 선행을 칭찬하고 있다. 열 명의 나병 환자를 치료해 주었는데 되돌아와서 감사한 사람은 사마리아 사람 한명 뿐이었다(눅 17:16). 강도를 만나 옷 벗김을 당하고 맞아 거의 죽게 된 사람을 제사장과 레위인은 지나가다 발견했지만 피하여 갔다. 그러나 여행하다 그를 발견한 사마리아 사람은 그를 불쌍히 여겨 구원해 주었다(눅 10:30-37). 이런 말씀에서 보는 바와 같이 오히려 사마리아 사람에 대한 호의적인 태도를 보이고 있다. 이는 일반의 통념을 깨트리고 편견을 불식시키는 태도 아니겠는가.

그렇다. 편견은 공정을 방해하면서 사회 통합이나 소통을 방해하는 악이다. 제인 오스틴은 말했다. "편견은 나로 하여금 다른 사람을 사랑하지 못하게 하고 오만은 다른 사람으로 하여금 나를 사랑할 수 없게 한다."

편의주의에 대하여

사울의 뒤를 이어 왕위에 오른 다윗이 수도를 예루살렘에 정하고 맨 먼저 계획한 것은 여호와의 법궤를 다윗성으로 옮기는 일이었다. 당시 법궤는 엘리 제사장 때 블레셋 사람들에게 빼앗긴 이래 근 70년 동안 바알레유다(기럇여아림)에 방치되다시피 놓여 있었다. 다윗은 백성들과 의논하여 법궤를 예루살렘으로 옮겨오기로 결정하고 그 행사를 성대하게 거행했으니 이는 곧 하나님을 향한 다윗의 충성스런 신앙심의 발로임에 틀림없었다.

드디어 법궤는 새 수레에 실려지고 아비나답의 집에서 나와 예루살렘으로 향하는데 아비나답의 아들 아효는 법궤 앞에서 수레를 몰고 웃사는 법궤 뒤에, 그리고 그 뒤를 백성들이 주악과 함께 기쁘게 노래하며 따랐다. 법궤를 실은 수레가 나곤(기돈)의 타작마당에 이르렀을 때였다. 이 기쁜 날에 예기치 못한 불상사가 일어났다. 갑자기 수레를 끌고 가던 소들이 날뛰었고 법궤 뒤를 따르던 웃사가 순간적으로 법궤를 붙드는 순간 하나님의 진노가 나타나 즉사한 것이다. 이 일로 법궤를 다윗성으로 옮기려 했던 다윗의 의도는 좌절되고 법궤는 그 후 석 달 동안 오벧에돔의 집에 머물 수밖에 없었다(삼하 6장, 대상 13장 참고).

왜 그랬을까? 방치되어 있던 법궤를 옮겨 다윗성에 귀중히 모시려 했던 것은 하나님도 인정하시는 다윗의 신앙심의 발로였고, 나곤의 타작마당에서 소들이 날뛰므로 법궤가 땅에 떨어질까 봐 붙든 것은 법궤의 안전을 염려한 웃사의 정성된 마음이었다. 그런데 왜 하나님은 저들의 신앙심과 정성된 마음을 무시하고 진노하셨을까?

하나님은 법궤를 운반하는 데도 세심하게 규정을 만들어 주신 바 있었다. 그것은 반드시 레위 사람들 중에서 고핫 자손들이 어깨에 메고 운반하도록 했을 뿐 아니라 어떤 경우에도 법궤를 만지면 안 되도록 한 것이다(민 4:15, 대상 15:13). 어떤 면으로 보면 법궤를 어깨에 메고 운반하는 것보다 수레에 싣고 가는 것이 훨씬 편하고 쉬울 것이다. 그러나 하나님은 그런 편의주의보다 규정을 지키는 것을 원하셨던 게 아니겠는가? 법궤를 수레에 싣고 운반하는 것은 하나님을 모르는 블레셋 사람들이 사용했던 방법이었다.

사람의 속성이란 어려운 것보다 쉬운 것을 취택하고, 힘든 것보다 편한 것을 찾는 것이 당연하지만, 오늘날 그 편리하게 살자는 주장이 자칫 격식과 예절을 잊어버리게 하고 귀중한 법도까지 버리게 하는 경우가 있다. 그렇게 발전하다가 하나님께 대한 예절마저도 잊어버리고 어느 시점에 와서 "굳이 교회에 가서 예배드릴 필요가 있겠는가, 집에서 방송을 통해 드리면 되지" 하고 나올까 걱정이 된다. 아무리 선한 동기와 열심을 가졌다 할지라도 하나님의 법도에 어긋나는 인간적인 편의주의를 하나님은 배척하셨다. 사실 우리가 섬기는 하나님은 인간의 도움을 필요로 할 만큼 연약하고 무능하신 분도 아닐 뿐더러 하나님의 법을 어기면서까지 인간적인 편의주의를 용납할 만큼 만만하신 분도 아니시다.

평화에 대하여

사람은 누구나 평화를 원한다. 평화를 원한다는 것은 전쟁이나 갈등을 싫어한다는 뜻이다. 그런데 아이러니하게도 평화를 위해서 전쟁이 불가피한 경우가 흔하다. 그렇다면 평화는 반드시 전쟁의 상대어가 아닐 수 있다.

국가 간의 전쟁은 물론이지만 개인 간의 갈등도 마찬가지다. 살다 보면 이해관계가 발생하고 그것을 해결하려다 보면 갈등이 생긴다. 물론 진실을 가지고 공방을 해야 하겠지만 한편이 싸워서 이기는 방법으로 해결하려 들 때 반대편은 어떻게 해야 하는가.

포기하고 잘못을 사죄하는 길과 맞서 싸우는 길밖에 없다. 더욱이 나에게 잘못이 없다고 생각을 하면 재판을 하든지 어떤 방법으로든 다퉈야 한다. 잘못이 없는데 상대의 힘에 밀려 미리 포기하는 것은 억울한 일이고 부끄러운 일이고 자존심이 상하는 일이다.

이런 때 제2차 대전의 영웅이었던 윈스턴 처칠의 말을 귀담아들을 필요가 있다. 그는 말했다. "전쟁에 패망한 나라는 다시 살아날 수 있어도 항복한 나라는 멸망하고 말 것이다."

전쟁이란 좋아서 하는 게 아니다. 멸망하기 싫어서 하는 것이고 평화를 지키기 위해서 하는 것이다. 이런 경우 전쟁은 수단이 되고 평화는 목적이 된다. "평화를 원한다면 전쟁을 준비하라"는 로마의 베제티우스의 말은 명언이 된다.

결국 평화는 아무 준비 없이 이루어지는 것이 아니다. 준비를 해 두어야 평화가 지켜지고 나라와 백성과 재산과 국토가 지켜진다. 다시 말해 전쟁을 준비한 나라, 전쟁을 할 각오가 되어 있는 나라가 평화를 백성에게 선물할 수 있는 것이다.

이럴 때 싸움은 선한 싸움이다. 악한 세력에 맞서 싸워 자유와 평화를 지켜 나가기 위한 것이다. 평화를 위한다고 포기하거나 굴복하거나 타협하는 것은 실패를 의미한다.

영적 싸움도 그렇다. 성경은 사단의 공격에 피 흘리기까지 싸워야 한다고 격려한다. 불의와 타협하거나 포기하는 것은 패배를 자인하는 것으로 본다. 불의와 싸우려면 죽으면 죽으리라는 에스더의 각오가 있어야 한다 (에 4:16).

느부갓네살의 거대한 우상에 절하지 않으면 풀무불 속에 들어가야 하는 위협도 사드락과 메삭과 아벳느고는 결국 죽으면 죽으리라는 결심으로 이겨냈다. 우상의 노예가 되거나 불의에 굴종하느니 차라리 죽기를 각오했더니 살 길이 열렸던 것이다.

그렇다. 죄와의 타협은 평화가 아니다. 사악한 세력에 먹히는 것이다. 종으로의 전락, 그것은 평화가 아니다. 패배다. 평화는 정의를 지키며, 평화를 지키기 위하여 싸우는 사람과 그 나라에 있다.

예수님은 예루살렘성에 이르러서 그 성을 보시고 우셨다. 조만간 평화를 지킬 자세도, 준비도 없는 성이 무너지며 비극이 찾아올 것을 미리 보셨기 때문이었다.

"너도 오늘 평화에 관한 일을 알았더라면 좋을 뻔하였거니와 지금 네 눈에 숨겨졌도다 날이 이를지라 네 원수들이 토둔을 쌓고 너를 둘러 사면으로 가두고 또 너와 및 그 가운데 있는 네 자식들을 땅에 메어치며 돌 하나도 돌 위에 남기지 아니하리니 이는 네가 보살핌 받는 날을 알지 못함을 인함이니라"(눅 19:42-44).

폭력暴力에 대하여

폭력이란 난폭한 힘이요, 무법無法한 힘이다. 정상적인 힘으로 남을 제압하는 것이 아니라 비정상적이고 무법한 힘을 이용하여 약한 자를 괴롭히는 힘이요, 행동이다. 참으로 한심하고 고통스런 것은 이런 폭력이 이 세상 구석구석에 난무한다는 사실이다. 가장 화목하고 단란해야 할 가정에도 폭력이 있다. 이른바 가정 폭력이다. 하나님의 거룩함을 구현하고자 하는 교회 안에도 있다. 부끄러운 일이다. 사회 곳곳에 숨어 있으면서 기회를 엿보고 있는 것이 폭력이다.

완력으로 제압하려는 폭력, 약한 자들의 성性을 빼앗으려 하는 성폭력, 남을 괴롭히는 언어폭력, 인터넷상에서 얼굴 없이 남의 인권과 명예를 깎아내리는 행위, 비정상적인 방법으로 남을 괴롭혀서 이득을 얻어 내려 하는 자들. 언론 출판물에 의한 거짓 선동, 한 사람을 매장하기 위해서 집단적으로 행해지는 폭력, 불특정 다수를 향하여 저질러진 조직적 테러는 가히 전쟁 수준이다.

예수는 군중을 선동한 폭력으로 희생되었고, 바울 사도는 거짓 된 선동으로 감옥에 갇히기도 하고 자기들과 교리가 다르다는 이유로 폭력을 가

하는 유대인들에 의해 여러 번 죽을 고비를 넘기기도 했다.

그뿐인가, 악을 제어하라고 주는 공권력을 오히려 약자를 괴롭히는 데 쓰는 경우, 무지한 사람을 깨우치고 바르게 인도하라고 준 지적 능력을 속이고 사기하는 흉기로 쓰는 사람이 얼마나 많은가. 약자 보호용이어야 할 도덕과 법도 약자를 움쭉달싹 못 하게 누르는 폭력이 되는 경우가 많다. 왜 권력과 재력과 지식과 체력이 약자를 제압하는 무기로 둔갑하는가. 슬픈 일이다. 왜 그것들이 약자를 보호하는 무기가 될 수 없는가.

우리는 예수 그리스도께서 설파하신 말씀을 기억할 필요가 있다. 예수님은 당신을 체포하러 온 사람들 앞에서 "칼을 쓰는 자는 칼로 망한다"고 하셨다. 폭력은 결국 폭력의 저항을 받고 폭력에 의해서 망할 수밖에 없다는 뜻이 아니겠는가. 성경은 또 심은 대로 거둔다는 법칙을 말씀한다. 누구든지 자신이 행사한 대로 당할 때가 온다는 뜻이다. 그 일을 공의의 하나님께서 시행하신다. 역사를 보자. 폭력을 휘둘렀던 사람들이 어떻게 되었는가.

자신을 위해서, 남을 위해서, 그리고 이 사회의 정의를 위해서 폭력은 근절되어야 한다. 자신이 가지고 있는 무언가 남보다 뛰어난 힘이 있다면 그것은 약자를 위해서 쓰라고 준 것으로 이해하고 행사해야 할 것이다. 힘을 길러 복수하고 부당한 방법으로 약자를 괴롭히는 것은 그를 지은 하나님을 고통스럽게 하는 죄다. 모든 힘은 선하게 사용하는 데 그 의미가 있다. 폭력은 근절되어야 하기 때문에 폭력을 폭력으로 제압하려는 발상도 비폭력을 주장하는 사람들은 위험하다고 생각한다. 어떤 구실로 폭력을 미화하려 해도 가당치 않다. 폭력은 죄다.

표현의 자유에 대하여

"표현의 자유"라는 말이 심심찮게 오르내린다. 사상이나 주장을 자유스럽게 나타낼 수 있다는 뜻이니 얼마나 좋은 말인가. 말하고 싶어도 어떤 외부의 방해로 할 수가 없고, 주장하는 바가 있어도 물리적인 힘에 눌려 발표하지 못한다면 얼마나 답답하고 억울한 노릇인가. 그런데 내가 표현하고자 하는 모든 것을 자유스럽게, 누구의 간섭이나 방해 없이 나타낼 수 있다는 것은 얼마나 다행스런 일인가. 그래서 표현의 자유가 있는 사회는 일단 좋은 세계다. 우리는 지금 내 생각이나 주장을 말과 글뿐 아니라 음악, 사진, 그림, 영상 등 다양한 매체를 통하여 발표하고 있다.

그런데 문제는 내 자유스런 표현이 다른 사람들에게 유해한 영향을 줄 때다. 내가 드러낸 표현이 물론 나는 좋지만 다른 사람에게 누를 끼치고 해악을 가져다준다고 할 때, 그래도 그의 자유를 보장해 주어야 하는가. 나만 좋으면 다른 사람에겐 어떤 영향이 가도 괜찮은가. 나만 좋으면 공익에 해를 끼쳐도 괜찮은가. 여럿이 함께 사는 사회이기 때문에 여기에서 자유라고 하는 개념과 규제해야 한다는 개념이 충돌할 수밖에 없게 된다.

여러분은 어떻게 생각하는가? 자유는 무한대로 확장하려고 하는데 규제는 확대되는 자유를 막으려 한다. 이 충돌을 어떻게 피해야 하는가.

사실 자유는 좋은 개념이지만 무한대한 것은 아니다. 종종 자유를 내세워 방종하는 사람들을 우리는 보지 않는가. 물고기의 자유는 물속에서만 누려야지 뭍에 나와서까지 누리려 하면 안 된다. 남에게 해를 끼치면서 나의 자유를 구가한다면 이는 이미 진정한 자유시민의 자질을 잃은 것이다. 그러므로 표현의 자유는 스스로 절제되어야 한다. 그리고 스스로 절제되지 못할 경우는 규제되어야 하는 것이다.

예를 들어보자. 한 남자가 어떤 여자를 좋아했다. 그래서 그에게 가서 나는 당신을 좋아한다고 고백을 했다. 사랑을 자유스럽게 표현한 것이다. 그렇다면 고백을 받은 사람은 무조건 그 고백을 받아주어야 하는가. 받은 입장에서 불쾌할 수 있다. 거절할 수 있는 자유도 있는 것이다. 사랑하는 것도 죄냐고 억지로 자기주장만 펼 수 없는 것이다. 마땅히 스스로 절제할 수 있어야 하고, 그의 주장이 과격하다거나 혐오감을 줄 때는 외부의 힘으로라도 규제되어야 하는 것이다.

그러므로 표현의 자유도 아무 때나, 아무에게나 무한대로 허용할 수 있는 것은 아니다. 다음 사항은 충분히 고려되어야 할 것이다.

첫째, 표현의 자유라 할지라도 그 내용이 진실이 아닌 거짓일 때는 규제되어야 한다. 유언비어를 날조하고 또 그것을 확대 재생산하는 것은 마땅히 제재해야 한다. 범죄 수준이기 때문이다.

둘째, 어떤 개인에게 정신적으로나 인격적으로 고통을 주고 물질적으로 손해를 입히는 표현은 삼가야 한다.

셋째, 내 표현의 자유가 이 사회에 오히려 유해한가를 조심해야 한다. 예를 들면 음란과 폭력을 다루는 예술작품은 아직 인격형성이 되지 않은 청소년에게 많은 악영향을 줄 수 있는 것이다. 실제로 모방 범죄가 본인은 말할 것도 없고, 이 사회를 얼마나 어지럽히고 있는가.

그래서 하나의 작품을 놓고 "예술이냐, 외설이냐"로 주장을 달리하면서 다투는 경우는 어제, 오늘의 이야기가 아니다. 어디까지를 예술로 보고 어디서부터 외설이냐, 그 한계가 모호한 것이다. 예술을 단순한 돈벌이 수단으로만 악용하여 많은 사람을 자극하려 든다면 그만큼 세상은 병들어 가게 되는 것이다.

그러므로 성경은 "너희의 자유가 믿음이 약한 자들에게 걸려 넘어지게 하는 것이 되지 않도록 조심하라"고 가르친다(고전 8:9). 자유로 악을 가리는 데 쓰지 말라고도 했다(벧전 2:16). 남을 해롭게 하는 데 사용하지 말라는 뜻이다.

진정으로 이 사회를 건전하게 이끌고자 하는 사람이요, 양심적인 예술가라면 표현의 자유라는 훌륭한 가치를 남용할 수는 없다. 방종이 되지 않도록 스스로 삼가고 조심해야 할 것이다. 결국 표현의 자유도 어쩔 수 없이 공익을 위하여 규제의 대상이 될 수 있지만 그에 앞서 표현하는 사람의 인격과 도덕성에 호소할 수밖에 없다.

품위品位에 대하여

　모든 생산품에는 품질品質이라는 게 있다. 상품商品의 질質을 말한다. 사람들이 어떤 기준에 따라 좋고 나쁨에 대해서 정하는데 1등품, 2등품 등으로 나누기도 하고, 상품上品, 중품中品, 하품下品 등으로 나누기도 한다. 가장 질이 좋다고 할 때 최상품이니 특등품이니 하는 말을 쓰기도 한다. 말할 것 없이 이 품질은 그 물건의 가치와 가격에 영향을 준다. 물론 좋은 평가를 받은 물건은 가격이 비싸고, 낮은 평가를 받은 물건은 가격이 쌀 수밖에 없다. 그래서 제품을 만드는 사람이나 농산물을 재배하는 사람들은 우수한 상품을 만들어 내려고 애를 쓰고, 간혹 잘못된 사람들은 하품下品을 상품上品인 것처럼 속이려 들기도 한다.

　이처럼 물건에 품질이 있다면 사람에게는 품격品格이라는 게 있다. 사람의 됨됨이를 말하는 것이다. 특별히 이 품격을 그 사람의 작품作品이나 업적이나 지위地位 등에 관련해서 품위品位라는 말을 쓴다. 사람 된 품성品性과 인격人格에 대한 평가라 할 수 있다. 물론 이러한 사람에 대한 평가는 함부로 할 수도 없고, 해서도 안 된다. 매우 위험한 일이기 때문이다. 그럼에도 사람들은 자기 나름대로 다른 사람의 인격과 품성을 정하려 든다. 어떻게 정하는가? 그 사람의 업적이나 그가 만든 작품 등이 고려되기는 하지만 대체로 그가 평상시에 나타내는 언행으로 짐작을 한다.

말이 거친 사람이 있다. 욕설도 서슴없이 나오고 남을 비방하거나 폄하하는 말을 자주 하는 사람은 그가 어떤 직위에 있다 할지라도 인격적인 사람으로 인정받을 수 없다. 행동도 마찬가지다. 말과 행동이 일치하지 않고 거짓말을 잘하며 속임수를 잘 쓰고 옳지 않은 부도덕한 행동으로 남의 눈살을 찌푸리게 하는 사람이 있다면 누가 그를 인격자로 또는 교양인으로 보겠는가.

오늘 우리 사회에는 소위 말하는 이중인격자가 많다. 예수께서 가장 싫어하셨던 외식하는 자, 즉 위선자들이다. 겉으로는 그럴듯하게 꾸미지만 내용이 형편없는 경우다. 오죽했으면 그들을 가리켜 "회칠한 무덤"이라 했겠는가. 남에게 보일 때는 언행이 방정한 것 같은데 보이지 않는 곳에서는 함부로 말하고 행동한다. 인터넷상에 올라오는 글들을 보라. 듣기 거북한 막말이 나오고 차마 교양인이라면 할 수 없는 부끄러운 글이 수없이 올라온다. 저들이 자기 얼굴을 나타내는 자리에서도 그렇게 할 수 있을까? 얼굴이 보이는 자리에서는 사뭇 점잔을 빼면서 얼굴이 가려진 곳에서는 아무 글이나 마구 쓴다면 그는 참 비겁한 사람이다. 자기 부모님이나 자식들 앞에서도 욕설과 막말을 할 수 있을까? 만약 그렇다면 그는 용기 있는 사람이 아니라 망나니에 불과한 것이다.

사람은 아무도 없을 때도 행동을 삼가고 조신하게 행해야 한다. 그래야 그가 참된 인격자요, 교양인이다. 누가 바라보는 사람이 없는 곳에서 자기 혼자 행동할 때도 도덕성을 지키는 사람이 참인격자다. 우리는 모두가 사람으로서 품격을 지켜야 하지만 특별히 어떤 직위를 가지고 있는 사람들은 더욱 조심을 해야 한다. 예를 들면 공무원이면 공무원으로서 품위를 지켜야 하고, 국회의원이면 국회의원으로서, 신앙인이면 신앙인으로서 품위를 지켜야 한다. 그것을 지키지 못하면 자신이 속한 공동체에 누를 끼치게 되는 것이다. 예수 믿는 성도가 품위를 지키지 않으면 예수님이 욕을 먹는다. 교회와 열심히 신앙생활하는 다른 성도들 모두에게 욕이 돌아온다. 얼마나 부끄러운 일인가. 미꾸라지 한 마리가 온 방죽을 흐리게 하는 일이다. 그러나 나 한 사람의 품위 있는 행동이 내가 속해 있는 가정이나 사회나 교회 공동체에 칭찬을 듣게 만들었다면 이처럼 아름다운 일이 어디 있겠는가.

우리가 믿는 예수 그리스도는 자신의 행위 때문에 하나님이나 일행에게 부끄러움을 끼친 일이 없었다. 언제, 어디서나 품위를 지킨 것이다. 박해하는 사람들 앞에서나 자신을 재판하는 사람들 앞에서 떳떳하고 당당했다. 흐트러지지 않는 자세를 견지했다. 비굴하지도 교만하지도 않았다. 책망할 사람에게 책망하면서 엄격했고, 긍휼히 여길 사람을 긍휼히 여기면서 온유했다. 품위를 지킨 것이다.

모든 물건에 품질이 있다면 우리 모든 사람에게는 품격이 있다. 격格에 맞는 삶을 살자. 그것이 품위를 지키는 일이다. 존경심은 품위를 지키는 사람을 찾아간다.

핑계에 대하여(1)

사람들은 자기의 잘못을 솔직하게 시인하기를 싫어한다. 자기의 비위나 약점의 노출로 여기기 때문이다. 그렇다면 부끄러운 일 아닌가. 그래서 변명하여 부끄러움을 감추려 들고 핑계를 대서 비위를 모면하려 든다. "핑계 없는 무덤 없다"는 우리 속담도 그래서 생겨났을 것이다.

모세가 애굽에서 이끌고 나온 이스라엘 백성과 함께 시내산 밑에 이르렀을 때 하나님은 그를 산꼭대기로 부르셨다. 모세는 아론과 훌에게 백성을 부탁하고 올라갔다(출 24:14). 거기서 모세는 40일 동안을 금식하면서 하나님께서 주시는 계명과 하나님의 임재 처소인 성막의 모형과 기구들에 대해서 보고 들었다. 그리고 기간이 차서 내려왔는데 산 아래서는 백성들이 송아지 우상을 만들어 놓고 그 앞에서 경배하며, 뛰놀고 노래하고 있었다(출 32:18-19).

모세는 분노하여 하나님께서 친히 써 주신 두 돌 판을 산 아래로 던져 깨뜨리고, 그들이 금으로 만든 송아지 우상을 불살라 부수고 가루로 만들어 물에 뿌려 백성에게 마시도록 했다. 그리고 아론에게 이 백성이 당신에게 어떻게 하였기에 그들을 큰 죄에 빠지게 하였느냐고 책망했다.

아론은 말했다. 이 백성이 악하다는 것과 우리를 애굽 땅에서 인도하여 낸 모세는 어떻게 되었는지 알 수 없으니 우리를 위하여 우리를 인도할 신神을 만들라고 해서 부득이 송아지 우상을 만들 수밖에 없었노라고 했다(출 32:19-23). 핑계였다. 그리고 그들에게 금이 있는 자는 빼내라 했더니 그들이 귀고리 등을 가져왔고 내가 그것을 불에 던졌더니 이 송아지가 나왔노라고 했다(출 32:24). 변명이었다. 변명치고는 얼마나 허술한 변명인가. 사실은 아론이 백성에게서 금 고리를 받아 부어서 조각칼로 새겨 송아지 우상을 만들었던 것이다(출 32:4).

이스라엘의 초대 왕 사울은 하나님의 명령을 받고 아말렉을 쳤다. 당연히 이겼다. 그런데 남녀노유는 물론 짐승까지도 모두 죽이라는 명령을 어기고 그들의 왕 아각과 짐승 중에서 기름지고 좋은 양과 소를 남겼다. 가치 없고 하찮은 것만 진멸한 것이다(삼상 15:1-9). 사무엘이 와서 왜 하나님의 목소리를 청종하지 않고 탈취하기에만 급급하여 하나님께서 악하게 여기는 일을 행하였느냐고 책망하자 그는 말했다.

"나는 실로 여호와의 목소리를 청종하여 여호와께서 보내신 길로 가서 아말렉 왕 아각을 끌어왔고 아말렉 사람들을 진멸하였으나 다만 백성이 그 마땅히 멸할 것 중에서 가장 좋은 것으로 길갈에서 당신의 하나님 여호와께 제사하려 양과 소를 끌어왔다"고 했다(삼상 15:19-21). 변명이었다. 자기의 욕심을 감추고 백성들의 뜻이었노라고 핑계를 댔다. 얼마나 구차한 변명인가. 이 일로 해서 사울은 하나님께 버림을 받게 되었고 사무엘로부터 순종이 제사보다 낫고 듣는 것이 숫양의 기름보다 나으니 이는 거역하는 것은 점치는 죄와 같고 완고한 것은 사신 우상에게 절하는 죄와 같다는 말씀을 들어야 했다(삼상 15:22-23).

변명이나 핑계를 통해서 거짓이 진실로 바뀔 수는 없다. 순간적인 속임수는 될 수 있을지 모르지만 끝내는 자신만 초라해질 뿐이다. 결코 문제의 해결책이 될 수 없을 뿐 아니라 그것은 잘못을 모면할 수 있는 길도 아니다.

그렇다면 잘못에 대하여 해결받을 수 있는 비결은 없는가. 있다. 단 한 가지 방법이 있다. 실수한 것은 부끄러운 일이지만 그것을 감추려 드는 것은 더 큰 부끄러움을 만드는 일이다. 하나님은 우리가 연약하다는 것과 그렇기 때문에 실수도 잘 한다는 것을 알고 계신다. 그러므로 변명하거나 핑계를 대는 것보다, 고백하고 실토하고 회개하는 것을 기뻐하신다. 그리고 실토하고 회개한 것은 곧바로 용서해 주신다. 그것이 하나님의 사랑이다.

엉뚱한 변명이나 핑계는 사실 비겁한 행위가 아닌가. 부하 장수 우리아의 아내를 범하고 그 사실을 은폐하기 위해서 장군 요압을 시켜 우리아를 죽이기까지 했던 다윗은 나단 선지자의 책망을 듣고 내가 여호와께 죄를 범하였노라고 고백을 했다. 신하 앞에서 그것은 부끄러운 일이었지만 그러나 용서 받는 길은 그 길밖에 없었다. 솔직할 필요가 있다.

핑계에 대하여(2)

　우리 속담에 "핑계 없는 무덤 없다"는 게 있다. 죽은 사람에게 왜 죽었는가 하는 이유가 없을 리 없다. 핑계란 어떤 사건을 정당화하기 위하여 공연히 내세우는 구실을 말한다. 특별히 잘못한 일에 대하여 구차스럽게 말하는 변명 따위다.

　예를 들면 글씨를 잘못 써 놓고 연필이 나빠서 그렇게 됐다고 한다든지, 시험을 치르고 나서 시간이 부족하여 답을 다 쓰지 못했다고 변명하는 경우 등이다. 약속 시간을 어기고 차가 막혀서 늦었노라고 변명하는 것은 요즈음에 얼마든지 용납해 주는 핑계가 되었다.

　그러나 약속 시간을 어기지 않아야 큰 이득을 보는 일이 있다면 교통 사정을 핑계로 시간을 어기지는 않을 것이다. 한 시간 전에라도 먼저 와서 기다리지 않겠는가. 실로 명절에 고향 가는 차표를 구매하기 위하여 장사진을 이룬 현상이나 주택 청약 같은 이득을 취하기 위하여 미리 줄을 서서 밤을 꼬박 새우는 사람들을 보자. 그야말로 핑계는 핑계일 뿐이다.

　필리핀에는 이런 격언이 있다고 한다. "하고 싶은 일에는 방법이 보이고 하기 싫은 일에는 핑계가 보인다." 옳은 말이다. 만약 어떤 사람이 핑계를 잘 댄다면 그는 틀림없이 책임감이나 사명감이 결여된 사람일 것이다. 그가 책임감이 있으면 핑계 댈 필요가 없을 것이며 사명감이 투철하다면 핑계 댈 소지를 미리 없앨 것이다.

그동안 우리는 얼마나 맡겨준 일을 소홀히 하고 핑계를 아무렇지 않게 댔던가. 얼마나 게으름이나 부실 때문에 실수를 저지르고 구차스럽게 뒷머리 긁으며 변명을 해야 했던가. 성실한 사람은 핑계를 대기보다는 자신의 실수나 잘못을 솔직히 시인한다. 그런 것이 용기다.

다윗이 남의 여자 밧세바를 범하고 그 사실을 은폐하기 위해서 그녀의 남편 우리아를 죽는 데로 내몰았다. 누가 들어도 못된 짓을 했다. 하나님께서 보낸 선지자 나단이 와서 왜 그랬느냐고 책망하자 "내가 하나님께 범죄했노라"고 자백했다. 당시 다윗은 나단 같은 선지자 목 하나쯤은 단칼에 벨 수 있는 권세를 가진 왕이었다. 그럼에도 핑계를 대지 않았다. 하나님은 그런 그의 잘못을 용서해 주었다.

핑곗거리를 찾으려 하지 말자. 핑곗거리가 있어도 그걸 내세워 임시방편으로 삼는 것보다 솔직히 잘못을 시인하는 것이 마음을 편하게 하지 않겠는가. 순간 순간을 핑계로 모면하려는 것보다 우리는 언제나 부끄럽지 않은 삶을 살려고 노력해야 한다. 그 노력은 어떤 경우에도 자기에게 주어진 일에 대해 책임을 지려 할 때 이루어진다.

하나님의 뜻에 대하여

예수님은 말씀하셨다. "나더러 주여 주여 하는 자마다 다 천국에 들어갈 것이 아니요 다만 하늘에 계신 내 아버지의 뜻대로 행하는 자라야 들어가리라"(마 7:21). "누구든지 하늘에 계신 내 아버지의 뜻대로 하는 자가 내 형제요 자매요 어머니이니라"(마 12:50).

예수님께서 말씀하신 여기 "하늘에 계신 내 아버지의 뜻"은 영원하신 창조주 하나님의 뜻이다. 그러므로 오늘날도 우리가 지켜야 할 뜻이고 적어도 주님께서 재림할 때까지 지켜져야 할 뜻이다.

우리가 하나님을 신앙하는 목적은 이 땅에 존재할 때는 먹든지 마시든지 무엇을 하든지 다 하나님의 영광을 위하여 사는 것이라면(고전 10:31) 궁극적으로는 하나님의 나라인 천국에 들어가기 위함이다. 그런데 그 천국 입성을 위하여는 반드시 예수 그리스도를 믿고 구주로 영접해야 한다. 그리고 진정한 회개와 신앙고백을 한 사람이라면 영원하신 하나님의 뜻을 따라 살아야 한다.

그렇다면 과연 하나님의 뜻은 무엇인가. 사람들은 벌어진 어떤 일을 보고 쉽게 이건 하나님의 뜻일 거야, 또는 하나님의 뜻이 아니다 하고 단정하기도 한다. 그러나 하나님의 뜻을 이해하는 것이 그리 쉬운 일이 아니다. 물론 하나님의 뜻은 성경에 나타나 있다. 성경이 하라는 것을 하는 것이 하나님의 뜻이고 성경이 하지 말라고 금하는 것을 하지 않는 것이 하나님의 뜻이다. 이를 바꾸어 말하면 하나님께서 하라시는 것을 하지 않고 하지 말라시는 것을 하는 것은 하나님의 뜻을 어기는 것이다. 쉽게 말씀드리면 하나님의 말씀에 순종하는 것이 신앙이고 불순종하거나 대적하는 행동이 불신앙인 것이다.

그러므로 하나님의 뜻을 이해한다고 하는 것이 쉬울 것 같지만 실제로는 그렇지만은 않다. 항상 기뻐하라, 쉬지 말고 기도하라, 범사에 감사하라 이는 그리스도 예수 안에서 너희를 향하신 하나님의 뜻이니라(살전 5:16-18)와 같이 하나님의 뜻이라고 명시되어 있는 것도 있지만 대부분은 그렇지 않다. 그렇기에 사람들은 대개 어떤 사건의 결말을 보고 하나님께서 기쁨을 나타냈을 때 그것은 하나님의 뜻이고 하나님께서 불쾌하게 여긴 것은 하나님의 뜻이 아니라고 단정하게 된다. 맞다. 그러나 그마저도 쉽게 단정해서는 안 되는 경우가 많다.

사람들은 자기에게 유익한 것으로 여겨지거나 소득이 될 만한 일이 발생하면 하나님의 뜻으로 여기려 들고, 자기에게 불이익으로 여겨지거나 어려운 일을 만나면 하나님의 뜻이 아닌 것으로 간주하려 든다. 그러나 그렇지 않다. 내게 유익이라고 생각한 것이 무익한 것이 될 수 있고 내게 고난이었던 것이 후에 유익과 형통함으로 바뀌는 일이 세상에는 많다. 그러므로 어떤 시인은 "고난당한 것이 내게 유익이라"고 노래하기도 했다 (시 119:71). 이는 현재 나타난 일을 두고 내 욕심과 중심에서 생각하는 것은 하나님의 뜻을 이해하는 데 방해가 된다는 의미이기도 하다. 실로 많은 신앙인들이 얼마나 많은 환난에 처하고 고난을 받았는가. 그러나 그것이 고난이기 때문에 무익한 것이나 하나님의 뜻이 아닌 것만은 아니었다. 오히려 그 고난을 통해서 훈련되고 연단을 받아 위대한 신앙인이 된 경우가 많다. 결국 하나님의 뜻은 사람의 입장에서 생각할 것이 아니라 하나님의 입장에서 생각해야 하고, 단순히 당장 내게 유익이 되느냐, 아니냐에 따를 것이 아니라는 결론에 이르게 된다. 더구나 그 사건을 만나는 당시로 판단할 것은 더욱 아니다. 왜냐하면 긴 세월이 흐른 뒤에야 옳고 그름의 진상이 밝혀지고, 선하고 악한 것이 드러나는 경우와, 하나님의 뜻과 하나님의 뜻이 아님이 분별되는 경우도 많기 때문이다.

예레미야 선지자는 조국이 바벨론에 의하여 침략을 당할 때 바벨론에 항복하는 것이 하나님의 뜻이라고 외쳤다. 이런 외침은 당연히 당시의 백성들로부터 비난을 받을 수밖에 없는 발언이었다. 이런 경우 자신들만이 애국자라고 자처하는 사람들은 어떻게 이방 원수나라에 항복하는 것이 하나님의 뜻이 될 수 있는가, 최후의 한 사람이 남는 한이 있더라도 싸워서 조국을 지키는 것이 하나님의 뜻이라 생각했던 것이다. 이런 사람들로부터 예레미야는 당시 매국노요, 거짓 선지자로 매도되었고 많은 환난과 박해를 받아야 했다.

그러나 결국 바벨론에 의해서 유다 왕국은 멸망했다. 많은 사람이 죽고 포로로 잡혀갔다. 차라리 항복한 것만 못했다. 하나님의 뜻을 어겼다가 더 큰 피해를 입은 것이다. 이스라엘 민족이 하나님의 택한 백성이기 때문에 그들이 불법을 행하고 우상을 숭배해도 내버려 두시는 하나님이 아니셨던 것이다. 하나님의 뜻은 아무리 사랑하는 당신의 백성이라 할지라도 불의에 눈을 감는 것이 아님을 보여주고 있는 것이다. 채찍과 징계로 불의와 부도덕한 행위를 고치도록 하는 것이 하나님의 뜻인 것이다. 그런데 우리는 왜 내게 유익하다고 생각되어지는 것만 하나님의 뜻으로 받아들이려 하는가. 왜 나에게 해가 되는 것 같고 고통스러운 것은 하나님의 뜻이 아니라고 생각하는가. 우리가 그렇게 옳고 거룩한 백성들인가.

결국 우리는 하나님의 뜻을 벗어나 존재할 수 없는 존재임을 이해해야 한다. 앞으로 이루어질 일에 대해서는 알 수 없지만 적어도 오늘까지 지나온 역사는 모두 하나님의 뜻 안에서 이루어진 것이다. 만약 누가 지나온 역사에서 하나님의 뜻이 아닌 부분이 있다고 말한다면 그는 하나님을 무능한 분으로 만드는 오류를 범하고 있는 것이다. 우리는 하나님을 창조주로 믿는다. 또한 하나님의 섭리를 믿고 하나님의 능력의 무한성을 믿는다. 절대로 사람이 하나님의 뜻을 거부하며 하나님으로 하여금 당신의 뜻을 포기하게 만들 수 없음을 믿는다. 하나님의 펴신 것을 사람이 굽게 할 수 없고 하나님께서 굽게 하신 것을 사람이 펼 수 없음을 믿는다(전 7:13, 사 14:27). 바울 사도는 2차 전도 여행을 아시아 지역으로 가려 하였다. 그런데 그게 무산되었다. 그 계획이 악해서가 아니었다. 하나님께서 막았기 때문이었다. 그는 성령의 뜻을 따라 마게도냐로 건너가서 성공적인 사역을 하게 되었다(행 16:9-10). 아무리 선한 뜻도 하나님께서 막으면 할 수 없는 것이다. 하나님은 주권적으로 일을 행하시는 여호와요, 그것을 만들어 성취하시는 하나님이시다(렘 33:2, 사 14:24). 하나님은 사탄이나 그 누구로부터도 당신의 뜻을 방해받지 않는다. 그들이 방해한다 할지라도 하나님의 뜻을 실패하게 만들지 못한다. 악한 세력의 도전은 언제나 실패한다.

더구나 하나님께서 사람의 의지 때문에 실패할 수는 없다. 여기에서 문제가 되는 것은 하나님께서 사람에게 허락하신 자유의지다. 성경을 살펴 보면 더러 사람의 자유의지에 의해서 하나님의 뜻이 도전을 받고 실패하는 것처럼 보이는 부분이 있다. 예를 들면 에덴동산에서 일어났던 사건도 그 하나다. 아담과 하와가 선악을 알게 하는 나무의 실과를 따먹었다. 먹는 날에는 정녕 죽으리라는 말씀이 있었음에도 먹었다. 물론 뱀의 꾐에 의해서였다. 이렇게 되면 선악과를 먹지 않고 영생하라는 하나님의 뜻이 사람의 자유의지에 의해서 무산된 것같이 보인다. 그런가? 하나님의 뜻 보다 사람의 자유의지가 더 힘이 센가? 아니다. 하나님께서 끝까지 당신의 뜻을 관철했다면 뱀의 사악한 도모도 무산되고 아담의 자유의지도 실패하고 말았을 것이다. 하나님은 그러나 사람의 의지대로 내버려 두셨다. 막을 힘이 없어서가 아니라 내버려 두신 것이다. 이것이 하나님의 묵과默過요, 허용許容이다. 바울 사도는 하나님의 이런 행위를 "마음의 정욕대로 더러움에 내버려 두었다"(롬 1:24)고 했고 "부끄러운 욕심에 내버려 두었다"(롬 1:26)고도 했고 "그 상실한 마음대로 내버려 두사 합당하지 못한 일을 하게 하셨다"(롬 1:28)고도 했다. 때로 하나님은 사람들의 타락한 본성을 그대로 방치하기도 한다는 의미이다.

사람은 일부일처一夫一妻 제도대로 살아야 하는 것이 원칙이요, 하나님의 뜻이다. 그런데 야곱은 네 부인을 두었다. 그래서 하나님의 뜻이 실패했는가. 아니다. 하나님께서 묵과한 것이다. 하나님의 뜻이 아니고 옳은 것도 아니지만 허용한 것이다.

이런 일은 성경에 자주 있다. 예수께서 십자가를 앞에 두고 겟세마네 동산에서 기도를 마친 뒤 사랑하는 제자 가룟 유다가 이끌고 온 무리에 의해서 체포되었다. 이를 보고 현장에 있었던 베드로가 칼을 빼어 대제사장의 종 말고의 귀를 쳐서 떨어뜨렸다. 이를 보고 예수께서 말씀하셨다. "네 칼을 도로 칼집에 꽂으라 칼을 가지는 자는 다 칼로 망하느니라 너는 내가 내 아버지께 구하여 지금 열두 군단 더 되는 천사를 보내시게 할 수 없는 줄로 아느냐"(마 26:52-53). 예수님은 열두 군단 더 되는 천사를 동원하여 체포되지 않을 수 있지만 그들에게 체포되도록 허용하고 있는 것이다. 그리고 그 사건을 통하여 죄인 구원의 역사를 이루시는 것이다. 그래서 가룟 유다와 같이 사악한 사람도 악한 날에 악한 일에 쓰임을 받지만(잠 16:4) 그게 옳은 일이 아니기 때문에 그 책임은 자기가 져야 하는 것이다.

　세상에는 하나님의 뜻이 아닌 듯한 일들이 자주 발생한다. 그렇기 때문에 하나님의 뜻이 사람에 의해서 실패한다고 보아야 하는가. 아니다. 하나님은 오히려 그런 악한 일을 통해서 더 좋은 결과를 도출해 내시기도 한다. 요셉이 형들의 시기로 애굽에 팔려갔다. 형제를 팔아먹는 일이 하나님의 뜻일 수는 없다. 그런데 팔려가서 애굽의 시위대장인 보디발의 집에서 종살이를 한다. 거기서 시위대장의 부인의 유혹을 뿌리쳤다고 감옥에 갇히게 된다. 순전히 무고에 의해서였다. 보디발의 처의 무고가 하나님의 뜻일 수 없다. 믿음을 지킨 요셉이 고난을 당하는 것도 겉으로 보기엔 하나님의 뜻이라고 보기 어렵다. 하나님께서 묵과하시거나 허용하셨을 것이다. 그런데 감옥에 들어가 있는 동안 애굽의 바로의 꿈을 해몽해 줌으로 일약 애굽의 제2인자인 국무총리로 발탁되었다. 이런 현상을 바울 사도는 "우리가 알거니와 하나님을 사랑하는 자 곧 그의 뜻대로 부르심을 입은 자들에게는 모든 것이 합력하여 선善을 이루느니라"고 했다(롬 8:28).

　선하고 의로운 일은 물론 악한 일이나 궂은 일도 다 모아서 결론을 선하게 하신다는 뜻이다. 야곱이 형을 속여 팥죽으로 장자의 명분을 산 것이 하나님께서 권장하는 옳은 방법이라 할 수는 없다. 아버지를 속여 장자에게 내리는 축복을 가로챈 행위도 하나님의 뜻이라 할 수는 없다. 그런 행위조차 하나님의 뜻이라고 한다면 우리가 섬기는 하나님은 선한 하나님이 될 수 없고, 그 악한 행위를 막을 수 없는 하나님이라면 그 하나님은 무능한 하나님일 수밖에 없다. 하나님께서 허용하시거나 묵과하신 것으로 보아야 한다.

이런 의미에서 보면 지나온 모든 역사는 하나님께서 허용한 역사요, 궁극적으로는 하나님의 뜻일 수밖에 없다. 하나님의 뜻이 게재되지 않는 역사는 없다. 인간의 마음속에 들어 있는 양심, 자연현상, 그리고 인간들이 살아온 역사 속에는 하나님의 뜻이 숨 쉬고 있는 것이다. 하나님은 그 모든 것을 주관하시고 섭리하신다. 나라의 흥망성쇠, 사람의 생사화복이 모두 그분의 손 안에서 이루어지고 있으며, 그 뜻은 어떤 사람이나 어떤 악한 세력에 의해서 실패하는 일이 있을 수 없다.

어떤 사람들은 초연신론超然神論을 주장한다. 자연신론自然神論이라고도 하고 이신론理神論이라고도 한다. 이들도 하나님께서 우주를 창조했다고 한다. 그러나 창조 후에는 전혀 당신이 창조한 것에 개입하거나 간섭하지 않고 오직 자연적인 법칙 아래 피조물 자체가 스스로 운행하도록 내버려 두었다고 주장한다. 이들은 인간의 이성을 가장 고상한 것으로 평가한다. 그리고 하나님을 하나의 방관자로 인식하고 있는 것이다.

맞는 이론인가? 천만의 말씀이다. 예수께서는 유대인들에게 "내 아버지께서 이제까지 일하시니 나도 일한다"고 하셨다(요 5:17). 얼마나 세밀하신가 하면 우리의 머리털까지 다 세시는 분이시며(마 10:30), 두 마리가 한 앗사리온에 팔리는 보잘 것 없는 참새도 하나님께서 허락하지 않으면 땅에 떨어지지 않는다고 하셨다(마 10:29). 하물며 사람의 생명에 관해서랴(마 10:31).

거듭 말씀드리지만 우주 만물뿐 아니라 인간의 수명과 나라의 흥망성쇠가 모두 하나님의 간섭 안에 있는 것이다. 불행한 일이지만 우리 민족이 외세에 의해서 패망하여 박해를 받은 것도, 이스라엘 민족이 애굽이나 앗수르나 바벨론에 의해서 멸망당하고 핍박을 당한 것처럼 하나님의 뜻 안에서 이루어진 것이다. 그것이 하나님의 뜻과 거리가 먼 악한 일일지라도 사람에 의해서 하나님이 실패한 것이 아니라 하나님께서 묵과하거나 허용하신 것일 뿐이다

그렇다면 또 하나의 의문이 생긴다. 전능하시고 공의로우신 하나님은 왜 하나님의 뜻과 다른 일이 인간사회에서 일어나는데 그것을 그때그때마다 막지 않고 묵과하거나 허용하시는 경우가 있는가. 그 부분은 우리가 정확히 알 수 없는 하나님의 영역이다. 그러나 참고할 만한 부분이 아주 없는 것은 아니다. 베드로후서에 이런 말씀이 있다. "오직 주께서는 너희를 대하여 오래 참으사 아무도 멸망하지 아니하고 다 회개하기에 이르기를 원하시느니라"(벧후 3:9). 이는 심판이 왜 속히 이루어지지 않느냐에 대한 답인데 이 말씀을, 사악한 사람을 즉시 척결하지 않는 것도 역시 하나님의 오래 참으심에 기인한 것으로 봐도 별 무리는 없을 것이다.

또한 예수님의 속칭 "가라지 비유"(마 13:24-30)에 의하면 어떤 주인이 자기 밭에 좋은 씨를 뿌렸는데 모두 잠든 사이에 원수가 와서 곡식 가운데

가라지를 덧뿌렸다. 나중에 보니 곡식 사이에 가라지도 보이게 된 것이다. 종이 주인에게 지금 당장 그 가라지를 뽑을까 하고 물으니 주인은 가만 두라고 하였다. 그 이유는 가라지를 뽑다가 곡식까지 뽑힐까 염려가 된다는 것이고, 그렇지만 추수 때가 되면 가라지를 먼저 거두어 불사르게 단으로 묶고 곡식은 모아 당신의 곳간에 넣으리라고 했다. 이는 하나님은 곡식과 가라지를 정확히 구별할 뿐만 아니라 추호라도 악인 때문에 선한 사람에게 해가 돌아오는 것을 용납하지 않겠다는 의지가 담겨 있는 말씀이다. 하나님의 묵과나 허용의 이유에 대하여 약간의 도움을 줄 수 있으리라고 본다.

더구나 하나님께서는 그런 악한 일에 방관하는 것이 아니라 합력하여 선을 이루시는 것이다. 분명한 것은 악은 하나님의 공의에 의해서 반드시 멸망당하지만, 의인이 고난을 당하는 것은 그 연단과 훈련 과정이 지난 후에 하나님께서 반드시 그 결과를 바르게 보장해 주신다는 것이다. 하나님은 철저하게 사랑과 공의라는 두 도구로 인간을 포함한 모든 피조 세계를 관리하고 섭리하시는 것이다. 이 사실을 안다면 우리는 그 크신 하나님을 대적하거나 불순종하지 말고 경외하며 순종해야 하는 것이다.

행복에 대하여

행복하기를 누구나 원하지만 무엇이 행복이며 어떻게 행복할 것인가에 대한 의견은 다르다. 나는 행복에 대해서 생각하면 칼 붓세의 시詩가 떠오른다. 그는 "산 너머 머나먼 곳에"라는 시를 남겼다. 내용은 간단하다. "산 너머 머나먼 곳에 / 행복이 있다고 말하기에 / 나는 찾아갔다가 울고 돌아왔네 / 산 너머 머나먼 곳에 / 행복이 있다고 / 그곳 사람들이 말하기에" 행복을 찾으러 멀리를 생각하지만 사실 행복은 가까운 곳에 있다는 뜻 아닌가. 나도 그렇게 생각한다.

사람들은 흔히 행복을 위하여 소유를 생각한다. 그러나 소유가 행복을 위한 필요조건은 될 수 있을지 모르지만 충분조건은 아니다. 많이 가지면 모두가 행복한가? 오히려 그 소유가 많은 것 때문에 불행한 경우도 많다. 차라리 덜 가졌더라면 좋았을 것을 하는 사람도 많다. 더러 행복을 위하여 높은 지위나 명예를 생각하는 사람도 있지만 차라리 그런 자리에 오르지 않은 것이 나은 경우도 허다하다. 대표적인 예가 구약시대의 사울 왕이다. 그는 왕이 되기 전에는 겸손한 사람이었고 책임감이 강했던 인물이었다. 그는 아버지가 찾아오라는 잃은 암나귀를 찾으러 사흘 동안이나 헤매었다. 나중엔 잃은 암나귀가 아니라 우리가 걱정이 되겠다고 할 정도였다. 그는 이스라엘의 왕이 되라는 말에 자신은 자격이 없노라고 사양하고 숨기까지 하였다(삼상 9:20-21, 10:22). 그러나 그가 왕이 되어서는 하나님의 말씀을 어기고 말았다. 차라리 그냥 평민으로 살았더라면 저주의 인생이 되지는 않았을 것 아닌가.

그러므로 소유에 있어서는 욕심이 아니라 만족이 행복을 가져다준다고 봐야 한다. 자기에게 주어진 환경, 자기에게 주어진 소유에 만족할 수 있어서 감사할 수 있다면 행복 아니겠는가. 왜냐하면 우리가 믿는 하나님은 우리의 형편을 아시는 분이고, 우리를 부유하게 하실 수 있는 능력이 있으며 사랑이 많으신 분이다. 그렇다면 하나님이야말로 우리에게 각기 합당하고 필요한 만큼 채워주시는 분이 아니겠는가. 우리가 욕심으로 그 이상을 추구하다 보니까 부정한 일도 저지르고 불의한 일도 하고 양심에 어긋나는 행동도 하게 되는 것이다. 그러므로 탐심이 우상숭배가 되고(골 3:5) 욕심이 잉태한즉 죄를 낳고 죄가 장성한즉 사망을 낳게 된다(약 1:15).

그러나 행복을 위하여 정당한 노력은 반드시 필요하다. 하나님은 우리가 풍족하기 때문에 놀고먹는 것을 원하지 않으신다. 일하기 싫어하거든 먹지도 말게 하라고 하셨다(살후 3:10). 태초부터 하나님은 인간에게 일하고 먹도록 했다. 그러므로 우리는 먹기 위해서 일하는 게 아니다. 일에 건강이 있고 행복이 있다. 먹기 위해서 일하면 힘이 든다. 그러나 일하기 위해서 먹으면 행복하다. 그러므로 직업도 자기의 적성에 맞는 것을 택해야 한다. 그래서 즐겁게 일하고 거기에 따르는 정당한 보람을 얻을 수 있다면 그것이 행복이다.

사람은 가정을 통하여 행복하도록 만들어져 있다. 독신생활이 잘못되었다고는 할 수 없지만 결혼을 통해서 후손을 이어가고 평안과 안식을 누릴 때 행복한 것이다. 물론 가정을 이끌다 보면 힘든 일도 생길 수 있다. 그러나 그런 힘든 일들을 통하여 보다 성숙된다고 봐야한다. 가족 중에서 어떤 질병이나 사고 또는 이별 같은 슬픔을 만나기도 하지만 그런 사회생활에서 부대끼며 사는 것이 오히려 보람을 느끼게 하는 것이다. 자녀 양육의 어려움 속에서 사랑이 깊어지고 도타워지는 경험을 얻지 않는가.

행복은 결코 혼자서 이루기 어렵다. 인생 자체가 혼자일 수가 없지 않은가. 결혼하면 가족이 생기고, 이웃이 생기고 민족이 이루어진다. 이 관계는 서로 돕고 협력하는 관계다. 서로 이견이 생기고 그래서 다툼도 생길 수 있지만 그렇기 때문에 조화와 협력이 요구되는 것이다. 그 기본이 사랑이다.

결국 행복은 어떤 환경에 처하든지 마음으로 느낄 때만 이루어지는 것이다. 행복을 느끼면 어떤 상황이나 환경에서도 행복한 것이고 느끼지 못하면 어떤 상황이나 환경에서도 불행한 것이다. 그러므로 행복을 느끼고 누리려면 관계를 잘해야 한다.

먼저는 창조주시며 전능자이신 하나님과의 관계다. 우리와 하나님의 관계는 경외하며 섬기는 관계다. 이 관계만 바르게 설정되면 일단은 행복을 위한 첫 단추를 잘 꿴 것이다.

두 번째 관계는 사람과의 관계다. 가족 관계, 사업 관계, 이웃 관계 모두 사람과의 관계다. 여기에는 내가 아는 사람과의 관계는 물론이지만 모르는 사람과의 관계도 포함된다. 거리상으로 가깝거나 멀거나, 연령, 신분,

사상이 서로 다르더라도 기본을 사랑에 두어야 한다. 그 사랑 속에 용서와 배려와 조화가 포함될 것이다.

그리고 마지막으로 언급할 관계가 물질과의 관계다. 우리는 육신과 영혼의 결합체이기 때문에 영혼과 정신의 만족을 위하여 예술이나 도덕, 윤리, 운동, 종교, 철학 등의 학문을 통하여 아름다움과 진리와 선을 추구하지만 몸을 위하여 물질도 필요하다. 이 물질은 인간에게 주인이 되면 불행하다. 그것은 어디까지나 주인인 인간에게 종이 되어야 한다. 사람이 물질을 마음대로 다스릴 수 있다면 행복하다. 결국 건전하게 취득하고 바르게 사용하면 행복하다. 순간의 욕구를 위하여 부정한 방법으로 취득하고 사치, 낭비와 같이 불의하게 사용하면 불행을 자초하게 된다.

행복하고 싶은가. 지금 가장 가까이에 있는 사람에게 먼저 행복하게 해주어라. 그러면 나도 행복하다. 행복은 결코 멀리 있는 게 아니라 가까이에 있고 느끼는 데 있다. 감사하라. 당신에게 있어서 그 순간이 바로 행복한 시간이다.

향기에 대하여

향기와 악취는 후각嗅覺을 통해서 인지되는 여러 냄새 중의 두 종류다. 악취가 고약하고 불쾌감을 주는 냄새라면 향기는 꽃이나 향 따위에서 풍겨나는 것처럼 기분 좋게 하는 냄새다.

썩어가면서 내는 냄새나 배설물 같은 것에서 나는 냄새를 좋아할 사람은 없다. 그러나 향기는 기분을 좋게 할 뿐 아니라 정신을 맑게 한다. 그래서 천연향 말고 그런 향을 흉내 낸 향수를 개발해 내기도 한다. 그리고 그것을 몸이나 의복에 뿌려 다른 사람들로 하여금 유쾌한 기분을 느끼도록 하려 한다. 그러나 냄새는 꼭 후각을 통해서만 느끼는 게 아니다. 다른 감각을 통해서도 느낄 수 있다. 어떤 사람에 대한 소문은 청각을 통해서 느끼고 어떤 사람의 행동은 시각을 통해서 느끼게 한다. 연인들 간에는 촉각을 통하여 느낄 수도 있고, 아름다운 말이나 글을 통해서 정신적으로 악취를 풍기기도 하고 향기를 내기도 한다.

실로 이 세상에는 악취를 풍겨서 남의 눈살을 찌푸리게 하는 사람도 많고 향기를 내서 마음을 흐뭇하게 하는 사람도 있다. 우리는 어떤 사람으로 살아야 할까? 성경은 예수 그리스도를 좇는 성도를 가리켜 그리스도의 향기라 했다(고후 2:15). 예수 그리스도의 진리와 선행을 외부에 나타내 예수 정신을 구현하라는 뜻이다.

그런데 냄새는 코로 맡는 것과 눈으로 느끼는 게 다를 수 있다. 예를 들면 어떤 신사가 온몸에 향수를 뿌리고 멋지게 다닌다고 하자. 그 외모에서는 물론 향기가 날 것이다. 그러나 그가 나타내는 행동이 부도덕하거나 옳지 않을 때 오히려 악취로 느껴지지 않겠는가. 땀 냄새는 어떤가. 결코 향기라 할 수는 없다. 어떤 사람이 선한 일에 땀을 많이 흘려 옷과 온몸을 적셨을 때 그 몸에서는 비록 악취가 난다고 할 수 있겠지만 그가 나타낸 행동은 신선한 향기로 느껴질 수 있는 것이다. 나는 어렸을 적에 나가서 땀 흘리고 돌아온 부모님에게서 악취를 느껴본 일이 없다. 우리를 양육하기 위하여 애쓰셨던 그 땀은 향기였다.

우리는 꽃과 같이 향기를 내야 한다. 모양도 예쁘고 냄새도 향기로운 꽃. 우리는 모름지기 모습도 멋지고 행위도 아름다워야 한다. 겉만 번지르르하면서 악취를 풍기는 사람이 얼마나 많은가. 꽃향기를 맡으면 먼 곳에서도 벌과 나비가 날아오지만 악취가 진동하는 곳에는 어김없이 쉬파리가 찾아든다. 사람에게서도 고상한 인격과 교양의 향기가 있을 때는 원근에 관계없이 그를 흠모하여 접근해 오는 사람들이 많지만, 인격과 교양에서 본받을 게 없다고 느껴지면 가까이하고 싶은 마음이 없을 것이다.

내 주변에는 과연 어떤 사람들이 모여들고 있는가. 그것을 살펴보면 내게서 향기가 나는가, 악취가 나는가를 가늠할 수 있다. 과연 나는 내가 살아가는 사회현장에서 악취인가, 향기인가?

형제에 대하여

육친적으로는 항렬行列이 같아야 형제지간이 되지만 믿음 안에서는 그리스도에 의해 구속받은 모든 사람이 형제다. 그래서 나도 하나님을 아버지라 부르고, 내 부모도 하나님을 아버지라 부르고, 내 아들도 아버지라고 부른다. 영적靈的으로 무지한 사람들이 보면 이해가 가지 않을 수 있다. 어떻게 할아버지도, 아버지도, 나도 다 같이 하나님을 아버지라고 부르는가. 그런 촌수가 어디 있는가. 그들은 육친적인 촌수를 영적인 관계에 똑같이 적용하다 보니 우습게 보이는 것이다. 그들은 부모로부터 한 번 태어났을 뿐이기 때문이다.

성경은 "다시 태어남"에 대해서 말씀한다. 바리새인이며 이스라엘의 선생인 니고데모라고 하는 사람이 어느 날 밤중에 예수님을 찾아왔다. 그에게 예수님은 사람이 거듭나지 아니하고는 하나님의 나라를 볼 수 없다는 신비한 말씀을 가르쳐 주었다.

그러나 거듭난다는 말을 처음 듣는 니고데모는 사람이 늙으면 어떻게 날 수 있습니까? 두 번째 모태에 들어갔다가 날 수 있는 겁니까? 하고 무식한 질문을 했다. 예수님은 그에게 사람이 물과 성령으로 나지 아니하면 하나님의 나라에 들어갈 수 없다고 하시면서 육으로 난 것은 육이요, 영으로 난 것은 영이라고 가르치셨다(요한복음 3장). 이는 거듭난다는 말이 육신적인 탄생을 의미하는 것이 아니라 영적인 탄생을 가리킨다는 뜻이다.

거듭남. 그렇다. 이것은 육적으로 태어난 사람이 성령으로 새로 태어나는 것을 말한다. 그래서 중생重生이라고 하기도 하고 "위로부터 났다"고도 한다. 육친적 촌수는 할아버지와 아버지와 나와 자식이 있지만 영적인 촌수는 다 같이 성령으로 태어나기 때문에 모두가 형제가 되는 것이다. 예수님까지도 우리를 형제라 부른다.

그렇다. 성령으로 거듭난 사람은 연령이나 인종이나 혈통과 관계없이 한 형제가 된다. 그래서 예수님은 어느 날 어머니와 동생들과 누이들이 찾아왔을 적에 "누가 내 어머니이며 내 동생들이냐" 하시면서 "누구든지 하나님의 뜻대로 행하는 자가 내 형제요 자매요 어머니"라고 했다(막 3:31-35). 육적인 관계를 무시한 것이 아니라 영적인 관계를 말씀하신 것이다.

그렇다. 예수 믿는 사람은 같은 성령으로 거듭나고, 같은 하나님의 이름으로 세례를 받았고, 하나님의 백성으로 인침을 받았다. 같은 하나님을 믿고 섬기며 같은 하나님나라의 백성이며 장차 들어갈 영원한 천국에 대한 소망도 같다. 그리스도와 함께 동일한 기업을 받은 것이다.

그러므로 우리는 언제 어디서나 그리스도 안에서 형제다. 형제들은 성령이 하나 되게 하신 것을 힘써 지켜야 한다(엡 4:3). 그러기 위해서 겸손해야 하고 온유해야 하고 오래 참음으로 사랑 가운데서 서로 용납할 수 있어야 한다(엡 4:2).

부모는 자녀들이 우애하기를 원한다. 육친의 부모도 그러할진대 영적인 아버지인 하나님께서는 오죽이나 화목하기를 원하시겠는가. 그래서 성경은 "형제를 사랑하며 서로 우애하고 존경하기를 서로 먼저 하라"고 가르친다(롬 12:10).

예수님도 형제에게 노하거나 욕하는 것을 금하면서 "예물을 제단에 드리려다가 거기서 네 형제에게 원망 들을 만한 일이 있는 것이 생각나거든 예물을 제단 앞에 두고 먼저 가서 형제와 화목하고 그 후에 와서 예물을 드리라"고 하셨다(마 5:23-24). 하나님께 예물 드리는 일보다 형제와의 화목을 더 소중하게 여기며 우선적인 것으로 생각하신 것이다.

물론 우리는 육친적인 형제도 사랑해야 한다. 그렇다면 성령으로 거듭나서 주님의 은혜로 맺어진 형제는 말해서 무엇하랴! 형제를 사랑해야 할 이유가 분명한 것이다.

화해에 대하여

　하나님과의 원수관계를 풀기 위해서는 인간이 하나님께 나아가 회개하여 용서를 받는 길밖에 없다. 또한 사람끼리의 갈등과 반목의 관계를 풀기 위해서는 서로 용서해야 한다.

　이처럼 서로 갈등하고 다투는 것과 그런 감정을 풀어 서로 없었던 일로 치고 그때부터 화목하고 단란한 관계를 유지하는 것을 화해라 한다.

　실로 전쟁이나 다툼을 버리고 화해하여 평화를 유지한다는 것은 얼마나 다행한 일인가. 그러나 우리가 사는 세상은 곳곳에서 전쟁의 총성이 그치지 않고 사회 전반에 갈등이 깔려 있다. 이해가 얽혀 있는 관계에서 어찌 갈등과 다툼이 없겠는가. 가장 화목해야 할 가정에서도, 심지어 한마음으로 살아야 할 부부 사이에도 갈등이 생겨 결국 헤어지는 경우가 다반사인데 어찌 살아 있는 사람들, 그것도 성품과 생각이 다른 사람들에게 갈등이 없겠는가.

　그러나 그렇다 할지라도 있어서는 안 되는 것이 다툼이고 장려할 수 없는 것이 갈등이다. 그러므로 화평의 하나님은 우리와의 화목을 원하고 인간 사이에도 화평하기를 원하셨다. 이를 위해서 하나님은 독생자 예수 그리스도를 화목제물로 보내어 우리와의 원수 관계를 청산하고 아버지와 아들 관계로 회복시키고 사람들끼리의 관계도 화평을 원했다. 그런 정신을 관통하는 것이 "화평케 하는 자는 복이 있나니 그들이 하나님의 아들이라 일컬음을 받을 것이라"는 말씀이다(마 5:9).

이처럼 하나님의 화해정신은 적극적이었다. 성경은 "우리가 아직 죄인 되었을 때에 그리스도께서 우리를 위하여 죽으심으로 하나님께서 우리에 대한 자기의 사랑을 확증하셨다"고 했다(롬 5:8). 그리고 그리스도의 죽으심으로 말미암아 하나님과 우리가 화목되었다고 했다(롬 5:10). 그래서 이제 이 사실을 믿는 우리는 하나님을 아버지라 부르게 되었다(롬 8:15).

이는 화목을 위하여 희생제물이라는 희생이 따른다는 것이고 예수님은 이를 담당하셨다. 화해가 얼마나 소중한 가치이기에 이런 희생을 감수해야 하는가. 이런 사랑을 받은 사람이라면 우리는 이웃과 원수 관계를 만들지 말아야 한다. 서로 불화를 조장하지 말아야 한다. 아브라함은 조카 롯과의 화목을 깨뜨리는 경우가 되지 않기 위하여 차라리 결별하는 길을 택했다(창 13:8-9).

성경은 하나님께서 우리에게 화목하게 하는 직분을 주셨다고 했다(고후 5:18-19). 이는 우리에게 모든 죄인들이 거룩하신 하나님과 화목하기를 위하여 회개의 복음을 전할 뿐 아니라 하나님의 거룩한 뜻을 이루기 위해서 이웃과도 용서를 실천할 것을 요구하신 것이다.

그러므로 그것이 자신의 자존심을 상하게 하는 일이라 할지라도 하나님의 희생정신을 본받아 용서해야 할 것이고, 그것이 어떤 손해를 주는 일이라 해도 용서해야 한다. 그것은 나 자신의 평화를 위해서도 더욱 필요한 것이다.

당신은 이웃의 잘못을 용서할 수 있는 용기가 있는가? 하나님은 평화와 용서의 하나님이시기에 용서를 실천하는 사람에게 무한한 위로와 심령의 평안을 주실 것이다. 그러므로 내 일방적인 용서는 대단한 사랑의 발로發露다. 단, 용서의 효력은 잘못한 사람이 자신의 잘못을 인정할 때만 나타난다. 사랑이 무한하신 하나님도 자신의 잘못을 인정하고 회개하는 사람의 죄만 용서하신다.

환경에 대하여

사람은 환경의 영향을 많이 받는다. 이야기를 전개하기 전에 먼저 성경 말씀 한 구절을 소개하겠다.

"이는 네 하나님 여호와께서 너를 구원하시려고 적군을 네게 넘기시려고 네 진영 중에 행하심이라 그러므로 네 진영을 거룩히 하라 그리하면 네게서 불결한 것을 보시지 않음으로 너를 떠나지 아니하시리라"(신 23:14).

전쟁에서 승리하려면 먼저 진영(환경)부터 거룩히 하라는 말씀이다. 하나님께서 함께하셔야 승리하는데 하나님은 불결한 환경에는 계시지 않는다는 것이다. 당연히 진영을 거룩하게 하여 하나님이 떠나지 않도록 하는 것이 훈련이나 무기나 전술보다 앞서서 갖추어야 할 일이라는 뜻으로 해석할 수 있다.

굳이 맹모삼천지교孟母三遷之敎를 언급하지 않아도 환경은 중요하다. 시끄럽거나 지저분한 환경에서 자란 사람과 깔끔하고 정돈된 환경에서 자란 사람의 정서가 같을 수 없다. 폭력을 행사하는 부모 밑에서 자란 자식과 겸손하고 교양을 갖춘 부모 밑에서 자란 자식의 인격 형성이 같을 수 없다.

우리가 깨끗한 환경을 만들려고 하는 이유는 그 환경이 거기에 사는 사람의 정서나 인격 형성뿐 아니라 삶의 모든 영역에 영향을 주기 때문이다. 벌이나 나비를 억지로 불러온다고 오는 것이 아니다. 꽃을 가꾸면 오지 못하게 막아도 찾아온다. 같은 예로 똥파리를 쫓아내려고 애쓸 필요가 없다. 똥을 치우면 자연적으로 똥파리는 없어진다.

자연은 훼손하지 않아야 보존되고 화단은 관리해야 유지된다. 손질하지 않으면 화단에 잡초가 우거진다. 내버려 두면 망치는 것이다. 마찬가지다. 우리의 어린 자녀들을 내버려 두어도 저절로 잘 자라줄 것이라고 생각한다면 그것은 희망사항일 뿐이다.

지금 우리가 사는 사회가 아이들을 내버려 두어도 바르게 자랄 만한 곳이라고 생각되는가. 그렇지 않다고 여겨지면 예리하게 관찰하고 돌봐주어야 한다. 그것이 부모의 도리다. 돌봐주는 것이 귀찮아서 "잘 자라 줄 거야" 하면서 내버려 두는 것은 제 멋대로 자라도 된다는 뜻과 같다. 일종의 직무유기요, 책임회피다.

오늘날은 제멋대로 자라서 바르게 되는 사람이 없다. 교육은 사람이 바르게 자라는 데 필수적인 요소다. 가정에서는 질서와 예절 같은 인간관계의 기본을 배운다. 학교에 들어가면 건전한 시민으로 살아가는 데 필요한 학문을 습득한다. 이 사회는 여러 사람이 어떻게 합력하여 건전한 사회를 만들어 나가는가에 대한 교육 장소다. 이 환경들이 도덕적으로나 윤리적으로 깨끗하면 깨끗한 사회가 된다. 그러나 부도덕하고 비윤리적인 환경이 되면 어지러운 사회요, 부도덕한 사회가 될 수밖에 없다.

우리나라는 교육이념을 홍익인간弘益人間에 두고 있다. 널리 이롭게 하는 사람을 만드는 것이 교육 목적이다. 모두가 다른 사람들을 이롭게 하는 사람이 되어서 사는 사회라면 얼마나 바람직하겠는가. 그러나 남을 해롭게 하고, 다른 사람에게 고통을 주며 힘들게 만드는 곳이 된다면 그 사회야말로 얼마나 부끄러운 세상인가.

우리는 좋은 환경을 유지하며 가꾸어 나가야 한다. 자연환경은 훼손하지 않아야 제대로 보존되고, 개발을 하더라도 처음 환경을 조성하신 분의 뜻에 합당하게 해야 한다. 사람이 환경을 파괴하면 환경도 사람에게 아픔을 준다. 불의한 환경이 만들어지지 않도록 우리 모두 정직해야 한다.

하나님이 함께하시는 환경을 만들려면 먼저 우리가 정신적으로 맑고, 영적으로 거룩한 삶을 살아야 한다. 하나님은 내가 거룩하니 너희도 거룩하라고 말씀한다(레 19:2, 벧전 1:16).

회개에 대하여

　회개란 자기의 잘못을 뉘우치는 것이다. 그러나 반성과는 다르다. 회개는 인격적인 변화를 의미한다. 지적知的으로 자신이 지은 죄에 대한 바른 인식이 있어야 하고 감정적으로 그 죄에 대하여 통렬히 슬퍼하고 가슴 아파해야 한다. 그리고 의지적으로 그 죄에서 돌아서서 다시는 동일한 죄에 빠지지 않는 것이다. 베드로는 예수님을 모른다고 부인했다. 그러나 새벽에 닭이 울자, 네가 닭 울기 전에 나를 세 번 부인하리라 하신 주님의 말씀이 생각나서 통곡했다. 그는 이후에 복음을 전하다가 순교했다. 그는 회개했던 것이다.

　그러나 가롯 유다는 회개에 이르지 못했다. 그는 예수님을 은 30에 판 것에 대하여 뉘우쳤다. 그러나 자살로 자기 인생을 마감했다. 반성은 했지만 자기 죄를 자기가 해결하려 했다. 어떤 죄든 죄라는 것은 스스로 해결할 수는 없다. 반드시 하나님께서 죄 없다 인정할 때만 사함 받을 수 있다. 만약에 우리 스스로 죄 문제를 해결할 수 있다면 예수 그리스도가 왜 오시고, 왜 십자가에서 죽어야 했겠는가.

　누구나 자기 잘못에 대해 뉘우치고 반성할 수 있다. 그러나 회개에 이르기는 쉽지 않다. 반드시 잘못을 하나님께 고백하고 용서를 받아야 구원에 이른다. 그러므로 하나님의 은총 중에 회개만큼 위대한 것은 없다. 예수 그리스도를 구주로 믿지 않는 것과 성령을 훼방하는 죄 외에 그 어떤 죄도 다 용서받을 수 있는 것이 회개의 능력이다.

그렇다. 하나님은 인류가 지은 모든 죄를 예수 그리스도의 구속의 은혜로 회개하면 용서하신다. 그렇다면 하나님의 용서의 범위가 넓다. 크고 작은 모든 죄가 회개의 대상이다. 그만큼 하나님의 사죄의 은총은 크고 넓다. 그러나 그 크신 은혜에도 불구하고 회개하지 않는 죄까지는 용서하지 않으신다. 다시 말하면 예수 그리스도는 불신자의 죄까지 용서하시려고 십자가를 지신 것은 아니다. 하나님의 능력이 부족하거나 그 사랑이 부족해서가 아니다. 하나님의 공의 때문이다. 하나님의 공의는 회개하지 않는 죄까지 씻지 않으신다.

성경은 때가 가까우므로 서로 관용하자고 가르친다(빌 4:5). 당연히 우리는 남의 잘못을 용서하며 살아야 한다. 우리도 큰 허물을 주님의 은혜로 용서받았기 때문이다. 그러나 나의 일방적인 용서가 효력이 있을까? 용서를 한 사람은 인정을 받지만 자기의 죄를 모르거나 감추려 하거나 알면서도 인정하지 않으려 하는 사람의 죄가 어떻게 용서될 수 있는가. 그런 행위는 능력과 사랑이 많은 하나님도 허락지 않는 부분이다. 그러므로 자기의 잘못을 인정하는 사람은 용기 있는 사람이고, 그것을 감추려 하고 인정하지 않는 사람은 비겁한 사람이다.

다윗은 충성스런 부하 장수인 우리아의 아내를 범했다. 그는 자기의 비위 사실을 아무도 모르는 줄 알았다. 어찌 하나님이 알고 계심을 잊었을까? 왜 양심의 가책을 무시했을까. 그런데 하나님께서 파송한 선지자 나단의 책망을 듣고 그는 무릎을 꿇었다. 그는 당시 자기가 쥐고 있던 권력을 불의하게 사용하지 않고 "내가 하나님께 범죄했노라"고 고백했다. 그는 침상을 띄울 정도로 죄를 아파하며 회개했다(시 6:6, 51편). 하나님은 그런 그를 용서했다. 지난 날 밧세바를 범한 죄도, 이를 감추기 위하여 그의 남편 우리아를 싸움터로 보내 전사케 한 살인죄도 모두 용서하셨다. 그리고 너는 내 마음에 합한 자라고 칭찬해 주셨다. 아이러니하지만 그는 죄를 짓고 회개함으로 오히려 칭찬을 받았다.

우리는 누구도 죄를 짓지 않기 때문에 구원에 이르는 것이 아니다. 그것을 두고 어떻게 처신하느냐에 따라 속죄함을 받을 수 있고 그렇지 않을 수도 있다. 그러나 그 결과는 하늘과 땅 차이이다. 천국은 구원받은 자의 것이고 구원은 죄를 짓지 않음으로 받는 것이 아니라 회개한 자의 것이다.

지극히 작은 죄라 여겨진다고 해도 그냥 숨기지 말라. 아무리 작은 죄도 그 삯은 사망이다. 예수 믿음으로 과거와 현재와 미래의 모든 죄를 용서받았기 때문에 아무렇게 살아도 된다는 도덕폐기론에 빠지지 말라. 목욕을 하여 깨끗한 사람도 발은 언제나 씻어야 한다. 물론 법적으로 용서받았다 할지라도 현실은 무시하지 말자. 날마다 회개하면서 정결한 주님의 신부로 살자.

회복에 대하여

병들었던 사람이 건강을 되찾았을 때나 재산을 잃었던 사람이 재산을 다시 모았을 경우 우리는 회복했다고 한다. 회복이란 원래의 좋은 상태로 되돌리거나 되찾았을 때 쓰는 말이다. 참 좋은 의미의 말이다. 사람이 살다 보면 원치 않는 불행에 빠질 때가 있다. 몸이 쇠약해진다든지, 사업이 어렵게 된다든지, 열정이 식는다든지 하는 경우가 누구에게나 있다. 그러면 백방으로 그 불행에서 벗어나려고 노력한다. 그러나 그 많은 노력이 아무 성과도 없이 수포로 돌아가는 경우도 있다. 그럴 때 우리는 실패했다고 결론을 내린다. 그러나 노력한 보람이 있어 옛날의 좋았던 상태나 모습으로 되돌아올 수 있다면 얼마나 기쁜 일인가. 그런 경우를 회복이라 한다. 그래서 회복이란 좋은 말이다. 우리에게 소망을 주는 말이다.

회복은 상태나 모습만 되돌려지는 것이 아니라 깨달음과 경험도 얻게 한다. 인생에 대해서, 세상에 대해서, 관련된 사안에서 깨달음을 얻게 한다. 그래서 인생과 사물과 세상을 좀더 깊이 볼 수 있는 안목도 생긴다. 그렇다면 고난이 무익하고 불행한 것만은 아니다. 적어도 고난은 회복하고자 하는 노력을 만들고 아픔에서 벗어나려 발버둥치게 만드는 원동력인 소망을 갖게 한 것이다. 흔한 말로 세상에 공짜는 없다. 인생을 바르게 알고, 옳게 살고자 하는 사람에게 이런 고난의 비용을 요구하는 것이다.

영적 생활에서도 회복이 필요하다. 신앙생활을 하다 보면 어느새 게을러지는 경우가 있다. 처음 믿을 때의 열정은 어디 가고 타성에 젖어 예배에 참석하는 것으로 신앙생활을 잘하는 것으로 여기게 된다. 예배를 드리면서 하나님을 만난다는 감동이 없다. 정신상태가 느슨해진 것이다. 그러다가 어느 날, 내가 지금 신앙생활을 바르게 하고 있는가 하는 각성이 온다. 첫사랑을 찾으라는 설교 말씀이 가슴을 친다. 예배를 회복하라는 말씀이 보통 때의 말씀과 다르다. 처음 믿을 때의 감동도 어느 사이에 식어 버렸고 신앙생활이 뜨겁지도 않고 차갑지도 않은, 미지근한 상태로 머물러 있음을 발견하게 된다. 이래서는 안 되겠다는 각성이 일어난다. 그래서 눈물로 회개하고 다시 옛날의 신앙으로 돌아온다. 이것이 회복이다. 이 회복이 오랫동안 방황했던 자신을 제자리로 돌아오게 만든 것이다. 그렇다. 우리는 회복이 필요하다. 잃었던 정신도 되돌려야 하고, 열심도 되찾아야 하고, 건강도, 사업도, 실력도 잃었다면 다시 찾아야 한다.

성경은 어리석은 자의 퇴보는 자기를 죽이고 미련한 자의 안일은 자기를 멸망시킨다고 했다(잠 1:32). 안일과 퇴보가 자신을 죽이고 멸망시키는 것이라면 항상 자신의 정신이 해이해지거나 나태하지 않도록 긴장을 해야 할 것이다. 그럼에도 나락에 떨어졌다고 생각되면 다시 회복을 위한 노력을 하면서 나를 일으켜 주시는 분을 붙들어야 할 것이다. 개인적인 노력도 중요하지만 우리는 하나님의 위대한 능력을 의지해야 한다. 회개와 기도는 회복을 위한 가장 중요한 요소다. 넘어졌는가, 뒤떨어졌는가, 게을러졌는가, 낙심하지 말자. 우리는 다시 일어설 수 있다. 회복할 수 있다. 하나님은 의지하는 우리에게 그러한 새 힘을 주시는 분이다.

휴식에 대하여

우리의 일상에 쉼의 시간이 있다는 것은 얼마나 다행이요, 축복인가! 한 시간 동안의 고된 군사훈련軍事訓鍊 후에 있는 5분간 휴식의 고마움은 훈련을 받아본 훈련병이라면 다 아는 일이다. 훈련받으면서 받은 스트레스와 고통을 모든 훈련병들은 이 짧은 휴식 시간에 풀어 버리고 다시 훈련에 임하게 된다. 50분 수업 다음에 있는 10분간의 쉼이 없다면 공부가 제대로 될 것이며, 쉼 없이 계속된 노동에 능률이 오를 수 있을까. 쉼은 긴 문장文章이나 악보樂譜에서의 쉼표와 같다. 거기서 가빠지는 숨을 잠시 고른 다음 평온하게 다시 시작하지 않는가.

우리에게 노동 현장에서 부지런히 일하고 났을 때 가정이라고 하는 쉼터가 기다리고 있기에 행복한 것이고, 아늑한 잠자리에서 쉬었기 때문에 새 아침에 활기찬 발걸음을 다시 직장으로 옮길 수 있는 것이다. 따지고 보면 우리의 일상에 밤이 있다고 하는 것처럼 고마운 일도 없다. 하루 일과를 정리하고 어둠 속에서 포근히 잠들 수 있다는 것이 얼마나 행복한 일인가! 시인은 "그러므로 여호와께서 그 사랑하시는 자에게는 잠을 주시는도다" 하고 노래한 바 있다(시 127:2). 그런 의미에서 밤에 자지 못하는 불면증 환자는 물론, 고통과 번민과 외로움 같은 잡다한 일로 전전불매輾轉

不寐하며 긴 밤을 하얗게 새우는 사람이 있다면 그는 일단 가장 귀한 축복 중의 하나를 잃은 사람일 것이다.

우리는 이레 중에 하루를 안식하도록 배려하신 하나님의 뜻을 이해해야 한다. 안식일은 우리를 창조하신 하나님께서 인간의 구조가 이레 중에 하루는 쉬어야 무리 없이 제 기능을 계속 유지할 수 있기 때문에 우리를 위해서 만들어 놓으신 제도다. 이스라엘 언약 공동체에게 안식일과 안식년과 희년을 주신 것은 축복이었다.

예수님께서도 열심히 현장에 나가 사역을 감당하고 돌아온 제자들에게 휴식을 허락하셨다. 오고 가는 사람이 많아 음식 먹을 겨를도 없었지만 주님은 그래도 휴식의 중요성을 아셨기에 제자들에게 말씀하셨다. "너희는 따로 한적한 곳에 가서 잠깐 쉬어라"(막 6:31).

휴식의 장소는 한적하고 조용한 곳이 낫다. 휴식과 노는 것은 다르기 때문이다. 오르지 놀기 위한 목적이라면 떠들썩한 곳이 좋을 수도 있다. 그러나 영혼과 육신의 피로를 풀고 안식하며 자신의 삶과 신앙을 점검하기 위해서는 한적한 곳이 좋다.

휴식의 기간은 잠시 동안이 좋다. 휴식이 필요한 것은 일을 했기 때문이요, 일하지 않은 사람에게 휴식은 실로 무의미한 것이다. 하나님은 안식일을 지키라 명하시면서 그 이전에 엿새 동안은 힘써 네 모든 일을 행할 것이라고 가르치셨다(출 20:8-11). 그러므로 진정 휴식은 땀 흘려 수고한 사람에게 주시는 하나님의 축복이다. 휴식이 축복이라면 일하는 것도 축복이다. 휴식의 시간이 너무 길어져서 다음에 이어질 일에 지장을 초래할 수 있다면 그것은 휴식의 본래 의미를 퇴색시킨 것이다.

휴가철이다. 무더운 여름철에 잠시 쉬기 위하여 가족끼리 또는 이웃끼리 단란하게 산이나 바다나 계곡을 찾는 사람들의 모습이 즐거워 보인다. 오늘의 안식과 내일의 활력을 위해 휴식은 꼭 필요하다.

그러나 우리가 분명하게 알아야 할 것은 주님 밖에서 참 평안은 찾을 수 없고, 이 세상 그 어느 곳도 온전한 안식을 우리에게 제공하지 못한다는 사실이다. 안식일을 지키는 것이 영원한 안식을 연습하는 것이라면 성도의 경건한 삶은 하늘나라의 영원한 안식을 준비하는 지혜로운 모습이 아니겠는가.

"그런즉 안식할 때가 하나님의 백성에게 남아 있도다 이미 그의 안식에 들어간 자는 하나님이 자기의 일을 쉬심과 같이 그도 자기의 일을 쉬느니라 그러므로 우리가 저 안식에 들어가기를 힘쓸지니 이는 누구든지 저 순종하지 아니하는 본에 빠지지 않게 하려 함이라"(히 4:9-11).

흉기凶器에 대하여

　한밤중에 복면을 한 강도가 칼을 들고 남의 집에 들어갔다면 그의 손에 든 칼은 흉기다. 남을 위협하거나 살상할 목적으로 들었기 때문이다. 세상에는 흉기가 참 많다. 총이나 칼은 물론이지만 문명의 이기利器로 여겼던 것이 어느 날 갑자기 흉기로 변하기 때문이다. 자동차가 얼마나 유용한 것인가. 그러나 운전 실수로 다른 차와 충돌하여 생명을 잃게 하였다면 그 순간 흉기가 된 것이다. 그러므로 모든 것은 이기利器도 될 수 있지만 흉기凶器가 될 수 있는 가능성이 있다. 총을 만들 때 남을 해하기 위해서 만들었다면 분명히 흉기다. 그러나 어떤 나라는 개인이 총기를 휴대할 수 있도록 허용하고 있다. 생명의 위협을 느낄 때 자기 방어를 위해서다. 그렇다면 방어 차원의 총은 자기 생명을 구하는 이기라 할 수도 있다.

　그렇다. 모든 것은 누가 어떤 목적으로 들었느냐에 따라서 흉기도 될 수 있고 이기도 될 수 있다. 강도의 손에 들려진 칼은 당연히 흉기다. 그러나 가족의 건강을 위하여 음식을 만드는 어머니의 손에 들려진 칼은 같은 칼이라도 이기利器다.

　세상에는 돈이라고 하는 유용한 재화가 있다. 이것은 누구나 가지기를 원한다. 그러나 성경은 돈을 사랑함이 일만 악의 뿌리라 하고(딤전 6:10), 예수님은 부자가 천국에 들어가기는 낙타가 바늘귀로 들어가기보다 어렵다고 했다(마 19:24). 모두 돈을 경계할 것을 말한다. 그렇다면 누구에게나 필요하고 유용한 것이지만 잘못 쓰일 경우 흉기가 된다는 뜻이다.

권력이라는 기구도 마찬가지다. 어떤 사람이 권력을 쥐고 나라를 다스리면 나라가 안정이 되고 평화스럽지만 폭군이 권세를 가졌을 때 그 나라 백성들은 고통 속에서 살아야 한다.

지식도 마찬가지다. 잘못된 곳에 쓰이는 지식은 흉기다. 본래 학문이나 예술은 사람의 정서와 올바른 지식을 위해서 필요한 것이다. 컴퓨터도 문명의 이기로 만들어졌다. 그러나 그러한 것들이 요즈음 얼마나 악용되고 있는가. 죄를 조장하기 위한 도구로 사용된다면 흉기다.

결론은 무엇인가. 모든 도구가 유용한 목적으로 만들어졌다 해도 불량한 사람이 불의한 목적으로 쓴다면 흉기가 된다. 반면에 악한 세상에서 살상을 목적으로 만들어진 무기라 할지라도 국가를 지키고 국방을 튼튼히 하기 위하여 방어 목적을 수행한다면 이기가 된다. 결국 모든 것이 누가 들고있느냐, 누가 어떻게 사용하느냐에 따라 이기도 되고 흉기도 될 수 있다는 것이다.

그러므로 우리는 무엇을 들고 있느냐 보다 누가 들고 있느냐에 관심을 두어야 할 것이다. 의인이 수백 개의 칼을 가지고 있고 수많은 재산을 가지고 있어도 소중하다. 그러나 불의한 사람이 단 하나의 칼을 들고 있거나 소량의 재산을 가지고 있어도 불안한 요소가 된다.

이 세상을 보자. 그것을 가져서는 안 되는 사람들이 들고 있는 경우가 많다. 권력을 가져서는 안 되는 사람이 그 권력을 쥐고 마음대로 행사하여 독재가 자행되고 인권이 유린되고 있다. 돈을 많이 가져서는 안 되는 사람이 가지고서 본인 자신의 타락을 부추길 뿐만 아니라 사회에 불의와 부정을 뿌리고 있다. 아름다운 음악이나 기타 예술이 인간의 정서를 안정시키려 노력하는 반면에 잘못된 영화나 그림이 폭력과 음란을 조장하고 있지 않은가.

모든 것은 도구가 문제가 아니라 사람이라는 결론에 이르게 된다. 사람의 인격과 세계관과 가치관이 올바로 되어야 한다. 그래서 성경은 "모든 지킬 만한 것 중에 더욱 네 마음을 지키라 생명의 근원이 이에서 남이라"고 교훈한다(잠 4:23). 마음을 지켜야 한다. 그 마음이 이기를 흉기로 만들 수 있고 흉기를 이기로 만들 수 있다.

어은 전종문 목사의
『사색을 부르는 산책-수의수상 153』을 중심으로

다성적인 목소리와 영감과 관조의 눈으로 본
깊고 넓은 아포리즘 세계 탐구

－조신권 문학평론가·시인·연세대 명예교수

서언

어은魚隱 전종문(田鍾文, 1949-)은 목사이면서 작가이다. 전 작가는 1949년 전라북도 만경강 하구지방인 옥구에서 태어났다. 옥구에서 군산까지 기차로 통학을 하였는데, 그 기차간에서 많은 것을 생각하게 되었으며 문학서적과 성경을 읽었다고 한다. 이렇게 군산고등학교를 졸업하였는데, 그때부터 문학의 꿈을 키웠다는 것이다. 그 꿈은 중앙대학교에서 국문학을 배우면서 더욱 커졌다. 그 이후 목회적인 소명감을 갖고 총신대학교 신학대학원과 목회대학원에 진학하여 신학과 목회학을 전공했는데, 그것이 목회와 문학으로 이어지는 교량이 되었다. 목회하는 동안도 주보에 시 한 편과 수필 한 편을 꼭 실어서 신자들의 신앙정서를 함양하고 신앙을 강화해 주었다고 한다.

『창조문예』,『수필과 비평』,『수필춘추』에서 수필 부문 신인상을 받았고,『한비문학』,『문예비전』에서 시 부문 신인상을 받아 등단하여 수필가와 시인으로 활동하고 있다. 총신문학회 회장직을 역임하였고, 현재는 한국문인협회 회원이며 한국크리스천문학가협회 회장직을 맡고 있다. 또한 수유중앙교회 담임목사로 시무하고 있으며, 한국찬송가작가총연합회와 작악회에서 작사가로 활동하고 있다.

저서로는 수필집과 칼럼집으로 『긴 여행길에서 잠시 숨을 고르며』(2010),『사랑 이야기』(2011),『가자, 앞으로!』(2012),『가화만사성家和萬事成』(2012),『하나님은 용기 있는 사람을 쓰셨다』(2012),『울지 말라, 그러나 울어야 한다』(2013),『초대장』(2014),『또 하나의 사랑 이야기』(2015),『선택은 더 많은 것을 포기하는 것이다』(2015),『우리는 사람이다』(2017),『사색을 부르는 산책-수의수상隨意隨想 153』(2019) 등이 있고, 시집으로『청명한 날의 기억 하나』(2012),『창백한 날의 자화상』(2014),『분주한 날의 여백』(2015),『사모하는 날의 찬송』(2016),『나무생각 숲이야기』(2017) 등이 있다. 그리고 전종문의 이야기 있는 시라는 시와 수필집『영광을 받으소서』(2017),『가장 행복했던 날』(2017),『조금만 쉬었다 가세』(2017),『아직도 비상을 꿈꾸는가』(2017) 등이 있으며, 전종문 목사 작시에 곡을 붙인 14곡을 담은 찬양집『전종문 목사의 시가 있는 찬양, 함께 걷는 길』과, 그의 가사와 곡들이 음성 녹음된 디스켓이 있다.

총신대신대원 원보문학상과 톨스토이문학상 대상(계간 문예춘추), 아름다운문학상 (창조문예) 등을 수상하였다.

그의 문학세계는 목회와 문학을 연결시켜 교인들의 신앙정서와 신앙의 수준을 높여주는 시와 수필을 써서 주보 등에 먼저 발표한 이후 책으로 상재한, 대부분 영혼과 초월의 세계를 지향하고 있다는 것이다.

다성적인 가치구조의 미학

러시아의 사상가요 문학 이론가인 미하일 바흐친은 『도스토예프스키 시학의 문제점』 (1929)이라는 저술을 통해 도스토예프스키의 소설을 다성적인 소설 창작의 효시라 했다. 그는 도스토예프스키를 본질적으로 새로운 소설적 장르를 창조한 이른바 다성적 소설의 창시자로 보고 있다. 그에 의하면, 다성적 소설이란, 독립적이며 융합되지 않는 다수의 목소리들과 동등한 권리와 각자 자신의 세계를 가진 다수의 의식들이 제각기 비타협성과 비융합성을 간직한 채로 어떤 사건의 통일체 속으로 결합하고 있는 과정을 보여주는 소설이다. 데이비드 포기치는 이러한 다성적 소설을 그 나름으로 정의하기를 "다양한 여러 목소리들이 존재해 있지만 그 중의 어느 한 목소리도 작가 자신의 권위적인 통제를 받지 않는 특징을 지닌 소설"이라고 하였다. 이들의 정의를 종합해 보면 독립적이고 비융합적인 다수의 목소리들과 의식들로 이루어져 있으면서도 각기 완전한 가치를 갖는 목소리들로 이루어진 서술이나 소설이 다성적인 산문 또는 소설이라는 것이다.

나는 이 이론을 어은 전종문 작가의 이번에 상재하는 『사색을 부르는 산책-수의수상 153』에 적용해서 미하일 바흐친이 주장한 그런 다성적인 목소리가 내재되어 있음을 추구해 보고자 한다. 서상한 바와 같이, 어은 전종문 작가의 업적은 11권의 수필·칼럼집과 9권의 시집과 시가 있는 수필집, 1권의 찬양집과 디스켓으로 집약된다. 이 저서들은 목회의 일환으로 끊임없이 사색하고 많은 귀중한 자료들을 수집하고 꾸준히 생각한 바대로 실천하려고 노력하면서 써온 산물이어서 대단한 가치가 있다. 목회만 하기도 벅차다고 하는데, 전 작가가 목회도 성공적으로 성취한 동시에 작가로서의 활동도 왕성하게 취한 것은 경탄할 만하다. 목회와 창작을 분리해서 시도했다면 이만한 성과를 거둘 수 없었을 것이다. 그의 시나 산문은 어떻게 생각하면 목양활동과 설교의 낙수落穗라고 해도 과언이 아니다. 이렇게 많은 수필집과 칼럼집을 통틀어 논하기는 지난한 일이어서 목회 정년을 기념하기 위해 심혈을 기울여 만든 수필 일종의 수상 칼럼집인 『사색을 부르는 산책-수의수상 153』에 한해서 논의를 제한하겠다.

이 책의 머리말에서 작업 경과를 전 작가는 이렇게 말하고 있다.

"나는 항상 미말에서 활동했지만 문학이라는 예술 분야의 길을 걸어왔다. 정서와 상상력과 창작을 위하여 끊임없이 사색해야 했고, 나는 또한 목회자의 길을 걸으며 자연스럽게 절대자 하나님과 죄인인 나와 인간에 대해서 고민하고 사고하며 기도의 생활을 해야 했다. 그러므로 비록 깊고 높은 경지에 들지 못했다 할지라도 생각을 많이 하는 사람들의 부류에 속해 있었다고 할 수 있을 것 같고, 그 생각들은 자연스럽게 계시의존사색啓示依存思索일 수밖에 없었다. 여기에 내놓은 글은 …… 혼자 있는 시간에 어떤 주제가 생각나면 그 꼬리를 붙들고 걸어가 본 것이다. 여유를 가지고 산책하듯 걸었고 그런 내 활동은 일종의 고치지 못하고, 고칠 필요도 느끼지 못하는 버릇이었다. 고백하지만 이런 고독과 사색의 시간이 내게는 즐거웠고, 이제 목회를 마감하는 마당에 부족한 결실이지만 다른 사람들과 나눌 수 있다는데 약간의 보람을 느낀다."

어은 전종문 목사가 머리말에서 밝힌 바와 같이, 이 수의수상집에는 그가 해온 사색의 소산으로서 여러 가지 가치를 담은 목소리들로 가득 차 있다. 다른 수상집과 칼럼집도 마찬가지지만, 이번에 상재되는 저서 『사색을 부르는 산책-수의수상 153』은 상상을 초월하는 많은 목소리를 내는 다성적인 구성을 갖는데, 이는 이 책이 6부 153편의 수상으로 이루어져 있는 것만 봐도 알 수 있다. 제1부 27편, 제2부 26편, 제3부 26편, 제4부 26편, 제5부 26편, 제6부 27편 도합 158편인데, 저자는 '수의수상 153'이라 하였다. 그것은 중복되는 것이 1부에 3편, 6부에 2편이어서 중복되는 5편을 한 주제로 묶으면 153편이 되기 때문에 그렇게 표기한 것 같다. 제1부와 제6부에만 중복되는 것을 내놓고 나머지는 26편으로 균형을 이루게 하고 있다. 형식 구조에도 신경을 썼지만 내용 배치도 상당히 신경을 썼다고 생각된다. 제목만 봐도 제1부는 "가면에서 그릇까지", 제2부는 "근성에서 배려까지", 제3부는 "배신에서 습관까지", 제4부는 "시간에서 의심까지", 제5부는 "의인에서 충성까지", 제6부는 "친구에서 흥기까지"로 돼 있는데, 이 중에서 중요한 개념들을 임의로 뽑아 살펴보면 이 작품이 얼마나 다성적인가를 알 수 있다.

(가) "존재하는 모든 것은 나름대로 가치가 있다. 보이지 않는 어떤 정신이나 사상에도 있다. 이 가치를 어떻게 평가하느냐, 다시 말하면 존재하는 유·무형有無形의 어떤 것에게 내가 어느 정도의 가치를 부여하느냐 하는 것을 우리는 가치관이라 하고 그 가치관은 그가 어떤 사람이냐에 따라 다를 것이다." – 제1부 "가치관에 대하여(1)"에서

(나) "사람은 태어날 때부터 가지고 있는 성품도 있고 살아가면서 환경이나 오랜 습관

때문에 생긴 성질도 있다. 이런 뿌리가 깊은 성질을 흔히 근성根性이라고 한다. 이 근성은 그것이 무엇이든 인위적으로 고치기가 쉽지 않다. 그래서 습관화되기 전에 잘못이라고 생각되는 것은 하지 말고 버려야 한다." – 제2부 "근성에 대하여"에서

(다) "로마의 정치가이며 장군이었던 율리우스 카이사르(Gaius julius Caesar, BC 100-BC 44)는 원로원에서 반역자들에 의하여 살해되었다. 그가 원로원에 들어섰을 때 예기치 않게 의원들은 모두 칼을 들고 그를 찔렀다. 그는 자기가 아꼈던 브루투스에게 몸을 의탁하려고 다가갔으나 믿었던 그마저 칼로 찔렀다. 그는 "브루투스 그대까지" 하는 마지막 말을 남기고 죽었다. 후에 브루투스는 왜 그대는 자신을 사랑했던 카이사르를 죽였느냐고 묻자 "나는 카이사르를 사랑했지만 로마를 더 사랑했기 때문"이라고 궤변을 남겼다. 배신은 이처럼 가슴을 아프게 한다. 매정하다. 심지어는 사소한 개인적인 이익을 위해서도 신의를 저버리는 것이 배신이다." – 제3부 "배신에 대하여"에서

(라) "실로 신뢰가 무너지면 가정도, 사회도 위험하다. 어떤 남편이 자기의 아내를 믿지 못하여 직장에 가서도 전화로 행적을 확인한다면 그 가정이 평화로울 수 있겠는가. 아내도 마찬가지다. 직장에 간 남편의 행실을 믿지 못하여 수시로 감시의 전화를 한다면 그 가정에 행복이 유지될 수 있겠는가. 이런 남편이나 아내가 자기 배우자를 믿지 못하는 것을 의처증과 의부증이라 하거니와 이것은 병이다. 결국 파국에 이르게 될 것이다. 이런 의미에서 가정의 존립과 행복을 위해서 신뢰보다 중요한 것은 없다. 그 신뢰에서 사랑도 나오고 화목도 나온다." – 제4부 "신뢰에 대하여"에서

(마) "일하지 않는 것이 축복인 줄 아는 사람이 있다. 어리석은 생각이다. 매일 바쁘게 일하다 보니까 순간적으로 노는 사람이 부러울 때가 있을 수 있다. 그러나 일이 없어서 일자리를 찾아다니는 실업자들을 보라. 정년퇴임을 하고 아직 건강함에도 할 일이 없어 고통을 느끼며 무료함을 달래는 사람들을 생각해 보라. 일은 하나님께서 우리에게 주신 축복이다." – 제5부 "일에 대하여"에서

(바) "누구나 칭찬을 들으면 기분이 좋다. 그래서 "칭찬은 돌고래도 춤추게 한다"는 말이 있다. 그러므로 칭찬에 인색할 필요는 없다. 칭찬은 단지 기분만 좋게 하는 것이 아니라 격려가 된다. 조금 부진한 사람도 칭찬을 들으면 분발하고 싶어 한다. 잘하는 사람은 물론 긍지를 갖게 된다. 그렇다고 무턱대고 칭찬해서 되는가. 그렇지만은 않다. 남의 약점에 가식적으로 칭찬하면 그것은 오히려 기분을 상하게 할 것이다." – 제6부 "칭찬에 대하여"에서

위에 제시된 수상문들은 필자가 153편 중에서 임의로 가려 뽑은 수필들의 일부다. '수

필'이라고 우리가 번역하는 말에는 '미셀러니'와 '에세이'가 있다. '미셀러니'는 '신변잡기'이고, '에세이'는 '소논문'에 가까운 글이다. 어은 전종문의 수상집은 17세기 영국 사상가요 경험론을 주장한 철학자인 동시에 몽테뉴와 더불어 수필을 창시한 프랜시스 베이컨의 『수필집』을 연상케 한다. 수필 한 편 한 편에 붙인 제목의 형식이 같다. 예를 들어 베이컨이 "Of Truth"라고 했다면 전 작가는 "진리에 대하여"라는 식으로 제목을 붙였다. 베이컨의 수필이 그렇듯이 어은 전종문의 수필은 '신변잡기'도 아니고 '소논문'도 아니다. 제목 그대로 '붓이 움직임에 따라' 자기 심정이나 관념의 일말을 표현한 교훈적이고 논술적인 수상 수필이다. 감상은 터럭만큼도 없고, 실행할 수 없는 이상론 따위는 거들떠보지도 않은 글이 곧 전종문의 수필이다. 말하자면 실제에 부닥쳤을 때의 생활의 지혜와 기술을 결정시킨 것이 그의 수필이요 수상이라는 말이다.

위의 예시를 보면 (가)는 가치에 대한 단견을 토로한 것이고, (나)는 사람의 근성에 대해서 논한 것이다. (다)는 사소한 개인적인 이익을 위해서도 신의를 저버리는 것이 배신이지만 지극히 위험하다는 것을 설파하고 있고, (라)는 가정의 존립과 행복을 위해서 신뢰보다 중요한 것이 없는데, 그 신뢰에서 사랑도 나오고 화목도 나온다는 것이다. (마)는 일은 하나님께서 우리에게 주신 축복이라는 것을 설파한 것이고, (바)는 칭찬은 단지 기분만 좋게 하는 것이 아니라 격려가 된다는 것을 강조하고 있다. 이렇게 153편의 수필 또는 수상들이 각기 독립되어 있는 목소리로 나타내면서도 『사색을 부르는 산책-수의 수상 153』이라는 저술의 질서 속에서 하나의 통일체를 이루고 있다. 단상이나 지혜들을 묶는 형식으로서 가장 효과적인 구조가 다성적인 글을 쓰는 것인데 어은 전종문은 이에 능숙한 작가라 할 수 있다. 이는 좋은 소설쓰기의 구성요소를 지닌 작가적 탁월성이라 할 수 있다.

153개의 수상으로 주옥 같은 아포리즘 담아내

'아포리즘'Aphorism이란 삶의 경험에서 터득한 깨달음을 간결하게 압축 요약한 것을 말한다. 이 진리에 가까운 말들 속에는 우리가 잘 판단하고 생활에 적용해야 할 것들이 많이 들어 있다. 어은 전종문 작가의 '수의수상'도 그의 삶, 특히 목회적인 삶과 그 경험에서 얻어낸 지혜들을 짧막하게 그려낸 것들이 대부분이다. 작가 자신이 머리말에서 "여기에 내놓은 글은 거대담론도 아니고 현학적이지도 못하다. 사유의 깊이와 넓이가 심오하거나 방대하다고 말할 수 없다. 혼자 있는 시간에 어떤 주체가 생각나면 그 꼬리를 붙들고 걸어가 본 것이다. 여유를 가지고 산책하듯 걸었고 그런 내 활동은 일종의 고

치지 못하고, 그렇다고 고칠 필요도 느끼지 못하는 버릇이었다. ……사실 여기에서 말씀
드리는 내용은 이전에 이미 내 개인의 경험이나 연구에서 얻은 지식과 성도들에게 가르
치고자 한 성격의 진리를 목회 경험 현장에서 나눈 결과물들이다"라고 피력한 대로, 이
책은 그때그때 생각하고 성도들과 나누었던 진리들을 모아 놓은 책이다. 이는 한 마디로
말해서 '아포리즘'의 집약물이라 할 수 있다.

　서상한 바와 같이, 153편의 수상의 표제를 모아 보면 작가가 강조하는 것이 무엇인지
를 금세 알 수 있다. 제1부에 실린 24편의 제목은 가면, 가치, 간섭, 감각, 감사, 개성, 개
척, 건강, 게으름, 격려, 결별, 겸손, 경계, 경쟁, 계단, 고독, 공평, 과정, 관계, 구걸, 구실,
권위, 균형감각, 그릇이다. 제2부에 실린 26편의 수상들의 제목은 근성, 긍지, 기도, 기
초, 기회, 길, 나의 존재, 눈, 늙음, 닮음, 당당함, 대화, 덤, 도리, 동조, 동행, 떡, 막말, 맛,
매듭, 목표, 무기, 민심, 믿음, 바닥, 배려이다. 제3부에 실린 26편의 수상의 제목은 배신,
버릇, 보고, 보람, 보험, 복수, 본능, 부끄러움, 부활, 분노, 비교, 빚, 뿌리, 사명, 사이, 살
인, 상대적 빈곤, 생명, 선동, 섬김, 소망, 소문, 소신, 수준, 순수함, 습관이다. 제4부에 실
린 26편의 수상의 제목은 시간, 시작, 시험, 신뢰, 실수, 실패, 아픔, 알 권리, 약속, 양심,
얼굴, 여과, 역사, 역전, 연결, 열등감, 예방, 오래 참음, 옷, 용기, 용서, 우선순위, 위로, 유
언비어, 유혹, 의심이다. 제5부에 실린 26편의 수상의 제목은 의인, 이웃, 일, 입 또는 말,
자격, 자기 사랑, 자랑거리, 자유, 재물, 재앙, 적당함, 적용, 적응, 절제, 정의, 조화, 좁은
길, 죄, 주인의식, 죽음, 지도자, 질서, 짐작, 착각, 책, 충성이고, 제6부에 실린 25편의 수
상의 제목은 친구, 친절, 칭찬, 타성, 타협, 탐심, 탓, 트집, 편견, 편의주의, 평화, 폭력, 표
현의 자유, 품위, 핑계, 하나님의 뜻, 행복, 향기, 형제, 화해, 환경, 회개, 회복, 휴식, 흉기
이다. 장황하지만 이렇게 이 책에 장별로 수록된 수상들의 표제를 나열해 놓고 보니 이
책을 다 읽지 않아도 대충 이 책의 내용을 짐작할 수가 있다. 이 책을 여섯 부로 나눈 것
도 특별히 동일한 범주에 속하는 것들을 집합시켰다기보다는 그때그때 써놓았던 것들
을 가나다순으로 24편 내지 26편씩 나누어 배열한 것이다. 이 153편의 수상에서 제시
하는 핵심적인 범주를 잡으려면 나는 '가치', '시간', '사회적인 윤리'라고 하는 카테고리
로 묶겠다. 그렇다고 나의 그런 판단이나 구분이 절대적으로 옳다는 것은 아니다. 그러
나 자세히 살피면 나의 판단이 과히 멀리 벗어나지 않는다는 것을 알 수 있다.

1) 미래의 바른 가치관 제시
　"오늘날은 그 가치를 대개 돈으로 계산한다"고 하는 단정적인 말로 시작한다. "즉 그
물건에 얼마짜리 가격표가 붙어 있느냐에 따라 가치가 결정된다. 대개 비싼 가격이면 귀

중한 것이 되고 싼 가격이 붙어 있으면 형편없는 물건으로 치부된다. …… 그러나 세상에는 너무 흔해서 가격표를 붙일 수 없고 너무 고귀하기 때문에 가격을 따질 수 없는 게 있다. 그리고 보면 그동안 우리는 돈으로 계산될 수 없는 가치에 대해서 무지했는지 모른다. 우리나라의 경우 예전에는 흐르는 물을 아무데서나 마실 수 있었다. 그리고 헤프게 썼다. 그래서 돈을 잘 쓰는 사람에게 "물 쓰듯 한다"고 하기도 했다. 그러나 지금은 아무 물이나 먹을 수 없도록 오염이 되어 있다. …… 재물이 내 주머니 속에 들어와 나의 주인 노릇을 할 때, 그것은 나를 천박하게 만들고 재물의 노예가 되게 한다. 그러나 그것이 나의 종이 되어서 내가 하고자 하는 선한 일에 쓰임 받으면 그것은 제 가치를 발휘하고 나를 품위 있는 사람이 되게 한다."

이 말들은 우리가 일상에서 느끼고 부닥치는 문제를 부상시킨 것이지만 작가의 눈을 통해서 다시 여과되어 나타날 때 우리의 가슴을 울리고 교훈이 되어 우리의 살과 뼈가 되도록 피가 되어 우리의 삶을 통해 끊임없이 흐르게 된다. 그 중에서도 다음과 같은 그의 평가는 아포리즘의 백미라 할 수 있다. "그렇다. 우리들 생각 속에 잘못된 가치관 하나가 있다. 잔돈은 큰돈이 아니니까 잘못 써져도 되지만 목돈은 큰돈이니까 잘못 써져서는 안 된다는 생각. 그래서 잔돈은 헤프게 썼거나 잘못 썼거나 심지어는 잃어버렸어도 '그것 얼마 안 되는데 뭐' 하면서 대수롭지 않게 넘겨 버리는 일. 그러나 신중히 생각해 보라. 돈이 귀하면 큰돈이나 잔돈이나 다 같이 귀한 것이다. 돈을 아끼는 것은 죄가 아니다. 돈을 사랑함이 일만 악의 뿌리가 된다(딤전 6:10). 돈을 사용할 때는 그 액수가 많건 적건 반드시 필요한 데 사용해야 한다. 반드시 필요한 곳이라면 적은 액수가 들어가도 써야 하고 큰돈이 들어가도 아낌없이 써야 한다. 그러나 불필요한 곳이라면 큰돈도 써서는 안 되고 적은 액수를 써서도 안 된다. 그것은 모두가 낭비이기 때문이다. 돈을 많이 모은 사람들에게 물어보라. 그들이 적은 돈은 아무렇게나 써도 된다고 생각하는가. 큰돈이라고 반드시 써야 할 때 쓰지 않았느냐고. 돈에 대한 올바른 가치관이 돈을 모으도록 했는지 모른다. 돈에 대한 올바른 가치관은 잔돈이라고 가볍게 여기지 않고 큰돈이라고 무겁게 여기지 않는 태도다."

위에서 장황하게 인용했지만, 그 핵심어는 '가치관'價値觀이다. '가치관'이란 인간이 자기를 포함한 세계나 그 속의 사상事象에 대하여 가지는 평가의 근본적 태도 또는 견해이다. 다시 말해서, 자기만의 생각, 느낌 혹은 판단기준, 꿈, 희망, 행동방식 등을 가치관이라고 말할 수 있을 것이다. 이렇게 본다면 가치관이란 자기가 옳다고 믿고 그에 따른 말과 행동을 하는 것이라 생각된다. 예를 들면, 똑같은 사건이나 사물을 놓고도 서로의 관점에 따라 다르게 말할 수 있을 것이다. 그것은 서로의 견해가 틀린 것이 아니라 그 사건이나 사물은 서로의 관점에 따라 다르게 해석되는 것이다. 사람과 사람 사이에서 논쟁이 생기고 심한 경우 싸우게 되는 가장 근본적인 이유가 바로 상대방의 가치관을 인정하지 않고 자기 기준에 맞추려고 하기 때문이다. '가치관'은 가치에 대한 관점을 말한다. 가치 의식이라고도 한다. 가치관은 사회사상과 일상생활의 의식의 결합 속에서 형성되며, 그 개념은 두 가지 측면을 내포한다. 첫째는 그것이 어떠한 행위가 옳고 어떠한 행위가 틀린 것이냐 하는 도덕적 판단의 기준이다. 둘째는 어떠한 상태가 행복하고, 어떠한 상태가 불행한가를 판단하는 가치관이다. 양자는 서로 함께 생활이나 행동을 판가름하는 기준이 된다.

선악善惡의 판단은 현대에서는 입장을 달리하는 데 따라서 아주 역전逆轉하기도 하는 것이어서 좋고 나쁜 것을 확실하게 가릴 수 있는 권위 있는 존재는 찾을 수 없다. 이러한 상황 속에서 사람들은 다만 '나'의 행복이라는 측면에서만 생활의 기준을 찾게 된다. 그러나 사회와의 결합관계를 잃은 가운데서 구하는 이 기준은 불안정한 것이고, 그만큼 한편에서는 사람들을 불안으로 몰고 가는 원인이 되기도 한다. 체험을 통해 구축된 가치관이어서 더욱 설득력이 있고 실용적이다.

2) 시간에 매인 존재들의 시간의식 탐구

시간의 순환은 사람의 체험 여하에 따라 행복한 상태가 될 수도 있고 불행한 상태가 될 수도 있다. 즉 시간의 반복을 기계적으로 체험하면 끝없이 따분하고 불행할 테지만, 그것을 생명적 자연의 리듬으로 체험할 것 같으면 한없이 즐겁고 행복할 것이다. 어은 전종문 작가도 이렇게 말하고 있다. "시간의 속도는 일정하다. 그럼에도 어떤 사람에겐 쏜살같이 흘러가고 어떤 사람에겐 거북이보다 느리다. 하기 싫은 일을 하는 사람은 시간이 참 더디게 가는 것 같다. 고통스런 환경에 처해 있는 사람에게는 빨리 시간이 지나갔으면 하는 생각이 든다. 그러나 즐거운 시간을 누리고 있는 사람에게는 시간의 속도가 너무 빠르다. 좀 천천히 느긋하게 흘렀으면 좋겠다는 생각을 갖는다. 어린아이들은 시간의 흐름에 대해서 별 느낌이 없다. 그러나 나이가 들수록 시간의 개념을 알고 그것이 무정하게 흘러가고 있음을 체감하며 살게 된다. 시간의 흐름을 두고 빠르게 느끼는 것도, 느리게 느끼는 것도 자신이 처한 환경과 무관하지 않다. 그럼에도 분명한 것은 우리의 느낌과는 상관없이 시간은 일정하게 흘러간다는 사실이고 우리는 그 시간에 실려서 가고 있다는 것이다."

전 작가의 시간관은 분명하다. 물리적인 시간은 누구에게나 똑같이 일정하게 흘러가지만 환경이나 처지에 따라 빨리 느끼게 되기도 하고 느리게 느끼게 되기도 한다는 것이다. 우리는 객관적인 시간, 즉 시계적인 시간에 매여 살지만 사실상 참된 시간은 극히 사적이고 주관적인 시간이다. 서상한 바와 같이, 시간의식이 주관적이기 때문에, 사람에 따라 시간은 천천히 걸어가는 것 같기도 하고, 질주하는 것 같기도 하고, 가만히 서 있는 것 같기도 하다. 또한 길다고 생각할 때 그 시간은 길고, 짧다고 생각할 때 그 시간은 짧다. 그러나 그것이 현실적으로 얼마나 길고 얼마나 짧은지는 누구도 말할 수 없다. 그것은 체험 속에 지각되는 시간은 사적이고 주관적이기 때문이다. 그래서 문학 이론가 드퀸시는 "때로는 하룻밤에 칠십 년 또는 백 년을 산 것같이 생각될 때가 있다"라고 했을 것이고, 버지니아 울프는 "한 시간은 시계적인 시간의 오십 배, 백 배로 늘어날 수도 있다"고 했을 것이다. 러치터어는 이런 시간을 동력적 시간, 즉 정서적 시간이라 했다. 전종문 작가도 이와 같이 시간을 느리게 느끼기도 하고 쏜 살처럼 재빨리 쉬지 않고 흐르는 것으로 파악하기도 하였다. 주관적인 정서에 따라 시간이 느껴짐에도 불구하고 시간은 변함없이 흐른다. 그러므로 시간에 매이는 노예가 될 것이 아니라 말을 잡아타듯이 시간을 잡아타고 유용하게 활용하여야 한다고 한다. 그 시간 안에서 우리가 어떻게 사느냐에 따라서 장차 우리가 처하게 될 입지가 결정되기 때문이다.

이로 미루어 볼 때 어은 전종문 작가가 궁구하고 상상하는 시간은 일직선적으로 흐르는 연대기적인 시간을 지칭하는 '크로노스'Chronos가 아니라 어느 한 순간 섬광처럼 번쩍이는 직관, 즉 '눈뜸'과 '깨달음'을 현시하는 계시의 순간 또는 은총의 순간을 자칭하는 '카이로스'Kairos에 근접해 있다. '크로노스'가 수평적으로 또는 강물처럼 일직선적으로 흐르는 연대기적 시간이라면, 카이로스는 어느 한 순간 번개나 우레처럼 수직적으로 번쩍이며 쏟아져 내리는 신성한 은총과 계시의 시간을 말한다. 그래서 전 작가는 이렇게 말하고 있다.

"시간 안에서 먹고, 입고, 배설하고, 가정 이루고, 자식 두고 사는 것은 누구나 같다. 그렇기에 시간의 끝에 영원이 있다는 사실을 망각해서는 안 된다. 그리고 시간 안에 있을 때 어떻게 사느냐가 장차 도래할 영원한 세계에서 어떻게 되느냐가 결정된다는 것을 안다면 시간은 소홀히 할 수 없는 것이며, 공짜가 아니며, 가장 소중한 가치가 되는 것이다. 성경은 한 번 죽는 것은 사람에게 정해진 것이요, 그 후에는 심판이 있다고 가르친다(히 9:27). 시간 속에서 충성한 사람과 믿음을 지킨 사람에게 면류관이 주어진다고 말씀한다(계 2:10, 딤후 4:8, 벧전 5:4). 지금 우리가 살아 있다는 것은 시간 속에서 아직 기회가 있다는 뜻이기도 하다."

시간에 매여 사는 인생들이 어떻게 살아야 할 것인가를 분명하게 명시해 주는 에세이다. 시간의식에 따라 우리들의 삶의 양태도 달라진다. 시간을 역동적으로 활용하면 행복이 되고 승리가 되지만 기계적으로 따라 움직이면 시간의 노예로서 불행하고 따분하게 될 수밖에 없다. 그러므로 우리는 살아 있을 때, 다른 말로 하면 시간 안에 있을 때 선한 싸움을 싸우며 달려갈 길을 달려가야만 한다. 전 작가는 그런 시간적인 삶을 촉구한다.

3) 사회적 윤리의식에 대한 치밀한 탐구

'사회적 윤리'란 사람들이 살며 활동하는 사회에서 마땅히 행하거나 지켜야 할 도리를 일컫는다. 요즘 사회적인 윤리의 핵심인 공정성과 정의에 대해 관심이 많이 늘었지만 여전히 이 문제에 대해 무관심한 사람들이 많다. 그런데 전종문 작가는 사회적 윤리의 핵심인 정의와 그것이 우리 사회에서 다시 회복되어야 우리나라가 살 것임을 강조하고 있는데, 이는 매우 소중한 태도요 삶의 원리를 제공해 주는 지침이 된다. 간단하게 전 작가의 논의를 살펴보겠다.

"정의를 세상에서는 흔히 이긴 사람의 것으로 착각을 한다. 그러므로 불의한 방법을 통해서라도 우선은 이기려 든다. 그렇다면 이긴다는 것은 무엇인가? 그들은 완력이든, 무력이든, 그 어떤 힘을 이용하여 상대방을 꼼짝 못하게 제압하는 것으로 안다. 그렇기 때문에 무력을 동원하고 술수를 동원하고 선동을 해서라도 상대를 제압하려 든다. 그리고 자신은 정의의 사도쯤으로 생각한다. …… 순간적으로 정의가 불의에 의하여 농락을 당할 수 있지만 결코 정의가 패배하지 않는다는 것을 역사는 보여준다. 거짓에 의하여 진실이 잠시 우롱을 당할 수도 있지만 거짓이 진리가 될 수 없고, 진리가 거짓에 의하여 패할 수는 없는 것이다. 세계 도처에서 이루어지고 있는 불의의 집단들이 정의를 가장하고 불법을 자행하는 것을 보면서 정의의 실패로 생각해서는 안 된다. 우리는 순간을 사는 사람이 아니고 영원을 사는 사람이다." - "정의에 대하여"에서

어은 전종문 작가는 늘 목양자로서의 사명감과 소명감을 가지고 목회 일선에 서서 겪고, 생각하고, 얻은 부스러기와 같은 경험들을 목회에 적용하고 주보에 싣기도 하면서 꾸준히 형상화하고 저서로 담는 일에 게을리하지 않았다. 세상 지혜란 어떻게 보면, 살면서 겪고 깨달아지는 경험의 축적이라 할 수 있으므로, 전 작가의 『사색을 부르는 산책-수의수상 153』은 이런 경험을 담은 것이어서 높이 사게 된다. 그의 산문집들은 한결같이 길고 짧은 아포리즘의 세계를 추구한 세상 지혜와 단상들로 그 내용을 이룬다. 기회 있으면, 이 『사색을 부르는 산책-수의수상 153』과 기타 그의 다른 산문집을 직접 읽어 보기 바란다.